朱瑞熙　著

朱 瑞 熙 文 集

第七册

上海古籍出版社

学术论文（下）

目　　录

宋代土地价格研究

　　笔者在四十多年前,一度对宋代的土地价格问题感到兴趣,收集了较多资料,其中有正史、笔记、金石碑刻、地契、地方志、文集等,并于1963年11月制作了《宋代土地价格一览表》和《南宋地价参考资料表》。后一表主要列举南宋的土地价格及该田的地租数,藉以探讨土地价格和地租两者之间的关系,包括每亩土地的具体价格和地租数,每亩土地的价格应折算成多少年的地租数,土地的售价与典价究竟有多大的区别。带着这些问题,总感到已经掌握的资料还不够充足,期待着考古学界发表更多的有关买地券、地契的报道,也希望自己以后发掘更加丰富的资料,因此一搁就是四十年有余。1987年2月,漆侠先生出版了《宋代经济史》一书,该书第九章《宋代地租形态及其演变——兼论地价及其与地租的关系》之五《宋代的土地买卖以及地价与地租之间的关系》,其中专门探讨宋代的地价及其与地租的关系。漆先生制作了宋代地价的表格,据此进行论述,提出了一些精辟的见解,诸如宋代土地买卖在全国范围内广泛进行,两浙路土地买卖的情况具有突出的意义,两宋地价不断增长,各地地价差别很大,地租决定地价,等等。不足之处,一是所掌握的资料不够充分;二是对所引用的资料判定的时间有一些失误;三是计算的地价不尽准确;四是引用的资料出现较多的错字;五是尚有一些问题没有进一步论述。为此,笔者试图在漆先生的基础上作更深入的研究。不当之处,敬请专家学者教正。

一、北宋时期的土地价格

宋太祖、太宗、真宗三朝的土地价格的正式资料极少。现在能够看到的宋太祖开宝八年（975 年）三月或者九年三月的《郑丑挞卖宅舍契》（北图生二五背）和宋太宗太平兴国七年（982 年）的《吕住盈阿鸾卖地契》、《吕住盈等卖宅舍契》（S.1398），以及太平兴国九年四月的《马保定卖宅舍契》（S.3835V）①，是发生在沙州（治今甘肃敦煌西）莫高乡、慈惠乡和赤心乡的四份民间宅舍买卖的文书。虽然沙州始终没有纳入宋朝的版图，但在西夏建国以前，宋朝对当地的影响是显而易见的。这反映在当地使用了宋朝的"正朔"，在宅舍买卖契约上开头就写明"大宋开宝八年……莫高乡百姓"某某，或在契书中间写清"太平兴国七年……赤心乡百姓"某某。因此，笔者以为，这三份契书从一个侧面如实记录了北宋初年民间土地买卖的手续和土地价格。以下用《郑丑挞卖宅舍契》为例：

> ……大宋开宝八年岁次丙子三月一日立契，莫高乡百姓郑丑挞，伏缘家内贫乏，债乏／深计，无许方求。今遂口分地舍出卖与／慈惠乡百姓沈都和，断作舍物，每尺两硕贰斗五升。准地皮尺数，算著舍价／物贰拾玖硕五斗陆升九合五圭，干湿各半。其捨（舍）及当日交相分付讫。

据陈炳应先生对此契的研究，丙子年实际为开宝九年，开宝八年的"岁次"应为乙亥，"这是书契者的笔误"；同时，指出莫高等是乡名②。此契

---

① 中国科学院历史研究所编：《敦煌资料》第一辑，中华书局 1961 年版，第 314—317 页。又见《敦煌宝藏》110 册北八三四七号背，新文丰出版公司 1984 年版，第 52 页；《英藏敦煌文献》（3），四川人民出版社 1990 年版，第 12 页；《英藏敦煌文献》（5），1992 年版，第 168 页。录文参见沙知：《敦煌契约文书辑校》，江苏古籍出版社 1998 年版，第 33、35、37、39 页。

② 陈炳应：《敦煌所出宋开宝八年"郑丑挞卖地舍契"订误考释》，《西北史地》1983 年 4 期。

前一部分还详述郑丑挞卖宅的方位及宅基面积。据此可知,郑丑挞卖宅以地基尺数为准,每尺值米 2.25 硕,共 29.569 硕。再以《吕住盈阿鸾卖地契》为例:

> ……于时太平兴国柒年壬午岁二月廿日,立契赤心□□/阿鸾二人,家内欠少,债负深广,无物填还,今□□/与都头令狐崇清,断作地价每亩壹拾贰硕,通□□

此契前一部分还提到所卖地"共四亩",可见总共卖了米 48 硕。

宋太宗淳化元年(990 年)九月,左司谏、知制诰王禹偁《李氏园亭记》说:"重城之中,双阙之下,尺地寸土,与金同价,其来旧矣。"①王禹偁没有给我们留下当时具体的土地价格,只是笼统地提到开封府作为京城,地价昂贵,可谓寸土寸金。

从宋仁宗朝起,有关土地价格的记载逐渐增多,且记录下一些具体的数字。李焘《续资治通鉴长编》宋仁宗天圣元年(1023 年)六月戊申记载:

> 河南府言:"永定陵占民田四十八顷,凡估钱七十万。"上曰:"营奉先帝陵寝而偿民田直,可拘以常制耶?"特给百万②。

永定陵(在今河南巩义)是安葬宋真宗遗体的陵墓。河南府征用百姓的田地 48 顷,估价为 700 贯文(铜钱)。平均每亩田地为 145.8 文。可能宋仁宗觉得河南府补偿给杜家的田地价钱太少了,所以不拘"常制",大笔一挥,特批 1 000 贯文。于是每亩田价提高到平均 208.3 文。漆侠先生《宋代经济史》第 382 页也据此统计此年永定陵的地价(亩)为 146—208 文。不过,据笔者考证,《长编》此处所载"民田四十八顷"

① 王禹偁:《小畜集》卷 16,四部丛刊本,第 108 页下。
② 《续资治通鉴长编》(以下简称《长编》)卷 100,中华书局点校本 1985 年版,第 2324 页。

有误。据《宋会要辑稿》礼 29 之 32 真宗天圣元年六月十五日记载：

> 河南府言："永定陵占故杜彦珪田十八顷，凡估钱七十万。"诏特给百万①。

表明河南府征用已故武将杜彦珪家的田地为 18 顷。《长编》点校本在六月戊申条下出了异同校，指出：

> "四十八顷"，宋本、宋撮要本、阁本均作"十八顷"②。

笔者以为，《长编》的宋本、宋撮要本和文津阁本及《会要》皆记载为 18 顷是可信的，而《长编》点校本沿用清光绪七年（1881 年）浙江书局刊本记载的 48 顷是不可靠的。因此，永定陵征用的这批田地，真正的价格为每亩 389—556 文。

宋仁宗天圣四年（1026 年），杭州的每亩田价为 600 多文。夏竦《赐杭州灵隐山景德灵隐寺常住田记》记载刘太后：

> ……乃赐直百万，市田二十五亩以施之。岁输旧赋，天下之为公也；永充净供，福田之无极也。……时天圣四年岁次析木，仲夏望日，谨记③。

据此计算，杭州灵隐寺受赐的田每亩达 40 贯文。这一田价显然过高，不符合实际。《宋代经济史》第 382 页引《淳祐临安志》（辑逸）卷 2，提出此次"市田"数实为十五顷，所以平均每亩为 666 文；黄敏枝教授也引用此书和《灵隐寺志》，提出天圣三年（1025 年）"李太后赐脂粉钱九千

---

① 《宋会要辑稿》（以下简称《会要》），中华书局 1957 年影印本，第 1079 页下。
② 《长编》，第 2329 页校勘记（二八）。
③ 夏竦：《文庄集》卷 21，文渊阁四库全书本，第 1087 册，第 225 页上—226 页上。

五十四贯","收买杭州钱塘县山林田十五顷及盐官县思亭乡水田十顷,秀州崇德县积善乡水田十顷"①。据《武林灵隐寺志》卷5《檀越上》(《四库全书存目丛书·史部》245册,齐鲁书社1996年版,第3页上)记载:"仁宗天圣三年皇太后赐脂粉钱九千五十四贯。"此处"皇太后"应是真宗皇后刘氏,并非仁宗的生母李宸妃,天圣三年李正"从守"真宗的陵墓永定陵,直至明道二年(1033年)四月才追尊为皇太后。同时,夏竦说是以"百万"文(铜钱)"市田",与《灵隐寺志》载以"九千五十四贯"即九百零五万文"收买",相差近九倍。再者,《灵隐寺志》卷2《梵宇》(同上,第12页下)载,天圣三年皇太后"赐钱买田数"为"收买杭州钱唐(塘)县山林田土五顷"、"盐官县思亭乡水田一千顷"、"秀州崇德县积善乡水田一千顷,并免秋粮、夏税"。笔者以为,思亭、积善二乡不大可能垦田面积各达一千顷之巨,"一千顷"极可能是"一十顷"之误。所以,三笔田地实际总共为二十五顷。另外,夏竦说"赐直百万",似比《灵隐寺志》载"赐脂粉钱"九千五十四贯更可靠一些。所以,不妨依照以一千贯文铜钱购买杭州三处田地二十五顷计算,每亩田地平均为400文铜钱。不过,其中有些属于推理,尚待进一步证实。这里,仍暂以《宋代经济史》的考证为准。

天圣四年六月,宋朝准备出售福州的官庄,派屯田员外郎辛惟庆前往福州调查。辛惟庆回朝后奏申:

> 臣与本州体量,闽侯管十二县,共管官庄一百四……按见耕种熟田千三百七十五顷,共估钱三十五万贯,已牒福州出卖,送纳见钱,或金、银依价折纳。

由此计算,官府出售福州官庄尚有人耕种的熟田,平均每亩为2 545文。不过,朝廷经过研究,决定命令三司"据估到钱,三分减一分"②,这

---

① 黄敏枝:《宋代佛教社会经济史论集》,台北学生书局1989年版,第54页。
② 《会要》食货1《农田杂录》,第4813页上。另见同书食货63《农田杂录》,第6074页上—下。

意味着田价又降了三分之一，于是实际每亩售价平均为 1 696.6 文。《宋代经济史》第 382 页将此田定为"2—2.5 贯"，其中 2 贯文不知依何为据。

天圣十年（1032 年）八月，并州（治今山西太原）的一块买地券，记载了墓主的家属购买这块墓地的情况：

> 大宋天圣十年岁次壬申，八月庚子朔，二十一日庚申，并州右厢开食店王信迁奉上代父母，于阳曲县武台乡盈村税户白千处，立契买到地一亩二分，置围两座，各长十一步，各阔九步，准作价钱九贯文，折计阴司钱九万九千九百九十贯…… 卖地主白千，男白诚①。

宋代一般买地券沿袭前朝的习俗，在券上书写墓地的价格时往往只说："今用钱九万九千九百九十贯文"，或"使用黄铜钱九万九千九百九十九贯九文"等。周密说：

> 今人造墓，必用买地券，以梓木为之，朱书云："用钱九万九千九百九十九文，买到某地"云云。此村巫风俗如此，殊为可笑②。

这里的"用钱"数字当然不可能是真正的实数，而是当时的一个俗套。但天圣十年并州王信的买地券不仅写明所购墓地的面积（1.2 亩），而且写明所花"价钱九贯文"，笔者觉得这两个数字不像是虚数。所以，依此计算，这块墓地的价格是每亩 7 500 文。

明道二年（1033 年）八月，并州的另一块买地券，也记录了墓主的家属购买这块墓地的情况：

---

① 解希恭：《太原小井峪宋、明墓第一次发掘记》，《考古》1963 年第 5 期，第 250 页。
② 周密：《癸辛杂识》别集下《买地券》，中华书局 1988 年版，第 277 页。

明道贰年岁次癸酉,十月癸巳朔,八日庚子,陶美迁奉三世者主,在并州左第一厢大铁炉为活,买到阳曲县武台乡孟村百姓刘密地贰亩,准作价钱壹拾贰贯伍百文(市陌)。其地阳间并无差税,阴司东王公、西王母处,折钱九万九千九百九十九贯九文……①

这里更写清这块墓地在"阳间"为 12 贯 500 文(市陌),"阴司"为 99 999 贯 9 文。市陌的"市"原写作"币",据韩国学者李圭甲《高丽大藏经异体字典》"市"的异体字中有"币"字②。宋代的市陌,一般就是"省陌"。《永乐大典》卷 22180 引高晦叟《珍席放谈》记载唐末、五代的减陌现象后说:"今则凡官私出入,悉用七十七陌,谓之省陌者是已。"③吴自牧《梦粱录》卷 13 指出:"元都市钱陌用七十七陌,近来(案:即南宋末)民间减作五十陌行市通使。"④可见市陌一般就是七十七陌。由此计算,这块墓地的价格是每亩 6 250 文(市陌),实际为 4 812.5 文(足陌)。

以上并州两块买地券的每亩平均价格达 4 812.5 文或 7 500 文,显然比别的地区要高,甚至比稍后的两浙路的田价还高,其中究竟是什么原因导致这一现象,有待进一步探讨。

庆历八年(1048 年),知明州鄞县王安石《上运使孙司谏书》说:

鄞于州为大邑,某为县于此两年,见所谓大户者,其田多不过百亩,少者至不满百亩。百亩之直,为钱百千,其尤良田,乃直二百千而已⑤。

显示这时明州鄞县的良田每亩 2 000 文,一般田每亩 1 000 文。

嘉祐五年(1060 年)前后,河东路提点刑狱程师孟曾经在本路绛州

---

① 代尊德:《太原小井峪宋墓第二次发掘记》,《考古》1963 年第 5 期,第 259 页。
② 李圭甲:《高丽大藏经异体字典》,韩国高丽大藏经研究所 2000 年版,第 250 页。
③ 《永乐大典·陌·钱陌》,中华书局影印 1960 年版,第 19 函 188 册,叶五 A。
④ 吴自牧:《梦粱录·都市钱会》,浙江人民出版社 1980 年版,第 114 页。
⑤ 王安石:《王文公文集》卷 3,上海人民出版社 1974 年版,第 41 页。

正平县兴建水利田,后来程师孟追记此事说:

> 臣昔提点河东刑狱兼河渠事,本路……买地开渠,淤溉田五百
> 余顷……近闻南董村田亩,旧直三、两千,所收谷五、七斗。自灌淤
> 后,其直三倍,所收至三、两石①。

表明绛州正平县在嘉祐五年以前,每亩田仅值 2 000—3 000 文;嘉祐五
年开渠淤田后,田价直线上升,每亩田上涨三倍,达每亩 6 000—9 000
文。据研究,从宋仁宗庆历初起,河东路发行铁钱,与铜钱兼行。嘉祐
五年前后,河东路依旧流通铁钱。正平县的淤田价格高达 6 000—9 000
文,远超过稍后的两浙地区,不能不使人怀疑这一价格是否用铁钱计
算,但现在限于记载简单,无法辨清②。

嘉祐七年(1062 年),两浙路的秀州(治今浙江嘉兴)州学购进一笔
田产,据谈钥《嘉泰吴兴志》卷 11 刘度《赠学田记》记载:

> ……嘉祐七年,知州事鲍轲闻秀州松阳泾有民讼田,连年不决
> 者,官将两夺之。乃贻书恳转运使,贷钱六十万得之,计七顷一十
> 九亩有奇。是岁秋成,得租米三百二石。田当沃壤,无旱潦患③。

知秀州鲍轲购进的这批学田,是属于土质肥沃的上等田,他出的价钱平
均每亩仅 834.5 文,每亩平均收租米 0.42 石。

宋英宗治平末,永兴军(治今陕西西安)社会经济繁荣,市场上物
资丰富,价格便宜。邵伯温《题贾炎家传后》说:

> 治平之末,长安钱多物贱,米、麦斗不过百钱,粟、豆半之。猪、

---

① 《长编》神宗熙宁九年八月庚戌,第 6779 页;《会要》食货 7《水利上》,第 4920 页下。
② 汪圣铎:《两宋货币史》下册,社会科学文献出版社 2003 年版,第 571—576 页。
③ 《嘉泰吴兴志》卷 11,载《宋元方志丛刊》(3),中华书局 1990 年影印本,第 4732 页上。参见吕祖
　谦辑:《宋文鉴》卷 83,顾临:《湖学田记》,文渊阁四库全书本,第 1350 册,第 858 页上。

　　羊肉三四十钱一斤。鱼、稻如江乡，四方百物皆有。上田亩不过二千，官员所携路费，皆一色铜钱①。

说明这时永兴军的上等田最高也不过 2 000 文。从邵伯温前后的文意，这一田价只可能用铜钱计算。

　　宋神宗熙宁五年(1072 年)，新法派在京东、京西推广淤田法，以将"咸卤之地"变成膏腴良田。是年二月，知都水监丞公事侯叔献等上言：

　　　　见淤官田，今定赤淤地每亩价三贯至二贯五百，花淤地价二贯五百至二贯。见有七十余户，乞依定价承买，欲作三年限输纳，仍于次年起税②。

这显示官方定价赤淤地为每亩 2 500 文至 3 000 文，花淤地为每亩 2 000 文至 2 500 文，这些都属于官田出售的价钱。《宋代经济史》第 382 页在引述《长编》此条为材料来源时，又以《宋会要辑稿》食货 7 之 30 的一条记载为依据，但事实上这条记载的时间为熙宁九年八月二十四日，上言者是权判都水监程师孟，所言内容只是追叙以前即宋仁宗嘉祐五年在绛州淤田的情况，并非神宗熙宁五年推广淤田法的情景。不过，《会要》这条材料透露了一个消息，即新法派首先在京东、京西两地推行淤地法。

　　熙宁五年，朝廷讨论如何由官府"于近里汉界熟户部内买地"，以安置陕西沿边归附的少数族部族问题。宰臣王安石说：

　　　　向来只用二千贯买地，一项才十贯余，宜其不好③。

说明陕西沿边地价较低，每亩平均 100 多文，这当然不是上等田的田价。

①　《长编》哲宗元符二年闰九月甲戌原注，第 12269 页。
②　《长编》神宗熙宁五年二月壬子，第 5586 页。
③　《长编》神宗熙宁五年四月辛未，第 5636 页。

熙宁八年(1075 年),参知政事吕惠卿在朝廷研究两浙兴修水利时提出:

> 修堤岸极是好事,……苏州,臣等皆有田在彼,一贯钱典得一亩,岁收米四五六斗。然常有拖欠,……①

说明这时苏州田的典价为每亩 1 000 文,每亩收取田租四斗至六斗不等。

宋哲宗元祐五年(1090 年)稍前,京东西路郓州(今山东东平)州学购置一批学田。尹迁《郓州州学新田记》说:

> 先是汶水之阳,东山之下,有美田亩一金,宜桑柘麻麦,官与大豪,而薄其赋,……

元祐元年(1086 年)滕元发知郓州后,便想方设法将这批田拨给州学,达 2 500 多亩,租给农民耕种,年收钱 1 000 贯文②。说明在滕元发任知州前,郓州的上等田亩值一金。

绍圣元年(1094 年),成都府良田亩值千金。知成都府王觌为解决居民墓田困难,检查被人侵耕的官田。《宋史·王觌传》记载:

> 绍圣初,以宝文阁直学士知成都府。蜀地膏腴,亩千金,无闲田以葬,觌索侵耕官地,表为墓田③。

从中透露成都府膏腴之田每亩值千金。

以上郓州"美田"亩值一金,而此处成都府"膏腴"则亩值千金,何以两者的价格相差一千倍? 据龚鼎臣记载,宋代的"金"作为货币计算单位之一,是这样规定的:

---

① 《长编》神宗熙宁八年八月戊午,第 6556—6557 页。
② 王昶辑:《金石萃编》卷 139,中国书店影印,叶五 A 下。
③ 《宋史·王觌传》,中华书局 1977 年点校本,第 10944 页。

世俗谓一钱为金,百金为一镪,与古甚异①。

依此计算,成都府的"膏腴"亩值 1 000 文,但郓州的"美田"仅值一文,显然郓州的记载有误,否则郓州的习俗对"金"字另有解释。

宋徽宗大观元年(1107 年),尚书省在"检会"养马法时说:

以今陕西土田中价计之,每顷可直五百余贯……②

清楚说明此时陕西的中等田每亩值 5 000 多文。

北宋土地价格表

时间		地区	土地种类	田价(亩)	资料出处	米、绢价格	备注
历史纪年	公元						
淳化元年	990	开封府	地	"与金同价"	王禹偁《小畜集》卷16《李氏园亭记》		
天圣元年	1023	河南府永定陵	田	388.89 文—555.56 文	《宋会要辑稿》礼 29之 32		
天圣四年	1026	杭州	田	666.67 文	夏竦《文庄集》卷 21《赐杭州灵隐山景德灵隐寺常住田记》		原文有误,今据漆侠《宋代经济史》第 382页考证
天圣四年	1026	福州官庄	熟田	2 545 文	《宋会要辑稿》食货63《农田杂录》、食货1《农田杂录》		
天圣十年	1032	并州阳曲县	地	8 182 文	解希恭《太原小井峪宋、明墓第一次发掘记》,载《考古》1963年第 5 期第 250 页及图版		买地券所载地价

① 龚鼎臣:《东原录》,文渊阁四库全书本,第 862 册,第 560 页下。
② 《续资治通鉴长编拾补》徽宗大观元年三月乙卯,中华书局 2004 年点校本,第 913 页。

（续表）

时间		地区	土地种类	田价（亩）	资料出处	米、绢价格	备注
历史纪年	公元						
明道二年	1033	并州阳曲县	地	6 250 文（市陌）	代尊德《太原小井峪宋墓第二次发掘记》，同上，第 259 页及图版		同上
庆历八年	1048	明州鄞县	良田一般田	2 000 文1 000 文	王安石《王文公文集》卷 3《上运使孙司谏书》		
嘉祐五年前后	1060 年前后	绛州正平县	一般田淤田	2 000—3 000 文6 000—9 000 文	《宋会要辑稿》食货 7《水利上》，《续资治通鉴长编》神宗熙宁九年八月庚戌		
嘉祐七年	1062	秀州松阳泾	田	834.44 文	《嘉泰吴兴志》卷 11 刘度《赡学田记》		
治平末	1067	永兴军	上田	2 000 文	《续资治通鉴长编》神宗元符二年闰九月甲戌	米、麦每斗100 文	
熙宁五年	1072	开封府界	赤淤地花淤地	2 500—3 000 文2 000—2 500 文	同上，熙宁五年二月壬子，《宋会要辑稿》食货 61《淤田》		
熙宁五年	1072	陕西边区	地	100 文稍多	《续资治通鉴长编》神宗熙宁五年四月辛未		
熙宁八年	1075	苏州	田	1 000 文	同上，熙宁八年八月戊午	米每斗50 文	典
元祐五年	1090	郓州	美田	一金	《金石萃编》卷 139 尹迁《郓州州学新田记》		
绍圣初	1094	成都府	良田	千金	《宋史·王觌传》		
大观元年	1107	陕西	土田	5 000 多文	《续资治通鉴长编拾补》徽宗大观元年三月乙卯		中价

二、南宋前期和中期的土地价格

南宋时期有关土地价格的记载逐渐增多,尤其珍贵的是一些金石碑刻资料和地契。

宋高宗建炎(1127—1130年)间,淮南西路寿春府(治今安徽凤台)等地百姓被该路提刑司下令缴纳驻军的军饷,于是官员张守撰《论淮西科率札子》申报朝廷表示异议:

> ……臣窃闻淮西提刑司,缘寿春府霍丘县屯驻高武略人马,公行文移于寿春府,庐、光、濠州,每人户家业钱一千贯,逐人月纳钱一贯、米一石,前去霍丘县送纳。……臣契勘,今之家业及千缗者,仅有百亩之田,税、役之外,十口之家,未必糊口……①

张守提及一百亩田的"家业钱"为一千贯,这样,每一亩的家业钱为十贯文。家业钱与土地价格两者有什么关系,家业钱是否就是土地价格呢?笔者以为,家业钱又称"家业物力"②。在城镇中,质库、坊廊、停塌、店铺、租牛、赁船等六种都"估纽家业"③;在乡村中,家业钱主要是"田亩物力"即"田产物力"或"亩头物力"④。据记载,这一"物力"数一般以土地买卖时所定价钱为准。绍兴六年(1136年)十二月十八日,臣僚言:

> 州县推排人户,于造簿之时,宜得其实。若产去税存者,根究受产之家,据数摊理;以契内价贯为物力者,取见出产之家苗税都

---

① 张守:《毗陵集》卷5,文渊阁四库全书本,第1127册,第728页下。
② 《会要》食货65《免役》,第6203页上。
③ 《会要》食货65《免役》,第6205页上。
④ 《会要》食货70《赋税》,第6416页下。

数,参酌均定,则不得而欺矣①。

由此可知,乡村中家业钱一般就是土地的价格,所以,淮南西路的田产,平均每亩值 10 000 文。《宋代经济史》第 382 页将张守此札定为"宋高宗绍兴年间",不甚准确。其实,张守建炎初年任御史中丞,绍兴十五年(1145 年)正月病死,而此札中说到"又况淮西数州,皆遭丁进及群盗经过,民力已乏,而重困之",寿春卒丁进在建炎元年曾率众接受宋朝招安,次年九月"复反,率众寇淮西",三年二月被杀②。说明这一土地价格比较准确的时间应在建炎年间,最迟至绍兴初年。

绍兴十年(1140 年),杜莘老进士及第,授梁山军(治今重庆梁平)军学教授。据《杜御史莘老行状》记载:

> 隶业者随其材分,皆有得。乃合而言曰:学廪不继,居无以久,愿输家余,为之缗二千二百有奇。公乃市田六百亩……③

证明绍兴十年或稍后时间梁山军的田亩平均为 3 666 文。《宋代经济史》第 382 页将梁山军学购进一笔学田定为"宋孝宗隆兴、乾道间",其实杜莘老死于隆兴二年(1164 年),不可能迟至乾道(1165—1173 年)间还在世上活动。

绍兴十二年(1142 年)十一月,为安葬宋徽宗及其母宋哲宗孟皇后棺木,知绍兴府楼炤上奏:

> 奉诏打量攒宫,用过人户山地,共计二百一十九亩五十七步。除数内五十七步(亩)三角一十三步,……先支还价钱,每亩三贯

① 《会要》食货 69《版籍》,第 6341 页上。
② 徐梦莘:《三朝北盟会编》卷 118、卷 121,上海古籍出版社 1987 年影印本,第 863 页上、885 页上。
③ 《名臣碑传琬琰录》卷 54,浙江图书馆藏绍熙甲寅本;另见《琬琰集删存》卷 2,上海古籍出版社 1990 年影印本,第 321 页。

> 五伯文足。其余一百六十一亩一角四十四步……每亩计作一十贯
> 五伯文足①。

说明官府购进绍兴府山地的价格是每亩 3 500 文和 10 500 文,后者显然是官府开出的优惠价。

绍兴二十八年(1158 年),建康府学添置了一大笔学田,据记载:

> 至绍兴二十八年,以秦申王所送钱一万贯,续置到田一千八百
> 九十亩②。

秦申王就是秦桧,不过秦桧在绍兴二十五年已经寿终正寝,何以在死后几年还能捐款为建康府学买田呢?估计是秦桧生前捐款,建康府学陆续联系购田,直至绍兴二十八年才将 10 000 贯用尽。由此确定建康府学购置的田产每亩平均为 5 291 文。《宋代经济史》第 382 页将此地价定为"5.34 贯",略有差错;所引《景定建康志》卷 28 应为《增学计》,而误作《增学记》。

绍兴三十年(1160 年),江南西路吉州(治今江西吉安)出售官田,其中有已经有人承佃和无人承佃两种,售价也有区别。据李心传《建炎以来系年要录》绍兴三十年四月记载:

> 左朝散郎、江南西路提点刑狱公事黄应南言:奉诏覆视吉州应
> 卖官田三千六百五十余顷,计直一百三十八万余缗。内已有人承
> 佃一千三百七十顷,计直三十一万缗,乞减价直三分。无人承佃荒
> 田、山林、陂泽二千三百四十一顷,计直六十万余缗,乞别行
> 估定③。

---

① 《会要》礼 37《徽宗永祐陵》,第 1330 页上—下。
② 《景定建康志》卷 28《儒学志一·增学计》,《宋元方志丛刊》(2),第 1808 页下。
③ 《建炎以来系年要录》(以下简称《要录》)卷 185,中华书局 1988 年版,第 3096 页。

朝廷采纳了黄应南的售田方案。由此可见吉州出售官田，原来每亩定价平均为3 780文。其中尚未有人承佃的荒田、山林和陂泽每亩定价平均为2 563文。已经有人承佃的官田每亩定价平均为2 263文；如果出售时还优惠减价三分，则每亩平均为1 584文。此间前、后几个数字即后面的已佃和未佃田地总数及其拟售的价钱总数，与前面的"应卖官田"及其拟售的价钱总钱有较大的误差。之所以出现误差，是因为"应卖官田"及其拟售的价钱总数，并非黄应南调查统计的结果，而是他在绍兴二十九年十月受命去吉州核实的数字。据李心传同上书卷183另一则记载：

> 先是，户部员外郎魏安行自吉州召还，言本州官田，当卖者计直一百三十八万余缗。而（提举江西常平王）傅聂实，以为可卖者二十二万缗而已。朝廷疑其高下辽绝，故有是命，仍令提刑司看详以闻①。

可见按照魏安行原先申报的数字，吉州出售官田每亩平均达3 780文，而后来经黄应南调查核实，两种田土每亩平均为2 412文。《宋代经济史》第382页将这批官田每亩售价定为"2.25贯"，不尽准确。

宋孝宗隆兴元年（1163年），常州无锡县也准备出售官田，前后出现两种价格。《会要》记载：

> 隆兴元年十一月十五日，户部言：昨上封者乞卖常州无锡县省田四十万亩，每亩直钱一十五千。得旨，委两浙漕臣亲相度。今据申到，止有十六万六千余亩，每亩价直二贯。若许人承佃，岁得上供省苗近四万石……乞将上件田住卖②。

---

① 《要录》绍兴二十九年十月，第3059页。
② 《会要》食货5《官田杂录》，第4877页下。又见同书食货61《官田杂录》，第5888页上。

朝廷采纳了户部的建议,决定停售。从中可以看出,无锡县官田的售价一般为每亩2 000文。

隆兴二年九月,刑部侍郎吴芾向朝廷要求废绍兴府鉴湖周围的低田,还田为湖。他说:

> (鉴湖周围)今尚有低田二万余亩,本亦湖也,百姓交佃,亩直才两三缗。欲官给其半,尽废其田,去其租①。

衡量利弊,退田为湖,而这批湖田本来每亩值2 000文到3 000文。

乾道二年(1166年),户部侍郎曾怀提议出售江南西路的营田。他说:

> 江西路营田四千余顷,已佃一千九百余顷,租钱五万五百余贯。若出卖,可得六万五千余贯。

朝廷即命曾怀等"提领出卖"②。这批营田的售价每亩平均仅163文。

乾道三年,苏州灵岩山显亲崇报福院由住持佛慧大师牵头购置一批土地,据《前住当山广照和尚忌辰追修公据》记载:

> 堂头佛慧卿和尚……共揍(凑)前项米、钱计六百贯文足,添置柴荡五百亩在昆山□□□,永入本院为业……③

说明昆山县这批柴荡每亩平均为1 200文,该公据还提到这600贯文中,有330贯是用110石米"转变见钱",即售出得来的。可见这时苏州的米价每斗为300文。

---

① 《宋史·食货志上一·农田》,第4185页。
② 《宋史·食货志上一·农田》,第4192页。
③ 《江苏金石记》卷12,江苏通志稿影印本,第9页下。

乾道八年(1172年),马军司李显忠要求在临安府(今浙江杭州)修建都教场,所需土地由官府出钱购买。据记载:

> 马军司李显忠乞兑换民田充都教场,有司申民间不愿,欲每亩支钱五贯文收买①。

由于"民间不愿"出让己田,因此李显忠开价较高,即每亩5 000文。

淳熙元年(1174年),朝廷下令限制荆湖北路出售官田,原因是该路安抚使曾逮上疏反对出卖营田。曾逮说:

> 营田不可出卖,利害尤明。盖一顷岁收谷八十余硕,若出卖,价钱止五十缗,不可以五十缗目前之利,而失八十斛每岁之入②。

这批营田的售价每亩仅500文,应该肯定这是低价销售,而这批田每亩每年平均收租米0.8斛。

从乾道九年(1173年)起,江西转运副使芮烨等三名官员,陆续捐钱为本路转运司养济院购买田产。据淳熙十年(1183年)朱熹撰《江西运司养济院记》记载:

> 盖三公所捐,皆四方之聘币不以入于家者,合之为钱三百七十万。所买三墅,为田千有一百十一亩,岁入租为谷九百八十三斛有奇。……又市钟陵、灌城两墅之田七十亩,岁收谷三百余斛、钱五万有奇,以充入之③。

---

① 《皇宋中兴两朝圣政·孝宗皇帝十一》,文海出版社1967年影印本,第1907页。
② 《会要》食货6《垦田杂录》,第4892页上。
③ 载《朱子全书》(二四),《晦庵先生朱文公集》卷79,上海古籍出版社、安徽教育出版社2002年版,第3766页。

五墅之田平均每亩价为 3 175 文。江南西路转运司的治所设在隆兴府（今江西南昌），应该说这是此时隆兴府的田价。

淳熙十三年（1186 年），有一名官员为湖州（今属浙江）道场山购置一批寺田。袁说友《陈氏舍田道场山记》载：

> 湖州道场山，聚众万指……淳熙丙午，有保义郎、新监行在丰储西仓陈泌者，施钱逾百万，市田百亩于路村……①

湖州这批寺田平均每亩达 10 000 文。

淳熙十五年（1188 年）前，官员徐谊捐巨款，为成都府添置学田。据杨万里所撰《朝议大夫直徽猷阁江东运判徐公（谊）墓志铭》载：

> ……又改成都府路转运判官……公所至政，必先学校。去西路日，尽捐公钱七千余缗，市田一百六十亩，以廪成都之府学②。

说明成都府这时的田价平均每亩 43 750 文。由于这一田价之高十分离奇，所以笔者怀疑为铁钱。《宋代经济史》第 383 页也有这一看法，不过把时间定在"宋理宗绍定（1228—1233 年）年间"，显然有误，因为徐谊早已在四十多年前即淳熙十五年（1188 年）二月病死。

宋光宗绍熙二年（1191 年）至五年，明州定海县（今浙江宁波市东北旧镇海）共七个乡，其中清泉两乡土地贫瘠，田价很低；另外五乡则土地肥沃，田价较高。据陈造《与诸司乞减清泉两乡苗税书》载：

> （清泉）两乡东西六十里，南北约三十里，地平无水，故无泉源之润。咸潮之所沾浸，故斥卤瘠埆。势中高四下，故水泄不蓄。水利无策可讲，故十日不雨，则蹙额相吊；两旬不雨，则秋收绝

---

① 袁说友：《东塘集》卷 18，文渊阁四库全书本，第 1154 册，第 368 页下—369 页上。
② 《杨万里集》卷 125，《传世藏书·集库·别集》，海南国际新闻出版中心 1996 年版，第 688 页。

> 望。……目今五乡之田，卖买之价，亩不下二十千或三十千，而清泉之地，佳者两千，次一千，又其次举以予人，唾去不受也①。

说明定海县各乡的田价相距甚大，上等田每亩 20 000 文，或高达 30 000 文；下等圩则每亩 1 000 文，或 2 000 文。

绍熙三年（1192 年），秀州（今浙江嘉兴）州学学田中原有一批柴荡，共 500 多亩，被朝廷命令出售。据绍熙四年九月尚朴撰《府学承置柴荡记》载：

> 麟瑞乡柴荡，秀学之旧物也。淳熙四载，显谟吕公典是邦，给佃于学，以助都养，计五百余亩，隶嘉兴，……去岁有旨粥官产……复令官估，晦钱七百。贪民挟多资，志于必得，增晦钱三千三百一十有一②。

经过一番周折后，这些柴荡仍归给秀州州学。从中可见秀州嘉兴县麟瑞乡的柴荡，官府最初出售价每亩仅 700 文，而"贪民"竟抬价至每亩 3 311 文。《宋代经济史》第 383 页将这些柴荡的最高价写成"3 711 文"，误。

顺便提及，《宋代经济史》第 383 页认为"宋光宗绍熙年间"漳州龙岩地价每亩 3.3 贯。但据查，其"材料来源"《朱文公文集》卷 79《漳州龙岩县学记》中，并没有有关地价的内容，而且朱熹撰此记在淳熙十年（1183 年）二月，较绍熙年间要早十年左右。

宋宁宗庆元元年（1195 年）至嘉泰二年（1202 年），王楙撰成《野客丛书》，卷 10 提到：

---

① 陈造：《江湖长翁文集》卷 24，明万历四十六年刻本；又见文渊阁四库全书本，第 1166 册，第 298 页上一下。

② 《至元嘉禾志》卷 16《碑碣》，《宋元方志丛刊》(5)，第 4530 页。

《费凤碑》曰:"祖业良田,亩直一金。"按汉金一斤,为钱十千,是知汉田每亩十千,与今大率相似。仆观三十年前,有司留意征理,所在多为良田,大家争售,至倍其直。而迩年以来,有司狃于姑息,所在习顽为风,举向来膏腴之土,损半直以求售,往往莫敢乡迩。世态为之一变,甚可叹也①。

据此书《小序》,作者为长洲人,所以大致可判定此时平江府长洲县的田价每亩为 10 000 文。

嘉泰三年(1203 年),隆庆府梓潼县(今属四川)也有官员捐置学田。据是年四月范于进撰《魏城徐邑侯捐置学田记》记载:

> ……于是樽节浮费,得钱一千九百缗,买中田一顷,而置之学,岁籍其入②。

可见梓潼县的中等田每亩平均为 19 000 文。由于这一价格偏高,怀疑是用铁钱计算的。

开禧二年(1206 年)十月,平江府学为陆续典买到的一批学田刻石立碑,碑名《吴学续置田记一》其中比较明确记录田价、卖主、田亩方位、典买时间的有以下四契:

> 一契,嘉泰四年七月内,用钱一千九百单八贯五百五十文(九十九陌),买到……苗田共一十七段,计一百三十六亩三角一十四步。……已上田共上租米一百二十三硕一斗。
>
> 一契,嘉泰四年七月内,用钱一千六十三贯三百七十五文(九十九陌),买到……苗田计八十六亩五十六步八分四厘。……已上田共上租米七十七硕九斗六升(系一百三十合斗)。

---

① 《野客丛书·汉田亩价》,上海古籍出版社 1991 年版,第 148 页。
② 傅增湘辑:《宋代蜀文辑存》七八,清光绪九年铅印本,引自《梓潼县志》卷 4。

一契,嘉泰四年七月初三日,用钱九百七十五贯二百四十文(九十九陌),买到……田地计一百二十三亩一角一十四步六分一厘,共上租米八十一硕二斗七升。

一契,嘉泰四年七月内,用钱一百一十九贯文(九十九陌),买到……苗田二段,计有七亩一角,上租米七硕①。

依据以上四契的田亩、田价和租米总数,可以计算出各契的每亩平均价格及其每年缴纳的租米数:第一契为 13 954 文、0.899 石;第二契为 12 330 文、0.904 石;第三契为 7 909 文、0.659 石;第四契为 16 413 文、0.965 石。

嘉泰(1201—1204 年)间,湖州乡村的耕地几乎都是良田,自然价格不低。谈钥说:

今郡境东南乡分,延袤百里,田旧有围,塍岸岁修崇固,悉为上腴,亩直十金②。

每亩平均"十金",与淳熙十三年湖州的田价十贯相比,估计是同一回事,即此时湖州上等田每亩仍为 10 000 文。

开禧元年(1205 年)六月、七月、九月和二年五月,平江府学又陆续典买到四契田地。据《吴学续置田记二》碑刻记载:

一契,开禧元年六月内,用钱四百六十九贯七百文(九十九陌),买到……苗田共三十六亩三角三十三步,每年租户……共纳租米三一二硕八斗五升(系一百三十合斗)。

一契,七月内,用钱八百六十五贯六百五十文(九十九陌),买到……田五十六亩四十八步,每年租户……共纳租米六十硕一斗

① 《江苏金石记》卷 14,第 6 页上—13 页下。
② 《嘉泰吴兴志》卷 20《物产》,《宋元方志丛刊》(3),第 4858 页下。

（系一百三十合斛）。

　　一契,九月内,用钱三百三十四贯三百二十文（九十九陌）,买到……田共三十四亩一角四十五步,每年租户……共纳租米二十七硕八斗六升（系一百三十合斛）。

　　一契,开禧二年五月内,用钱二百四十贯九百二十文（九十九陌）,典到……苗田二十二亩一角一十九步半,共上租米三十七硕一升……本宅节次优润租户,减退租额六硕四斗六升,……今实计租额三十硕五斗五升（系一百三十合斛）。

　　一契,开禧二年五月内,用钱三十一贯二百文（九十九陌）,置到……苗田八亩二百三十一步,计上租米五硕五斗（系一百三十合斛）①。

依据以上四契的田亩、田价和租米总数,前三契的每亩买卖价格及其每年租米数如下:第一契为 12 732 文、0.89 石;第二契为 15 408 文、1.069 石;第三契为 9 706 文、0.811 石;第四契为典价,每亩为 10 798 文、1.368 石。以上各契田价皆用九十九陌,租米前三契用一百三十合斗。

　　嘉定七年（1214 年）,出于兴修水利的需要,庆元府鄞县（今浙江宁波）购买一批田地。据提刑程覃札子记载:

　　　　合置田一千亩,每亩常熟价直三十二贯（官会）,计钱三万二千贯,每岁得谷二千四百余石②。

显然,上等田每亩平均价达 32 000 文（会子）,每年收租谷 2.4 石多（折合米 1.2 石多）。《宋代经济史》第 383 页将此条定为宋孝宗淳熙四年,误。

---

① 《江苏金石记》卷 14,第 26 页上—30 页上。
② 《宝庆四明志》卷 12《水·东钱湖》,《宋元方志丛刊》(5),第 5151 页上。

同一年，程覃又一次在鄞县兴修水利。据记载：

> 嘉定七年，提刑程覃摄守，谓奔湍流沙，沙壅水滞，乃势之常，岁不一浚治之，厥后用力益艰。捐缗钱千有二百，置田四十亩，委乡之强干者掌其租入①。

说明鄞县又购进一批田地，平均每亩售价为 30 000 文。另据魏岘记载，程覃所购田地实数为四十亩三角二十九步，"收租谷一百一十四石一斗五升，系西郭斗斛"②。这样，这批田地实际价格为每亩平均 29 339 文，每亩每年平均收租谷 2.79 石（西郭斗斛）。此处田价估计也是以会子计算的。

嘉定八年（1215 年）四月，徽州祁门县（今属安徽）吴拱的一份卖地契透露当时的田价：

> 录白：附产户吴拱……熟地一段，内取三角，今将出卖与朱元兴。……计两界官会六贯省。……嘉定八年四月初日，吴拱（押）。……助押契人黄德和（押）③。

据记载，从宋宁宗嘉定初年起，发行第十四界和第十五界会子，兑收第十一界至第十三界会子④，此契所写"两界官会"即此时两界同时行用的"东南会子"。说明这笔熟地的售价每亩平均为 8 000 文省（第十四、十五界会子）。

嘉定九年（1216 年）后，叶适撰成《后总》篇，专论官府买田养兵。

---

① 《宝庆四明志》卷4《水·日月二湖》，《宋元方志丛刊》（5），第5035页下。
② 魏岘：《四明它山水利备览》卷上《淘沙》，文渊阁四库全书本，第576册，第23页上。
③ 中国国家图书馆藏契。
④ 戴埴：《鼠璞·楮券源流》，丛书集成初编本，第319册，第23页。又见文渊阁四库全书本，第854册，第60页下。

他计划先在温州近城三十里内各乡,"以爵(按:即官诰)及僧牒"买田一十万余亩(一作"所买瞻军田谷一十万余扛"),每亩地的买价大致为一扛谷,"每一扛谷计钱三十贯文"①。由此推算,他定的田价每亩为30 000文。不过,他的这一计划仅停留在纸面上,当时并未付之实践。

嘉定十年(1217年),一件田产争讼的民事案件,牵涉到了土地价格。该案件的名称叫"游成讼游洪父抵当田产",案件的判词提到:

> 游朝将田一亩、住基五十九步出卖与游洪父,价钱十贯,系在嘉定十年,印契亦隔一年有半②。

清楚说明这一田产以每亩8 000文的价格买卖,可惜地点不详。

赵与訔在嘉定十七年(1224年)撰成的笔记《宾退录》,记述当时江、浙的田价。他说:

> 贡禹被征,卖田百亩,以供车马。以今江、浙田贾会之,不减二三千缗,车马之费当不至是,则当时田贾,亦非今比③。

表明这时江、浙地区的田价大致在20 000文至30 000文之间。

南宋前期和中期土地价格表

时　间		地区	土地种类	田价(亩)	资料出处	米、绢价格	备　注
历史纪年	公元						
绍兴十年	1140	梁山军	田	3 666文	《名臣碑传琬琰录·杜御史莘老行状》		绍熙甲寅本

---

① 叶适:《水心别集》卷16,中华书局1961年版,第850页、851页、855页、868页。
② 《名公书判清明集·户婚门·争业上》,中华书局1987年版,第104页。
③ 赵与訔:《宾退录》卷3,上海古籍出版社1983年版,第36页。

（续表）

时间		地区	土地种类	田价（亩）	资料出处	米、绢价格	备注
历史纪年	公元						
绍兴十二年	1142	绍兴府	山地	3 500—10 500 文	《宋会要辑稿》礼 37《徽宗永祐陵》		
绍兴二十八年	1158	建康府	田	5 291 文	《景定建康志》卷 28《儒学志一·增学计》		
绍兴三十年	1160	吉州	官田	2 263—2 563 文	《建炎以来系年要录》绍兴三十年四月丁丑		出售
隆兴元年	1163	无锡	官田	2 000 文	《宋会要辑稿》食货 5《官田杂录》		出售
隆兴二年	1164	绍兴府鉴湖	低田官田	2 000—3 000 文	《宋史·食货志上一·农田》		出售
乾道二年	1166	江西路	营田	163 文	同上		出售
乾道三年	1167	苏州昆山	柴荡	1 200 文	《江苏金石记》卷 12《前住当山广照和尚忌辰追修公据》	米每斗 300 文	
乾道八年	1172	临安府	田	5 000 文	《皇宋中兴两朝圣政·孝宗皇帝十一》		
淳熙元年	1174	荆湖北路	营田	500 文	《宋会要辑稿》食货 6《垦田杂录》	谷每斗 62.5 文	出售
淳熙十年	1183	隆兴府	田	3 175 文	《朱子全书》（二四）《晦庵先生朱文公文集》卷 79《江西运司养济院记》		
淳熙十三年	1136	湖州	田	10 000 文	袁说友《东塘集》卷 18《陈氏舍田道场山记》	平江府二麦每斗 100 文《石湖诗集》	
淳熙十五年前	1188 年前	成都府	田	43 750 文	《杨万里集》卷 125《朝议大夫直徽猷阁江东运判徐公（谊）墓志铭》		疑为铁钱

（续表）

时间		地区	土地种类	田价（亩）	资料出处	米、绢价格	备注
历史纪年	公元						
绍熙二年至五年	1191—1194	明州定海县	上田下田	20 000—30 000 文1 000—2 000 文	陈造《江湖长翁文集》卷24《与诸司乞减清泉两乡苗税书》		
绍熙三年	1192	秀州麟瑞乡	柴荡	700—3 311 文	《至元嘉禾志》卷16《府学承置柴荡记》		
庆元元年至嘉泰二年	1195—1202	平江府长洲县	田	10 000 文	王楙《野客丛书》卷10		
嘉泰三年	1203	隆庆府梓潼县	田	19 000 文	《宋代蜀文辑存》卷78，范于进《魏城徐邑侯捐置学田记》（引自《梓潼县志》卷4）		疑为铁钱
嘉泰四年	1204	平江府长洲县	田	13 954 文	《江苏金石记》卷14《吴学续置田记一》	吴、越米、帛"三倍于旧"	有四种价钱
				12 330 文			
				7 909 文			
				16 413 文（以上皆九十九陌）			
嘉泰间	1201—1204	湖州	上田	10 金	《嘉泰吴兴志》卷20《物产》		
开禧元年六月	1205	平江府长洲县	田	12 732 文（九十九陌）	《江苏金石记》卷14《吴学续置田记二》		
开禧元年七月	1205	同上	田	15 408 文（九十九陌）	《江苏金石记》卷14《吴学续置田记二》		
开禧元年九月	1205	同上	田、地	9 706 文（九十九陌）	同上		
开禧二年五月	1206	同上	田	10 798 文（九十九陌）	同上	开禧三年嘉兴府华亭县米石三贯文，《嘉庆松江府志》卷20	典

（续表）

时间		地区	土地种类	田价(亩)	资料出处	米、绢价格	备注
历史纪年	公元						
嘉定七年	1214	庆元府鄞县	田	32 000文(会子)	《宝庆四明志》卷12《水·东钱湖》		
嘉定七年	1214	同上	田	30 000文(会子)	同上卷4《水·日月二湖》,《四明它山水利备览》卷上《淘沙篇》		
嘉定八年四月	1215	徽州祁门县	熟地	8 000文省(两界会子)	中国国家图书馆藏宋吴拱卖地契		
嘉定九年后	1216年后	温州	田	30 000文	叶适《水心别集》卷16《后总》		
嘉定十年	1217	不详	田、宅基	8 000文	《名公书判清明集》卷4《户婚门·游成讼游洪父抵当田产》		
嘉定十七年	1224	江、浙	田	20 000—30 000文	赵与旹《宾退录》卷3		成书时间

三、南宋后期的土地价格

南宋后期,土地价格呈现继续上涨的趋势。宋理宗宝庆三年(1227年),浙东衢州(今属浙江)的惠民药局购进一批田地,以其地租买药。袁甫《衢州续惠民药局记》载:

> (惠民药局积累下本钱三千贯)遂三分之,以其一给费用,以其二买膏腴田,余百亩,岁收其入,益市良药①。

袁甫在宝庆三年前后知衢州,由此可知这时衢州上等田的价格为每亩20 000文。

---

① 袁甫:《蒙斋集》卷12,文渊阁四库全书本,第1175册,第479页上。

绍定元年(1228年),右丞相史弥远捐款给临安府灵芝崇福寺,命其购置田产。郑清之《灵芝崇福寺拨赐田产记》记述此事说:

> (史弥远)复出私钱二百万,易沃壤,为亩二十有五,而茹菁菁矣,时绍定元祀也①。

这批上等田平均每亩达 80 000 文。

绍定六年(1233年),平江府常熟县(今属江苏)增置学田,据《平江府增置常熟县学新田记》记载:

> 一项,用官会三百五十贯文,买金鹅乡田八亩五十五步三分,每年上还租米七硕。
>
> 一项,用官会九百贯九百文,买……彭华乡等田二十九亩三角,并地三角,每年上还租米二十八硕。
>
> 一项,用官会七百九十三贯五百文,买积善等乡田三十三亩一角一十二步,每年上还租米二十六硕五斗②。

这三项田地的每亩价格和每年租米分别为 42 476 文、0.849 石,29 537 文、0.918 石,23 828 文、0.796 石。货币皆为会子。

绍定年间,建康府溧阳县知县陆子遹以低价强购民田,引起民愤。俞文豹《吹剑四录》记载:

> 绍定间,赵静乐(善湘)留守建康,急于财赋,不时差官下诸邑,孔粒以上,根括无遗。溧阳宰陆子遹,放翁子也,窘无所措,乃以福贤乡围田六千亩,献时相史卫王(弥远),王以十千一亩酬之。

---

① 郑清之:《安晚堂集辑补》,《宋人集丙编》本。另见《咸淳临安志》卷79《寺观五·灵芝崇福寺》,《宋元方志丛刊》(4),第4073页上。
② 《江苏金石记》卷16。

　　　　子通追田主索田契，约以一千二亩，民众相率投诉相府……①

溧阳福贤乡围田自然是上等田，史弥远拟以每亩 10 000 文购进，实际已经比正常交易田价低许多，而陆子遹更压价格至每亩 500 文。

　　端平二年（1235 年），吴潜在《奏论计亩官会一贯有九害》中提到江东和江西的田价：

　　　　江东、西又不然，除平野上腴之外，水田多潦，山田多旱，亩直不过一、二千，盖有数年不得收者②。

这两地的水田和山田看来都是下等田，亩值仅 1 000 文至 2 000 文。

　　嘉熙元年（1237 年）二月，有人捐赠一笔田产给平江府吴江县的南林报国寺。据是年《宋南林报国寺碑》记载：

　　　　一、施财八百五十贯文，置到吴江县界田二十亩，递年收租③。

平均每亩 42 500 文。

　　同年四月，袁甫撰《教育言子诸孙记》，记载县官王燧为县学增购一批学田及其所用价钱如下：

　　　　得缗钱八千五百，买田以亩计者五百有二十，岁收米以斛计者三百有八十④。

---

①　俞文豹：《吹剑四录》，古典文学出版社 1958 年版，第 114 页。

②　吴潜：《许国公奏议》卷 2，丛书集成初编本，第 906 册，第 35 页。《续修四库全书》第 475 册刊清抄本《宋特进左丞相许国公奏议》卷 2，上海古籍出版社 2002 年版，第 133 页上，有讹字。

③　阮元：《两浙金石志》卷 11，清光绪十六年浙江书局重刻本，第 38 页上。

④　《江苏金石记》卷 16《常熟县教育言子诸孙记》。袁甫《蒙斋集》拾遗《教育言氏子孙记》和《常昭合志》卷 11 集文《袁甫教育言氏诸孙记》的篇名、买田缗钱数、买田数均有出入，今据《江苏金石记》。

据此,这批田的价格每亩平均为 16 346 文,每亩每年平均收租米 0.731 斛。

同年八月,平江府常熟县为解决义役的经费问题,使用几笔公款添购一批田。据《义役省札》记载:

> 今将诸郡率到官民户余剩助役钱……并本县拨到官钱,共二万二千三百贯文(官会),约可买田八百余亩,可得租米六百余石,别项桩积。……右札付平江府常熟县①。

这批义役田的购进价平均每亩为 27 875 文(会子),每亩每年约收租米 0.75 石。

嘉熙三年(1239 年),庆元府为疏浚河道买进一些土地"充淘沙"使用。据魏岘《赵都丞淘沙米田牒魏都大》记载,其中有:

> ……水田二十九亩三角二十五步,元契直钱计六百三十一贯七百文(九十八陌),每年上租米共二十一石一斗②。

说明这批水田每亩平均为 21 155 文(九十八陌),每亩每年收租米 0.706 石。

淳祐元年(1241 年),静江府临桂县(今广西桂林)一名妇女捐田给佛寺。据《宋李二娘捐田地碑记》记载:

> 漓山沙门伏蒙□□昭州都监杨忠训宅孺人李氏二娘舍□□一百七十贯文钱,收置临桂县西乡曹□□□田二十亩,入亡夫坟所寺内永充常住③。

---

① 《重修琴川志》卷 6《叙赋》,《宋元方志丛刊》(2),第 1216 页上—1217 页上。
② 《四明它山水利备览》卷上,文渊阁四库全书本,第 576 册,第 28 页上。
③ 《桂林石刻》上册,第 296 页。

此处"一百七十贯文钱"前空缺二字,不知是"官会",还是其他,但不大可能是"几千"。依此计算,这批田平均每亩为 8 500 文。

淳祐二年(1242 年)十月,徽州祁门县李思聪等的一份卖地契记载:

> □□□附产户李思聪、弟思忠,同母亲阿汪商议,情愿将……夏田二角四十步,贰号忠田一角,又四号山一十四亩……尽行断卖与祁门县归仁都胡应辰名下。三面评议价钱,官会十七界一百二十贯文省。……淳祐二年十月十五日,李思聪(押)、弟李思忠(押)、母亲阿汪(押),见交钱人、叔李余庆(押)、依口书契人李文质(押)①。

李思聪等人所卖地中有田三角四十步、山地十四亩,共十四亩三角四十步,平均每亩为 8 045 文省(第十七界会子)。由于该契未将田与山地之价分列,因此只能一并计算。当然其中绝大部分是山地,山地价格肯定要比田低,所以这份卖地契的地价也可算作是当时的山地价格。

淳祐七年(1247 年),方大琮撰《广州丁未劝农》文说:

> 向闻南田膏腴弥望,亩直不多,今或十贯,不为甚低。然比闽、浙(浙)间,食贵米,耕贵田,费与劳又几倍②。

丁未即淳祐七年。该《劝农》文透露广南一带"膏腴"良田每亩约为 10 000 文,较福建、两浙要低。

淳祐八年(1248 年)六月,徽州某县武山乡胡梦斗将一份山地出

---

① 中国社会科学院历史研究所藏契,载《徽州千年契约文书·宋元明编》卷 1,花山文艺出版社 1991 年版。
② 《宋宝章阁直学士忠惠铁庵方公文集》卷 33,《北京图书馆古籍珍本丛刊》,第 89 册,书目文献出版社 1988 年版,第 727 页上。

售,其地价据卖地契记载如下:

> 武山乡胡梦斗,今将……山一段……计三亩,……今将出卖与
> 同乡人李武成,三面评议价钱,十七界官会二百贯。……淳祐八年
> 六月十五日,李梦斗(押),见交钱人李叔孟(押)①。

说明这份山地平均每亩售价为 66 667 文(第十七界官会)。

淳祐十一年(1251 年),建康府学增购一大批学田,据周应合记载:

> ……今用钱五十万贯,回买到制司后湖田七千二百七十八亩
> 三角二十八步,岁收四千三百余石(市斗),米、麦相半,发下本学
> 置簿桩管②。

这批田是一个官府(建康府)向另一个官府(制置司)"回买到"的,每亩平
均为 68 692 文,每亩每年平均收租 0.59 石(米、麦各半,用市斗)。

淳祐十二年(1252 年)七月,徽州祁门县李从致等叔侄出售一些山
地和田的一张卖地契记录如下:

> 归仁都李从致、从卿、侄思贤等,今自愿将……山四亩、……夏
> 田一角二十步……出卖与同里人胡南仕名下。三面评值,价钱一
> 十八界一百六十贯文省。……淳祐十二年七月十五日,李从致
> (押)、李从卿(押)、李思贤(押)③。

这笔土地主要是山地,而田不足半亩,所以总的来说,仍是山地的价格,
平均每亩为 36 950 文省(第十八界官会)。

---

① 《徽州千年契约文书·宋元明编》卷 1。
② 《景定建康志》卷 28《儒学志一·立义庄》,《宋元方志丛刊》(2),第 1809 页上。
③ 北京大学图书馆藏契,载张传玺主编:《中国历代契约会编考释》上册,北京大学出版社 1995 年版。

宝祐三年(1255年),徽州祁门县(今属安徽)的一份卖地契,更清楚地反映出当时的地价:

> 义成都周文贵……愿将本都六保地名……山三亩一角二十步,……今将前项四至内山地,并大小杉苗,一并出卖与休宁县三十乙都张仲文名下,三面评值,价钱十八官会七十三贯文省。……宝祐三年八月十五日,周文贵立。书契、见交钱人高元圭(押字)①。

显示这几亩山地平均每亩 21922 文省(第十八界会子),其中还包括山地上栽种的林木。

宝祐六年(1258年)至开庆元年(1259年),庆元府为兴修水利,购买一些民间的园地。据梅应发等记载:

> 它山堰……役始于宝祐六年十二月十三日,毕于开庆元年二月十五日……买何仪曾园地三十二亩一角二十六步,内一契,何津之买赵念一省元地一片,计二十三亩二角四十九步,价钱六十贯足;内一契,林千十一娘男何津买葛子昇户下千十地八亩二角三十七步,价钱三十贯文(九十八陌),钱、会各半,共纽计一千三百四十贯四百五十五文②。

前一契园地的价格为平均每亩 2 532 文,后一契园地的价格为平均每亩 3 464 文,以上皆是九十八陌,铜钱和会子各一半。

景定元年(1260年),又一卖地契载明山地的价格:

> (上缺)义成都徐胜宗自己摽帐分得土地根坑……夏山一

---

① 北京大学图书馆藏周文贵卖地契,载《中国法制通史》第 5 册《宋》封内插图。
② 《开庆四明续志》卷 3《水利·洪水湾》,《宋元方志丛刊》(6),第 5952 页下—5953 页上。

亩……今无钱支用，愿将前项四至内山地，地并杉苗尽行出卖归仁都胡主簿应元名下，三面共议价钱十七界官会三十三贯文省。……今恐人心无信，立此断卖山地杉苗契，为契为照。景定元年正月十五日，徐胜宗（押字）、母亲阿朱花押（押字），书契、见交钱人李邦善（押字）①。

这一亩山地连同所种杉苗，出售价为 33 000 文省（第十七界会子）。

景定四年（1263 年），权臣贾似道推行公田法。最初在平江府、江阴军、安吉州、嘉兴府、常州和镇江府六处，按照官员品级，由官府收购超过限额的土地。据《宋史·食货志上一·农田》记载：

> 六郡回买公田，亩起租满石者偿二百贯，九斗者偿一百八十贯，八斗者偿一百六十贯，七斗者偿一百四十贯；六斗者偿一百二十贯。五千亩以上，以银半分，官告五分、度牒二分、会子二分半；五千亩以下，以银半分、官告三分、度牒三分、会子三分半；千亩以下，度牒、会子各半；五百亩至三百亩，全以会子。是岁，田事成，每石官给止四十贯，而半是告、牒，民持之而不得售，六郡骚然②。

笔者以为，公田法最初所定官府回买官员逾限之田的价格，还比较接近当时间的实际价格。《宋史·贾似道传》记载当时民田的最高价格为：

> ……买公田以罢和籴，浙西田亩有直千缗者，（贾）似道均以四十缗买之③。

似乎有高达每亩一千贯文之田。对此，清代学者俞正燮指出：

---

① 《景定卖地契》，浙江省博物馆藏照。
② 《宋史》卷 173，第 4194 页—4195 页。
③ 《宋史》卷 474，第 13782 页。

> 又《(贾)似道传》言亩值千缗者,亦给四十缗。案,不当有亩
> 千缗之田,《食货志》亦不载此数。盖凡相攻击者,君子、小人各务
> 搆虚以相诬。此所以不足取信于人,而是非终于无定也①。

十分清楚,所谓每亩值一千缗的田是反对者捏造出来的。不过,在实行
过程中确实出现许多弊病,而且后来"立价以租一石者,偿十八界会四
十楮;不及者,减"②。因此,实际只依每石租米的田地一律给予
40 000 文(第十八界会子)而已。

景定五年(1264 年)十月,徽州祁门县项永和的一份出售山地和一
般地的地契记载如下:

> 义成都项永和,今将……夏山一亩……尚山二亩、夏地二十五
> 步……夏地一角二十七步……尽行出卖与同宗人项永高,三面评
> 议价钱,十八界官会五十贯文省。……今恐人心无信,立此断卖山
> 地二处为据。景定五年十月十五日,项永和(押),依□书契人项
> 永成(押)、见交钱人项文(押)③。

这些山地和一般地共三亩一角五十二步,其中主要是山地,平均每亩为
14 410 文省(第十八界官会)。

宋度宗咸淳三年(1267 年),婺州浦江县(今属浙江)置月泉书堂
田,其中一批田得之于"邑佐"陈豹的捐赠。据明代《嘉靖浦江志略》卷
6 记载:

> ……邑佐陈君豹又乃曰:昔受鬻田养士之教,欲言未可,曾收

---

① 《癸巳存稿·宋景定公田说》,商务印书馆 1957 年版,第 236 页。
② 佚名:《宋季三朝政要》卷 3,景定三年四月,文渊阁四库全书本,第 329 册,第 1004 页下。另见周
密:《齐东野语·景定行公田》,中华书局 1983 年版,第 314 页。
③ 安徽省博物馆藏契,载张传玺主编:《中国历代契约会编考释》上册,北京大学出版社 1995 年版。

　　锱五百贯足,而未偿其田。今私家之田二十亩一角四十步为请,以
易已领之钱。①

　　这批"私家之田"的售价每亩平均为 24 509 文。

　　咸淳三年三月,徽州方伯淳将两笔地产售给李四登仕郎,其卖地契
记录如下:

> 　　□□都方伯淳奉母亲指零(令),将……夏山二亩、夏地五号
> 计五步,……尽行出断卖与李四登仕名下。三面议价钱十八界官
> 会七十贯文省。……咸淳三年三月十二日,方伯淳(押),母亲汪
> 氏(押),见交钱人李仲□②。

　　说明这两笔地平均每亩为 34 650 文省(第十八界官会)。

　　咸淳六年(1270 年)九月,徽州休宁县吴运干宅将祁门县的山地售
出的卖地契这样记载:

> 　　休宁县常乐里吴运干宅,有祖产在祁门县义成□四甲……尚
> 山一段……计六亩。今为缺钱支纳,今情愿将……山地并苗,尽行
> 出卖于祁门县义成都张日通、项永兴名下,取去时值价钱十八界官
> 会一百一十贯文省。……咸淳六年九月二十七日卖契③。

　　此契说明此时徽州祁门、休宁县的山地(带苗)平均每亩为 18 333 文省
(第十八界官会)。

　　咸淳(1265—1274 年)年间,数学家杨辉所撰两种著作,涉及土地

---

① 《嘉靖浦江志略·学校志·学田》,天一阁藏明代方志选刊本,第 19 册,第 7 页上。
② 安徽省博物馆藏契,载张传玺主编:《中国历代契约会编考释》上册,北京大学出版社 1995 年版。
③ 中国国家图书馆藏契。

买卖的演算法，其中有两题设定田价为每亩 10 600 文和 20 000 文①。似比实际曰价略低，但可供参考。

南宋后期土地价格表

时　间		地区	土地种类	田价（亩）	资料出处	米、绢价格	备注
历史纪年	公元						
宝庆三年	1227	衢州	膏腴田	20 000 文	袁甫《蒙斋集》卷 12《衢州续惠民药局记》		
绍定元年	1228	临安府	沃壤	80 000 文	郑清之《安晚堂集辑补·灵芝崇福寺拨赐田产记》		
绍定六年	1233	平江府常熟县金鹅乡	田	42 476 文	《江苏金石记》16《平江府增置常熟县学新田记》		
		同上，彭华乡		29 537 文			
		同上，积善等乡		23 828 文（以上皆会子）			
绍定间	1228—1233	建康府溧阳县	围田	10 000 文	俞文豹《吹剑四录》		官员强买民田
端平二年	1235	江东、江西	水田、山田	1 000—2 000 文	吴潜《宋左丞相许国公奏议》卷 2《奏论计亩官会一贯有九害》		"平野上腴"之外
嘉熙元年二月	1237	平江府吴江县	田	42 500 文	《两浙金石志》卷 11《宋南林报国寺碑》		
嘉熙元年四月	1237	平江府常熟县	田	16 346 文	袁甫《蒙斋集》拾遗《教育言氏子孙记》，《江苏金石记》16《常熟县教育言子诸孙记》		田价据《江苏金石记》统计
嘉熙元年八月	1237	平江府常熟县	田	27 875 文（会子）	《重修琴川志》卷 6《叙赋·义役省札》		

---

① 杨辉：《乘除通变算宝》卷中、《算法通变本末》卷上，丛书集成初编本，第 1292 册。

（续表）

时间		地区	土地种类	田价（亩）	资料出处	米、绢价格	备注
历史纪年	公元						
嘉熙三年	1239	庆元府	水田	21 155 文（九十八陌）	《四明它山水利备览》卷上《赵都承淘沙米田牒魏都大》		田价系"契面钱"
淳祐元年	1241	静江府临桂县	田	8 500 文	《桂林石刻》上册《宋李二娘捐田地碑记》		
淳祐二年十月	1242	徽州祁门县	山地与田	8 045 文省（第十七界会子）	中国社会科学院历史所藏李思聪等卖地契		
淳祐七年	1247	广南	膏腴	10 000 文	方大琮《忠惠铁庵方公文集》卷33《广州丁未劝农》文	广州米升3—4文，或7—8文。同左	
淳祐八年六月	1248	徽州	山地	66 667 文省（第十七界会子）	中国社会科学院历史所藏宋胡梦斗卖地契		
淳祐十一年	1251	建康府	田	68 692 文	《景定建康志》卷28《儒学志一·本朝兴崇府学·立义庄》	米斗3 600文。同左	
淳祐十二年七月	1252	徽州祁门县	山地与田	36 950 文省（第十八界会子）	北京大学图书馆藏李从致等卖地契		
宝祐三年	1255	徽州祁门县	山地	21 922 文（第十八界会子）	北京大学图书馆藏宋周文贯卖地契，载《中国法制通史》第5册《宋》封内插图		连同"大小杉苗"一起出售
宝祐六年至开庆元年	1258—1259	庆元府	园地	2 532 文	《开庆四明续志》卷3《水利·洪水湾》	宝祐五年定海县米石48—50贯文（第十七界会子），《开庆四明续志》卷4	
				3 464 文（以上皆九十八陌，钱、会各半）			

（续表）

时间		地区	土地种类	田价（亩）	资料出处	米、绢价格	备注
历史纪年	公元						
景定元年	1260	徽州祁门县	山地	33 000 文（第十七界会子）	浙江省博物馆藏《景定卖地契》照		连同"杉苗"一起"断卖"
景定四年	1263	平江府、江阴军、安吉州、嘉兴府、常州、镇江府	田	40 000 文（第十八界会子）	《宋史·食货志一·农田》,《宋季三朝政要》卷3,周密《齐东野语·景定行公田》		贾似道"回买公田"。年租米一石者之价,一半给会子,一半给告身、度牒
景定五年十月	1264	徽州祁门县	山地及一般地	14 410 文省（第十八界官会）	安徽省博物馆藏宋项永和卖地契		
咸淳三年三月	1267	徽州	山地及一般地	34 650 文省（第十八界官会）	安徽省博物馆藏宋方伯淳卖地契		
咸淳三年	1267	婺州浦江县	田	24 509 文	《嘉靖浦江志略·学校志·学田》	米斤267文,《嘉靖浦江志略》卷3	
咸淳六年九月	1270	徽州祁门县、休宁县	山地	18 333 文省（第十八界官会）	中国国家图书馆藏宋吴运干宅卖地契		连同"苗"一起"出卖"
咸淳十年	1274		陆地	10 600 文	杨辉《乘除通变算宝》卷中	绫丈1 666文同左	虚拟价格
咸淳间	1265—1274		田	20 000 文	杨辉《算法通变本末》卷上	葛布匹3 750文。同左	虚拟价格

四、宋代土地价格的变化总趋势

对照以上《北宋土地价格表》、《南宋前期和中期土地价格表》和《南宋后期土地价格表》，可以看出宋代土地价格的变化总趋势是在逐步上涨的。当然，这一上涨总趋势的中间也曾多次出现曲折的过程；同时，各地的土地价格也颇不相同。

南宋宁宗嘉定七年（1214 年），岳珂在所撰《愧郯录》卷 15 中说：

> 承平时，钱重物轻，本业具举，故粒米狼戾之价，与今率不侔，而田之直亦随以翔庳。……观太平兴国至熙宁止百余年，熙宁至今亦止百余年，田价、米价乃十百倍蓰如此[①]！

提出土地价格和米价从宋太宗太平兴国（976—983 年）至神宗熙宁（1068—1077 年）间，从神宗熙宁间到嘉定七年（1214 年），两个一百多年间，增长了十倍、百倍。从岳珂的话语体会，他所说似乎是指全国范围的情况，而从他列举的事例，是指田价上涨了十来倍。

在北宋，土地价格也曾数次出现回落。宋仁宗朝，因为乡村人户不堪徭役的沉重负担，他们纷纷出卖田产和房产，全家迁往京城。如景祐二年（1035 年）正月，仁宗下诏说：

> 京东西、陕西、河北、河东、淮南六路转运使，检察州县，毋得举户鬻产，徙京师，以避徭役，其分遣族人徙他处者，仍留旧籍等第，即贫下户听之[②]。

举家迁徙以避徭役的情况延续了多年，景祐四年十一月，仁宗又一次下

---

① 岳珂：《愧郯录·祖宗朝田米直》，文渊阁四库全书本，第 865 册，第 198 页。
② 《长编》仁宗景祐二年正月戊申，第 2719 页。

诏对河北路"城邑上户"纷纷迁移到河南府(治今河南洛阳)或京师的情况加以禁止①。至和(1054—1056年)初,大臣韩琦"以天下里正衙前为弊已久",上奏仁宗:

> 州县生民之苦,无重于里正衙前。自兵兴以来,残剥日甚,至有孀母改嫁,亲族分居,或弃田与人,以免上等,或非命求死,以就单丁②。

职役之一的衙前役,使轮流担任里正的乡村上户破家荡产,因此想方设法降低户等,其中一个办法是"弃田与人"。于是朝廷决定罢里正衙前,改行乡户衙前。但乡户衙前实行不久,弊端又生。到宋英宗治平(1064—1067年)间,司马光上《衙前札子》提出:

> 置乡户衙前已来,民益困乏,不敢营生,富者返不如贫,贫者不敢求富,日削月朘,有减无增。……臣尝行于村落,见农民生具之微,而问其故,皆言不敢为也。今欲多种一桑,多置一牛,蓄二年之粮,藏十匹之帛,邻里已目为富室,指使以为衙前矣。况敢益田畴,葺庐舍乎③?

由于衙前役及其他一些州役的沉重负担,乡村上户不敢购置田产,或者抛弃田产,或者出售给不负担职役的官户。在这种情况下,土地价格不可能上涨,而只会跌落。

宋神宗朝推行新法,新法的成效之一,是朝廷通过各种途径岁入财赋激增。到宋哲宗元祐元年(1086年),朝廷积存常平、坊场、免役积剩钱达五千多万贯,"散在天下州县,贯朽不用",还有谷、帛二千八百多

---

① 《长编》仁宗景祐四年十一月辛丑,第2839页。
② 韩琦:《韩魏公集·家传》,丛书集成初编本,第2365册,第201页。
③ 司马光:《温国文正司马公文集》卷38,四部丛刊本,第310页上。

万匹、石①。早在十来年前,正在新法推行高潮中,吕陶就已指出当时出现了"现钱大半入官,市井少有转用"的现象②。在市场缺少现钱的情况下,物价包括土地价格自然下跌。元祐元年,中书舍人苏轼也上奏札说:

> 熙宁以来,行青苗、免役二法,至今二十余年,法日益弊,民日益贫,刑日益烦,盗日益炽,田日益贱,谷帛日益轻……③

笔者在此暂不评论苏轼对熙丰新法是否否定过多,但他所说"田日益贱"则不像是无稽之谈。因为到元祐二年,殿中侍御史吕陶也在奏状中指出:

> 近年物轻币重,田宅既减价……谓如抵产一处,元估一千贯,今只值七百贯,即更令纳三百贯之类④。

说明当时钱重物轻,田宅降价,比过去约降低十分之三。

到南宋高宗朝,由于北方汉族的大量涌入,南方的土地价格急剧上涨。绍兴二年(1132年),有官员上言:

> 比缘臣寮申请,以谓近年以来,米价既高,田价亦贵……⑤

绍兴五年,户部也上言:

> 迩来田价增高于往昔,其卖典之人往往妄称亲邻至,及墓田邻至,不曾批退……⑥

----

① 《长编》哲宗元祐元年八月丁亥,第9352—9353页。
② 吕陶:《净德集·奏乞放免宽剩役钱状》,文渊阁四库全书本,第1098册,第4页上。
③ 《长编》哲宗元祐元年八月己丑,第9359页。
④ 《长编》哲宗元祐二年正月辛酉,第9587页。
⑤ 《会要》食货61《民产杂录》,第5905页下。
⑥ 《会要》刑法3《田讼》,第6601页上。

绍兴二十年(1150年),左朝散大夫杨师锡知资州(治今四川资中)代还,向朝廷提出:

> 今田价比昔倍贵。或卖田及半,则所推价贯已尽,户下遂无等第差役、科配,比之创买人户,极为不均①。

这些都显示差不多在全国范围内土地价格出现了增长。

当然,各地区土地价格的增长也不完全一致,有些地区土地价格相对低些。首先,南宋时两浙是土地价格较高的地区。宋孝宗乾道六年(1170年),臣僚札子指出:"江浙尺寸之土,人所必争。"②淳熙四年(1177年)或五年,叶适在《进卷·民事中》说:

> 夫吴、越之地……以十五州之众当今天下之半,计其地不足以居其半,而米粟布帛之直三倍于旧,鸡豚、菜茹、樵薪之鬻五倍于旧,田宅之价十倍于旧,其便利上腴争取而不置者数十、百倍于旧③。

"吴越之地"亦即两浙地区的土地肥沃、人口众多,土地兼并严重,地权转易频繁,因而土地价格比前上涨十倍,而且居高不下。

其次,福建和广东也是土地价格较高的两个地区。南宋中期人陈宓(1171—1230年)曾在《安溪劝农诗》中写道:

> 七闽寸土直钱多,况是泉山价倍高④。

宋理宗端平二年(1235年)吴潜在题为《奏论计亩官会一贯有九

① 《要录》绍兴二十年九月,第2622页。
② 《会要》食货61《赐田杂录》,第5900页下。
③ 《水心别集》卷2,第654页。
④ 陈宓:《复斋先生龙图陈公文集》卷4,《续修四库全书》,第1319册,第282页上。

害》札子中说：

> 闽中田贵而税轻，然人户田少，五七十亩已充里正，而钱尤难得①。

前引宋理宗淳祐七年方大琮撰《广州丁未劝农》文，提出广南地区的田价今比昔贵：

> 向闻南田……亩直不多，今或十贯，不为甚低。然比闽、浙（浙）间，食贵米，耕贵田，费与劳又几倍②。

以上说明福建因人多田少和广南因外来移民增加是土地价格较高的地区③。

再其次，南宋时的江南西路和东路，荆湖南路和北路，则是土地价格较低的几个地区。宋高宗初年，王洋在《蠲逋欠札子》中说：

> 某窃观江南东西、湖南北数路，以连年盗贼之余，或弥阡亘陌，举为丘墟，而复业之人未尝尽归，以至江西之田贱价与人，人不敢售者，以其欠负未尽故也。

同时期的张嵲也有《蠲逋欠札》，文字大体相同④。表明因为连年战乱，江西等路的田地价格很低。如同前述，宋孝宗乾道二年（1166 年），江

---

① 《宋特进左丞相许国公奏议》卷 2，《续修四库全书》，第 475 册，第 133 页上。
② 《宋宝章阁直学士忠惠铁庵方公文集》卷 33，第 727 页上。
③ 两宋时期福建路始终“地狭人稠”，见廖刚《高峰文集》卷 1《投省论和买银札子》（文渊阁四库全书本，第 1142 册，第 21 页下）和周必大《文忠集》卷 82《省斋别稿》卷 2《（代）大兄奏札》（同上，第 1147 册，第 25 页下）。两广的人口，据韩茂莉研究，认为“宋代是岭南地区人口增长较快的时期”，其中广西路的人口“呈直线上升趋势”，广东路的“户额”则因涌入外来的移民而有所增加（《宋代农业地理》，山西古籍出版社 1993 年版，第 179—182 页）。
④ 王洋：《东牟集》卷 9，文渊阁四库全书本，第 1132 册，第 448 页下。张嵲：《紫微集》卷 24，同上四库本，第 1131 册，第 549 页下。两书内容相同，疑为两人合撰上奏的一份札子。

西路官府出售营田，每亩仅 162.5 文；到宋理宗端平二年（1235 年），江西路和江东路的一般田，"亩直不过一、二千"，明显低于两浙等路。

五、影响宋代土地价格的诸种因素

在宋代，对土地价格产生影响的因素有多种，其中包括地租、交通、超经济的权力等等。

首先，关于地租对土地价格的影响。宋代人们已经懂得"计租定价"的原则。宋高宗绍兴三十二年（1162 年）九月二十八日，户部言：

> 臣僚札子：契勘民间田租，各有乡原等则不同，有以八十合、九十合为斗者，有以百五十合至百九十合为斗者。盖地有肥瘠之异，故租之多寡、赋之轻重、价之低昂系焉。此经久不可易者也。昨因陆之望挟偏见之私，乞以百合斗从官给卖，凡佃户纳租，每亩不得过一石，每斗不得过百合，虽多至百九十合，亦尽行镌减。户部及州县亦知其不可行，寻即报罢。……殊不知民间买田之初，必计租定价，若用百九十合为斗者，其价必倍；官虽重税，业主自皆乐输；斗器虽大，佃户亦安受而不辞①。

陆之望本想由朝廷下令地主收租必须统一使用百合斗，不料遭到反对，最后没有得到批准。此中透露一个原则，即买卖耕地，必定"计租定价"。当然，地租的数量主要是受耕地的肥瘠决定的，所以，归根到底，耕地的价格主要是由其自身的肥瘠所定。《宋代经济史》第 386 页指出：宋人"如此明确地提出了地租决定地价的理论，这不仅在中国文献学上是最早的，在世界上也可能是最早的，因而在地租理论发展史上，是极可注意和重视的。"笔者以为此见十分精辟。不过，笔者还觉

---

① 《会要》食货 69《宋量》，第 6335 页下。

得宋人只是提出了这个原则,但没有从理论进一步分析,也就是说,他们还没有达到一种理论认识的高度。

宋代官府也经常买卖土地。官府出售土地时,常常采用三种方法来决定价钱,一是通过实地勘察,根据田产的肥瘠、形势、面积而定。二是根据待售田产的原定租额或邻田租额核定。三是参照时价。宋高宗绍兴五年(1135 年)正月,下诏规定:

> 诸路州县系官田舍,委守令取见元数,比仿邻近田亩所收租课,及屋宇价直,量度适中钱数,出榜召人实封投状承买,拘催价钱起发[1]。

要求各地州县出售官田时,参照相邻私人耕地所定租额,然后从中选定一个适中的价格。同年四月,总制司向朝廷提出出卖官田的方案:

> 承送下专切措置财用司奏,今条具下项:一、系官田地,乞且截自宣和以后,应可以卖者,先委官根括,候见着实顷亩、四至,即大字榜示人户愿买人名,以时价着依已措置事理出卖,庶几岁月未久,易于考验,不至纷争。

计划依照“时价”出售。接着,又要求完全遵照本年正月三日(丁未)诏书的规定执行[2]。在官府允许百姓“实封投状承买”时,只有“与价高之人”才有机会买到[3]。

在宋代,农田的价格是与地租量成正比例的,凡农田价格最高的,地租量也最高。通过下列《宋代土地价格与地租量对照表》,大致可以看出这一现象。该表第一项,每亩租米为 0.899 石,设定此时每石米为

---

① 《要录》绍兴五年正月,第 1374 页。
② 《会要》食货 5《官田杂录》,第 4872 页上。
③ 《会要》食货 5《官田杂录》,第 4870 页下,4874 页上。

2 贯文,则每亩租米值 1.798 贯文。用 1.798 贯文除以每亩的价格 13.954 贯文,则此项的田价为 7.76 年地租的总和。第二项,每亩租米为 1.175 2 石(原为 0.904 石,一百三十合斗,现折成百合斗),设定此时每石米为 2 贯文,则每亩租米值 2.350 4 贯文。用 2.350 4 贯文除以每亩的价格 12.330 贯文,则此项的田价为 5.245 9 年地租的总和。第三项,每亩租米为 0.659 石,米价设定同上,则每亩租米值 1.318 贯文。用 1.318 贯文除以每亩的价格 7.909 贯文,则此项的田价为 6 年地租的总和。第四项,每亩租米为 0.965 石,米价设定同上,则每亩租米值 1.93 贯文。用 1.93 贯文除以每亩的价格 16.413 贯文,则此项的田价为 8.504 年地租的总和。在以上四项田价中,以第四项田价最高,所以田租居第二,田价所值田租年数则最长。其次为第一项,田价居第二,田租居第三,田价所值田租年数也为第二。再次为第二项,田价为第三,田租居第一,田价所值田租年数则最短。最后为第三项,田价最低,田租居最后,田价所值田租年数也列第三。第二项田之所以出现田租量最高,田价却略低的反常现象,估计是因为该项田产的卖主原来是从别人"典到"的,而这些"典到"者又是从另外一些"元典"人手中获取的①。由于经过两次典的过程,因而田租相应提高较多。另外,还有第八项,平江府学也是用"典"的方式把这笔田产变成学田的,该笔田产的田租也很高,以百合斗计算,每亩达 1.778 4 石(米);米价设定同上,则每亩租米值 3.556 8 贯文。用 3.556 8 贯文除以每亩的典价 10.798 贯文,则此项田的典价为 3.36 年地租的总和。据此,可以看出,通过"典"的方式转移让渡的农田,田租量是相当高的,但典价则略低,典价所值田租年数较少。

　　其次,关于交通、超经济的权力等对土地价格的影响。宋太宗时,如前所述,京城的地价已十分昂贵,达到了"尺地寸土,与金同价"的程度。宋哲宗元祐二年(1087 年),侍御史王岩叟也说:

---

① 《江苏金石记》卷 14《吴学续置田记一》。

　　近郭之田,人情所惜,非甚不得已,不易也。今郡县官吏迫于行法,或倍益官钱,曲为诱劝,或公持事势,直肆抑令。愚民之情一生于贪利,一出于畏威,不复远思,容肯割卖①。

王岩叟不赞成苏轼提出的"买田募役"法,认为人们不太情愿转让近郭之田,州县官吏为推行此法,不惜以高出时价的成倍价钱购买,其中难免还有强买的。苏轼在设计此法时,事实上也考虑到这一点,他在《论给田募役状》中提出:

　　一、出榜告示,百姓卖田……即须先申官,令、佐亲自相验,委是良田,方得收买。如官价低小,即听卖与其余人户,不得抑勒②。

　　苏轼预料可能会出现官府以低价强迫购买民田的弊病,因此允许遇此情况的民户可将田产转卖别人。
　　至于用超经济权力,主要是官府的权力,压低田价收购民田的事件,在北宋和南宋都曾出现过。如前述宋理宗绍定间建康府溧阳知县陆子遹以极低价强买百姓的福贤乡围田,又如前述景定四年推行的"公田法"强购民田,都是比较典型的事例。

宋代土地价格与地租量对照表

顺序	购买时间		地区	买(典)到田地		共用钱(九十九陌)	每亩价格(九十九陌)	共上租米	每亩租米	资料出处
	历史纪年	公元		种类	总数					
1	嘉泰四年	1204	平江府长洲县	苗田	136亩3角14步	1 908贯550文	13 954文	123石1斗	0.899石	

---

① 《长编》哲宗元祐二年三月,第9682页。
② 《长编》哲宗元祐元年四月癸巳,第9073页。另见《苏轼文集》卷26,中华书局1986年版,第770页。

（续表）

顺序	购买时间		地区	买(典)到田地		共用钱(九十九陌)	每亩价格(九十九陌)	共上租米	每亩租米	资料出处
	历史纪年	公元		种类	总数					
2	嘉泰四年	1204	平江府长洲县	苗田	86 亩 56 步 8 分 4 厘	1 063 贯 375 文	12 330 文	77 石 9 斗 6 升(一百三十合斗)	0.904 石	《江苏金石志》卷14《吴学续置田记一》
3	嘉泰四年	1204	平江府长洲县	田	123 亩 1 角 14 步 6 分 1 厘	975 贯 240 文	7 909 文	81 石 2 斗 7 升	0.659 石	
4	嘉泰四年	120⊏	平江府长洲县	苗田	7 亩 1 角	119 贯文	16 413 文	7 石	0.965 石	
5	开禧元年	1205	平江府长洲县	苗田	36 亩 3 角 33 步	469 贯 700 文	12 732 文	32 石 8 斗 5 升(一百三十合斗)	0.890 石	
6	开禧元年	1205	平江府长洲县	田	56 亩 48 步	865 贯 650 文	15 408 文	60 石 1 斗(一百三十合斗)	1.069 石	同上卷14《吴学续置田记二》
7	开禧元年	1205	平江府长洲县	田	34 亩 1 角 45 步	334 贯 320 文	9 706 文	27 石 8 斗 6 升(一百三十合斗)	0.811 石	
8	开禧二年	1206	平江府吴县	苗田	(典)22 亩 1 角 19 步半	240 贯 920 文	10 798 文	30 石 5 斗 5 升(一百三十合斗)	1.368 石 (一百三十合斗)	
9	开禧二年	1206	平江府吴县	苗田	8 亩 2 角 31 步	31 贯 200 文	36 152 文	5 石 5 斗(一百三十合斗)	0.637 石 (一百三十合斗)	
10	绍定六年	1233	平江府常熟县	田	8 亩 55 步 3 分	(会子)350 贯文	(会子)42 476 文	7 石	0.849 石	

（续表）

顺序	购买时间		地区	买(典)到田地		共用钱（九十九陌）	每亩价格（九十九陌）	共上租米	每亩租米	资料出处
	历史纪年	公元		种类	总数					
11	绍定六年	1233	平江府常熟县	田、地	29 亩 6 角	（会子）900 贯900 文	（会子）29 537 文	28 石	0.918 石	同上卷 16《平江府增置常熟县学新田记》
12	绍定六年	1233	平江府常熟县	田	33 亩 1 角 12 步	（会子）793 贯500 文	（会子）23 828 文	26 石 5 斗	0.796 石	
13	嘉熙元年	1237	平江府常熟县	田	520 亩	8 500 贯文	16 346 文	380 石	0.731 石	同上卷 16《常熟县教育言子诸孙记》

（本文刊载于《中华文史论丛》2006 年第 2 辑,总第 82 辑）

重新认识宋代的历史地位

　　早在 20 世纪 80 年代初,笔者曾参加中国大百科全书《中国历史》卷"宋朝"条的编撰,该条最后专列"宋朝的历史地位"一节,近九百字,扼要地论述了宋朝在当时世界的地位、在当时中国的地位、在中国历史上的地位,提出:一、"宋朝是当时的世界大国","其经济文化多方面的成就,不仅在当时世界上居于领先地位,并且对人类文明作出了重大贡献,产生深远的影响。"二、宋朝"属于封建社会的中期,尚未产生资本主义萌芽","社会生产有迅猛发展,其农业、手工业、商业等的发展水平,大大超过唐朝,成为战国秦汉以后,中国封建经济的又一高峰期"。三、宋朝是"中国历史上统治地区最小的王朝","在与北方辽朝的抗衡中,宋朝处于劣势,后被新兴的金朝占夺了北方半壁山河,最后又被北方的元朝灭亡"①。

　　2004 年春,笔者又应邀承担重写"宋朝"条的编撰任务。由于原来的"宋朝"条有七万多字,而此次新"宋朝"条限为一万四千字,又要吸取近二十年史学界的研究成果,因此,在最后一节以不到一百二十字简述宋朝的历史地位:

　　　　宋朝是中国历史上疆域最小的中原王朝,但它在经济、教育、
　　　　科技、文化方面所达到的高度,在中国古代是空前的。同时,它还

────────────────

① 《辽宋西夏金史》,中国大百科全书出版社 1988 年版,第 106—107 页。

是当时的世界大国,在经济等方面的成就,在当时世界上居于领先地位,对人类文明作出重大贡献,产生深远影响。

与旧"宋朝"条相比,新"宋朝"条尽可能吸取旧条的成果,尤其是旧条的第一点。不过,新"宋朝"条对旧条作了以下三点修正:

第一,关于宋朝在中国历史上的地位。旧条认为宋朝是"经济文化高度发展的封建帝国","在中国历史发展的长河中,宋朝属于封建社会的中期";"宋代文明无疑也超越了唐代,成为中国封建文化发展的鼎盛期",等等。此次,笔者吸取近年中国史学界的研究成果,觉得学术界长期以来流行的"封建"一词,并非中国古代"封土建国"、"封邦建藩"的原意,而是从"五种社会形态"角度确定其含义,这实际上是译介、创新语汇时遗留下来的问题,容易造成混乱。从 20 世纪 20 年代初期起,随着共产国际译词在中国的传播,尤其是 1929 年前后中国社会性质论战中的一派,将"封建"一词泛化,便把秦、汉至明、清这一颇不"封建"的两千多年历史纳入"封建时代"①。据此,新条笼统地把宋朝定位为中国古代"继五代十国之后赵氏建立的"一个"中原王朝",在"社会阶级结构"一节中指出:"宋朝形成了新的社会阶级结构。由唐朝中叶以前的门阀士族和均田户、部曲、奴容、贱民、番匠、奴婢等旧的社会阶级结构,转变为宋朝的官僚地主和佃客、乡村上户、乡村下户、差雇匠、和雇匠、人力、女使等新的社会阶级结构。这是中国古代社会内部阶级关系的一次重大变化,这是一次社会生产关系的调整,这一变化逐步由法律肯定下来。"在"政治制度"一节中指出:"随着唐末以后旧的皇帝、士族政体的彻底瓦解,宋朝建立起皇帝集权,官员分权;中央集权,地方分权的皇帝、官僚政治体制。"这实际已经指出宋朝在中国历史上的地位,即继唐朝中叶以后的一个新的继续发展时期。

第二,关于宋朝在当时中国的地位。旧条比较强调宋朝对北方的

---

① 冯天瑜:《史学术语"封建"误植考辨》,《学术月刊》2005 年第 3 期。

辽朝和金朝、蒙元"处于劣势"的地位。新条则没有沿袭此说。这是因为北宋与辽朝长期处于势均力敌的状态,尤其是宋真宗与辽朝订立"澶渊之盟"以后。南宋与金朝,除宋高宗统治的前十五年外,即"绍兴和议"后的长时期内,双方的实力实际不相上下,很难说谁处优势,谁处劣势。南宋后期,即宋理宗端平元年(1234 年),宋、蒙联军攻灭金朝后,蒙古军乘机南下攻宋,直到 1279 年南宋亡国,前后算来,南宋有四十五年的时间对蒙元这一劲敌完全处于劣势的地位,但进行了顽强的抵抗。

　　第三,关于宋朝社会经济发展的估计。旧条高度评价宋朝社会经济的发展水平,新条则略有不同:一是在充分肯定"宋朝是社会经济获得迅猛发展的时期,在农业、手工业、商业等方面都取得了突出的成就"的同时,指出宋朝"完成了经济重心的南移"。二是在肯定宋朝社会经济发展的同时,又指出"也造成了生态环境的一定破坏",具体为从北宋初起,"黄河中、下游及其支流渭、洛等水两岸的森林植被,继续遭到破坏。"到北宋中期,齐、鲁间松树林皆被砍尽,太行山及京西、江南的松山大半不长草木。"黄河两岸水土流失严重,造成黄河平均每年出现一次决口或改道的水灾。梯田的过度开垦,也以破坏丘陵地带的森林为代价。南方圩田的过度填筑,导致许多湖泊从此消失,周围地区水旱之灾频仍。""这些都给社会经济的持续发展和后代留下了难以逆转的隐患。"

　　总之,笔者以为,以往的史学家包括笔者在内,对于宋朝的历史地位的评价,在当时的社会经济方面,仅注意"迅猛发展"的一面,而忽略为了这些"发展"所付出的高昂代价,即造成了生态环境的一定破坏,给以后的持续发展和后代留下了许多隐患。在当时中国的地位方面,以往的史学家过分强调北宋对辽朝、南宋对金朝处于劣势,其实在大多数时间里,北宋对辽朝、南宋对金朝处于势均力敌的状态,双方皆无攻灭对方的实力。至于宋朝在中国历史上的地位,则不再采用"封建社会中期"的旧说,而代之以中国古代的"一个新的继续发展时期"。

(本文刊载于《河北学刊》2006 年第 5 期)

不可割断的南宋史

历史不会重复,历史不会人为中断,这在当今已为世人所熟知,越来越成为一种浅显的常识。

在中国五千年的历史长河中,南宋时期不过一百五十多年,充其量是一条不长的河段,或一条小溪。但它是一条不同寻常的河段或小溪,因为曾经创造中国古代丰富多彩的甚至灿烂辉煌的文明:南宋的社会经济,包括农业、手工业、商业以及科学技术,都较北宋有所发展。文学艺术领域也涌现了许多杰出的人物和作品,如辛弃疾、陆游、李清照、文天祥等人的诗词名篇十分脍炙人口,对后世产生深远的影响。毫不夸大地说,南宋的社会经济、科学技术、文化思想,甚至各项制度,都处于当时世界领先的地位。

多年来,或许由于南宋的皇帝几乎都是强敌面前的主和派(仅宋孝宗和宁宗初期曾经积极主张北伐),对北方的金朝和蒙古(元)长期屈辱求和,因此造成一种错觉,以为南宋是一个社会经济发展停滞、统治阶级极其腐朽的黑暗时代。其实,这是一种误解,不符合历史事实。以下我们从四个方面,即南宋更加丰富多彩的社会生活、活字印刷术的重要实践、王安石新法的最好检验、培养民族英雄的沃土等,来论证南宋时期在中国历史的重要地位。

更加丰富多彩的社会生活

近年,中国文艺界掀起一股《清明上河图》热,人们争先恐后地去博物馆参观《清明上河图》原作,不久前,电视台还热播演绎该图故事的一个电视剧。原来,《清明上河图》是北宋末年画家张择端所绘的一幅神品名作,它生动地描绘了北宋东京(今河南开封府)沿街市肆的买卖盛况、汴河上繁忙的交通运输、船夫们的紧张操作、雄伟的虹桥、巍峨的城楼、士农工商各色人的服装和神态,以及牛车、小轿、骆驼、各种商品等,一一勾画得惟妙惟肖。它不愧为一幅不可多得的北宋城市风俗画卷。

南宋时期,虽然我们的先人没有留下类似《清明上河图》的画作,以反映临安府的社会风俗,但也先后出现了五种历史文献,详细记录了临安府人民的生活情景。这五种文献,为耐得翁《都城纪胜》、佚名《西湖老人繁胜录》、吴自牧《梦粱录》、周密《武林旧事》、潜说友《咸淳临安志》。这些文献详尽地记录了当时宫廷的礼仪,全年各种节日的庆祝活动,市井铺席,夜市和诸市,工商诸行,各类作坊,酒店、茶肆和食店,各种食品、水果、饮料、盆花名称、园囿、歌馆和瓦舍,民间社会,各类闲人或游手,各类寺庙、佛塔及其宗教活动,桥道和坊巷,大内宫殿和各堂、斋、阁、园,朝廷各官署和临安府各官舍,各山岩、洞、泉、西湖和浙江,江海船舰、湖船和河舟,各种神祠和祠祭,学校和贡院,古墓,民俗、户口和物产,嫁娶和育子,妓乐和百戏伎艺,角觝,孝宗时"教坊乐部"详细名单,等等。可以这样说,这些文献对于临安府的文字记录,既有城市组织、社会风貌,又有人们丰富的物质生活、文体娱乐活动,人们读后,此情此景跃然纸上,给人以丰富想像,实际与《清明上河图》有异曲同工之妙。

在南宋北北宋更加丰富的社会生活方面,不妨以饮食为例。中国古代起源于汉朝的汤饼,又称馎饦、不托、飩饨,是一种以水煮熟的面片汤。唐昭宗天复二年(902年),众多亲王、公主、妃嫔因被朱全忠叛军包围,只能勉强度日,史称他们"一日食粥,一日食汤饼"。胡三省注曰:"汤饼者,碪麦为面,以面作饼,投之沸汤煮之。"①直到北宋,人们每

---

① 　司马光:《资治通鉴》卷263,中华书局1988年版。

逢生日时，举行"汤饼会"，招待亲友，一起庆祝。北宋中、后期，民间又出现了"索饼"和"面"①，庆祝生日所食用的汤饼也称"长命面"②。从"索饼"和"长命面"的字面推测，这些面食就是面条。黄庭坚《过土山寨》诗写道："汤饼一杯银线乱，蒌蒿数筋玉簪横。"③生动地描绘出这种"汤饼"就是白面条，不过煮食时在面条上添加了一种称蒌蒿的野菜。南宋时，除文人雅士不时在诗文中提及"汤饼"一词，民间已习惯使用"面"来替代"汤饼"。吕祖谦说："南地人生子，以煮面待客，为汤饼。"④尽管仍称"汤饼"，实际上却是煮面条了。南宋后期，临安府食店中供应各种面条，名称颇多，价钱稍贵一些的面条有猪羊淹生面、丝鸡面、三鲜面、鱼桐皮面、盐煎面、笋泼肉面、炒鸡面、大熬面、子料浇虾燥面等；价钱便宜一些的面条，有菜面、熟齑笋肉淘面等，出售廉价面条的食店是一些"不堪尊重、非君子待客之处"。还有一类"素面"，称为大片铺羊面、炒鳝面、卷鱼面、笋泼面、笋辣面、笋菜淘面、七宝棋子面、百花棋子面等⑤。其中两种"棋子面"，似乎是像棋子一样的面片，仍属汤饼一类，不是面条。又据耐得翁记载，"南食店"除卖上述部分面条外，还有扑刀鸡鹅面、家常三刀面、素棋子面、经带面、拨刀面、冷淘面等⑥。如此众多面条名称的出现，显示从两汉到南宋经历了一次从汤饼即面片汤向面条的基本转变，这一转变过程大约持续了一千四、五百年。南宋以后，民间便较少使用"汤饼"一词，而普遍直称"面"或"面条"了，以致有的本是面片汤，此时也不称"汤饼"，而改称"某某面"，如"棋子面"之类。可以这样自豪地断言：全世界面条的根在中国，而中国面条的定型和普及则在南宋时期。

中国古代的交通工具，在南宋时期也出现了一次历史性的转变。

---

① 高承：《事物纪原》卷9《汤饼》、《不托》，中华书局1989年版。

② 黄朝英：《靖康缃素杂记》卷2《汤饼》，上海古籍出版社1986年版。

③ 任渊注：《山谷内集诗注》卷19，四库文渊阁台北商务影印本。

④ 《诗律武库》卷1《庆诞门》，《金华丛书》本。

⑤ 《梦粱录》卷16《面食店》，浙江人民出版社1981年版。

⑥ 《都城纪胜·食店》，中国商业出版社1982年版。

北宋时,官员和百姓出行只能坐车或骑马、骑驴,不得乘"担子"。所谓担子,又称肩舆、辇、兜子,稍后称轿。王得臣《麈史》卷上《任人》①记载:唐代丞相皆乘马,故诗人有"沙堤新筑马行迟"之句。至五代时,则改乘担子。直到北宋神宗和哲宗时,朝廷还明令官员出入必须骑马,只有少数朝廷重臣或德高望重的宗室,因年迈或患病,实在"不可以骑",才由皇帝下诏准许乘担子,这属于"异恩"。民间迎娶新娘时,一般只能乘坐由牛驾的花车或毡车。当然,这时民间也开始喜欢让新娘坐花轿,而不愿坐花车了。司马光《书仪》卷3《婚仪上》提出,现今"世俗重担子,轻毡车","借使亲迎时,暂乘毡车,庸何伤哉?"司马光还提出,有些人乘车要呕吐即晕车,"如此则自乘担子"。宋徽宗时,由《清明上河图》可见,当时士大夫仍皆骑马或骑驴,只有其女眷才乘坐二人抬的小轿。到南宋初年,高宗和百官南迁扬州,官员出入皆乘坐肩舆或轿。徐度《却扫编》卷下②记载:"建炎初,驻跸扬州,以通衢皆砖瓦,霜滑不可以乘马,特诏百官悉用肩舆出入。"张端义《贵耳集》卷上③记载:"自渡江以前,无今之轿,只是乘马,所以有修帽护尘之服,士皆服皆衫帽、凉衫为礼。"又说,高宗在扬州,"一时扰乱中遇雨,传旨百官,许乘肩舆,因循至此,故制尽泯。"影响所及,民间富室也开始出入坐轿。尤其在嫁娶婚礼方面,必定要用花轿来迎娶新娘。《梦粱录》卷20《嫁娶》记载:"至迎亲日,男家刻定时辰,……引迎花担子或棕担子、藤轿,前往女家,迎娶新人。"绍兴府嵊县(今浙江省嵊州市)民间还流行由女家亲属抱新娘登花轿的习俗④。可以断言,直到现代汽车流行以前,富裕者出行坐轿、新娘坐花轿的习俗是南宋时期形成的。

人们的坐具和坐姿也在南宋时期出现了重要的转变。汉代以前,中原地区的人们尚未使用后来的椅、凳等坐具,习惯席地而坐,而北方

---

① 上海古籍出版社1986年版。
② 徐度:《却扫编》卷下,《丛书集成初编》本。
③ 张端义:《贵耳集》卷上,《丛书集成初编》本。
④ 洪迈:《夷坚志补》卷15《嵊县神》,中华书局1981年版。

游牧民族则使用一种称为"胡床"的坐具。胡床又称绳床,犹如现代的马扎。约到汉代,胡床开始传入中原。到隋文帝时,统治者"意在忌胡,器物涉胡言者,咸令改之",乃称胡床为交床①。唐代时胡床一度称为"逍遥床"。北宋初人陶谷《清异录》卷下《陈设》②记载:"胡床,施转关以交足,穿便绦以容坐,转缩须臾,重不数斤。"唐代还出现了直腿椅子。到北宋时,交床又称交椅,人们为了使用舒适方便,逐渐添加了左、右两边的扶手。当时交椅已较为流行,直腿椅其次。据徐度说,北宋后期"士大夫家,妇女坐椅子、兀子,则人皆讥笑其无法度。"③欧阳修认为交椅传自"夷狄",因而拒绝使用。曾三异《因话录》④载:"交椅,谓之绳床,夷狄所制,欧公不御。"南宋时,交椅和直腿椅更加普及,并在形制上又有加进。这就是在交椅的靠背顶端添加了荷叶托首,时称"太师椅"。张端义《贵耳集》卷下和王明清《挥麈三录》卷3⑤皆记载,宋高宗绍兴初年,知临安府梁汝嘉听取他人的建议,改进交椅的形制,"用木为荷叶,且以一柄插于靠背之后,可以仰首而寝"。于是"凡宰执、侍从皆有之,遂号太师椅。"又记载:"今达官者皆用之,盖始于此"。太师椅的样式,可从南宋人绘《春游晚归图》中一名男仆所携交椅可见一二⑥。南宋后期,临安府"富豪、士庶"遇有"吉筵、凶席","合用椅、卓"等,全由"排办局"专门负责。《梦粱录》卷19《四司六局筵会假赁》记载:排办局"掌椅卓、交椅、桌凳、书桌,及洒扫、打渲、试抹、供过之职"。近年,从南宋墓葬中,也发现当时民间使用的直腿椅和交椅⑦。

　　随着椅子的逐渐流行,桌子也成为民间必用的家具之一。椅、桌的普遍使用,促使人们的生活习惯发生了一些改变,一是人们由席地而坐

① 程大昌:《演繁露》卷10《胡床》、卷14《交床》,《学津讨原》第12集。
② 清康熙间刊本。
③ 陆游:《老学庵笔记》卷4,中华书局1979年版。
④ 《说郛》卷19。
⑤ 中华书局1961年版。
⑥ 《中国绘画全集6·五代宋辽金5》之96,浙江人民美术出版社和文物出版社1996年版。
⑦ 陈增弼:《宁波宋椅研究》,《文物》1997年第5期;刘敏:《南宋安丙家族墓地的发掘及意义》,《中国历史文物》2002年第6期。

改变为垂足而坐,人们据桌坐椅而读书、写字、饮食等,有益于促进下肢的发达,增加身高。二是改变了以前跪、拜的姿势。三是以前席地而坐而使用的俎豆,改成了碗、碟。四是改变了人们书写时执笔的姿势①。

南宋时期人们的卫生习俗也出现了显著的进步。宋徽宗时,有人发明了一种用马尾的鬃毛制成的植毛牙刷,称"刷牙子",开始在一些富室中使用。到南宋后期,临安府市场上有"刷子、刷牙子"等销售。理宗淳祐间(1241—1248年),"有名相传"的店铺中,有金巷子口"傅官人刷牙铺"②,这是世界上第一家专门生产和销售植毛牙刷的店铺。应该说,南宋时期必定有不少富人已养成了每天用牙刷刷牙的卫生习惯。至于刷牙用的牙粉,据宋代的各种医书统计,当时至少已推出了上百种药物牙粉的配方。

活字印刷术的重要实践

南宋时期,科学技术有很大的发展。突出事例之一,是北宋毕昇活字印刷术得到了实践。宋仁宗时,平民毕昇发明了胶泥活字的印刷术。此后,直到金末元初,才有姚枢指教杨古用活字印刷朱熹《小学》和《近思录》及吕祖谦《东莱经史论说》等书,元代还有王桢《农书》记载了木活字印刷术。其间,也就在南宋光宗绍熙四年(1193年),潭州(治今湖南长沙市)知州周必大采用胶泥铜版术印刷他的著作《玉堂杂记》。据周必大《文忠集》卷198致程叔达札子③记载:"近用沈存中法,以胶泥铜版移换摹印,今日偶成《玉堂杂记》二十八事,有恩台览。尚余十数事,俟追记补缀续纳。窃计过日念旧,未免太息岁月之泛泛也。"信中所说"沈存中"即北宋著名科学家沈括,因为他在《梦溪笔谈》记录了毕昇的胶泥活字印刷术。周必大沿用此术,"移换摹印"是将胶泥活字在

---

① 《桌椅的产生和执笔法的改变》,《文物》2002年第3期。
② 《梦粱录》卷13《诸色杂货》、《铺席》。
③ 《四库全书》文渊阁台北商务影印本。

铜模版中移换,再用纸印刷。《玉堂杂记》共三卷、五十九条,书成于孝宗淳熙九年(1182年8月)。信中提及已"摹印"二十八事,即书中的二十八条,近乎全书之半。

　　周必大的以上记载说明,活字印刷术从北宋沿袭到南宋,从时间上考察,确是持续发展,并无间断,从空间上考察,南方仍旧保持着活字印刷的传统①。

王安石新法的最好检验

　　北宋神宗时,曾经雷厉风行地推行王安石的各项新法,一度取得一定的成效,但由于种种原因,最后归于失败。对此问题,中国学术界从来聚讼纷纭,莫衷一是。但大多数学者忽略了王安石各项新法在南宋时期的行废情况。其实,南宋时期的历史实际正是对王安石新法功过是非的最好检验。

　　南宋初期,高宗和朝廷百官对于北宋末自己国亡家破的悲惨经历记忆犹新,一旦局势稍稍平稳,便把总结历史教训提到日程。首先,高宗提出:"王安石之罪,在行新法。"②全盘否定新法。其次,大臣赵鼎认为"今日之患始于安石,成于蔡京"。又说:"有王安石者用事于熙宁之间,以一己之私,拂中外之意,巧增缘饰,肆为纷更,祖宗之法扫地殆尽,于是天下始多事,而生民病矣。""复有蔡京崛起于崇宁之初,窃弄尧、舜孝悌之说,托绍述熙、丰之名,毕力一心祖述安石,以安石之政敷衍枝蔓……至于……兵连祸结,外祸交乘,二圣北辕,朝廷南渡,则安石辟国之谋,而蔡京祖述赓武之患也。"③高宗和赵鼎都把宋室南渡的罪责记在王安石新法和蔡京"绍述"新法的账上。

---

①　黄宽重:《南宋活字印刷史料及其相关问题》,载《南宋史研究集》,台北新文丰出版公司1985年版。

②　《三朝北盟会编》卷147绍兴元年六月,上海古籍出版社影印本。

③　赵鼎:《忠正德文集》卷1《论时政得失》,《乾坤正气集》本。

　　宋高宗还下令朝廷采取一系列举措。建炎元年(1127年)五月初一,高宗即位伊始,在"大赦天下"的赦书中宣告:一、"裁损"宋神宗熙宁间实行新法以来各地增添的"上供"数额,"以纾民力";二、禁止州县"预借"百姓二税、免役钱、坊场课利钱;三、住罢征收青苗钱;四、蠲免实行方田法以后增加的赋税①。建炎二年二月,宣布撤销在京和各路市易务,废除市易法②。

　　在废除各项新法的过程中,有些官员对废除诸如青苗法提出反对。他们的主要理由是在省罢各路提举常平官时,"常平之财,所存一二,犹以亿万计,皆为他司妄用"。既然青苗钱的征收已成为地方官府的一大财源,大笔财赋自然诱人,因而在"时方多事,财用为急"的当时,应该复行。于是朝廷再下令"诸路拘催青苗积欠本钱,自崇宁以来,皆不得免"③。一年以后,又采纳赵鼎的建议,下诏"诸路复置提举常平官指挥勿行"④,也就是防止复行青苗法。绍兴八年(1138年)冬天,有官员向高宗提出:"常平法本于耿寿昌,岂可以(王)安石而废!"建议恢复常平法。次年,高宗下令各路复置提举常平官,"使掌其政"。绍兴十五年八月,改命各路"提举茶盐官兼领常平"⑤。绍兴间复行的常平法是否继续征收青苗钱,与青苗法有何区别,尚待进一步研究。

　　王安石的保甲法,南宋时期又称"差役法",直到亡国,始终实行。建炎四年(1130年)八月,高宗下诏,依照神宗熙丰法,"以村疃三十户,每料轮差甲头一名,催纳租税、免役等钱物"。次年即绍兴元年(1131年)十月,又改命"选差物力高强、人丁众多"的富户充当大保长,负责催税⑥。绍兴五年四月,进一步改革保甲法,规定乡村每五保为一大

---

①　《三朝北盟会编》卷101;《建炎以来系年要录》卷5。
②　《建炎以来系年要录》卷13,二月癸亥。
③　《建炎以来系年要录》卷17,建炎二年八月癸丑朔。
④　《建炎以来系年要录》卷27,建炎三年闰八月乙酉。
⑤　《玉海》卷186《绍兴复常平法》,上海古籍出版社影印本。
⑥　《宋会要辑稿》,65之77。

保，"通选保正，于免役令中去'长'字"①。宋宁宗时，各州、县、镇、寨城内，规定每十家编为一甲，选一家为甲头②。在整个南宋时期，尽管各地保甲编制有所不同，但保甲法广泛实行则确实无疑，朝廷曾屡次下令在从前保甲制的边缘地带，如沿海船民、营田官庄佃客、纲运兵梢、渔船户、沿江船户、钱监工匠中，都编排保甲。这一时期保甲法的功能大致有四个方面：一是由保、甲的首领为官府催督赋税；二是负责地方盗贼，防止盗贼和奸细；三是负责本地防火，驻守渡口；四是民户互相担保和监督，违法者同罪。

王安石的方田均税法，到南宋时演变为"经界法"，其实二者大同小异，都是清丈田亩，防止富户逃税。绍兴十三年（1143年）六月，在全国范围推广两浙转运副使李椿年在平江府（治今江苏苏州市）实行的经界法，由各路州、县官府"画图供帐，分立土色，均认苗税"。绍兴十九年冬，经界法告成③。经界法取得相当的成效，各地从此"田税均齐，田里安静，公私皆享其利"④。绍兴二十七年至二十八年三月，潼川府路转运判官王之望在本路"措置"即实行经界⑤。光宗绍熙二年（1191年）二月，知漳州朱熹在本州实行经界，半途因受到"贵家豪右"的阻碍而中辍⑥。宁宗嘉定间，知婺州赵恺夫、赵师嵒、魏豹文，曾连续三年先后本州实施经界，获得成功。理宗淳祐十一年（1251年），信、常、饶三州和嘉兴府同时推行经界，至次年五月，朝廷下令停罢。直至度宗咸淳初年（1265年），又一次在荆湖南路和平江府、绍兴府施行经界；咸淳三年，"诏诸路漕、帅施行焉"，即加以推广⑦。

南宋时期保甲、经界等法的实行，并且不断改进，这一事实证明王

① 《建炎以来系年要录》卷88，绍兴五年四月己未。
② 《庆元条法事类》卷80《失火》。
③ 《建炎以来朝野杂记》甲集卷5《经界法》，中华书局2000年版。
④ 罗大经：《鹤林玉露》甲编卷6《经界》，中华书局1983年版。
⑤ 《建炎以来系年要录》卷179，绍兴二十八年三月戊子。
⑥ 《宋史》卷36《光宗纪》。
⑦ 《宋史》卷43《理宗三》。

安石新法中的保甲、方田均税法是适合时代的需要，且行之有效的。至于免役、市易、青苗等法，也曾在一定时间、部分地区实行过。这也证明这几种新法至少对宋朝官府有利。

培养民族英雄的沃土

南宋时期涌现了许多爱国的政治家、武将、文学家、思想家，其中最突出的是中国几乎家喻户晓的两位民族英雄，即南宋初期的岳飞和南宋末元初的文天祥。

岳飞生活的时代，是王安石"新学"受到统治者大力推崇而广为传播的时期。宋徽宗时，"新学"成为学术思想领域新的正统。高宗初年，大多数士大夫对"新学"的信仰发生动摇，程颢和程颐的理学因以前长期被禁而传播不广，统治者尚未找到一种比较符合需要的思想理论体系。秦桧入相后，他"阴佑""新学"，因此仍然有一些士大夫继续信奉"新学"。岳飞作为一员武将，从未受到过学校的教育，也未参加过科举考试，所以他与"新学"无缘，无从接受"新学"的影响。但他自幼刻苦学习，涉猎经史，尤其爱好《左传》和孙、吴兵书，加上自幼耳濡目染，接受了传统的儒学思想。在传统儒学的丰厚土壤中，他充分吸取思想的养料，提出自己的忠义观、孝道观、公私观、正己自治说、安内攘外说等。他提倡忠义，主张臣民事君要有献身精神，宁死不屈；做官应知足，不贪爵禄。他还主张卑幼事亲要恪尽孝道，唯能内尽孝道，才能外尽忠义。他以实际行动，率领军队积极抗击金朝侵掠军。同时，他并不完全愚忠，当高宗和宰相秦桧对金朝实行投降政策，违背根本利益时，他作了力所能及的抵制，并因此最后献出了生命。

文天祥生活的时代，则是朱熹的理学已经集大成并受统治者推崇的时期。北宋时范仲淹等人提倡的以名节相高、廉耻相尚的气节观，以后又经数代学者尤其朱熹的补充修整，此时已成为一套相当完整的理论，而且纳入了理学的体系。文天祥在理学的气节观熏陶下，自幼受其母"忠孝"的家庭教育,并以欧阳修等乡贤为榜样,将"忠"视为道德价值的根本所在,是提高道德修养的主要途径。他的"忠"的道德价值观不仅是对皇帝的忠,而且超越了忠君的范围,进入了忠于社稷、祖国的更高境界,升华为一种以社稷、祖国为价值主体的社会价值观,使人生价值与社稷、祖国的安危兴衰紧密地联系在一起。换言之,在他的"忠"的价值观里,放在首位的是爱社稷、爱祖国,当最高统治者违背国家的利益时,原有的忠君与爱国的统一便决然分离。弃君而爱国的方式,是他爱国主义价值观的必然选择。

岳飞和文天祥这两位中国历史上著名的民族英雄,不仅是汉族的英雄,而且是整个中华民族的英雄。他们都在南宋时期涌现并不偶然,这是因为他们生活在民族矛盾十分尖锐的时代,受中国传统儒学和以理学为核心的新儒学忠义观、气节观等思想沃土的滋养,立志以身殉国,成为完美人格精神、爱国精神的实践者和体现者,永远值得炎黄子孙纪念和学习。

总之,南宋史作为中华五千年文明史不可割断的一部分,作为两宋史的后一部分,值得我们重视。我相信,随着学术界的通力协作,对南宋史研究的不断深入,发掘和利用更多新的历史文献和考古资料,扩大视野,肯定更能进一步认识到南宋史研究的价值。

（本文刊载于《杭州研究》2007 年第 2 期）

宋高宗朝科举制度的重建和改革

宋高宗赵构是南宋时期的第一位皇帝,公元 1127 年至 1162 年在位。在他的统治时期,科举制度经历了三个阶段,即建炎元年至绍兴十一年的初步重建阶段、绍兴十二年至二十五年十月的完成重建阶段和绍兴二十五年十一月至三十二年六月的调整阶段。宋高宗十分重视科举制度,他洞悉科举考试的功能,实行了种种改革,取得了成效。本文主要论述宋高宗统治时期重建科举制度,并进行改革,以及宋高宗在重建科举制度和进行改革方面所起的作用等。不当之处,敬请各位专家教正。

一、重建三级考试制度

北宋亡国,宋朝的科举制度被破坏殆尽。二十一岁的康王赵构在家破人亡的时刻,临危受命,于钦宗靖康二年(1127 年)五月一日在南京应天府即皇帝位。同时,改元为建炎元年。当天,宋高宗颁敕,其中有关科举制度的规定有:一、应天府的免省举人、特奏名举人、曾参加过殿试的举人,皆授同进士出身;免解的举人,皆准许免省,即直接参加殿试。二、各路特奏名举人中,曾应六举以上并参加过省试者,授予登仕郎;五举者,授予京府助教;四举者,授予上州文学;三举者,下州文学;两举者,诸州助教(准许参加将来的特奏名殿试,即使成绩下等,也"取旨升等")。三、宗室曾应试并取得解额,但未参加省试者,"并与推恩"①。此时金朝大军压境,国难当头,高宗朝廷对于各类举人的以上种种优遇,事实上不可能立即兑现,不过,毕竟表示即使在危难时刻新建的朝廷也还没有忘记广大举人,这无疑在凝聚南宋士人之心方面发挥了一定的作用。同年十二月一日,高宗在扬州下诏宣布:"国家急于取士,已降指挥,来年正月锁院"即举行省试,但"缘巡幸未久居,盗贼未息灭,道路梗阻,士人赴试非便",决定各路转运司先举行"类省试"。具体办法为:一、由朝廷将省试录取名额分配给各路。二、依照贡举法,每路由提刑司差官六员担任考试官,又由提刑司临时"实封移牒"转运使或转运副使、转运判官一员担任监试官,"不得干预考校"。三、在转运司治所举行考试即类省试。四、三省负责依照省试录取名额,统计正解、免解及转运司正解人数,定以每十四人录取一人,余额不足十四人,也录取一人。五、其余各路如河北路"合赴试人","令附京西路转运司所在〔州、府〕试";国子监、开封府"合赴试人",在开封府应试,由留守司差御史台官一员担任考试官;国子监"合赴试人",如在外路州军,"愿就本路试者,听"。六、如有"合避亲之人","专委官依公考校,所避之官不得干预"等。史称"省试之有类,盖自此始"②。

建炎二年八月,高宗亲临集英殿,并亲自出策题,考试礼部奏名进士。此举录取各路类省试正奏名进士李易以下 451 人,分为 5 等,赐进士及第、出身、同出身;同时,录取特奏名进士张鸿举以下若干名,也分为 5 等,赐进士及第、同进士出身、同学究出身、登仕郎、京府助教、上下州文学、诸州助教等。张鸿举"以龙飞恩,特附第二甲",其余人"皆许调官"。本来,特奏名进士第一等第一名才赐同进士出身,而第二名、第三名仅赐学究出身。此外,河北路、京东路各有 2 人,四川有类省试

---

① 《宋会要辑稿》(以下简称《会要》)选举 4 之 17《举士十》,中华书局 1957 年影印本,第 4299 页;《建炎以来系年要录》(以下简称《要录》)卷 5,建炎元年五月庚寅朔,中华书局 1956 年版,第 115 页。

② 《会要》选举 4 之 17—18《举士十》,第 4299 页;《要录》卷 11,建炎元年十二月丙辰朔,第 247 页。

正奏名进士 83 人,陕西有类省试正奏名进士 16 人,皆赐同进士出身,这些进士"以道梗不能赴,皆即家赐第"①。

自绍兴二年三月举行第二次殿试起,宋高宗朝共举行了 10 次殿试。现将这些次殿试的年月、状元姓名、正奏名进士和特奏名进士及四川等路类省试进士录取人数列表如下②:

次数	考试年月	正奏名进士人数	状元姓名	特奏名进士人数	类试进士人数
1	建炎二年八月	451 人	李　易	不详	103 人(四川等)
2	绍兴二年三月	259 人	张九成	158 人	120 人(四川)
3	绍兴五年八月	220 人	汪应辰	272 人	137 人(四川)
	绍兴八年六月	259 人	黄公度	不详	
4	绍兴十二年三月	253 人	陈诚之	514 人	144 人(四川)
5	绍兴十五年三月	300 人	刘　章	247 人	73 人(四川)
6	绍兴十八年四月	331 人	王　佐	457 人	23 人(四川)
7	绍兴二十一年闰四月	404 人	赵　逵	531 人	18 人(四川)
8	绍兴二十四年三月	356 人	张孝祥	434 人	63 人(四川)
9	绍兴二十七年三月	426 人	王十朋	392 人	
10	绍兴三十年三月	412 人	梁克家	513 人	16 人(四川)

绍兴八年六月并没有举行殿试,而是以四月的省试代替,故当年省试录取的举人人数仍算作殿试的录取人数。同时,以上三类进士人数和状元姓名完全依据《宋会要辑稿》选举 8 的记载,但与李心传《建炎以来系年要录》和《宋史·高宗纪》略有不同,主要是:一、建炎二年八月的类试进士 103 人,《要录》为 104 人,而《通考·选举五》为四川、河北、京东进士 87 人。《通考·选举五》又载明,绍兴八年高宗"不亲策",即不举行殿试,而以省试代替殿试,唱名之日,登射殿,"引见正奏

① 《会要》选举 8 之 1—2《亲试》,第 4374—4375 页;《要录》卷 17,建炎二年九月庚寅,第 351 页。
② 《会要》选举 8 之 1—10《亲试》,第 4374—4379 页;《文献通考》(以下简称《通考》)卷 32《选举五》,中华书局 1986 年版,第 306—307 页。

名与四川类省奏名,参与排定",即正奏名人数中已包括了四川类省试的录取人数。而绍兴二十七年殿试时,四川的举人"无不到"即全部赶到临安参试,因此这一年的正奏名人数中其实也已包括四川本应参加类试的人数①。二、绍兴八年六月的正奏名进士,《通考·选举五》作293 人,而《宋史·高宗六》为"礼部进士黄公度一下三百九十五人"②,《要录》为"南省及四川类试合格举人黄贡等三百五十九人",说明《宋会要辑稿》选举 8 和《通考·选举五》的 295 人和 293 人可能不包括四川类省试合格进士的人数,而《宋史·高宗六》和《要录》的 395 人和 359 人中则包括了四川这批进士的人数。这次殿试其实没有举行,史称"是岁免殿试"③。原来,此时"闻徽宗崩,未及大祥,礼部言:故事,因谅谙罢殿试,则省试第一人为榜首,补两使职官"④。说明这次是以省试代替了殿试,而省元黄公度也幸运地直接升为状元。三、绍兴十二年三月的 253 人,《要录》与之相同,而《宋史·高宗七》和《通考·选举五》则作 254 人;同时,特奏名进士 514 人,《要录》为 248 人,另有武举正奏名和特奏名 7 人;此外,状元"陈成之",《要录》和《宋史·高宗七》皆作陈诚之,当是⑤。四、绍兴十八年四月的 331 人,《要录》、《通考·选举五》和《宋史·高宗七》皆作 330 人,佚名《(绍兴十八年)题名录》后附也载"《绍兴十八年同年小录》:四月十七日,皇帝御集英殿唱名,赐状元王佐以下及第、出身、同出身,共三百人释褐"⑥。五、绍兴二十一年闰四月的 404 人,《要录》、《通考·选举五》和《宋史·高宗七》同,

① 《要录》卷17,建炎二年九月庚寅,第351页;《通考》同上。
② 《宋史》卷29《高宗六》,中华书局1985年版,第536页;《要录》卷120,绍兴八年六月壬申,第1942页。
③ 梁克家:《淳熙三山志》卷28《人物类三·科名》,中华书局1990年版,《宋元方志丛刊》第8册,第8036页下。
④ 《宋史》卷156《选举二》,第3628—3629页。
⑤ 《宋史》卷30《高宗七》,第555—556页;《要录》卷145,绍兴十二年四月庚午、辛未,第2320—2321页。《淳熙三山志》卷28《人物三·科名》也作"十二年壬戌陈诚之榜",第8038页上。
⑥ 佚名:《(绍兴十八年)题名录》,丛书集成初编本,第6页;《要录》卷157,绍兴十八年四月庚寅,第2553—2554页;《宋史》卷30《高宗七》,第568页。

但《宋史·选举二》作 400 人①。六、总计宋高宗朝举行了 10 次殿试，加上绍兴八年六月以省试代替殿试的那一次，依据以上《宋会要辑稿》选举 8 的统计数字，共录取正奏名进士 3 707 人，平均每次录取 337 人；录取特奏名进士 3 518 人，平均每次 320 人（除去 2 次人数不详）；类省试进士则共有 2 次，仅录取 223 人，这可能是不完整的统计。

宋高宗朝的礼部试即省试，比殿试还要少 2 次，即共 9 次。照例，建炎元年"当省试，以围城故，展用二年"②。建炎二年、绍兴二年应该举行省试，但"以军兴道梗，权宜诸路类试"③。绍兴十年，又"当秋试"，御史中丞廖刚建议"自军兴再展，今秋试与大礼（按即明堂礼）相妨，请展一年，以应古制"。高宗"纳其言"，乃下诏改在绍兴十二年举行省试和殿试。从此，"科场以（绍兴）十二年为准"，复行"祖宗旧法"，每三岁举士一次④。现将这些次省试的年月、合格奏名进士人数、省元姓名等列表如下⑤：

次数	考试年月	合格奏名进士人数	省元姓名
1	绍兴五年六月	201 人	樊光远
2	绍兴八年四月	212 人	黄公度
3	绍兴十二年正月	254 人	何 溥
4	绍兴十五年正月	230 人	林 机
5	绍兴十八年二月	232 人	徐 履
6	绍兴二十一年三月	237 人	郑 闻
7	绍兴二十四年正月	206 人	秦 埙
8	绍兴二十七年正月	243 人	张宋卿
9	绍兴三十年正月	254 人	刘 朔

---

① 《宋史》卷 156《选举二》，第 3629 页。
② 李心传：《建炎以来朝野杂记》（以下简称《朝野杂记》）甲集卷 13《三岁取士》，中华书局 2000 年徐规先生点校本，第 260 页。
③ 《会要》选举 1 之 15《贡举》，第 4238 页。
④ 《朝野杂记》甲集卷 13《三岁取士》，第 260—261 页。
⑤ 《会要》选举 1 之 15—16《贡举》，第 4238 页。

总计以上省试的合格奏名进士人数为 2 069 人,平均每次省试录取合格奏名进士为近 230 人。

宋高宗朝的类省试(又称类试),前已提及,是在建炎元年十二月开始的,各路如开封府、京西路、京东路、河北路、江西路、江东路、两浙路、四川路、陕西路等,都依照规定举行。但很快出现"榜既揭,远方之士多诉其不公",于是在绍兴元年六月开始改为"专择诸路宪、漕或帅守中词学之人总其事",选择监司、帅臣中的有文学之人担任该路的类省试的监试官,另委任宪臣即提点刑狱或走马承受、知州为开拆试卷官。这时,张浚任川、陕宣抚制置使,为收系陕右士人之心,"以便宜令川、陕举人,即置司州类省试"①。绍兴五年,初次举行省试,四川类省试由宣抚司负责,选派有出身、清强现任职司一人任监试官,再派现任京朝官有出身、曾任馆职或有文学者任考试官。绍兴七年后改由制置司负责②。绍兴九年,户部侍郎周聿提出,陕西的士人"学术久疏,拙于为文,若与四川类试,必不能中程(式)",建议为陕西士人"另立字号"。高宗觉得陕西"久陷伪境",为"加惠远方,可令礼部措置"。从此,陕西与四川类省试的名额开始分开计算③。

各地的发解试此时出现了不同的情况。高宗初年,因为战乱,北方的士人有一部分被金军所拘,参加了金朝的科举考试④。但大部分举人纷纷逃往南方,出现了流寓举人;同时,许多府州的科举文书档案也散失殆尽。于是朝廷陆续采取一些措施加以整顿。首先,允许"流寓"士人于所在州府参加"附试",适当放宽尺度,给予照顾。建炎四年四月,下诏淮南西路,凡"残破州军建置科场未得者,令转运司分就别州附试"。五月,又下诏京畿、京东、京西、河北、陕西、淮南等路士人,允许在"流寓所在州军",各召本贯或本路、邻路文官二员,"结除名罪保识,

① 《朝野杂记》甲集卷 13《类省试》,第 262 页;《会要》选举 4 之 19《举士十》,第 4300 页。
② 《朝野杂记》甲集卷 13《类省试》,第 262 页。
③ 《要录》卷 133,绍兴九年十一月己丑,第 2136 页;《会要》选举 4 之 26《举士十》,第 4303 页。
④ (清)张金吾:《金文最》卷 86《墓碑·失名:褚先生墓碣》,中华书局 1990 年版,第 1254 页。

每员所保不得过二人","听附本州军进士试,别为号,以终场二十人解
一名"。绍兴元年二月,川、陕宣抚制置使张浚在负责当地发解试时,
想方设法"令陕右流寓士人尽作合格","唯杂犯黜落一二人而已"①。
其次,重建士人应举的档案。建炎四年五月,采纳祠部员外郎章杰的建
策,重建各路举人的"贡籍"。凡原有贡籍因兵火烧毁不存者,由各路
转运司向所属州、军索取举人名册,规定每名举人各召保官二员,"结
除名罪委保",并写明元符二年(1099年)以后陆续得解或升贡的原因
及各人户贯、三代、治经情况②。六月,又据礼部提议,要求转运司命令
所部州、军"候发解开院毕",开具合格人数、姓名并试卷,以及本路"原
立定解额指挥真符赴部"③。再其次,放宽"流寓举人"保官的资格。绍
兴四年七月,下诏规定流寓举人"应合召保官,不拘本贯或本路、邻路
官,并许充保"④。第四,规定流寓举人的解额。绍兴六年六月,下诏规
定流寓举人每15人发解一人;不到5人的州、军,则预先申报本路转运
司"类就附试";仍召文臣2员委保,每名官员限保3人⑤。以上诏书的
发布,反映政府确认流寓举人(又称流寓进士)的合法性,实际是对中
原故土和战争前沿地区的举人的特殊优待,以示朝廷念念不忘这些地
区的人民。第五,依据具体情况,给予一些举人"免解"即直接参加省
试的优待。建炎元年五月,颁赦规定,在钦宗靖康元年(1126年)"得
解"及各州州学的职事人,皆"予免将来文解一次"。次年十一月,南郊
赦文规定,各路进士曾经参加徽宗政和二年(1112年)以前省试不中而
"退归本贯合理举人",以及徽宗政和八年以前御试或省试不中的进
士、贡士,皆据具体情况"特与免将来文解"⑥。第六,各地的发解试大

---

① 《会要》选举16之2《发解》,第4512页;徐梦莘:《三朝北盟会编》卷234,上海古籍出版社1987
　年版,第1681页下。
② 《会要》选举16之1—2《发解》,第4512页;《宋史》卷26《高宗三》,第478页;《要录》卷33,建炎
　四年五月癸亥,第650页。
③ 《会要》选举16之2—3《发解》,第4512—4513页。
④ 《要录》卷102,绍兴六年六月甲子,第1678页。
⑤ 《会要》选举16之5《发解》,第4514页。
⑥ 《会要》选举16之1《发解》,第4512页。

致到绍兴四年才全面走上正轨。建炎四年八月虽然"依条发解"即举行发解试,本应在次年即绍兴元年举行省试和殿试,但因当年要行明堂大礼,便改在绍兴二年三月举行殿试,于是下一次发解试只能延迟至绍兴四年,而省试和殿试就顺延至绍兴五年了①。

二、恢复和调整各个科目的考试

北宋末年,科举制度一度十分混乱,"杂流阉宦俱沾选举,而祖宗之良法荡然矣"②。高宗即位后,首先恢复进士科的考试和调整该科的考试科目。建炎二年五月,采纳礼部侍郎王绹的建议,下诏规定"后举科场,讲元祐诗赋、经义兼收之制"。具体规定为进士科的习诗赋举人不兼经义,而习经义举人只习一经,在解试和省试时,"并计数各取,通定高下"。又规定"经义当用古注,不专取王氏(安石)说"③。至绍兴元年十二月,侍御史曾统上疏"论进士设科,乞止用词赋,未须依元祐兼经",主张"废经义而专用词赋"。高宗最初同意曾统的建议,由于吕颐浩的反对而改变了决定。高宗便回答说:"经术、词赋各有说",神宗皇帝时尊崇经术,是因为"方时承平,王安石之说得行。盖以经明道,谓非尧、舜之道不敢陈于王前。"又说:"朕观古今治乱,多在史书。以经义登科者,类不通史。"这时他既不赞成举人只习诗赋,也不赞成只讲经术,而主张多读史书,似乎提倡为举人开设史学之科④。不过,年轻的高宗很快改变了自己的看法。次年三月,举行殿试,初次考试诗赋。十二月,高宗又对大臣们说:"朕观六经,皆论王道,史书多杂霸,又载一时捭阖辩士曲说"⑤。又对史书采取否定的态度。这时,高宗尤其

① 《会要》选举16之4《发解》,第4513页。
② 《宋史》卷155《选举一》,第3623页。
③ 《要录》卷15,建炎二年五月丙戌,第316页。
④ 《会要》选举4之24《举士十》,第4302页。《朝野杂记》甲集卷13《四科》,第261页。按《要录》卷61,第1047页,载曾统和高宗此说在绍兴二年十二月癸巳,待考。
⑤ 《要录》卷61,绍兴二年十二月辛卯,第1046—1047页。

重视考试举人的策和论，认为"文学、政事，自是两科。诗赋止是文词，策、论则须通知古今，所贵于学者修身齐家治国，以治天下。专取文词，亦复何用?"①所以，在绍兴二年三月、五年八月举行的两次殿试，高宗都亲自出策题，并"手诏谕考官，直言者置之高等，凡谄佞者居下列"。然后由他来决定头几名的人选②。但在绍兴五年八月殿试考试举人策的那天，高宗对大臣们说："诗赋取士累年，未闻有卓然可称者，俟唱名日，可将省试诗赋高等人，特与升甲，以劝多士。"于是下诏省试的赋魁郑厚"循二次（资），与升擢差遣"③。此次又将取士授官政策向诗赋进士倾斜，鼓励士人在诗赋方面多下功夫。

　　进士科以外，这一阶段还陆续恢复了新科明法、制科、博学宏词科、武举、恩科等。建炎二年正月，大理少卿吴璆提出，神宗熙丰间将旧明法科改为新科明法，徽宗崇宁间废除，"今来此学浸废，法官缺人"，请求"复明法之科"，"诸进士曾得解贡人就试，多取人数，增立恩赏，诱进后人，以备采择"。高宗同意这一建议，但一时没有实行④。直到绍兴十一年七月，才下诏在当年秋试即发解试时，举行新科明法的考试，规定每5人解一人，省试每7人取一人，"皆不兼经义"。次年，省试及格人参加了殿试⑤。

　　绍兴元年正月，高宗为鼓励"内外士庶等直言朝政缺失"，决定恢复贤良方正直言极谏科。规定每逢科场年份，命御史中丞、给事中、中书舍人、谏议大夫、学士、待制3人推举一人，被举者"不拘已仕、未仕"，其中如是命官必须"以不曾犯赃私罪人充"。被举者先缴进所撰策、论共50篇，送两省、侍从"参考"，分为3等，文理优长者为上等，次优者为中等，平常者为下等。以次优以上者为初试合格，又于当年九月进行复试：由两省、学士官在秘阁任考试官，御史为监试官，考试论6

①　《会要》选举4之25《举士十》，第4303页。
②　《会要》选举8之2—4《亲试》，第4375—4376页；《要录》卷52，第922—924页。
③　《要录》卷93，绍兴五年九月乙亥，第1545页。按赋魁原作"魁赋"。
④　《会要》选举14之4《新科明法》，第4484页；《要录》卷12，建炎二年正月癸巳，第266页。
⑤　《朝野杂记》甲集卷13《新科明法》，第269页；《会要》选举14之4《新科明法》，第4484页。

篇,每篇须写 500 字以上,以 4 通以上为成绩合格,仍然分为 5 等,以 4 等以上者参加殿试。殿试当天,皇帝亲临试场,宰相出题,考试对策,每篇须写 3 000 字以上,也分为 5 等,第三等为上,"恩数视廷试第一人";第四等为中,"视廷试第三人","皆赐制科出身";第五等为下,"视廷试第四人";不入等者,授予主簿、县尉差遣。绍兴二年正月、四年三月、七年二月、十年三月,又连续四次下诏要求"侍从之臣"荐举"方正博洽之士、英伟拔俗之才"或"多闻之士"。由于该科的标准较高,正如绍兴七年三月江西安抚制置大使李纲《论举直言极谏之士札子》所说:"制科之举,贯穿古今,汪洋浩渺,非强记博识,积以岁时,未易能究其业。所以朝廷近年复置此科,未有应令者,无足怪也。"①因此仅在绍兴七年冬,才有兵部尚书吕祉推荐选人胡铨,汪藻推荐布衣刘度,但结果也只有胡铨一人经高宗"赐对",除枢密院编修官②。

　　绍兴三年七月,工部侍郎李擢上书提出,哲宗绍圣间,废制科,创设宏词科。徽宗大观间改为词学兼茂科。他建议设立博学宏词科,以制、诰、诏书、表、露布、檄、箴、铭、记、赞、颂、序等 12 件为考题,古、今各出 6 题,考试时分为 3 场,每场一古一今。遇科场年份,凡命官不论有、无出身,除归明、流外、进纳人及尝犯赃罪人以外,皆许径赴吏部自陈。由学士院"考其能者召试",按其成绩 3 等,再将合格卷子交给中书省"看详",宰执递呈皇帝。成绩上等者,有出身人晋升一官,选人改为京官,无出身人赐进士及第,直接授予馆职;成绩中等者,有出身人减少 3 年磨勘,授予堂除差遣,无出身人仍赐进士出身,并择优召试馆职;下等者,有出身人减少 2 年磨勘,授予堂除差遣一次,无出身人赐同进士出身,遇馆职缺人,"亦许审察召试"。绍兴五年七月和八年六月,左迪功郎、新鄂州武昌县尉詹叔羲,左修职郎、新详定一司敕令所删定官王璧

---

① 《李纲全集》卷 94《奏议·论举直言极谏之士札子》、附录二《李纲行状下》,岳麓书社 2004 年王瑞明先生点校本,第 916 页、1747 页。

② 《会要》选举 11 之 20—24《举贤良方正能直言极谏科等》,第 4436—4438 页;《朝野杂记》甲集卷 13《制科》、《乾道制科恩数》,第 254—255 页;《宋史》卷 374《胡铨传》,第 11580 页。

等 5 人，考入中等或下等，中等者减 3 年磨勘，授予堂除差遣；下等者无出身人赐同进士出身，有出身人减 2 年磨勘①。

建炎元年五月，高宗在赦文中提到：去年在锡庆院已试中的武士而"未经推恩人"，命兵部"限一月开具等第、姓名，申尚书省"。尽管此时朝廷无暇真正为试中的武举人"推恩"，但至少告诉他们朝廷没有忘记此事，到时会予以兑现。六月，又颁赦宣布，应各路已解发到的"材武人"、锡庆院已试中的武举人及"昨有缘事故趁赴不及之人"，皆可经礼部、兵部"投状勘实，特与别行收试，具合格人姓名申尚书省，取旨推恩"。建炎二年二月，兵部提出，因"行在扬州即无省试院"，凡"应就试得解及免解武举人"，皆依文士例，各召京朝官二员"结除名罪委保"，赴兵部呈验。在殿前司考试弓马后，再就淮南转运司所在"别场附试"《七书》义 5 道、兵机策 2 首。绍兴五年八月，高宗连续两天登集英殿，考试武举进士的对策、弓马等，最后录取了 6 名武举正奏名进士，其中对策考入优等者 2 人，授予保义郎或承节郎；平等者 4 人，第一、第四人授予承节郎，第二、第三人武艺不合格，授予进武校尉。此外，川、陕宣抚司也考试类省试武举进士，武艺合格者皆补官②。

对于屡经省试或殿试落第而年高的举人，宋朝一直另立"恩科"即特奏名，准许由礼部另立名册奏上，在殿试时参加附试。建炎元年五月，在前述赦文中，高宗宣称："应合特奏名人，并与理举免试"。具体规定为曾经参加省试 2 举即 2 次以上者，分别授予诸州助教、下州文学、上州文学、京府助教或登仕郎等。建炎二年八月，高宗举行殿试，录取张鸿举以下特奏名进士，赐进士及第等。此后，每次殿试，都录取一批特奏名进士。川、陕的特奏名举人，则在制置使司就试③。

---

① 《朝野杂记》甲集卷 13《博学宏词科》，第 259—260 页；《会要》选举 12 之 11—12《宏词》，第 4453 页；方回：《桐江集》卷 3《读"宏词总类"序》，宛委别藏本，第 15 页下。
② 《宋史》卷 157《选举三》，第 3682 页，载武艺不合格者授进义校尉。《会要》选举 17 之 25—26《武举》，第 4543 页。
③ 《会要》选举 4 之 17《举士十》，第 4299 页，8 之 1—2《亲试》，第 4374—4375 页；《朝野杂记》甲集卷 13《特奏名试》，第 277—278 页。

三、全面恢复各科、各级科举考试

　　绍兴十一年宋、金和议以后,至绍兴二十五年十月秦桧病死,是高宗朝科举制度的完成重建阶段,全面恢复了各科、各级的科举考试。在这一阶段,三级考试制度基本正常推行,进士等科也部分作了调整;同时,由于宰相秦桧专权,科举考试中弊端百出。

　　首先,殿试、省试、发解试基本如期举行。绍兴十二年三月、十五年三月、十八年四月、二十一年闰四月、二十四年三月,各举行一次殿试。这5次殿试共录取1 644人,平均每次录取正奏名进士近329人,与高宗朝每次殿试录取的平均数320人十分接近。另外,其中正奏名进士和特奏名进士所授恩例,也与绍兴八年六月的殿试基本相同,如正奏名第一名皆授左承事郎、签书镇东军或平江军节度判官厅公事①。同时,绍兴十二年正月、十五年正月、十八年二月、二十一年三月、二十四年正月,也各举行一次省试。这5次省试共录取1 159人,平均每次录取合格奏名进士近232人,也与高宗朝每次省试录取的平均数230人十分接近。对于川、陕参加类省试而登第的举人,逐步提高了待遇。绍兴十二年十一月,高宗下诏规定:川、陕类试过省第一人,特赐进士及第,许依行在殿试第三人恩例;其余皆赐同进士出身。由川、陕宣抚司开具姓名,申报尚书省,颁给敕牒。十八年八月,礼部提出,有些"四川省试高等人","为见先有推恩等第,虑御试却致低甲",往往"在路迁延",不肯及时赶到临安府应试。所以,建议将四川类省试合格人皆赐进士出身,其余并赐同进士出身,"今后依此"。高宗"从之"②。

　　这一阶段各地的发解试,总的来说都在正常进行,但也出现了诸如一些举人"冒贯"、"冒亲",还有一些"有势力之家"从中舞弊的现象。

---

① 《会要》选举8之5—8《亲试》,第4376—4378页,2之17—18《贡举·进士科》,第4253—4254页。

② 《会要》选举2之16—17《进士科》,第4253页,18之19《武举》,第4557页。

为此,朝廷采取了几项对策。其一是统一各地的发解试时间。绍兴十三年八月,有官员向高宗上疏说:各地参加发解试而"试下"的举人,"生弊冒贯,而再试于他州",或者造假"作亲嫌,而冒试于他路",这样"失于彼者,未必不得于此"。于是高宗下诏说,"祖宗旧法,诸路州军科场,并限八月五日锁院"。福建路"去京师地远,遂先期用七月",而"川、广尤远,又用六月"。如今福建、二广"趋行朝不远,可并限八月五日锁院",其中川、陕州军"特以六月",如举人依近例参加类省试,则仍以八月五日锁院。这样,除川、陕外,各州"并以中秋日引试"①。南宋人沈作喆,曾总结北宋至绍兴间发解试日程安排的优劣说,北宋时"三岁发解,进士率是秋季引试,初无定日"。不少举人施展"奸计,多占邻近户籍,至有三数处冒试者,冀于多试之中,必有一得,以致争讼纷然。有司多端禁止,率不能革"。到绍兴间,"或有建请,令天下诸州科场,并用八月一日(按应为五日)锁院,十五日引试,后期勿问"。此制实行后,"不劳施为,无所烦扰,而百年之弊一朝尽去,更无巧伪可以破坏成法"②,总算初步解决了举人参加发解试过程中"冒贯"的弊病。其二是立法严禁考场舞弊。绍兴十八年二月,高宗告诉宰执,两浙转运司举人发解过程中,"有势力之家行赂,假手滥占解名,甚喧士论"。现今贡举"锁院在迩,可令礼部重立赏格,明出榜文,许人告捕,务在必行,庶使士人心服"。次日,又下诏宣布:"假手者许就试举人告获,取旨补官,仍赐出身"。五月,原永康军通判郭印因为"牒试避亲举人不当,特降一官",即使遇此时颁赦,也不予原免③。尽管如此,当时不少官员还是依仗权势,想方设法使自己的子弟顺利通过解试。如参加绍兴十二年三月省试的举人中,两浙转运司"凡解二百八人,而温州所得四十有二,宰执子侄皆预",其中包括秦桧、参政王次翁的子侄数人。这些高

---

① 《会要》选举16之6《发解》,第4514页。
② 沈作喆:《寓简》,从书集成初编本,第8页。
③ 《会要》选举16之8《发解》,第1515页;《要录》卷157,二月癸巳、甲午,第2550页。

官利用转运司的解额多,将子弟牒送参试,因而顺利获取解额①。

其次,是进一步调整进士科的考试课目。绍兴十三年正月,朝廷决定恢复"兼试进士经义、诗赋",即报考进士科的举人同时要考试经义和诗赋,亦即将原先的经义进士和诗赋进士两科合为进士科一科。二月,国子司业高闶"特引对",向高宗提出:"有一事最先,经术是也。"高宗答道:"经不易通,士习诗赋已久,遽能使之通经乎?"高闶又说:"先王设太学之意,惟讲经术而已。"他还建议,"取士以经义为主",考试时"不过三场,后加诗、赋为四场,不能无碍"。现今应以"经义第一,诗、赋第二,论、策各一第三"。得到高宗的首肯。20 天后,他进一步提出"科举三场事件"的方案,具体为第一场考大经义 3 道,《论语》《孟子》义各一道,第二场考诗、赋各一首,第三场考子、史论一道、时务策一道,"庶几如古试法","自今日始,永为定式"。高宗批准了这一方案②。不过,到绍兴十五年正月,又决定"分经义、诗赋为两科取士",即从发解试到省试、殿试,所有进士科举人分为经义进士和诗赋进士,两科"各计终场人数为率,依条纽取"。经义进士,第一场考本经义 3 道,《论语》《孟子》义各一道;第二场考论一首;第三场考策 3 道。诗赋进士,第一场考诗、赋各一首;第二场考论一首;第三场考策 3 道③。此年三月、四月举行的省试、殿试,被认为"复经义"④,即恢复经义的考试,同时实际上也恢复了经义进士科。次年十一月,据"言者"奏疏透露,这时经义进士和诗赋进士的录取名额是依原先参加考试的举人人数分配的,由于"习诗赋者多,故取人常广",而"治经术者鲜,故取人常少"。今天如仍"以就试之人立定所取分数",则诗赋进士常占十之七八,"治经术者止得十之一二",长此以往"恐浸废经术之学矣"。他建议"命有

① 朱胜水:《秀水闲居录》,载《要录》卷 144,三月乙卯,第 2318 页。
② 《宋史》卷 30《高宗七》,第 558 页,卷 156《选举二》,第 3629 页;《要录》卷 148,二月庚申、己卯,第 2378 页、2381 页;《会要》选举 4 之 27《举士十》,第 4303 页。
③ 《要录》卷 153,正月己未,第 2462 页;《宋史》卷 30《高宗七》,第 562 页;《会要》选举 4 之 28《举士十》,第 4304 页。
④ 《淳熙三山志》卷 28《人物类三·科名》,第 8039 页上。

司再加讨论"，使经义进士和诗赋进士"明立分数，庶几主司各有遵守"。高宗答道："当日行诗赋，为士人不读史。今若专用诗赋，士人不读经。大抵读书当以经义为先。"他主张"令礼部看详以闻"①。绍兴十八年，经义进士和诗赋进士"复分两科"②。

再其次，是调整科举考试录取的学术标准。在第一阶段，赵鼎任相期间，大致"科举之文稍用（程）颐说"。但早在绍兴六年十二月，左司谏陈公辅就已上疏表示反对，说："在朝廷之臣"即赵鼎"以私意取程颐之说，谓之伊川学，相率而从之，是以趋时竞进、饰诈沽名之徒，翕然胥效，倡为大言"，"谓其实继孔、孟"，"颐实何人，将见浅俗僻学，惑乱天下"，要求"择群臣有为此学者，皆屏绝之"③。此后，在秦桧独相的十多年内，"甚至指（程）颐（之学）为'专门'"。绍兴十四年八月，殿中侍御史汪勃上言指出，"今年科场，当国学初建，万方多士，将拭目以观取舍，为之趋向"。要求"戒敕有司，苟专师孔、孟，而议论粹然一出于正，在所必取。其或采撷专门曲说，流入迂怪者，在所必去"。高宗十分赞同，说："勃论甚善。曲学臆说，诚害经旨，当抑之，使不得作，则人之心术自正矣"。绍兴二十年九月，侍御史曹筠也上言说，近来学校、科举的考试官，"多以私意取专门之学，至有一州而取数十人，士子忿怨，不无遗才之叹"。高宗也"从之"④。史称汪勃、曹筠所谓专门曲说或专门之学，都是指程颐的学说。前引《宋史·选举志二》载，秦桧入相后，"甚至指颐为专门，侍御史汪勃请戒饬攸司，凡专门曲说，必加黜落；中丞曹筠亦请选汰用程说者"，而高宗"并从之"。直到绍兴二十五年十月初，即秦桧病死前21天，还有秘书省正字张震当面向高宗提出，"愿申敕天下学校，禁专门之学，使科举取士，专以经术渊源之文。其涉虚

① 《要录》卷155，十一月庚午，第2518—2519页。
② 《淳熙三山志》卷28《人物类三·科名》，四库文渊阁影印本，第484册，第390页。
③ 《要录》卷107，十二月己未，第1747—1748页；王藻：《王著作集》卷4《玉山汪先生跋》，四库文渊阁影印本，第1136册，第86页。
④ 《要录》卷252，八月壬寅、甲辰，第2248页；卷161，九月乙酉，第2622页。另见《会要》选举4之28—29《举士十》，第4304—4305页。

无异端者,皆勿取,庶几士风近古"。高宗竟然也予采纳①。此时,秦桧在学说上实际是"主王安石",在其死后有人指出他生前"阴佑王安石","祖述荆舒"等②。显然,在这一阶段,王安石的学说实际上成为考场评判举人试卷成绩高下的标准。

第四,朝廷部分高官依仗权势和金钱,为参加礼部试的亲属作弊。绍兴十八年二月,礼部奏申,省试中"就试举人内,有势力之家,多输贿赂,计嘱应试人,换卷代笔起草,并书真卷,或冒名就试,或假手程文,自外传入,就纳卷处誊写",提议"严行禁止",鼓励"就试举人告捉"。高宗采纳此奏,并下诏申明其中"士人该赏,取旨补官,仍赐出身"③。绍兴二十一年二月,殿中侍御史汤允恭上疏说,"前次省闱就试之人,或有凭借多资,密相贿结,传义代笔",还有"预为宴会,期约凡六七人,共撰一名程文,立为高价,至数千缗"。希望今年省试"明赐戒敕(饬)",允许"同试举人陈告,取旨免省"④。这一阶段最突出的是,权相秦桧的子孙及亲旧,相继在省试、殿试中皆登高甲。如秦桧之养子秦熺,在绍兴十二年四月参加殿试,秦桧"谕考试官以其子熺为状元",于是"有司定熺第一"。随后,秦桧又装模做样"引故事辞,乃降(熺)为第二人,特迁左朝奉郎、通判临安府,赐五品服"。秦桧的馆客何溥,则在前一个月的礼部试时,被定为第一人(省元)⑤。绍兴二十四年三月,秦桧之孙、敷文阁待制秦埙"试进士举",事先秦桧"又令考试官以其孙埙为状元",考官们自然秉承秦桧的意志而唯恐不及,秦埙便轻而易举地"省、殿试皆第一"。在秦埙被定为"省元"时,省试参详官沈虚中迫不及待地"令人吏私越围墙,密报秦熺:已取埙为省元"⑥。秦桧另一名孙子秦

① 《要录》卷169,十月乙亥朔,第2766页。
② 《宋史》卷156《选举二》,第3629页;《要录》卷173,六月乙酉,第2847页;方回:《桐江集》卷2《平实记》,第13页下。
③ 《会要》选举4之28《举士十》,第4303页;《要录》卷157,二月甲午,第2550页。
④ 《会要》选举4之29《举士十》,第4305页;《要录》卷162,二月癸卯,第2628页。
⑤ 《宋史》卷437《奸臣三·秦桧传》,第13758页;《要录》卷145,四月庚午,第2320页;卷144,三月乙卯,第2318页;卷169,十月丙申,第2771页。
⑥ 《会要》职官70之44《黜降七》,第3966页。

喧参加省试前，秦桧也预先暗示考官程敦厚，至时出某赋题，于是秦喧顺利夺得这次省试的赋魁①。秦桧的侄子右承务郎秦焞、右承事郎秦焴，"姻党"周寅（"唱名第四"）、登仕郎沈兴杰，考官郑仲熊的侄子、右迪功郎郑时中（唱名第五）和侄孙郑缜，考官董德元之子董克正，还有杨存中之子、右承事郎杨倓，曹泳之侄曹纬等，无不中第，而且多在甲乙科。秦桧集团肆无忌惮地为所欲为，在朝廷上下造成很坏的影响，因而"天下为之切齿"。高宗对此也有些觉察，在读秦埙之对策后，"觉其所用皆桧、熺语"，乃降秦埙为第三，而升张孝祥为第一②。

四、重整各科、各级科举考试

绍兴二十五年十月，秦桧病死。此前，由于秦桧集团的所作所为过于嚣张，大多数士大夫敢怒而不敢言，而高宗也"久知桧跋扈，秘之未发"③。及至秦桧一旦归天，立即采取措施，在官员人事上作出重大的调整，同时对各科、各级科举考试进行整顿。至宁宗、理宗时，人们对高宗这一阶段在内政方面的拨乱反正，加以肯定，称为"绍兴更化"④。

首先，揭发和清算秦桧集团近 20 年在科举考试方面的恶行。绍兴二十六年正月，殿中侍御史汤鹏举向高宗提出："今科举之法，名存实亡。"在考场中，有人"或先期以出题目，或临时以取封号，或假名以入试场，或多金以结代笔"，因此"孤寒远方士子，不得预高甲，而富贵之家子弟，常窃巍科"。加之，"时相预差试官，以通私计"，前一榜省闱、

①　张骞：《朝野遗记》，《说郛》卷 49，上海古籍出版社 1988 年版，第 2271 页。据《会要》选举 20 之 6《试官下》，第 4577 页，载程敦厚在绍兴十二年正月二十四日任省试的点检试卷官，并非知贡举官。

②　《要录》卷 166，三月辛酉，第 2712—2713 页；卷 169，十月丙申，第 2771 页；《宋史》卷 473《秦桧传》，第 13762—13763 页。

③　《要录》卷 169，十月丙申，第 2772 页。

④　刘宰：《漫塘集》卷 13《上钱丞相论罢漕试、太学补试札子》，四库文渊阁影印本，第 1170 册，第 447 页；《会要》选举 8 之 20《亲试》，第 4384 页。

殿试，"秦桧门客、孙儿、亲旧得占甲科，而知举、考试官皆登贵显"。于是"天下士子，归怨国家"。汤鹏举最后要求高宗"申严有司，革去近弊"，诸如知举官、参详官、考试官，请"临期御笔点差，以复祖宗至公之法"，高宗欣然采纳。值得一提的是，汤鹏举后来连任台官一年半，"所论皆秦桧余党，他未尝及之"①。同年八月，提举淮南东路常平茶盐公事朱冠卿应诏上书说："故相当权，不遵祖宗故事，科举虽存，公道废绝。施于子孙，皆置优异之选。又施于族裔亲戚，又施于门下俭人秽夫"。他列举曹冠、秦埙、周寅、郑时中、秦焞、郑缜、沈兴杰、秦熺等8人，又说"其间多是乳臭小儿，至于素不知书，全不识字者，滥窃儒科，侵占省额"。他还提出了改革的方案②。对于秦桧集团长期控制科举考试等种种恶行，正直的士大夫和士人无不切齿痛恨。直到次年三月殿试时，人们还记忆犹新。太学生王十朋在殿试的对策中写道："夫法之至公者，莫如取士；名器之至重者，莫如科第。往岁权臣子孙、门客，省闱、殿试类皆窃巍科，而有司以国家名器为媚权臣之具，而欲得人可乎？"他希望高宗效法仁宗，"以前日权臣之事为戒，命庠序去谤讪之规，科举革忌讳之禁，有司取志谠之论，将见贤良方正、茂才异等、直言极谏之士，济济而出，如仁宗时矣，尚何患人才之不盛乎！"高宗读后，极其赞赏，"临定其文，以为经学淹通，议论纯正，可为第一"。唱名时，王十朋果然取得第一。嗣后，高宗还下诏说明"王某系朕亲擢第一人"云云，可见高宗对于王十朋的满意程度③。

其次，对属于"权要亲族"的一些合格举人实行复试，并将应举合格的"有官人"的官衔所带"左"字改为"右"字。绍兴二十六年六月，左相沈该等奏："今次科举，臣等子弟亲戚，并令归本贯就试，国子监、转运司并无牒试之人"。表示率先遵照制度，不为自己的亲属谋利。接

---

① 《要录》卷171，正月辛亥，第2802页；卷176，二月戊午，第2905页；《会要》选举20之11《举士十七》，第4580页。
② 《会要》选举4之30《举士十》，第4305页；《要录》卷174，八月癸酉，第2864—2865页。
③ 王十朋：《梅溪王先生文集·梅溪先生廷试策》卷1《御试策》，四部丛刊本，第17页，卷后附录《有宋龙图阁学士王公墓志铭》，同前，第491页。

着,建议依照祖宗典故,命中书省对大臣们的子弟进行复试。高宗回答说:"往时秦熺登科,尚是公选,后在翰苑,文亦可观。其后秦埙中甲科,所对策叙事,皆桧、熺语,灼然可见,朕抑之置在第三,不使与寒士争先"。他同意沈该等人的建议,下诏贡院"遵依咸平三年三月诏旨,所试合格举人内有权要亲族者,具名以闻"①。从此,再次实行对参加殿试而初试合格的朝廷大臣的子弟实行复试的制度。同年八月,前述淮南东路提举常平茶盐公事朱冠卿在应诏所上书的最后,建议将曹冠等人阶官前的"左"字改为"右","俾正流品"。这一建议获得御史中丞汤鹏举等人的赞同,认为符合"祖宗条制",不妨"以有官人赴试者,合带右字;如无官人赴试,合行驳放";同时,将这些被驳放者的名额,作为"前榜侵取之数,于后榜收使"。于是高宗下诏:敷文阁直学士秦埙,左承事郎郑时中、秦焴,左承务郎秦熿,左迪功郎沈兴杰"所带阶官并易右字";左宣义郎曹冠、左从事郎周寅、左迪功郎郑缜"并驳放"②。次年正月,高宗下诏"遵依"真宗咸平间的"典故",重申以现任的两省台谏、侍从以上官员有服亲为"权要",候放榜之日,命令礼部将"过省合格人"即省试合格人的姓名,"取索有无上件服属人,开具闻奏"。还规定"自后每举申明行下","自是遂为故事",借以保证此制的实行不致中断③。

　　再其次,改变科举考试录取举人的学术标准。前一阶段,秦桧集团大致以王安石的新学作为评判举人试卷的标准。绍兴二十六年六月,秘书省正字兼实录院检讨官叶谦亨"面对"说,"陛下留意场屋之制,规矩一新"。但举子的"学术粹驳,系于主司去取之间","向者朝论(按指赵鼎执政时)专尚程颐之学,有立说稍异者,皆不在选"。然而"前日大臣(按指秦桧)则阴佑王安石,而取其说稍涉程学者,一切摈弃"。他认

---

① 《要录》卷 173,六月戊寅,第 2845—2846 页;《宋史》卷 156《选举二》,第 3630 页;《会要》选举 4 之 30《举士十》,第 4305 页。

② 《要录》卷 174,八月癸酉,第 2864—2865 页。

③ 《会要》选举 4 之 31《举士十》,第 4306 页;《要录》卷 176,正月乙未,第 2903 页。

为"程、王之学,时有所长,皆有所短,取其合于孔、孟者,去其不合于孔、孟者,皆可以为学者,又何拘乎!"希望命令"有司,精择而博取,不拘以一家之说,使学者无偏曲之弊,则学术正而人才出矣"。高宗立即"宣谕":"赵鼎主程颐,秦桧尚王安石,诚为偏曲,卿所言极是。"于是"降旨行下"①高宗诏书宣布"不拘一家之说,务求至当之论"后,在当时学术界引起很大反响,从此"道学之禁稍解矣"②。

第四,进一步调整进士科经义和诗赋合并为一科或者分为两科问题。在前一阶段,最后实行经义进士和诗赋进士完全分科的制度后,出现"经、赋分科,声律日盛"的局面,大多数举人专攻诗赋,学习古代经典者甚少。绍兴二十六年闰十月,针对这一情况,高宗与宰辅进行讨论。此事最早是由国子祭酒杨椿提出的,他的奏书说:"今时经学者,白首一经,如蠹书之鱼;词赋者,骈四俪六,如儿女之戏,而皆不读史"。请求高宗"明诏训导,使学者博约兼通"。高宗说:"士人不习史,何以知古今治乱兴亡之迹?"左相沈该等提议命国子监长官,将"圣谕"传达给太学生。高宗又说:"又举人多习诗赋,习经义者绝少,更数年之后,恐经学遂废,当议处此。"沈该等回答说,以前曾实行进士科举人"经义兼习诗赋"之制,"若两科兼习,庶不偏废",请求在"来春省试毕施行"。高宗认为此议"甚善"。此时,还有官员明确提出由于"学者习习词赋,治经甚少,又于六经之中,舍其所难,则经学寝微"。主张在进士经义和诗赋二科"所取分数,稍损诗赋,而优经义"。于是高宗在次年正月下诏规定,凡经义、诗赋合格人,如出现名额有余或不足的情况,其中"诗赋不得侵取经义"。但如果习经义者中"文理优长合格人有余",则允许将习诗赋者不足的人数"通融优取",即将名额拨给习经义者,但不得超过习诗赋者名额的十分之三③。二月,高宗下诏说,今后国子学和太学的公试、私试,以及将来的科举取士,"并令兼习经义、诗赋",其

---

① 《会要》选举4之30《举士十》,第4305页;《要录》卷173,六月乙酉,第2847页。
② 《宋史》卷156《选举二》,第3630页。
③ 《会要》选举4之31—32《举士十》,第4306页。

中第一场原考大、小经义,各减为一道,"永为定制"。4 天后,又下诏说明,根据尚书省提议,因"近年习《二礼》之人最少,理宜优取",乃决定"今后考校,如《二礼》文理优长,许侵用诸经分数,特与优取"①。表示朝廷鼓励更多的举人去学习古代经典。这种"兼习经义、诗赋"之制实行一年后,太学录陈良祐奏申,"法行之初,学者不复加意声律,而有司考校,又专以大义定去留"。高宗感到为难,说:"今兼用两科,已有定制。若更议改易,恐士无所适从。"于是重申"于经义、诗赋各取其优,使不相胜"②。绍兴三十一年正月,又有右谏议大夫何溥上疏论经义和诗赋合为一科的弊病。他说:自经义、诗赋合为一科,"老成经术之士,强习辞章,不合声律;后生习诗赋者,不能究经旨渊源。场屋之内,病于偏枯。策问太寡议论,器识无以尽人,有司去取,不以此为重。士守传注,史学浸废。"指出两科合并后,举人在经义、诗赋方面顾此失彼,难以得兼,"两场俱优者,百无一二",实际弊大于利。他希望"将经义得免解举人,及应举进士年五十以上,许兼一大经,于诗赋场引试;其不愿兼经者亦听,庶几学宿有以自展"。何溥此疏引起满朝官员的议论。许多官员认为"经义、词赋不能并精。又减策二道,而并于论场,故策问太寡,无以尽人。且一论一策,穷日之力,不足以致其精,虽有实学,无以自见"。最后,他们建议"复经义、诗赋分科之旧"。高宗便命礼部、国子监、太学"看详经久可行申尚书省"。二月,高宗决定采纳权礼部侍郎金安节等人的方案,依旧将进士分为经义和诗赋两科,并规定两科的"取士分数"即录取名额依照绍兴二十七年正月十日"指挥","诗赋不得侵取经义"等等;此制从今年三月太学的公试和补试开始实行③。此后,"所至场屋,率是赋居其三之二"④,即经义进士占考场中举人的三分之一,诗赋进士占三分之二。

---

①　《要录》卷 176,二月丁酉朔,第 2903 页;《会要》选举 4 之 32《举士十》,第 4306 页。
②　《会要》选举 4 之 32《举士十》,第 4306 页。
③　《会要》选举 4 之 34《举士十》,第 4307 页;《要录》卷 188,二月乙丑,第 3152 页。
④　《通考》卷 32《选举考五·举士》,第 299 页中。

五、宋高宗在重建科举制度
和进行改革上所起的作用

宋高宗在位 36 年,在治理国家方面,与其他皇帝一样,也经历了一个从比较生疏,到不断积累经验,到十分成熟的过程。前已提及,高宗在科举制度方面的一些具体看法前后也有变化。不过,他一生比较关心科举制度,了解该制度的重要性。高宗深知朝廷主要通过科举考试遴选人才,以不断补充官僚队伍,满足各级官僚机构的需要。他与大臣们讨论科举时多次说过,"异时宰执、侍从皆由此途出",或"异时公卿大臣皆由此途出,利害至重"①。总结高宗一生,他在科举制度方面所做的工作,大致有以下几点:

其一,亲自主持各次殿试,并处理相关事务。从建炎二年八月开始,至绍兴三十一年二月,每次殿试高宗都亲临集英殿,"试礼部奏名进士"。仅在绍兴八年,因"闻徽宗崩,未及大祥",依礼部言,按照祖宗"故事,因谅闇罢殿试",直接以四月举行的省试代替殿试②。高宗便在当年六月,"特御射殿,引见礼部正奏名、特奏名进士"。同时,在绍兴十二年殿试前,共举行了 3 次殿试,这几次殿试因"赴试人数不多",每次各考一日。但从绍兴十二年起,因应试人数增加,改依北宋"在京旧制,分两日唱名",于是高宗又要连续两日在射殿主持"唱名"即发榜典礼,第一天引见正奏名进士唱名,第二天引见合格特奏名进士和武举正奏名、特奏名进士唱名。为此,有的官员慰问高宗说:"两日唱名,上劳圣躬。"他答道:"今次魁选,文武皆得人。朕乐于得士,虽临轩终日,不觉倦也。"③从绍兴五年八月至三十年三月,高宗还 8 次亲自主持武举人的殿试。每次殿试连考 2 天,第一天都在集英殿,考试对策;第二天

---

① 《会要》选举 4 之 31—33《举士十》,第 4306—4307 页。
② 《宋史》卷 156《选举二》,第 3628 页。
③ 《要录》卷 145,四月庚午、辛未,第 2320 页、2321 页;《会要》选举 8 之 1—10《亲试》,第 4374—4379 页,8 之 42—43《亲试杂录》,第 4395 页。

在幄殿,阅试弓马①。

其二,每次殿试,高宗都"内出制策",即由他亲自撰定策题,而这些策题反映了他当时正在思考并急需解决的有关内政外交的诸多问题。这些策题对于应试的举人而言,其实也是一些思考题目。高宗希望从举人的对策中找到自己诸多问题的答案。如绍兴二年三月的殿试策题提出,在"九庙未还,两宫犹远"之际,"朕焦心劳思,不敢爱身以勤民,然屈己以和,而戎狄内侵;招携以弭盗,而盗贼犹炽。以食为急,漕运不继,而廪乏羡储;以军为重,选练未精,而军多冗籍。吏员猥众,而失职之士尚众;田莱多荒,而复业之农尚寡……"等一系列现实的社会问题,希望"与国同患难久矣"的"子大夫"即举人,"宜考前世中兴之主其施为次序,有切于今者;祖宗传序累世,其法度有可举而行者","其悉意以陈,朕将亲览"云云。又如绍兴十二年三月的殿试策,针对宋金和议以后的形势,提出"今朕祇承上帝,而宠绥之效未著;述追光烈,而绍开之勋未集。至德要道,圣治之本也,而欲未得;散利薄征,王政之所先,而势未行。设科以取士,而或以为虚文;休兵以息民,而或以(为)不武"云云②。再如绍兴十五年三月的殿试策,提出了士风问题。他感至此时的士大夫在需要"挟世导民"时,"乃或同于乡原";在需要"排难解纷"时,"乃或专于谋身";"为政"则"不修廉隅","摛文"则"徒华藻";"平居"则"肆贪得之心","临事"则"避剧就易,蔑首公之节"。最后,要求举人们回答用何办法促"使风俗旷然大变"。据他透露,出此题的目的是"欲入仕者知趋向之正"③。这些策题每次都有不同,看来也不仅仅是官样文章,而是高宗当时正在思考并寻找解决良策的问题。

其三,鼓励举人在对策中直言朝政,并亲自审阅前几名举人对策的

---

① 《会要》选举17之25—29《武举》,第4543—4545页。
② 《会要》选举8之2—5《亲试》,第4375—4376页。
③ 佚名:《太平宝训政事纪年》卷5《太上皇帝》,文海出版社,《宋史资料萃编》第4辑,第228页;《会要》选举8之6《亲试》,第4377页。

试卷,依此决定名次。早在建炎二年八月殿试时,御药院曾依例先纳前十名举人的试卷,请高宗"定高下"。他当时表示:"取上当务至公,既有初、复考、详定官,自足凭信。岂宜以朕一人之意更有升降！已处分,今次勿先进卷子。"①表示尊重众多考官的阅卷结果,拒绝由自己来决定这些举人的名次。但绍兴二年三月殿试开始,他改变了想法。他"批赐御试考试官曰:今次殿试对策,直言之人擢在高等,谄佞者置之下等,辞语尤谄佞人与诸州文学"②,借此,"以示朕好恶"。考试成绩揭晓后,张九成第一,凌景夏第二。左相吕颐浩对他说:"景夏词实胜九成,请更赏第一。"他答道:"士人初进,便须别其忠佞","九成对策,虽不甚工,然上自朕躬,下逮百执事之人,无所回避,擢置首选,谁谓不然！"乃裁定以张九成为第一名③。绍兴二十七年三月殿试时,高宗事先以"御笔宣示考试官曰:对策中有鲠亮切直者,并置上列,以称朕取士之意。"举人王十朋在"以法天揽权"为主题的对策中,大胆地提出了"国家用度之际,有所未节,奢侈之风有所未革";"妇人以翠羽为首饰者,今犹自若";"往岁权臣子孙、门客,省闱、殿试,类皆窃巍科,而有司以国家名器,为媚权臣之具";"愿陛下以正身为揽权之本,而又任贤以为揽权之助,广收兼听,以尽揽权之美";"愿陛下断自宸衷,早正储位,以系中外之望"等重大问题。详定官仅定为第九名,编排官孙道夫则"奏其辞鲠切",实际表示异议。于是高宗亲自调阅试卷,阅后甚为赞赏,对大臣说:"今次举人程文,议论纯正,仍多切直,似此人才,极有可用。"次日,又对大臣说:"殿试卷子,其间极有直言者。论理财,有言欲省修造,如崇台榭、起楼阁,以为虚费之事。朕虽无此事,然喜其直言。……前后廷对,未见有此。"他随即命考官"将任贤辉字号卷居第一"。于是王十朋高中殿试第一名④。高宗也就在决定殿试前几名人

① 《会要》选举 8 之 39《亲试杂录》,第 4393 页。
② 《会要》选举 8 之 3《亲试》,第 4375 页。
③ 《会要》选举 8 之 40《亲试杂录》,第 4393 页;《通考》卷 32《选举考·举士》,第 299 页;《要录》卷 52,三月甲寅,第 922—994 页。
④ 《要录》卷 176,三月丙戌,第 2909—2911 页;《会要》选举 8 之 8—9《亲试》,第 4378 页。

选的过程中,坚持了"直言"的标准,从而行使了自己的最终裁决权。此后各朝,都把他的"直言"标准当作祖宗"家法"之一①。

其四,将自己书写的古代经典赐给进士及第者,以示鼓励。绍兴五年十月,高宗赐及第进士第一名汪应辰以下《中庸》。十二年,赐及第进士陈诚之以下《周官》。自绍兴十八年六月殿试始,高宗下诏在举行闻喜宴时,将"御书石刻《儒行篇》",分赐进士及第王佐以下"人各一本"。"自是每举,遣内侍就闻喜宴赐焉"。据记载,绍兴二十一年,赐赵逵以下《大学》。二十四年,赐张孝祥以下《皋陶谟》。二十七年,赐王十朋以下《学记》。三十年,赐梁克家以下《经解》②。

其五,严格选拔各级考试官。前述汤鹏举已提议由高宗临时以"御笔点差"省试的知举官、参详官等,用以提高省试考官的责任性,确保评判试卷的公正合理。绍兴二十六年三月,高宗下诏各路转运司,要求差发解试官时"务在尽公,精加选择",如所差官"徇私及庸谬不当",令提刑司"按劾",御史台、礼部"觉察奏闻"③。对于积弊多年的四川类省试,绍兴二十七年五月已有官员认为难以除弊,不如停罢,"悉令赴南省"即赴临安参加省试。国子祭酒杨椿上疏反对,说:"蜀士多贫,而使之经三峡,冒重湖,狼狈万里,可乎?"他认为"欲去此弊,一监试得人足矣。"请求选差"清强有才力"的郎曹以上官员一员"往莅其事",命四川监司、知州、通判的子弟、门客"力可行者赴省,他不在遣中"。到绍兴二十九年三月,高宗开始采取措施,加以解决。原来,四川类省试的积弊已"不可胜言","其尤甚者,往往冒入(人)解名而就试,倩人入试而过省,代笔之价至万余引,轻薄之子多以致富,风俗大坏。考试之官,争出题目,阴抛记号,各有所主,常至纷纷,习俗见闻,恬不为怪"④。此

① (明)杨士奇:《历代名臣奏议》卷170《选举》李鸣复奏,上海古籍出版社1989年版,第2239页、2240页。
② 《会要》选举2之16、18《贡举·进士科》,第4253、4254页;《要录》卷93,九月己丑,第1549页。
③ 《会要》选举20之11《举士十七》,第4580页;《要录》卷172,三月丙辰,第2824页。
④ 王之望:《汉滨集》卷8《朝札·论监类省试朝札》,四库文渊阁影印本,第1139册,第760页;《要录》卷177,五月乙亥,第2918页。

时,吏部侍郎周绾提议,为解决四川类试之弊,"乞选差行在清强官"一员,或者"假以御史之名,充监试"。高宗鉴于四川"路远不可差",乃下诏规定今后用九月十五日锁院,朝廷于四川帅臣、监司中选差监试官、考试官各一员,在锁院20天前以金字牌"遣降指挥:在院官吏如有挟私违戾,令监试官径行劾奏";其余官员,则由制置使"精加选差"。随后,礼部侍郎孙道夫也建议四川类省试别试所,由朝廷选差监试、考试官各一员,得到高宗的同意①。同年七月,经过整顿,以"清德重望"之士如成都府路转运副使王之望为监试官,知嘉州何逢原为考试官,知邛州费行之为别试所监试官等②,合院考官"更相戒饬,务尽至公,上下一心,毋敢挟私横议"。由于"措划有方,内外严密,纤毫不通","向来弊端,一扫而尽","作过士人,望风引却者,凡数百辈;合格人数减于前榜十有八名,老成淹滞,多获预选"。次年殿试,"蜀士多巍科",取得明显的成效③。

其六,重视革除考场的各种弊病,尽可能保证考试的公正性。高宗对于各级考场里出现的种种舞弊手法,其实也很了解。如前述绍兴十八年二月,他知道两浙转运司在举行发解试时,有"势力之家"行贿,"假手"即雇人代考,而"滥占解名",命礼部出榜"许人告捕"④。二十四年四月,在宰执进呈均定诸州解额的方案时,他说,科考中的挟书、代笔、冒(亲)牒试等,"寻常之见,往往以此为末事,不复留意。朕以此最为大事,人才所自出,士风之所系,皆本于此,岂可不留意耶!"他认为只有革去这些弊端,"庶得实有才学之人"⑤。二十六年闰十月,鄂州通判任贤臣因为举人王昌言揭发他"策题差误,又冒贯合格者众",且"监

---

① 《要录》卷181,三月丙辰朔,第3007页;《会要》选举20之13《举士十七》,第4581页。

② 《朝野杂记》甲集卷13《类省试》,第162页;《会要》选举20之13《举士十七》,第4581页。

③ 王十朋:《梅溪王先生文集》后集卷29《何提刑墓志铭》,四部丛刊本,第484页下,载何逢原为四川类试监试官,不确,实应为官位更高的王之望任此职,见《朝野杂记·类省试》。另见王之望:《汉滨集》卷8《朝札·论监类省试朝札》;《宋史》卷372《王之望传》,第11538页。

④ 《要录》卷157,二月癸巳、甲午,第2550页;《会要》选举16之8《发解》,第4513页。

⑤ 《会要》选举16之10《发解》,第4516页。

试不职,容纵举人假手传义",被特降一官①。三十年二月,参加省试的福州举人刘厚度、吴渐,作为知举官朱倬之亲属,且与别试所监试官、监察御史任文荐为本贯。有人检究刘、吴二人在考场作弊"传义",任文荐"不即依条扶出,止令移往帘前,仍旧收试",因而任被罚,罢去监察御史之职,出任外官②。高宗鼓励举人在对策中直言,也是接受了徽宗时的教训。绍兴四年闰四月,他说:"崇宁已来,宰相恶人敢言,当时士气不足,流弊至今,不可不革也。"他"崇奖直言",是"冀士知朝廷所尚,习成风俗③。这些也说明他知道科举考场中的许多舞弊手法,并且想方设法加以解决。当然,高宗在革除科考中的种种弊端的成效是有一定限度的,这种限度包括时间和空间。当时就有人认为"科举之弊不可革",因为"法禁益烦,奸伪滋炽,唯科场最然",如"代笔之有禁也,禁之愈急,则代之者获赂谢愈多"④。因此,对他在科举制度方面所做的重建和改革也不宜估计过高。

（本文刊载于《科举学论丛》2007 年第 2 期

和《宋代文化研究》2010 年版）

---

① 《要录》卷 175,闰十月丁未,第 2889 页;《会要》选举 20 之 12《举士十七》,第 4580 页。
② 《会要》选举 20 之 14《举士十七》,第 4581 页;《要录》卷 184,二月丁巳,第 3078 页。
③ 《会要》选举 8 之 41《亲试实录》,第 4394 页。
④ 洪迈:《容斋四笔》卷 13《科举之弊不可革》,上海古籍出版 1995 年版,第 761 页。

宋朝"敕命"的书行和书读

    宋朝的"敕命",或称"制敕",乃泛指由皇帝发布的指令,这些指令形成文字即称"圣旨文字",又称"制书"①。书行和书读则是敕命形成文字过程中必经的两个程式。书行在北宋前期是由知制诰撰写敕命包括官诰的告词初稿,神宗元丰改制后由中书舍人负责。书读是由门下省给事中复审以上这些文书。笔者二十多年前撰写《中国历史大辞典·宋史》卷"书黄"条,认为:"凡皇帝用以发布命令的各种形式文书,经给事中读,又经中书舍人书读行下,书毕即备案录黄,再发往尚书省给札颁布执行。"②龚延明先生《宋代官制辞典》"书黄"条提出:"文书名。宋制,门下省审录黄、画黄时,需由给事中签'读',并经中书省中书舍人签'行',方能付尚书省施行;而在录黄、画黄上书'读'、书'行',则称'书黄';若给事中、中书舍人拒绝书黄,不能付尚书省,得执奏退回。……"③显然,笔者和龚延明先生主要依据南宋人赵昇撰《朝野类要》卷4《文书·书黄》,但彼此的认识有一定的差距。同时,我们都完全依照赵昇的记载,把给事中的书读程式放在中书舍人的书行程式之前,其实恰恰相反。最近,笔者赴日本东京东洋文库访问,承各位同行尤其是安野省三教授提出了这个问题。回国后,笔者重新思考,查

---

① 赵昇:《朝野类要》卷4《文书·制书》,知不足斋丛书本,第2页。
② 邓广铭、程应镠主编:《中国历史大辞典·宋史》,上海辞书出版社1984年版,第75页。此条释文为笔者所撰,较为笼统,颇不准确。
③ 龚延明:《宋代官制辞典》,中华书局1997年版,第622页。

找了一些资料,觉得还有进一步研究的必要,便写成此文,敬请各位专家不吝指正。

一

宋朝的书行和书读,可以追溯到唐朝和北宋前期。据南宋人陈鹄记载,唐朝最初"给事中亦行词,高宗改给事中曰'东台舍人'是也。德宗时,给事中袁高宿直,当撰卢新州为饶州刺史诰,高执以诣宰相,宰相不从,乃命舍人撰之"[1]。这就是说,唐初由给事中撰写诰词,后来才交给中书舍人负责。又据《旧唐书·职官志二》记载,唐朝门下省设给事中四员,"掌陪侍左右,分判省事。凡百司奏抄,侍中审定,则先读而署之,以驳正违失。凡制敕宣行,大事则称扬圣德,褒美功业,覆奏而请施行;小事则署而颁之"。同时,中书省设中书舍人六员,"掌侍奉进奏,参议表章。凡诏旨敕制,及玺书册命,皆按典故起草进画;既下,则署而行之"[2]。清代学者据此认为:"唐制,凡诏旨及百司奏疏,由中书宣出者,皆当经给事中书读,然后付外奉行。"[3]说明"书读"的程式在唐朝已经开始出现了,不过还没有使用此词。

北宋前期,最初由"知给事中事"负责"封驳""不便"的制敕。宋太宗淳化(990—994年)年间,开始从枢密院分出银台司和通进司"兼领门下封驳事",由两制以上官员"主判",规定"凡制敕有所不便者,准故事封驳",委任枢密直学士向敏中、张咏"点检看读发放敕命"[4]。此处值得注意的是已经使用"看读"一词,与后来出现的"书读"仅一字之差。不过,所谓"看读"与"书读"其实是一个意思,都有审看、省审、复查等之意。淳化四年四月,太宗下诏说:"……其吏部选人除官,亦令

① 《西塘耆旧续闻》卷5,上海古籍出版社1993年版,第36页。
② 刘昫:《旧唐书》卷43,中华书局1975年版,第1843、1850页。
③ 《钦定历代职官表》卷19《都察院下》,文渊阁四库全书本,第601册,第381页上。
④ 《宋朝诸臣奏议》卷56《百官门·给舍上》余靖、韩维等的奏疏,上海古籍出版社1999年版,第618、619、621页。

甲库实封敕送官告院写告毕,送本院长官看读无误,即置历给付。"①这里的"看读",显然就是命官告院的长官复看本院写告的吏人令史(后称写告官、楷书等)书写官告有无错误的意思。真宗咸平四年(1001年)五月,采纳吏部侍郎、知通进银台封驳司陈恕的建议,改通进银台封驳司为门下封驳司②。门下封驳司有权"详读""非机密宣敕","然后颁下,其或失当,得以厘正"③。同时,舍人院设知制诰或直舍人院,负责奉皇帝或宰相之命,依照所颁"词头",分房起草官员的升迁、磨勘、改换差遣等制词,称为"外制"。史称知制诰"以典掌诰命为职",如"词头所批事情不尽",允许提出申请加以"除改",藉以防止"一听执政所为"④。另外,翰林学士如带知制诰之职者,则仍在翰林学士院任职,才真正掌管诏命,直接替皇帝起草麻制、批答及宫殿内所用文词,称为"内制"。诸如为枢密使、平章事撰写诰词俗称"草制",而后"降制"⑤。此时,知制诰等撰写制敕的初稿,又称"草行"。太宗至道三年(997年),知制诰胡旦因"草行""庆制词,颇恣胸臆,多所溢美,语复讪上"而受责⑥。元丰五年(1082年)四月,在官制改革前夕,知制诰、权御史中丞徐禧向神宗提出,自己身为"中丞纠弹之官,赴舍人院行词,乞免赴直"⑦。以上说明,在北宋前期,知制诰等撰写敕命已经称为"草词"、"行词"、"草行"及"命词"、"书命"等⑧,而给事中复审知制诰等撰写的敕命初稿也已经称为"看读"、"详读"等。

---

① 《宋会要辑稿》职官11《官告院》,中华书局1957年影印本,第2652页下。下简称《会要》。

② 李焘:《续资治通鉴长编》真宗咸平四年五月辛卯,中华书局1979年版,第1061页。下简称《长编》。

③ 《宋朝诸臣奏议》卷56《百官门·给舍上》,李常:《上神宗论差提举常平官敕不由封驳司》,第623页。

④ 《宋朝诸臣奏议》卷56《百官门·给舍上》,王安石:《上仁宗论舍人不得申请除改文字》,第619页。

⑤ 洪迈《容斋随笔》卷8《真宗末年》,上海古籍出版社1995年版,第109、110页。

⑥ 《会要》职官64《黜降官一》,第3827页上。

⑦ 《长编》神宗元丰五年四月丁丑,第7829页。

⑧ 《会要》职官3《舍人院》,第2404页上、下。

二

宋神宗元丰（1078—1085 年）年间实行官制改革，正式确定由翰林学士负责撰写"内制"，中书舍人负责撰写"外制"。元丰五年二月癸丑诏书规定："中书省面奉宣旨事，别以黄纸书，中书令、侍郎、舍人宣、奉、行讫，录送门下省为画黄；受批降若覆请得旨，及入熟状得画事，别以黄纸，亦书宣、奉、行讫，录送门下省为录黄。枢密院准此，惟以白纸录送，面得旨者为录白，批奏得画者为画旨。门下省被受录黄、画黄、录白、画旨，皆留为底，详校无舛，缴奏得画，以黄纸书，侍中、侍郎、给事中省、审、读讫，录送尚书省施行。"①此处"中书省面奉宣旨事，别以黄纸书"，乃指中书省遵照皇帝意见，记录在黄纸上，称为"录黄"，然后由中书省的正副长官及中书舍人"宣、奉、行"，再录送门下省，称为"画黄"。所谓画黄，即由中书令、中书侍郎"宣、奉"圣旨，又由中书舍人"行"即撰写敕书初稿，再经皇帝画押而写在黄纸的文书。另一种情况是中书省接受皇帝批下的文书，或覆请得到的圣旨，以及递呈皇帝得到画"可"的"熟状"。据记载："本朝要事对禀，常事拟进入画'可'，然后施行，谓之'熟状'。……熟状白纸书，宰相押字，他执政具姓名。"②另以黄纸书写"宣、奉、行"毕，再录送门下省，也称为"录黄"。枢密院则用白纸录送，当面接受皇帝圣旨者称为"录白"，得到皇帝批准画"可"者称"画旨"。门下省接受录黄、画黄、录白、画旨，都留为"底"，详校没有错误，再缴奏得到皇帝画"可"，以黄纸书写，由侍中、侍郎、给事中省、审、读毕，转送尚书省施行。这是朝廷三省由决策、起草文书、审核、皇帝批准一直到实行的全过程。其中包括中书舍人起草文书和给事中复核两个程式，前者简称"行"，后者简称"读"。此时还规定，中书舍人只撰写有关本省事务的"草"和"熟状"，而给事中只能撰写"画

---

① 《长编》神宗元丰五年二月癸丑，第 7775 页。
② 胡道静：《梦溪笔谈校证》卷 1《故事一》，上海古籍出版社 1987 年版，第 85 页。

黄",不能撰写"草"①。

中书舍人设六员,"掌行命令为制词",分治吏、户、礼、兵、刑、工等六房,"随房当制,事有失当及除授非其人,则论奏封还词头"②。宋哲宗元祐元年(1086 年)八月,中书舍人苏轼上书反对给散青苗钱斛,拒绝依照中书省的录黄"书行","乞青苗钱今后更不给散"③。此处似乎首次出现"书行"一词,不过依据苏轼奏状原文,"书行"原作"书名行下"④。徐自明在宋宁宗嘉定(1208—1224 年)间撰《宋宰辅编年录》,依当时制度将"书名行下"简称"书行"。至于此时苏轼所撰其他奏状,依照舍人院吏房或刑房"送到"的词头,不是提出"所有告词,臣未敢撰",就是说"所有告命,不敢依例撰词",都还没有用"书行"一词⑤。大约直到元祐六年七月,中书舍人韩川"既书行"张方平充宣徽南院使致仕告词,"词头却送川(按,指另一位中书舍人韩川)"⑥。应该说,这是首次使用"书行"。徽宗建中靖国元年(1101 年),中书舍人邹浩在《上徽宗论太学生不当以言事殿举》疏的最后说:"所有录黄,臣未敢签书行下。"⑦此后到南宋初,中书舍人大都使用"行词"、"行"、"修撰"、"撰词"、"拟词"等词,同时,"书行"一词的使用频率逐渐增高。高宗建炎元年(1127 年)九月,中书舍人汪藻上言,官员刘蒙、陆友谅"观望李纲风旨","为纲所擢",仅削二官不够,因此"所有录黄,未敢书行"⑧。绍兴二年八月,宰相吕颐浩"必欲引(朱)胜非""还任",但担心中书舍人胡安国"持录黄不下,特命中书门下省检正诸房公事黄龟年书行",

①　《长编》神宗元丰五年五月己丑,第 7846 页。
②　《宋史》卷 161《职官志一》,第 3785 页;《会要》职官 3《舍人院》,第 2405 页上。
③　《宋宰辅编年录校补》卷 9《元祐年》,中华书局 1986 年,第 545 页。
④　《苏轼文集》卷 27《乞不给散青苗钱斛状》,中华书局 1986 年版,第 783—785 页;《长编》哲宗元祐元年八月乙丑,第 9359—9361 页。
⑤　《苏轼文集》卷 27《缴进吴荀词头状》等,第 773、777 页。
⑥　《长编》哲宗元祐六年七月乙丑,第 11024 页。
⑦　《宋朝诸臣奏议》卷 19《君道门·广言路下》,邹浩:《上徽宗论太学生不当以言事殿举》,第 186 页。
⑧　《建炎以来系年要录》高宗建炎元年九月壬辰,中华书局 1956 年版,第 213 页。下简称《要录》。

"议者讥其侵官"①。四年七月，高宗批准都统制张俊关于蠲免其本人产业科敷的要求，有中书舍人上言拒绝为张"书行"，高宗不得已下"诏令以次官书行"，即命第二名中书舍人撰写准许张的要求的诏书②。六年八月，诏左司郎官楼炤兼权中书舍人"书行户房文字"③。八年，宰相秦桧企图引用亲旧，中书舍人吕本中"封还除目，桧勉其书行，卒不从"④。宋孝宗时期，开始常用"书行"此词。自绍兴三十二年九月至隆兴元年（1163 年）三月，中书舍人周必大连续十二次"缴驳"中书门下省"送到"的"录黄"或"词头"，这些奏状的程式大都是"具位臣周某，准中书门下省送到""录黄"或"词头"一道，"为……事，令臣书行，须至奏闻者"。然后叙述自己的理由，最后写道："所有录黄（或词头），臣未敢书行，谨录奏闻，伏候敕旨。"⑤其中有一篇《申省论朱霖状》，因为是中书门下省户房送到的词头，周必大就不用"书行"一词，而在最后这样写道："缘此未敢命词，须至申闻者"，改用"命词"一词。还有一篇与给事中金安节合写的奏状，则在最后写成："所有录黄，臣等未敢书读，谨随状缴进以闻，伏候敕旨。"⑥隆兴元年八月，金安节任给事中，孝宗准备提拔龙大渊、曾觌为知阁门事、同知阁门事，"宰相知（金）安节必以为言，使人讽之，曰：'若书行，即坐政府矣。'安节拒不纳，封还录黄"⑦。照例，给事中只管书读，中书舍人才管书行，此处宰相让给事中金安节"书行"，似乎是当时给事中常用的"书读行下"的简称。乾道二年（1166 年）十二月，起居舍人洪迈上书说："今三省所行，事无巨细，必先经中书画黄，宰执书押既完，当制舍人书行，然后过门下，而给事中书

---

① 《要录》高宗绍兴二年八月戊戌，第 992、993 页；《宋史》卷 381《黄龟年传》，第 11740 页。
② 《要录》绍兴四年七月庚申，第 1277、1278 页。
③ 《要录》绍兴六年八月壬戌，第 1702 页。
④ 《宋史》卷 376《吕本中传》，第 11637 页。
⑤ 周必大：《文忠集》卷 99，第一篇为《论婉容翟氏位官吏碍止法人转行状（同金安节）》，第十二篇为《缴驳龙大渊曾觌差遣状（三月十三日，同给事中金安节）》，文渊阁四库全书本，第 1148 册，第 66 页上—74 页上。
⑥ 周必大：《文忠集》卷 99，第 74 页上。
⑦ 《宋史》卷 386《金安节传》，第 11860 页。

读。如给、舍有所建明,则封黄具奏,以听上旨。"①此后,中书舍人的"书行"大致依此程式执行。

三

关于给事中的"书读"一词,在文献中出现较早。宋神宗元丰改制后,立刻使用此词。元丰五年(1082 年)五月,给事中舒亶上言:"吏房前后发李规、王务民奏钞,令臣书读……"②哲宗元祐元年(1086 年)闰二月,因对朝廷用人有不同意见,给事中王岩叟、范纯仁等加以封驳,于是哲宗(时哲宗尚年幼,朝廷大事皆由太皇太后高氏裁决)下诏门下省,"更不送给事中书读,令疾速施行"。这当然又引起大臣们的反对。御史中丞刘挚与殿中侍御史孙升合奏:"臣等伏闻除安焘知枢密院事,因给事中两次封驳不当,遂蒙特降指挥,更不施行送本官书读,直下吏部施行。"刘挚、孙升又奏:"今陛下除一大臣,因其封驳不当,遂废给事中职业,不令书读,则是命大臣以私矣。"③三月,右谏议大夫孙觉等上言,认为:"凡命令之出,先自中书省一人宣之,一人奉之,一人行之。次于门下省一人读之,一人省之,一人审之。苟有未当,则许驳正,然后由尚书省受付施行。……今安焘之命,不送给事中书读施行,乃是封驳一职遂为虚设。制敕不全,命令不重,而法度不存矣。斜封授官,恐渐起于次。"孙觉等还说:"臣等所论,乃系国体。"④将门下省给事中书读职责的是否正常行施,看作关乎"国体"的一件大事。元符三年(1100 年)八月,"中批"邓询武为史官,给事中叶涛、龚原加以封驳,哲宗改命中书舍人徐绩"书门下录黄行出"。翰林学士曾肇认为:"诏令所出","中

---

① 《宋史全文》卷 24 下《宋孝宗二》,文渊阁四库全书本,第 331 册,第 324 页下。据《宋史》卷 373《洪迈传》,为洪迈在乾道三年拜中书舍人时所上。刘时举:《续宋编年资治通鉴》卷 8(丛书集成本,第 3880 册,第 108 页),则作乾道二年十二月洪适言,待考。

② 《长编》神宗元丰五年五月辛丑,第 7853 页。

③ 《长编》哲宗元祐元年闰二月乙卯,第 8951 页。

④ 《长编》哲宗元祐元年三月辛未,第 8996、8997 页。

书则有舍人主行,门下则有给事主读,尚书则有左右司郎官受付,使之更相弥缝,更相可否,然后发号施令,罔有不臧,立政官人,举无过事。……近日给事中封驳中书录黄,三省进呈,却令舍人书读行下。"①此后,给事中的书读程式依此进行。只在政和八年(1118年)四月,出现命令给事中书读"空黄"的奇怪做法。据张叔夜《上徽宗论先书空黄》奏札说:"凡命令之出,中书省宣、奉、行,门下省省、审、读,然后付尚书省颁行。而枢密院被旨,亦必录送门下省。……今则急速文字无有经遍三省者矣,而诸房复以空头录黄,用白帖子贴出事目,谓之'空黄',先此书读。揆之职守,自应不书。然未有法禁,苟或先书空黄,则本省审读殆成虚设。"徽宗认为"诏先书空黄,殆非法意,可依所奏,立法施行",采纳了他的建议②。南宋宁宗初,皇太后之弟知阁门事谢渊特批请给予优待,给事中楼钥提出反对。楼钥的奏状开头这样写道:"中奉大夫、守给事中、兼直学士院、兼实录院、同修撰臣楼钥奏:准中书门下省送到录黄,为知阁门事谢渊为系皇太后亲弟,其请给等可依韩侂胄例,特与依禄格全支本色,日后迁转准此事令臣书读。"然后逐条叙述他的理由,最后又这样写道:"所有录黄,臣未敢书读,谨随状缴奏以闻,伏候敕旨。"③元丰改制后一直到南宋,给事中缴驳录黄的奏状几乎都是按照这个模式写的。

四

　　人们也许会问:给事中究竟是怎样"书读"和中书舍人是怎样"书行"的呢?南宋理宗时,赵昇《朝野类要》卷4《文书·书黄》记载:"凡

① 《宋朝诸臣奏议》卷57《百官门·给舍下》,曾肇:《上徽宗论中书舍人不当书门下录黄》,第637页。原注元祐三年三月"时为中书舍人"的曾肇"上此奏",但据此奏系上徽宗,不可能在哲宗元祐三年。另据《宋史》卷161《职官志一》,"元符三年,翰林学士曾肇言",与此相同,第3779页。
② 《宋朝诸臣奏议》卷57《百官门·给舍下》,张叔夜:《上徽宗论先书空黄》,第638—639页。
③ 陈傅良:《止斋先生文集》卷27《缴奏谢渊请给合支本色状》,四部丛刊本,第150页下—151页上。

事合经给事中书读并中书舍人书行者,书毕即备录录黄,过尚书省给札施行;如不可行,即不书而执奏,谓之'缴驳'。故俗谚曰'不到中书不是官'。"①这里必须弄清楚,给事中的"书读"是在文书如官诰上签一个"读"字呢,还是只在文书形成过程中审阅或者朗读呢? 前述龚延明先生认为是签一个"读"字。《长编》卷326元丰五年五月辛丑,给事中舒亶上言,也标点成"吏房前后发李规、王务民奏钞,令臣书'读',侍郎王珪已书'省审'"②。但是,今存哲宗元祐三年三月办理并颁发的《范纯仁进封太中大夫、守尚书右仆射兼中书侍郎诰》③中,在"尚书左仆射兼门下侍郎臣(吕)大防、给事中臣(顾)临等言"下,并没有接着写"书"和"省审"等字,而是写"制书如右,请奉制书付外施行,谨言"。然后写"元祐三年三月五日,制'可'"。所谓制"可",是哲宗的批示,即画旨。由此可见,给事中"书读"不像是签一个"读"字。又据《司马光拜左仆射告身》(台北"故宫博物院"藏),系元祐元年闰二月颁发,在"尚书左丞、权门下侍郎臣(吕)公著,给事中臣(范)纯仁等言"下,也仅写"制书如右,请奉制付外施行,谨言"云云,也没有出现"读"字。另据宋理宗时《太学灵通庙牒》记载,最后为"端平三年正月九日,特进、左丞相清之,右丞相行简,参知政事与之(未上),同知枢密院事兼权参知政事性之,给事中咨夔,兼权中书舍人□……"④这里的给事中洪咨夔的名字之下也没有签"读"字。这是值得注意的。

那么,中书舍人的"书行"又是怎么一回事呢? 前述宋宁宗时徐自明撰《宋宰辅编年录》将苏轼的"书名行下"简称"书行",这是一个解释。为什么要"书名"呢? 原来在神宗元丰五年(1082年)五月规定:"三省、枢密院自今应入进文字,自来用押字者,并依三省例书臣名。"⑤

① 赵昇:《朝野类要》卷4《文书·书黄》,第3页。
② 《长编》神宗元丰五年五月辛丑,第7853页。
③ 《范纯仁进封太中大夫、守尚书右仆射兼中书侍郎诰》,藏南京博物院,误称《范纯仁进封高平郡开国侯诰》。
④ 王昶辑:《金石萃编》卷152,中国书店影印1985年版,第2页B上。
⑤ 《长编》神宗元丰五年五月乙未,第7851页。

以前有的官员在文书上签押或画押,现在改为皆依三省例写官员之名,但不写姓。前引范纯仁官诰和《太学灵通庙牒》,都在各个官名之下只写官员之名。同时,在"兼权中书舍人□"之下也没有签"行"字,撰写范纯仁诰身的苏轼也不见他签"行"字。据范纯仁诰身后嘉定丙子上巳眉山任希夷的题跋,该诰之词系由时任翰林学士的苏轼所撰,《苏轼文集》卷 38 即载有此诰之词的全文①。又据孝宗乾道六年(1170 年)六月,王佐授主管淮南东路安抚司公事、马步军都总管告身(藏上海博物馆),在"给事中沂、权中书舍人□"之后还是没有写"读"和"行"字。再据理宗宝庆三年(1227 年)正月颁发的《它山遗德庙封善政侯牒》记载,该牒敕词之后署有"给事中清之、中书舍人壑"②。这里的给事中是郑清之,中书舍人是王壑,他们的姓名后也没有写"读"或"行"字。不过,据神宗熙宁八年(1075 年)六月,淄州《灵泉院顺德夫人敕》,该敕后署有"中书令阙,中书侍郎阙,右正言、知制诰臣邓润甫宣奉行"③。即知制诰邓润甫不仅负责起草敕词,还代行中书令的"宣"和中书侍郎的"奉"的职务。徽宗崇宁三年(1104 年)九月颁发的《渠州汉车骑将军敕》记载,该敕文之后署有"中书令阙、中书侍郎臣吴居厚宣奉、中书舍人臣刘正夫行",同时又记载"侍中阙、司空兼门下侍郎(蔡)京、门下侍郎(赵)挺之"④。这里没有出现给事中的官衔和姓名。另外,据宁宗庆元三年(1197 年)二月胡柯编《庐陵欧阳文忠公年谱》,欧阳修从天圣八年(1030 年)至绍圣三年(1096 年)五月,即其生前与身后所得官诰的制词,元丰改制前由"知制诰陈从易行"、"蔡襄行"、"王安礼行"等,元丰改制后由"中书舍人盛陶行"⑤。

①　《苏轼文集》卷 38,第 1095—1096 页。
②　陆增祥:《八琼室金石补正》卷 118,文物出版社 1985 年版,第 838 页下。
③　《八琼室金石补正》卷 104,第 734 页上。另见孙廷铨:《颜山杂记》卷 3《颜文姜灵泉庙·宋敕一·牒文州碣并附》,文渊阁四库全书本,第 592 册,第 795 页下。
④　汪鋆:《十二砚斋金石过眼录》卷 16,《宋代石刻文献全编》第一册,北京图书馆出版社 2003 年版,第 5 页。
⑤　《欧阳修全集》附录卷 1,中华书局 2001 年版,第 2597—2625 页。

又据杨万里的"历官告词",由乾道六年(1170 年)十月"中书舍人范成大行"其国子博士告词,到开禧二年(1206 年)二月"中书舍人宇文绍节行"、开禧三年正月"中书舍人毛宪行"等①。这些知制诰和中书舍人姓名后的"行"字出现在官诰上,显示他们是这些诰词草稿的作者。但在正式官诰上他们姓名后的"行"字,其实是由中书门下或中书省的吏人书写的。因为每天都有许多官诰须要制作,数名知制诰或中书舍人根本无法应付,所以正式官诰上的文字其实都出自专司誊写的吏人之手。

宋理宗时,曾经出现由一名执政官员身兼给事中和中书舍人等三职的情况。宝祐四年(1256 年)八月,太学的土地神被加封名号,其"敕牒"记载:"宝祐四年八月二十七日,右丞相(程)元凤,参知政事(贾)似道(本注:两淮大使),参知政事(蔡)杭,时暂兼给事中,时暂兼权直舍人院。"②蔡杭应为蔡抗之误,据《宋史·宰辅表五》,蔡抗在宝祐四年七月乙卯"除参知政事"③。可见蔡抗还兼任给事中和权直舍人院(一般官资低者不除中书舍人,而称直舍人院),即兼任撰写这一敕牒并负责审读。此时在有些敕牒上,不署权中书舍人之名。如理宗景定五年(1264 年)的《显应庙神封广惠侯尚书敕符碑》和度宗咸淳九年(1273 年)的《缙云县显应庙牒碑》,各记载"兼给事中(牟)子才,兼权中书舍人"和"时暂兼权给事中元庆,兼权中书舍人"④。据此二碑,如有关官员暂时缺人,则原碑写明"缺";如碑刻不清,辑录者则写"□",可是"兼权中书舍人"之下原碑既无"缺"字,又未说明是由前一官员即给事中兼任的,因此留下了疑问。

---

① 《诚斋集》卷 133,四部丛刊本,第 1211 页下—1219 页下。
② 《两浙金石志》卷 12《宋淳祐宝祐加封敕牒碑》,《续修四库全书》第 911 册,上海古籍出版社 2002 年版,第 84 页下。
③ 《宋史》卷 214,第 5635 页。
④ 《括苍金石志补遗》卷 2;《括苍金石志》卷 8,载《宋代石刻文献全编》第三册,第 891 页上,第 856 页上。

　　知制诰或中书舍人、翰林学士撰写诰词是有草稿的。宋高宗时曾任中书舍人和翰林学士的汪藻，"属时多事，诏令类出其手"①，到元代还留有他撰写的十帙诰词的手稿。元人吴澄《题汪龙溪行词手稿后》记载，吴澄曾看到汪藻的"手稿六帙，虽一时不经之辞，非大诏令也，而一斑之窥、一脔之尝，亦粗得仿佛云"②。在中书舍人撰写草稿后，朝廷大臣如执政甚至皇帝可以加以修改。陈鹄撰《西塘集耆旧续闻》卷5《杨家鞋底》说，据温革《杂志》记载："舍人行词或有未当，则执政请以稿议改定。杨文公（亿）有重名于世，尝因草制为执政者多所点窜，杨甚不平，因以稿上涂抹处，以浓墨傅之，就加为鞋底样，题其榜（旁）曰：'世业杨家鞋底。'或问其故，曰：'是他别人脚迹。'当时传以为喔噱。自后舍人行词，遇涂抹者，必相谑云'又遭鞋底'。"同书又云，杨亿曾起草答契丹国书，有"邻壤交欢之语"，"进草既入"，真宗"自注其侧云：'鼠壤，粪壤'"。杨亿急忙改为"邻境"。又真宗赐李继迁姓名及进封西平王，翰林学士宋白、苏易简和张洎"草诏册皆不称旨"，改由宋湜"进词"。宋湜领会真宗本意草诏，真宗大喜，"不数日参大政"。③这说明中书舍人或翰林学士草拟制词包括诰词，皇帝和其他大臣是可以修改的。

　　中书舍人撰写的诰词，一般属于"专词"，与"海词"不同。海词是以皇帝名义颁布的现成的训词，用于低级官员，人人一样。如太学生、高级吏胥的训词又称赞词，杨万里就写过《给太学士人绫纸词》："牒：某人，成均，材之囷也。言艺其苗，言撷其秀。既曰撷之，曷不艺之？士之入于斯，出于斯，有硕其用者相踵也，庸非国家养士之仁乎？有养士之仁，有自养之仁，往（清）省毋怠。事须准敕给牒充太学生，故牒。"④朝廷三省的吏胥的赞词，据周必大《二老堂杂志》卷4《省吏补牒》记载，

① 　《宋史》卷445《汪藻传》，第13131页。
② 　吴澄：《吴文正集》卷59，文渊阁四库全书本，第1197册，第585页下—586页上。
③ 　《西塘集耆旧续闻》卷5，第38页。
④ 　《诚斋集》卷96，四部丛刊本，第842页上。

省吏递迁"皆给绫牒,赞辞如补太学生者"①。这些写于每个太学生或高级吏胥绫牒的赞词便是海词,各人都一样。至于专词,是为高中级官员写的,每人都不一样。比如官员封赠父母诰词,在元祐元年前皆"各有词",从此年开始,规定中大夫、防御使以下的父母使用海词,太中大夫、观察使以上的父母则使用专词②。宋朝曾任知制诰、中书舍人和翰林学士的不少文人学士,如欧阳修、苏轼、苏辙、蔡襄、曾巩、陈傅良、楼钥等,都撰写了许多"制敕"(分内制和外制)、"制诰"、"西掖诰词"、"北门书诏"等。有的人如曾巩还写过许多"制诰拟词",看来是在任中书舍人时提前写好而备用的③。

中书舍人从元丰六年(1083年)九月起是"各随所领房命词"的,其中大部分官员的"差除"即任命差遣的官诰在吏房"日常行词",其余少量诰词如官员"责降牵复"则由刑房负责,"蕃官迁转"由兵房负责,所以中书舍人平时实行"轮日分草"之制④。不过,到后来因为官员人数不断增多,吏房负责提供官诰的任务越来越重,便一分为二,成为左右两房。光宗绍熙四年(1193年),起居舍人兼中书舍人陈傅良"缴奏给事中黄裳改除兵部侍郎状"说,他自己在楼钥差充御试官时,"暂兼摄吏左房书黄事"⑤。度宗咸淳三年(1267年)十一月,王应麟除起居舍人兼中书舍人,"兼权书行吏右、礼、工房"。八年七月,"书行吏左、户房"。恭帝德祐元年(1275年)三月,"真除舍人";四月,"供职书行吏左、户、兵、刑房"⑥。

知制诰、中书舍人及翰林学士是依据什么来行词的呢? 第一,元丰改制后的北宋时期,依据中书省送下的录黄,南宋时依据中书门下省送

---

① 周必大:《二老堂杂志》卷4,丛书集成本,第2767册,第66页。
② 《长编》哲宗元祐元年闰二月丁巳,第8956页。
③ 《曾巩集》卷23—卷26,中华书局1984年版,第359—410页。
④ 《会要》职官3《舍人院》,第2405页下;《长编》哲宗元祐元年正月丁巳,第8731、8732页,作"论草","论"系"轮"字之误。
⑤ 杨士奇:《历代名臣奏议》卷147《用人》,上海古籍出版社影印1989年版,第1920页下。
⑥ 王应麟:《四明文献集》卷5《诰》,文渊阁四库全书本,第1187册,第268页下;张大昌编:《王深宁先生年谱》,载《四明丛书》第一集。

下的录黄。如徽宗建中靖国元年三月,中书舍人邹浩《论太学生不当以言事殿举》奏状说:"臣准中书省刑房送到录黄一道,为太学生张寅亮等妄言……所有录黄,臣未敢签书行下。"①宋光宗时,中书舍人陈傅良《缴奏孙拱之转官状》写道:"准中书门下省送到录黄一道,枢密院关奉圣旨……令臣书行。"②第二,依据中书门下或中书省发给的词头。北宋前期,知制诰已经依照中书门下颁发的词头撰写诰词。元丰改制后,中书舍人依照中书省颁发的词头草词。如徽宗宣和元年(1119年),中书舍人许翰说:"臣承中书省兵房送到词头一道,为……"③孝宗时,中书舍人洪适《缴侯进词头札子》说:"臣准中书省送到武功大夫、镇江水军统领侯进降官词头,令臣撰词进入。臣……所有制词,臣未敢撰入,取进旨。"④这里,中书舍人依照词头撰写往往不称为"书行",而称为"撰词"或"撰"、"撰述"。第三,直接依照皇帝或皇太后的意旨撰写。如徽宗宣和间,"有旨:'苏轼追复职名。'时卫仲达可当行词……"⑤建中靖国元年,"钦圣"即太皇太后向氏(神宗皇后)"降出小册子",下令邢恕(字和叔)"放归田里"⑥。原来邢恕"从程颢学,因出入司马光、吕公著门",但"天资反复,行险冒进"⑦。中书舍人曾肇"行词头","略云:'使光、公著被凶悖之名,蒙窜斥之罪……'"淳熙十四年(1187年)十月,孝宗下达御批:"卿等更宣谕王信:'皇太后止为本人颇晓事,人亦推许,要兼本宫职事,凡事齐整。将来修盖慈宁宫,亦要本人逐日取皇太后圣旨,务要凡百惬皇太后圣意。可书行。'"⑧端平三年(1236年)八月,"上(即理宗)令丞相宣谕"中书舍人林希逸起草史嵩

① 《宋朝诸臣奏议》卷19《君道门・广言路下》,邹浩:《上徽宗论太学生不当以言事殿举》,第186页。
② 《止斋先生文集》卷24《缴奏孙拱之转官状》,第139页下。
③ 《宋朝诸臣奏议》卷97《刑赏门・赏罚》,许翰:《上徽宗论西师赏功之滥》,第1051页。
④ 洪适:《盘洲文集》卷47《缴侯进词头札子》,四部丛刊本,第319页上一下。
⑤ 张邦基:《墨庄漫录》卷3《同判戏卫达可行苏轼追复职名制》,中华书局2002年版,第95页。
⑥ 朱弁:《曲洧旧闻》卷6,知不足斋丛书本,第3页A。
⑦ 《宋史》卷471《邢恕传》,第13702、13705页。
⑧ 《文忠集》卷150《奉诏录五・宣谕王信书行甘昺职事御笔》,第645页下。

之的诰词,定下基调为"可作自陈行词",还"付下御前所录嵩之奏状,令体此降制"①。第四,台谏官的奏章。有时官员被认为有罪,"为台谏论列",朝廷"不得已然后谪出,而谪命之下,必按台谏章疏撼实行词"②。第五,有关官员的履历文书。中书舍人在受命撰写告词时,可以索取这些官员的履历文书。淳熙八年十月,中书舍人施师点要求遵照"三省旧制,每有除目,必具本官履历于画黄之首,庶几贤否易知,不至经由卤莽"。孝宗采纳此见,下诏"吏、刑部,遇(中书门下)后省取索差除官历任功过,毋得稽迟漏落"③。这些是中书舍人书行的主要依据。

　　翰林学士(有时由中书舍人)撰写文书诸如麻制后,依照规定,应由阁门舍人"宣读"。宁宗庆元二年(1196年),余端礼由右丞相拜左丞相,权直舍人院、中书舍人傅伯寿负责"草麻",首联云:"天乙之兴,中𨲠实为左相。""中𨲠乃仲虺也。"阁门舍人"读麻,既读破句,又不识'𨲠'字"。情况十分尴尬,于是阁门舍人遭御史弹劾而被罢免,宁宗传旨:"今后宣麻人与学士同锁宿,点句与之,以便宣读。"④说明负责撰写麻制的翰林学士或中书舍人与宣读麻制的阁门舍人之间是有明确分工的。

　　知制诰、中书舍人起草词命是有时间限制的。理宗时,牟子才兼直舍人院,右司李伯玉"降官已逾年,舍人院不敢行词",牟子才说:"故事,文书行不过百刻","即为书行"⑤。中国古代计时,将一昼夜分为百刻,实为九十六刻。此处百刻即一昼夜。说明中书舍人起草诰词必须在一天内完成。宁宗时,洪迈记载:"中书舍人所承受词头,自唐至本

---

①　林希逸:《竹溪鬳斋十一稿续集》卷23《刘克庄行状》,文渊阁四库全书本,第1185册,第784页上、下。

②　陈东:《少阳集》卷3《上高宗皇帝第三书》,文渊阁四库全书本,第1136册,第315页下。

③　《会要》职官1《中书门下后省》,第2371页。

④　谢采伯:《密斋笔记》卷3,文渊阁四库全书本,第864册,第670页下,《宋宰辅编年录校补》卷20载有余端礼拜左丞相制的全文,首联曰:"有熊之佐,风后配夫上台;天乙之兴,仲虺居于左相。"第1310页。

⑤　《宋史》卷411《牟子才传》,第12357页。

朝，皆只就省中起草付吏，逮于告命之成，皆未尝越日，故其职为难。"
到南宋时，因为"典故散失，每除书之下，先以省札授之，而续给告，以
是迁延稽滞"。有的官员出知外州，"几将一月，犹未受告"①。这说明
南宋时中书舍人书行的效率比北宋时大为降低，其中也与南宋时官员
人数增加很多有关。当然，北宋和南宋时都出现了好几位撰写诰词的
高手。如洪迈前面还说到仁宗时知制诰刘敞"临出局，倚马一挥九制，
皆见于史策"②。又如前述曾巩，他接到词头后，能够"即为之词，授院
吏上马去"。③再如南宋末王应麟，他才思敏捷，当时"除目填委"，其他
中书舍人皆"阁笔不下，公独从容授之，若行云流水，悠然泛然，而莫知
纪极者"④。这些文人学士为后代留下了许多敕命或制敕包括诰词，其
中不乏精彩的篇章。

综上所述，笔者以为，第一，宋朝知制诰和中书舍人的书行是撰写
敕命或制敕包括诰词的初稿，有时称"书名行下"、"签书行下"，更多时
候简称"行词"、"行"、"命词"，有时也称"草"、"撰述"、"演词"等。这
也就是说，书行是知制诰和中书舍人一般应在本人撰写的敕命或制敕
包括诰词初稿后署上自己的名或姓名，偶尔还在其后写上"行"字。第
二，书读是给事中复看或复审，现在尚不能断定是否由给事中在本人复
审的知制诰和中书舍人撰写的敕命或制敕初稿上签一个"读"字。第
三，中书舍人的书行和给事中的书读，是朝廷敕命或制敕起草、复审、颁
布和施行过程中的两个程式或手续，它们本身并不构成一种文书。第
四，宋朝的书行和书读程式或手续的施行，有时由于皇帝和权相的干
预，呈现复杂情况，出现过命令给事中书行、起居舍人书行和中书门下
检正诸房公事书行，以及中书舍人书读或中书门下检正诸房公事书读
等错位情况，不过，这些情况往往受到中书舍人和给事中、起居舍人等

---

① 《容斋三笔》卷4《外制之难》，第464、465页。
② 《容斋三笔》卷4《外制之难》，第464页。
③ 程大昌：《演繁露》续集卷1《制度·差除行词》，文渊阁四库全书本，第852册，第213页上。
④ 《四明文献集》卷5，第268页下。

的抵制。第五,南宋后期有时也出现过由给事中兼任中书舍人或直舍人院的情况,即由其中的一人包办了书行和书读的全部程式,不过在整个宋朝而言并不多见。

(本文刊载于《中华文史论丛》2008 年第 1 期)

关于宋高宗的评价问题

宋高宗赵构（1107—1187 年）是南宋第一代皇帝,在位 36 年（1127—1162 年）。他是在北宋亡国之时登上皇位的,此时北方的强敌金朝军队屡屡入侵,山河破碎,百姓大批死亡。他一方面被迫组织和领导军民进行抵抗,另一方面又不断乞求金朝停止进攻,最后不惜称臣纳贡,与金朝议和。近 30 年来,中国大陆的史学家几乎众口一词贬之为南宋的"投降派"或南宋"投降派的首领"。近几年来,更有个别学者进一步斥之为"卖国贼"、"花花太岁"、"独夫民贼"等。人们不禁要问:宋高宗究竟应该如何评价? 他的头上应该戴南宋"投降派的首领",或者"卖国贼"、"花花太岁"、"独夫民贼"等帽子呢?

一、《宋史》编纂者的评价

南宋以后,最早对宋高宗的一生作出比较全面的评价的学者是元代末代编纂《宋史》的史臣们。他们在《高宗本纪》的"赞"语中,首次作出了对宋高宗较为中肯的评价。"赞"语认为,一、自夏朝以来,陆续涌现了夏少康、周宣王、东汉光武帝、东晋元帝、唐肃宗和宋高宗"六君","史皆称为中兴而有异同焉"。作为"中兴""六君"之一,东晋元帝和宋高宗在"克复旧物"方面,与另外"四君"相比,"有余责焉",即尚有未尽偿的罪责。二、宋高宗处于"时危势逼,兵弱财匮"的时代,所以"事之难处又有甚于数君者乎"。因此,宋高宗"恭俭仁厚,以之继体守文则有余,以之拨乱反正则非其才也"。三、宋高宗初立时,如果能乘各地"勤王之师"的到来,"内相李纲,外任宗泽","天下之事"似乎"无不可为者"。只因他"播迁穷僻"即执意南逃,加之苗傅和刘正彦作乱,"权宜立国",确实艰难。但他一开始便"惑于汪(伯彦)、黄(潜善)",最后受"制于奸(臣秦)桧",因而"恬堕猥懦,坐失事机"。甚至赵鼎、张浚"相继窜斥",岳飞父子"竟死于大功垂成之秋",以致"一时有志之士,为之扼腕切齿"。因此,宋高宗"方偷安忍耻,匿怨忘亲,卒不免于来世之诮,悲乎"①!

这些"赞"语除肯定宋高宗为六名"中兴"君主之一和"恭俭仁厚"外,主要是批评他"恬堕猥懦,坐失事机"、"偷安忍耻,匿怨忘亲"、死"有遗责"等。不难看出,这些"赞"语的主调是批评宋高宗在北方的强敌金朝面前过分含垢忍辱,抗战不力。

二、近 30 年来中国大陆史学家的评价

近 30 年来,中国的历史学家对于宋高宗的评价,基本承袭《宋史·高宗本纪》"赞"语的视角,主要着眼于宋高宗对金朝的态度和政策。不妨以最有代表性的一些著作和论文为例。

在蔡美彪先生主编、笔者参加编写的《中国通史》第五册中,提出宋高宗和秦桧是"投降派的代表","高宗、秦桧卖国投降",秦桧为"投降派卖国贼"②。该版初稿撰写于"文革"期间,"文革"结束后虽略作修改,但仍不免遗留下一些"批儒评法"的痕迹。此后,经过反思,逐步删去了一些不合适的用词。如 1994 年豪华版,保留了宋高宗和秦桧是"投降派的代表",但在另一处"高宗、秦桧"后删去了"卖国投降"四字,又在秦桧为"投降派卖国贼"处删去了"卖国贼"三字③,等等。

---

① 《宋史》卷 32《高宗九》,中华书局 1985 年版,第 612—613 页。
② 人民出版社 1978 年版,第 306 页、297 页、295 页。
③ 人民出版社 1994 年版,第 305 页、296 页。

　　中国社科院历史所编写组编写的《中国史稿》第五册,在宋、金关系方面,提出宋高宗"顽固坚持妥协投降政策","宋高宗及秦桧一伙自以为投降得计","以宋高宗为首的南宋统治集团"是"投降派"①等。

　　邓广铭、漆侠先生以及笔者、王曾瑜、陈振先生合撰的《中国大百科全书·中国历史·辽宋西夏金史》中的《宋朝》条,在"南宋政治"部分,提出"以赵构和秦桧为首的投降派"②,把宋高宗定为南宋投降派的首领。同书,吴泰先生撰《宋高宗赵构》条,也提出"宋高宗是南宋初投降派的首领","同金朝签定了屈辱投降的绍兴和议"③。

　　王曾瑜先生撰写的著作《荒淫无道宋高宗》④,论述宋高宗的"罪恶一生",认为他是"独夫民贼"、"小丑","作恶多端",又多次指出他是"花花太岁"、"荒淫好色"、"色中饿鬼"、"好色狂徒"、"嗜色如命的狂人"、"心理变态"等。在南宋与金朝的关系方面,王先生没有使用宋高宗是"投降派"一类的语词,只是称"宋高宗和秦桧的降金政策"。但至2006年6月,王先生又撰文《天地有正气,凛烈万古存——写在文天祥诞辰770年之际》⑤,指出当前中国史学界"有人写书撰文,……转弯抹角,要为卖国贼宋高宗和秦桧翻案"。明确将宋高宗归入"卖国贼"之列。笔者此处不想去追问他所说的"有人"是哪一位历史学家,但确实不清楚中国史学界何时何人曾给宋高宗定了个"卖国贼"的"案"?

　　何忠礼和徐吉军先生合著《南宋史稿》⑥,认为宋高宗"决非中兴之主,而是一个极端自私、卑怯和阴险的统治者",他为人"卑鄙无耻和鼠目寸光"。又认为"南宋统治集团内部"存在"投降派势力",而宋高宗和秦桧一直推行"对金屈辱投降的路线"。

---

① 　人民出版社1983年版,第229页、236页、241页。
② 　中国大百科全书出版社1988年版,第53页。
③ 　中国大百科全书出版社1988年版,第283—284页。
④ 　河北人民出版社1999年版,自序第2页、298页、自序第4页、458页、1页、408页、5页、456页、458页、348页。
⑤ 　载《求是杂志》2006年第11期。
⑥ 　杭州大学出版社1999年版,第9页、136页、第152页。

史苏苑先生《宋高宗论二题》一文,首先,"从一般生活作风看宋高宗其人",认为宋高宗"生活比较'俭约'","重视学习历史","不倡佛道、不信神巫","远女色、防宦官、不乱扣朋党帽子","重视农桑","注意到选贤才,明赏罚,纳谏诤,慎刑狱",总的来说"一般内政上说得过去","大体上尚不失为一个中等的或较好的有文化教养的守成之主"①。其次,"对宋高宗惨害岳飞事件的分析",认为宋高宗"一味主和,沉溺在议和美梦里的日子",他的"最高愿望也只是在金人不再大举进攻的情况下,自己能够偏安于江南,维持一个附庸式的小朝廷而已"。再其次,在论述宋高宗和秦桧残杀岳飞时,他说:"是历史的和阶级的局限,是赵宋王朝'守内虚外'国策的作祟,是宋高宗的保持皇位的私心,是秦桧、张俊等人忌功妒贤、贪婪权利的品德,是这一切把一代英雄人物害死的!"文章没有提到宋高宗是什么"投降派"、"卖国贼"等等。

三、评价宋高宗的新思路

归纳以上比较有代表性的五种著作和一篇论文的观点,说明有关宋高宗的评价,大多数学者仅从对金朝的态度和政策认为宋高宗是一位投降派的首领,唯有史苏苑先生没有给宋高宗戴上"投降派"的帽子,而且还更多地从内政方面论证他是一名"中等的"或"较好的""守成之主"。至于全盘否定宋高宗,认为宋高宗为"独夫民贼"、"花花太岁"、"卖国贼"的学者,则只有王曾瑜先生一人。

笔者认为,长期以来,中国史学界习惯了一种"成王败寇"、"非此即彼"、"黑白分明"的历史一分法即一元历史观。其实,历史是丰富多彩的,不妨从另一种观察历史人物、省思历史变幻的独特视角,即多元历史观,来健康理性的、科学的评价所有历史人物。诸如晚清重臣曾国

---

① 载《宋史论集》,中州书画社 1983 年版。

藩、李鸿章,中华民国首任正式大总统袁世凯,都不应该全盘否定,把他们说得一无是处。袁世凯在洋务运动和废除科举制度、实行教育改革,也曾做出有效努力和积极贡献,在清末民初受到国民的普遍肯定和交口称誉。袁世凯一生做的错事,就是称帝。所以,我们不应该在充分赞誉"护国将军"蔡锷将军的同时,完全否定袁世凯,把袁世凯描绘成一名小丑。同样道理,我们也不能把宋高宗完全否定,一棍子打死。

首先,关于宋高宗的"荒淫"问题。"荒淫"二字,本指荒废事务,沉湎酒色。认定宋高宗为"荒淫"的王曾瑜先生,首先是说宋高宗在性生活方面特别"淫",使用了"花花太岁"、"好色狂徒"等贬词。其实,早在建炎三年(1129年)二月,宋高宗在扬州行宫中因与宫女进行房事时突然受惊而"病痿腐",从此"后宫皆绝孕"①。王先生也据此提出:宋高宗是年23岁,"从此丧失生育能力"。又说:"真可谓乐极生悲,寡人好色,到头来受到了无情的惩罚"②。王先生在其著作中至少四次提出宋高宗得了阳痿症或"阳痿绝症","落得个断子绝孙的下场"③等。按照常理,一名身患"阳痿绝症"的男子,其性欲不会太强,甚至可能已失去正常的性欲。宋高宗虽然重用宦官王继恩,试图治愈此病,但并未奏效。在明受太子赵旉夭折后,宋高宗的妃嫔没有再为他生过一儿一女,就是最好的证明。此外,将后宫中的"宫人"、宫女或宫官都当作宋高宗的小妾,也是不准确的。王先生根据建炎三年二月宋高宗下令"出宫人百八十人",提出"在扬州行宫大批宫女逃散之余,居然能一次放出一百八十人,也足见这个色情狂人蹂躏妇女之多"④。其实,后宫中除妃嫔外,都是有"职掌"者即管理人员和服务人员,她们中还有一些对青年皇帝而言,是母亲级的或祖母级的老年妇女。这些宫人怎么可能供皇帝"蹂躏"呢? 当然,有的年轻美貌的宫女一旦得到皇帝的青

①　佚名:《朝野遗记·高宗无子思明受》,载《说郛》卷29。
②　《荒淫无道宋高宗》,河北人民出版社1999年版,第53页。
③　《荒淫无道宋高宗》,河北人民出版社1999年版,第327页、401页、448页、456页。
④　《荒淫无道宋高宗》,河北人民出版社1999年版,第58页。

睐,也有可能升格为皇帝的嫔御,但只是宫女中的少数。至于认为宋高宗因为生性"好色",淫乐过度,因此荒废朝政,也是缺少根据的。从《建炎以来系年要录》、《三朝北盟会编》、《宋会要》等史籍看,宋高宗始终紧握皇权,日理万机,裁决军国大事,是一名相当勤政的皇帝①。

其次,关于宋高宗是"卖国贼"问题。毋庸讳言,在宋金关系方面,宋高宗是一名投降派首领。他一直畏惧金军,重用秦桧等投降派,不惜杀害抗金名将岳飞,最后向金朝纳贡称臣。但宋高宗的这些作为,似乎并没有达到"卖国"的程度。因为宋高宗并没有改变国号,并没有改用金朝的年号,他依然当着宋朝的皇帝。同时,金朝和南宋作为中国历史上两个并立的政权,都是中国历史的一个组成部分,双方都不属于"外国"。我们不能仅仅站在宋朝人的立场上,把金朝乃至辽朝、西夏都当成"外国",而只有宋朝人才有资格称"中国人"。

第三,关于宋高宗"多面派"和"特殊性格"问题。王曾瑜先生提出宋高宗"养成了多种难以言喻的特殊性格","作为一个'多面派'的复杂心理和性格,使人们难以用常情,哪怕是帝王的常情予以忖度"。他列举宋高宗具有"一个雄健大丈夫的体魄,却很不协调地包裹着一个卑怯得出奇的灵魂","帝气和十足的奴气合于一身,这在历史上是罕有其比的";宋高宗"秉性残忍,始于当皇子时的滥杀侍婢",但"他的残忍又是有限度的,他更喜欢的还是以'宽仁'缘饰忮狠";宋高宗"是个亲信小人、黜杀君子的典型",但"在某些场合下,他又能勉为其难地任用君子,忍痛割爱地逐去小人";宋高宗"是个嗜色如命的狂人,却并非是情种",他"对任何女人都寡情薄义,一旦稍有龃龉,则弃若敝屣,甚至残杀,而且还喜欢以清心寡欲,无子女之奉自我标榜";等等②。笔者以为,以上这些大部分应该是事实,但也有一些夸大的成分,比如说宋高宗"对任何女人都寡情薄义",这里的"任何女人"难道包括他的生

① 参见《建炎以来系年要录》(以下简称《要录》)卷11,建炎元年十二月丙辰朔,中华书局1956年版;卷15,建炎二年四月乙丑条。
② 《荒淫无道宋高宗》,河北人民出版社1999年版,第457—458页。

母、女儿、后妃吗?

宋高宗的"特殊性格"以及"多面派"的种种表现,其实都属于他的个人品质问题。中国古代的帝王将相,就其个人品质而言,很少有完人。一些有雄才大略的皇帝,如秦始皇、刘邦、隋炀帝、武则天、宋太祖、朱元璋、明成祖,都在历史上作出过贡献,但他们的个人品质也并不完美无缺。如刘邦曾是名言而无信的无赖,隋炀帝劣迹斑斑。武则天居然亲手扼杀亲生女儿,嫁祸唐高宗的王皇后,随后登上宝座。宋太祖导演"陈桥兵变",从而黄袍加身,本身也是一个骗局。明太祖很少读书,对士大夫肆意羞辱,在朝堂上对不称心的大臣当场打臀部,开创令斯文扫地的"廷杖",而执行者由生理和心理都不健全的太监充当。明成祖重用宦官,开启了明代宦官专权的祸端,杀害方孝孺、齐秦、黄子澄等一批文士,其手段之残忍凶险,令人发指。这些事例显示:这些帝王的个人品质并非完人,不应过分美化,当然其中大都是他们为了达到某种政治目的而施展的政治手腕。如果研究者都用给他们勾画脸谱的方法作结论的话,那么应该将他们画成什么角色呢? 是好人,还是坏人? 是伟人,还是丑角? 这种把历史人物一概脸谱化的做法,能够客观、准确、公正地评价历史人物吗? 据此道理,对像宋高宗这样的帝王,笔者认为也不宜过分丑化。

第四,关于"绍兴和议"后或"绍兴和议"前后十七八年间宋高宗朝为"黑暗统治"时期问题。笔者参加编写的《中国通史》第五册较早提出,"绍兴和议"后,"高宗、秦桧一面大加提倡孔孟之道,一面打击反对派,培植私党,来维护卖国投降的黑暗统治"①。后来,在修订本中,删去了这段文字,不过,依旧保留了原版的"高宗、秦桧集团的腐朽、黑暗统治"一句②。受此影响,笔者参加撰写的中国大百科《宋朝》条,以"投降派的黑暗统治"为一节的标题,论述宋、金"绍兴和议"后宋高宗朝的

① 人民出版社1978年版,第296页。
② 人民出版社1978年版第299页,1994年版第298页。

政治格局①。王曾瑜先生在上述著作中则进一步提出，"绍兴和议"前后的十七八年间，宋高宗和秦桧"持续地、大规模地推行排黜异己的政策，使稍有名望和血性的士大夫，无例外地遭受贬责和打击"，"形成了中国古代史上一个罕见的黑暗时代"②。以上这些论著完全否定"绍兴和议"以后或"绍兴和议"前后十七八年的宋高宗朝的所有一切，皆起因于南宋朝廷对金的屈辱求和、杀害岳飞父子、打击反对派等。但是，义愤不能代替科学。重新探讨宋高宗执政的 36 年历史，笔者发现除在对金和战方面宋高宗多数时间力主和议、压制主战派，理应受到后代的谴责以外，他在内政方面并非没做过一件好事。以下扼要叙述宋高宗在内政方面所采取的一些措施。

首先，发展农业生产。作为最高统治者，宋高宗对农业生产并不懵然无知。绍兴十五年（1145 年）闰十一月，司农丞、主簿宋敦朴"面对"，建议宋高宗下诏知州和县令，"以来春耕籍之后，出郊劝农，谕以天子亲耕，使四方晓然知陛下德意，仍自今每春行之"。宋高宗回答说："农者天下之本。守令有劝农之名，无劝农之实，徒为文具，何益于事！"不过他还是下诏"从之"③。说明宋高宗洞悉农业生产为国家的根本，并知晓地方官下乡劝农往往徒为具文，不过他仍然赞同宋敦朴的建议，坚持每年春天亲自籍田，给地方官作出表率。绍兴二十年（1150 年）六月，宋高宗下令立法，凡地方官劝农，"不得辄用妓乐，宴集宾客"④。宋高宗也注意到各地开垦农田，发展生产。他最初下令淮南、京西安抚司和转运司"讲究两淮、荆襄，使无旷土以闻"。绍兴二十九年（1159 年）十二月，赞同新淮东转运副使魏安行所提议的采取奖励的办法，"劝民垦田"⑤。这些措施不可能一点成效都没有。从建炎元年起，大批"西

---

① 《中国大百科全书·中国历史·辽宋西夏金史》，中国大百科全书出版社 1988 年版，第 53 页、55 页。
② 《荒淫无道宋高宗》，河北人民出版社 1999 年版，第 339 页。
③ 《要录》卷 154，第 2494 页。
④ 《要录》卷 161，己巳条，第 2615 页。
⑤ 《要录》卷 183，丙寅条，第 3065—3066 页。

北流寓之人"南迁江、浙、湖、湘、闽、广地区。绍兴初年，"麦一斛至万二千钱，农获其利，倍于种稻"。加之，"佃户输租，只有秋课，而种麦之利独归客户，于是竞种春稼，极目不减淮北"①。由于种麦可以多得利益，南方农民开始多种麦子。这一时期，政府也鼓励民间贩运米、面，免征商税。绍兴十七年（1147 年）正月，宋高宗下诏："近免税米，而所过尚收力胜钱，其除之。其余税则并与裁减。"同时，宋高宗又说："薪、面亦宜免税。商旅既通，更平物价，则小民不致失所矣。"②在客户种麦免收夏租及政府免收面粉运输税的鼓励下，南方逐渐普遍种植麦子，有力地促进了南方农业生产的恢复和发展。

其次，重建军队，改革兵制。宋高宗即位后，着手整顿所率军马，置御营司，以宰相兼御营使，执政官兼副使，下辖前、后、中、左、右"行在五军"。建炎三年（1129 年）四月，再置御前五军，四年改为神武五军。绍兴五年（1135 年）十二月，改为行营四护军，兵力达 30 万人。十一年四月，改为御前诸军③。兵权皆归朝廷掌握。

再次，重建朝廷中央决策系统。北宋亡国，朝廷中央决策系统随之破坏殆尽。宋高宗即位后，着手逐步重建。大致自建炎元年至绍兴十一年"宋金和议"，为初步重建阶段；绍兴十二年至二十五年十月秦桧病死，为完成重建阶段；绍兴二十五年十一月至三十二年宋高宗禅位，为调整阶段。在第一阶段，宋高宗定期或不定期的登殿视朝听政，百官立班奏事，或举行不同范围官员参加的御前会议，宋高宗作出决断。建炎二年初，恢复百官"转对"制度。准许谏官随时至内"请对"。宰相和参知政事则每天或定期赴都堂办公，商议和处理军国大事。遇有比较重要而难以决断之事，宋高宗则命召集有关官员开会"集议"，然后"闻奏"。这一阶段，宋高宗曾经作出了一些正确的战略性决策和行政性决策。第二阶段，继续由宋高宗召开各种规模的御前会议，仍然执行官

①　庄绰：《鸡肋编》卷上，中华书局 1983 年版，第 36 页。
②　《要录》卷 156，己丑条，第 2524 页。
③　《建炎以来朝野杂记》甲集卷 18《御前诸军》，中华书局 2000 年版，第 403 页。

员"转对"制度,但因左相秦桧囊括军政大权,因而"转对"徒具形式。秦桧日赴都堂办公,处理全国军政事务,遇有要事再"进呈"宋高宗决断。各地奏报朝廷的公文,皆由秦桧处理。第三阶段,宋高宗"复亲庶政,躬揽权纲",委任两名宰相;实行二府长官先后上殿奏事制,并逐渐恢复二府的聚议制;整顿官员"转对"制等①。

第四,恢复科举考试,重建太学。建炎元年十二月,宋高宗决定举行类省试,由各路转运司负责,规定每 14 人录取一人。二年九月,宋高宗登殿,赐各路类省试正奏名进士 451 人及第、出身、同出身;川、陕、河北、京东正奏名进士 140 人,则因道路阻隔,"皆即家赐第"②。绍兴十二年(1142 年),宋高宗先是下令各州修建学舍,后是决定重建太学,设置祭酒、司业、博士等学官,规定招生名额③。从此,南宋培养学生和选拔人才的事务逐渐步入正轨。

第五,重申"祖宗之法",对外戚、内侍加以限制。宋高宗在建炎二年正月,下诏"后族自今不许任侍从官,著为甲令"④。绍兴元年三月,又提出"戚里不当管军"⑤。明确规定不准外戚干预朝政和执掌兵权。同时,又在建炎元年十月,下诏禁止两省内侍与统兵将官"私接见往来,同出入";"如违,追官勒停,编管远恶州郡[军]"。次年正月,内侍押班邵成章因"不守本职,辄言大臣",被宋高宗逐出内宫,"送吏部与差遣"。同年四月,宋高宗重申不许内侍"妄言"朝政⑥。不能否认,这些措施曾经取得一定的成效。

第六,调整文化思想政策。宋徽宗时,信奉道教,推崇王安石"新学"。宋高宗在建炎二年正月,下诏恢复全国各地佛教寺院,规定除天

①　拙作:《宋高宗朝的中央决策系统及其运行机制》,载《岳飞研究》第四辑,中华书局 1996 年版。
②　《要录》卷 11,丙辰朔条,第 247 页;卷 17,庚寅条,第 351 页。
③　《宋史》卷 30《高宗七》,第 555 页;《咸淳临安志》卷 11《学校·太学》,中华书局 1990 年版,第 3451 页。
④　《宋会要辑稿》后妃 21 之 112。
⑤　《要录》卷 43,丙午条,第 779 页。
⑥　《宋会要辑稿》职官 36 之 23—24;《要录》卷 12,辛丑条,第 271 页,卷 15,庚申条,第 310 页。

宁观仍为道观外,其余自崇宁(1102—1106年)改成"宫观"的寺院全部复旧①。同时,在多数时间里,宋高宗对王安石"新学"和程(颐)学采取不予干涉而听任自由发展的态度。虽然在绍兴六年正月曾颁"制"指责"新学",说:"熙宁以来,王氏之学行六十余年,邪说横兴,正途壅塞,学士大夫心术大坏、陵夷至于今日之祸,有不忍言者。"②可能受到秦桧的影响,宋高宗至绍兴十四年三月改变了对"新学"的看法,他对秦桧说:"王安石、程颐之学,各有所长,学者当取其所长,不执于一偏,乃为善学。"③绍兴二十六年六月,有官员"面对",说从前科举考试时,"朝论专尚程颐之学,有立说稍异者,皆不在选"。后来"大臣"即秦桧"阴佑王安石,而取其说;稍涉程学者,一切摒弃"。宋高宗答道:"赵鼎主程颐,秦桧尚安石,诚为偏曲。"赞成这名官员所说应"有司精择而博取,不拘一家之说,使学者无偏曲之弊,则学术正而人才出矣"④。受宋高宗的学术自由发展政策的影响,"新学"依然有一些学者在继续研究,而程颐的理学则得到更多学者的垂青,所以到孝宗和宁宗时涌现数位大儒,如理学的集大成者朱熹,主张心学的陆九渊等,有力地推动中国古代文化思想的进一步发展。

　　第七,培养和遴选皇太子。宋高宗亲生之子赵旉,在建炎三年七月病死。绍兴元年六月,宋高宗决定在太祖"伯"字排行的子孙中,遴选宗子,入宫培育。次年五月,宗子伯琮和伯浩二人中选入宫。经过考察,宋高宗选定比较稳重的伯琮,淘汰了生性好动的伯浩⑤。三年二月,伯琮改名瑗。五年五月,在宫中置书院(后称资善堂),派儒臣教读。三十年二月,立为皇子,更名玮。三十二年五月,册立玮为皇太子,改名眘。六月,56岁的宋高宗正式宣布"退闲",由36岁的赵眘继位,是为宋孝宗⑥。此举确保了南宋皇位继承的稳定性和皇权的连续性,

① 《要录》卷12,癸巳条,第267页。
② 《要录》卷97,辛卯条,第1605页。
③ 《要录》卷151,癸酉条,第2431页。
④ 《要录》卷173,乙酉条,第2847页。
⑤ 《要录》卷54,辛未条,第953页。
⑥ 《宋史》卷33《孝宗一》,第615—617页。

是两宋时期新、老皇帝交接比较成功的一次。宋孝宗是一位较有作为的皇帝,统治期间政治比较稳定,经济也有一定的发展。

此外,在南宋中央行政体制、地方行政体制以及监察、财政管理、官员人事管理、立法和司法等制度的重建和完善方面,宋高宗也都作过比较周密的思考,做了许多工作。

四、结　语

总结宋高宗的一生,笔者认为,他是一位比较复杂的历史人物,难以一言以概之。在对金关系上,由于他坚持与金议和,不惜纳贡称臣、杀害抗金名将岳飞父子,因此他是南宋前期投降派的首领。但他有时也曾指挥、组织过宋军抗击入侵的金军,加之他一直沿用宋朝的国号和正朔,所以他还没有达到完全"卖国"的程度,不能称之为"卖国贼"。同时,他在内政建设上,经过不断努力,解决了农民暴动、兵变、游寇等棘手的问题,稳定了政局,从而保证宋朝的统治得以延续,因此他还是南宋的"中兴之主"。总之,他所处的特定环境,决定他是一位功过参半的皇帝,我们不能把他完全否定。

(本文刊载于《南宋史及南宋都城临安研究》上册,

人民出版社 2009 年版)

勤政廉政的一生

——南宋岭南名臣崔与之

　　崔与之(1158—1239年),字正子,号菊坡,南宋广州增城(今广东增城市)人。宁宗时,历任广南西路提点刑狱公事兼提举河渠常平公事,淮东安抚使,秘书少监兼实录院检讨官兼太子侍讲、国史院编修官、权工部侍郎兼秘书监、国史院同修撰、实录院同修撰,焕章阁待制、权四川宣抚使、四川安抚制置使兼知成都府等官职。理宗时,授礼部尚书、参知政事、右丞相兼枢密使等要职,皆因病缠身,均予辞谢。任官期间,他为国操劳,不遗余力;为官清廉,有口皆碑,成为南宋后期为数不多的几位名臣之一。

一、勤政的一生

　　崔与之生于增城一个并不富裕的家庭。其母罗氏。其父崔世明,曾多次参加科举考试,但遭"有司连黜"。此后,他立志研究医道,说:"不为宰相,则为良医。"经过多年潜心钻研"岐、黄之书",终于学成,开始为人治病。他对贫穷的病人,"疗之不受值"。受父亲的熏陶,乳名"星郎"的崔与之在幼年时,便"卓荦有奇节",且"力学自奋"。①

---

① 《宋史》卷406《崔与之传》,中华书局1985年版,第12257页;李肖龙:《崔清献公言行录》,丛书集成初编本,第3438册,第1页;李昴英:《崔清献公行状》,载《崔清献公集》附录,丛书集成初编本,第2023册,第1页。

　　宋光宗绍熙元年（1190年），崔与之不远数千里，前赴临安府（治今浙江杭州市），参加太学补试合格，成为一名被全国学子欣羡的太学生。在当时，广南一带的士人"有当试成均者，率惮远不行"。崔与之则与众不同，"毅然勇往"。进入太学后，就读观化斋，专治诗、赋，"朝夕肄读，足迹未尝至廛市"。他"读书务通大义，不事章句；为文务得大体，不事缀缉"。而且自"少倜傥有大志，应接事物，动有机警"。经过三年的苦读，至绍熙四年，经过礼部试奏名，又参加殿试合格，终于登进士乙科。在殿试策论时，他"极言宫闱"，即皇帝内宫之事，"皆人所难言"。从而他也成为"由胄监（即国子监，亦即太学）取第"的广南进士第一人①。进士登第后，崔与之开始进入仕途。第一阶段，是担任州县官（选人）时期。他的第一、二任官职是浔州（治今广西桂平市）司法参军和淮南西路提点刑狱司检法官，李昴英撰《崔清献公行状》说他初试锋芒，就"皆有守法持正之誉"，《宋史·崔与之传》则记录具体事迹，还说知浔州对他十分"敬服"。经过磨勘手续，他顺利"改秩"为京官，任知建昌军（治今江西南城县）新城县（今黎州县）。此时正值"开禧用兵，军需苟急"，他动用官钱依照时价收购粮食，"一毫不取于民"，还命百姓自行计量，因而"不扰而办，为诸邑最"。转运使赵希怿下"令诸邑，视以为法，且特荐于朝"。随后，任邕州（治今广西南宁市）通判和发遣宾州（治今广西宾阳县东北新宾）军事，他依法平息士兵扰乱，使"合郡以宁"，而且"郡政清简"②。

　　第二阶段，是晋升为广南西路提点刑狱公事，兼提举河渠常平公事。在广西，他"益自奋厉"，"甫建台"，便依法"遍历所部二十五州"，这些州"大率皆荒寂之地"，而他则不辞辛苦；"朝岚昼暑，星行露宿"，"自春徂冬，往返数千里，形容凋瘁，鬓毛悉斑"③。

────────────

①　周密：《癸辛杂识》后集《诸斋祠先辈》，中华书局1988年版，第64页；《崔清献公行状》第1页；《崔清献公言行录》卷1，第1页。

②　《崔清献公行状》，第1页；《宋史·崔与之传》，第12257—12258页。

③　《崔清献公言行录》卷1，第3页。

特别是他还以"叶舟"渡海至海南岛。据李昴英撰《崔清献公行状》记载:

> 朱崖隔在海外,异时未尝识使者威仪。公至,父老骇异。诸郡供帐之类,一切不受;兵吏不给券,携缗钱自随,计日给之。停车决遣,无顷刻暇。奖廉劾贪,多所刺举,风采震动。

《宋史·崔与之传》更列举一些具体事例:

> 朱崖地产苦蕈,民或取叶以代茗,州郡征之,岁五百缗。琼人以吉贝织为衣衾。工作皆妇人,役之有至期年者,弃稚违老,民尤苦之。与之皆为榜免。其他利病,罢行甚众。琼之人次其事为《海上澄清录》。

免除了朱崖军即吉阳军(治今海南三亚市西北崖城镇)百姓的苦蕈即苦丁茶税,免除了琼州(治今海南琼山市)民间妇女为官府织棉布的徭役。《宋史·崔与之传》还记载他在广西所做的三件好事:

> 岭海去天万里,用刑惨酷,贪吏厉民,乃疏为十事,申论而痛惩之。高惟肖尝刻之,号《岭海便民榜》。广右僻县多右选摄事者,类多贪黩,与之请授广东循、梅诸邑,减举员赏格,以劝选人。熙宁免役之法,独不及海外四州,民破家相望。与之议举行未果,以语颜嵓,嵓守琼,遂行之①。

他所谓的十事,一为"狱囚充斥之弊",二为"鞫勘不法之弊",三为"死囚冤枉之弊",四为"赃物供摊之弊",五为"户长科役不均",六为"弓

① 《宋史·崔与之传》,第12258页。

手、土军骚扰",七为"催科泛追",八为"缉捕生事",九为"奸猾健讼",十为"州县病民"。高惟肖所刻《岭海便民榜》一事,据《崔清献公言行录》,系"后真守高惟肖、广舶赵汝楷见之,服为吏师,梓行于世"。广舶即广南提举市舶司使。此外,他严禁地方官吏使用酷刑;尽可能不用武臣摄事,鼓励选人充当地方官;补行北宋熙宁间的免役法,使百姓减免官府的职役负担,能安居乐业。

接着,在嘉定六年(1213年),金朝由于蒙军南侵,决定迁往汴京(治今河南开封市);加上李全复据京东,两淮"腹背受敌","边声震恐"。次年正月,朝廷担心金军南下,宋宁宗宣召崔与之入宫,特授直宝文阁、权发遣扬州事、主官淮东安抚司公事。从此,他在淮东连续任职五年。接受新职后,他在第一份奏疏中分析形势说:宋、金"边衅已开,相持六年,凡所措置,大抵虚文从事",应以遴选守将、集合民兵为"边防第一事",借"以固基业"。到扬州后,他"登城临眺形势",决定加固城防、疏浚城壕,开月河,置吊桥;定期训练强勇、镇淮两军,分士兵为弩手、枪手、骑兵,又依其体格、武艺分上、中、下三等,"五日一赴州治教场阅习,委幕僚督视,籍中否优劣,月终比较,赏罚则亲按激犒"。经过严格训练,"上等出等,中等为上,下等为中,人皆可用"。遇敌作战时,规定"上等居前锋,中等佐之";防御时,"上等当冲要,中等助之";"下等供战、守杂役,遇敌战胜,赏亦有差"。最后,"仍下诸州县屯戍,一体行之,由是淮东军声大振"。此外,又利用滁州(治今安徽滁州市)"山林之阻",建五寨,团结忠义民兵,防止金兵进犯淮西[1]。

嘉定十一年(1218年)十一月,崔与之被召回临安,晋升为秘书少监,兼太子侍讲。次年正月,兼国史院编修官和实录院检讨官;十二月,又升为秘书监。嘉定十三年三月,为权工部侍郎,兼同修国史和实录院同修撰。[2]在近一年半的时间里,他多次上奏,提出建策。他的第一份

[1] 《崔清献公言行录》卷1,第4—5页,《宋史·崔与之传》,第12258—12259页。
[2] 佚名:《南宋馆阁续录》卷7《官联一》至卷9《官联三》,中华书局,第252页、363页、374页、386页、399页。

奏札说:

> 臣自外来,但知外患未息之为可忧;致身内地,始知内治未立
> 之为可虑。盖内外之情不通,最为今日大患。人才之进退,言路之
> 通塞,国势之安危系焉。

他提醒宁宗说:

> 用人必亲其人,听言必行其言。事之巨细,必有良规而后可以
> 独运;事之利害,必有真见而后可以独断。愿于用人听言之际,一
> 付公论。诏大臣首清中书之务,力为外御之图,延接诸贤,参稽众
> 论。凡大设施、大经划,合谋而参订之,以求至当之归。

几乎全面论述了他对于朝廷用人、保持言路畅通、大臣集体决策等的
意见。

随后,他面见宁宗,提出了"立国之道"的见解。他说:

> 立国之道,在谨边备,以为藩篱;安人心,以为根本。根本固,
> 则藩篱壮。

他请求下令江淮制置司,一、两淮尚有"贼盗去处",应急作"措置,
务要绥靖,俾民复业,为国强边"。二、查勘"极边"地区,曾经"盗贼"、
"戎马侵扰去处","稍加宽恤",给与优待;去年的残欠赋税,"且与开
豁";今年春、夏,"或免或减,等第施行"。对当地百姓必须"有以系其
心,宽其力,不惟可以实边,缓急可以为官军声援"。

在与金朝"议和"问题方面,他针对当时的形势,"力持守御之说"。
他认为,与金朝议和"断以为不可行"。现今金军退兵已三个月,"朝廷
幸目前之暂安,寝不经意;边臣日上平安之报,而不言御备之方"。他

担心"不待秋高,边尘已耸,必有溃裂四出之患",建议下令江淮制置司、安抚司、军帅、边州长官,"凡有城壁去处",各开具本地所管官军、民兵、屯驻器具有无缺少,应如何措置;军储马料、柴草之类有无匮乏,应如何办集;以及"遇风尘之警",如何悍御,如何应援,如何制胜,"各从实具申枢密院详酌施行"。此外,对山东忠义军,也该命制置司开具种种事项,"逐一条具申上","其间有合商榷事件,庶几预为之图,毋致临期误事"①。此时,他虽已远离淮东,但仍心系前线将士和所有边防事宜,依据在淮东任职五年的经验,向朝廷提出建策,体现了对国家的一片忠心。

嘉定十二年(1219年),兴元府(治今陕西汉中市)军士张福、莫简等红巾军作乱,"蜀大扰"。次年四月,朝廷委任崔与之为焕章阁待制、成都府路安抚使兼知成都府。他上奏提出"中外一家"之说,认为"天下之事,须要中外相应,大小相维,而后有济"。由于"中外当如一家,贫富休戚,实同其责,而势不可不相属;大小当如一体,疾痛痒疴,皆切于身,而情不可不相孚"。这是从国家的全局出发,一旦"中外势不相属,大小情不相孚",便可能误了国家大事。在拜见宁宗后,他又上奏,提出"实边而后可以安边,富国而后可以强国"的思想,提醒宁宗在"军兴以来,帑庾告竭;设若有警,束手无策,而后有请于朝,恐无及矣"。希望朝廷实行"广科拨,以宽民力;厚储积,以壮边声","陛下当为蜀计"②。

到成都府下车伊始,崔与之遇到新的问题,就是四川宣抚使安丙"握蜀重兵久,每忌蜀帅之自东南来者"。不过,崔与之很快以实际行动改变了安丙的偏见,"至是独推诚相与"③。不料,安丙在嘉定十四年十一月突然病逝,宣抚司无奈,立即将官印送交崔与之,四川军、民也"属望"他"权宜纳之,以安反侧"。他迅速报告朝廷,宁宗下诏命他"权

---

① 《崔清献公言行录》卷2,第9—10页。
② 《崔清献公言行录》卷2,第11页。
③ 《宋史·崔与之传》,第12260页。

宣抚职事"。十二月，即正式委任他为四川路安抚制置使，"尽护四蜀之师"。安丙死后，崔与之当务之急是解决以下几大问题。

第一，团结将帅，同心协力抗敌。在安丙担任宣抚使的后期，四川实际上处于"军政不立，戎帅多不协和"的境地。诸如刘昌祖带兵驻扎西和州（治今甘肃西和县西南），王大才军在沔州（治今陕西略阳县），王大才的兵马屡败，刘昌祖坐视不去救援，遂放弃皂郊堡（今甘肃天水市南皂郊镇）。又如吴政领兵在凤州（治今陕西凤县东北），张威领兵在西和州，金军绕道进攻凤州，张威不带兵"尾袭"，导致凤州失守。崔与之针对这一情况，"以同心体国之大义"劝谕这些将帅，"于是戎帅协和，而军政始立"。

第二，推翻联西夏攻金策略，安丙曾采纳西夏的"合从之请，会师攻秦、巩，而夏人不至，遂有皂郊之败"。早在安丙生前，崔与之曾致信安丙，反对联西夏攻金，说：

> 自金虏弃燕，山东、两河势如破竹，灭亡可待。异时震邻之患，大有可忧。金人不顾死亡，南窥淮、汉。宜及此时招纳豪杰，修固堡障以待。蜀连年被兵，士气未振，岂宜轻举？彼区区西夏，衰微益盛，何足为吾之掎角！万一失利，亏损国威，公必悔之①。

安丙去世后，崔与之斟酌形势，吸取教训，决定婉拒夏人打援的要求，命边将"不得轻纳"。于是"夏人知不可动，不复有言"。同时，金朝由于国势衰弱，"率众南归者所在而有"，四川官、军"疑不敢纳"。崔与之决定实行"招纳"政策，对来归者"优加爵赏"，不久，金朝万户呼延械等率兵前来洋州（治今陕西洋县）归附宋朝。崔与之"察其诚，纳之，籍其兵千余人，皆精悍善战"，于是金军从此"不敢窥兴元（府名，治今陕西汉中市）"。崔与之还"镂榜边关，开谕招纳"，金军"谍得之，自是上

---

① 《全宋文》卷6681《崔与之四》，第293册，第323页，上海辞书出版社等。

下相疑,多所屠戮,人无固志,以至于亡"。

　　第三,全面筹划四川的军、政事宜。崔与之入川后,发现四处都统司原有战马一万五千多匹,到安丙时裁减了三分之一,嘉定(1208—1224年)间又"损耗过半",及至他来时只剩下5 000匹。他便"移檄茶马司",允许都统司"自于关外收市如旧,严私商之禁,给细茶、增马价,使无为金人所邀"。又"移檄"总领所,让增给马匹的草料。同时,在关外密种树木,"以防金人突至";在隔第关、盘车岭(不详今址)等"极边"、"号天险"之处,重赏探事人,使刺探金军动静,因而"边防益密"。成都府原储钱仅1万多贯,经他筹办,增至1 000多万贯。总领所缺粮,他首拨成都府、茶马司、其他三路等钱150万贯作籴本"乘时籴买";考虑关外每年积存的粮食不多,命运米30万石储藏于利、沔州及鱼关的仓库,"专备经常外不测支用"。此外,还细致考察将帅和地方官员,尤其是发现"方有时名"的沔州都统制赵彦呐"大言无实",认为"它日误事者必此人",遂"移书庙堂,欲因【赵】乞祠而从之,不可付以边藩之寄"。其后,"果如其言",朝廷也"夺其节制"①。

　　嘉定十七年(1124年)夏,朝廷命崔与之前赴临安府,任权礼部尚书之职,他连续四次上奏请辞。理宗宝庆元年(1225年),朝廷又委任他为显谟阁直学士、湖南安抚使兼知潭州(治今湖南长沙市),他仍旧请辞。绍定元年(1228年),又任命为焕章阁学士、江西安抚使兼知隆兴府(治今江西南昌市),他仍旧请辞。直至端平二年(1235年)春,广州摧锋军因不满长期作战,请求"撤戍"被拒,"相率倡乱",纵火惠州(治今广东惠州市),"长驱至广州城"。提举广南东路常平广惠仓黄(岌)等人,"以一群生灵希命于公",请在家养病的他"登陴抚谕"叛军。他"恻然亟偕往,诘其故"。叛军一见崔与之,立即"罗拜城下",但"以贼平久不得撤戍为对",拒绝离开。见状,他召来门生、秘书省著作郎李昂英和杨汪中"缒城谕贼,晓以逆顺,许之自新"。叛军士卒大多解

①　以上见《宋史·崔与之传》,第12260—12261页;《崔清献公言行录》卷2,第11—12页。另见《宋史》卷413《赵彦呐传》,第12400页。

甲，首谋数人"惧事定独受祸"，乃"率之遁去"。三月，朝廷委任他为端明殿学士、太中大夫、广南东路经略安抚使兼知广州。他部署"诸台严为备御"，命摧锋军统制毗富道"会诸戍将追击之"。同时，与黄（峤）商议，开府库，大犒诸军，"时军气颇骄，大肆剽掠"，他"择其尤无良者诛之"，于是广州城内"帖息，民恃亡恐"。不久，叛军或降或死，叛乱终于被平息。在平叛过程中，他带病坚持指挥，当时"郡邑汹汹"，"不敢辞，即家治事"①。从此他一直到去世，再也不离家出任官职了。

二、廉政的一生

崔与之一生任官近 43 年，其中理宗朝的前 10 年时间内多次因病辞职。据记载，他一生十分清廉，生活节俭。他中年丧妻后，终身未娶。"官至显贵"，也"不蓄声妓"。在增城买宅一区，没有"增饰园池台榭"，也不曾增置产业。室内座椅左右都是图书，没有"玩好"。书房内只喂养一只"白宦鸡"（似被阉的白鸡）。其《言行录》说他"恬淡无欲，盖由天性，非矫也"。在四川任官者"鲜不为奇玉美锦所动"，他刚到成都，官员们"争以为馈"，他"悉却之"。他离任时，四路将帅再次将他拒收的礼物赠送，还添加了许多东西，俗称"大送"，他"却愈力"。他"省赋薄敛，公私裕如"。离任时，将"羡余"30 多万贯全部"归之有司，以佐边用，一无私也"。做到了清风两袖，涓滴归公。遗憾的是他的继任者宝谟阁待制、四川制置使郑损是一名贪官，利用职权将这些费用全部"干没"，中饱私囊。他在任广南东路经略安抚使职期间，所得月俸钱 1 100 多贯、米 2 800 多石，"悉归于官，一无所受"。回到故里后，凡朝廷所赐祠禄官的钱物，他"悉辞不受"。曾有客人问他，他回答说："仕而食禄，犹惧素餐。今既侥我以老，而贪君之赐，可乎？"他这种公忠体国的精神，不免使"闻者叹服"。他还曾修改处士刘皋的话，命其门客吴中用

---

① 《宋史·崔与之传》，第 12262 页；《崔清献公言行录》卷 2，第 13—14 页。

隶书写成自己的座右铭:"无以嗜欲杀身,无以贷财杀子孙,无以政事杀民,无以学术杀天下后世。"显示他的人生哲理是远离声色犬马,以免伤身折寿;不积累家产,以免子孙不求上进;做官应仁民爱物,以免损害百姓;治学要严谨,勿以邪说歪理贻害后代。综观他的一生,他确实身体力行这一"四无"箴言,既为自己考虑,更为子孙、百姓、后代着想。

崔与之严于律己,"家法清严","亲故倚势妄作,必见斥绝,终身不齿",因而"乡闾德之"。他反对子弟出任官职。任秘书监时,曾写信告诉其弟说:"须是闭门守常,不得干预外事。"避免自己的亲戚在地方上仗势干预政事,欺压百姓。朝廷赐予的宰臣"恩例",他从"不妄予人",即使其姐为外甥恳求,他回答说:"官之贤否,系民休戚,非可私相为赐。"竟然加以拒绝。但他经常接济贫困的亲戚,"凡俸余皆以均亲党"。在他临终弥留之时,告诫家人"不得作佛事",以免铺张①。

三、荐 贤 举 能

崔与之重视为朝廷选拔人才。他认为人才虽然难得,但更应以德为评价人才的首要标准。在理宗下诏询问"政事之孰当罢行,人才之孰当用舍"时,他回答说:

> 天生人才,自足以供一代之用,惟辨其君子小人而已。忠实而有才者,上也;才虽不高,而忠实有守者,次也。用人之道,无越于此。盖忠实之才,谓之有德而有才者也。若以君子为无才,必欲求有才者用之,意向或差,名实无别,君子、小人消长之势,基于此矣。

提醒理宗注意区别君子和小人,重用既有才又有德之士②。

据其《言行录》记载,他"身藩翰而心王室,务荐贤以报国"。仅在

---

① 《崔清献公言行录》卷2,第12—16页;《宋史·崔与之传》,第12263—12264页。
② 《宋史·崔与之传》,第12262页。

四川任职期间,他:"拔擢尤多",如游似、洪咨夔、魏了翁、李庭芝、家大西、陈韡、刘克庄、李鼎、程公许、黎伯登、李性传、王应辰、王溉、魏文翁、高稼、丁焴、家抑、张祴、度正、王子申、程德隆、郭正孙、苏植、黄申、高泰叔、李锡等近30人,这些人"各以道德文学功名,表表于世"。其中,游似、洪咨夔、林略、魏了翁、李性传、程公许后来"皆为公辅"。隆州(即仙井监,治今四川仁寿县)进士李心传,屡举不第,"以文行闻于国,诸经皆有论著,尤精史学",至今还留有《建炎以来系年要录》、《建炎以来朝野杂记》存世。也经由与之"特荐","以白衣召入史馆"①。

此外,经他向朝廷推荐的还有吴昌裔②,"留心军政,宣力边防"而"轻财好义,得士卒心"的领兵驻扎兴元府的修武郎、御前中军统制吴彦,广东击退叛军有功的朝议大夫、转运判官石孝淳,朝散大夫、转运判官李华,朝请大夫、提举常平公事、暂兼知广州黄(崴)等,他皆不遗余力地为他们请功,并向朝廷极力推荐③。

对于有些名不副实的官员,崔与之也向朝廷上奏"历历以为言",指出"其有名浮于实、用过其才者"。如沔帅赵彦呐,他就早已发现此人"大言亡实",上书提醒朝廷"不可付以边阃之寄","后果如其言"④。

四、晚年坚辞不出

崔与之晚年坚辞不出做官。对此,南宋以来,不论当时的官员们,或后来的史家们,都还没有说三道四,特别是从来没有人指责他在国家急需他时再三辞去官职,是独善其身,缺乏社会责任感等等。仅元朝史臣所编《宋史·理宗纪》"赞",在评价宋理宗和宋仁宗时说:

---

① 《崔清献公言行录》卷2,第12页;《崔清献公行状》,载《崔清献公集》附录第2页。
② 《宋史》卷408《吴昌裔传》,第12301页。
③ 叶盛:《水东日记》卷10,影印四库文渊阁本,台北商务印书馆,第58—59页;《崔清献公集》卷3《申彭提刑、管提舶之功》、《申石运判、李运判、黄提举之功》,第22—24页。
④ 《宋史·崔与之传》,第12261页。

　　理宗享国长久，与仁宗同。然仁宗之世，贤贤相继，理宗四十年之间，若李宗勉、崔与之、吴潜之贤，皆弗究于用，而史弥远、丁大全、贾似道窃弄威福，与相始终。治效之不及庆历、嘉祐，宜也①。

似乎认为宋理宗始终没有很好地重用崔与之和李宗勉、吴潜等三位贤能之士，而让史弥远、丁大全、贾似道等三名大臣"窃弄威柄"，所以宋理宗无法与"贤相相继"的宋仁宗相提并论。这里笔者暂不对宋理宗对李宗勉和吴潜两位官员的态度进行评论，只想指出元朝史臣在《宋史·理宗纪》"赞"语中所说对他"弗究于用"并不符合事实。据记载，宋理宗十分相信许多官员对崔与之的高度评价和推荐意见，实际上对崔与之抱着一种求贤若渴的心情，迫切希望他早一些时间前来临安担任要职。我们不妨从宋理宗委任崔与之为参知政事和右丞相兼枢密使这两件事来看。自端平二年（1235 年）七月起，至次年四月，宋理宗曾七次下诏任命崔与之为参知政事，而且每次都以"御笔"名义，其中第二次即闰七月二十一日及十月第四次还用"御前金字牌""递到御札一封"，表示不同意崔与之辞官的要求；第七次即端平三年四月的一份"御笔"，甚至告诉崔与之"卿便可驱车造朝，不责卿以事"，明确保证崔与之到朝廷后，即使担任参知政事之职，也不勉强他裁决一些具体公事。宋理宗前后共八次下达委任崔与之为参知政事的诏书②。至端平三年九月至十月，宋理宗又连续 13 次命尚书省颁降"省札"，备录"麻制指挥"，任命他为正议大夫、右丞相兼枢密院使。所谓麻制，是宋朝任免后妃、公主、亲王、宰臣时，由翰林学士起草皇帝的圣旨，而后由翰林待诏誊写在白麻纸上的朝廷文书，再由阁门宣赞舍人当殿宣读。送交崔与之的这些省札，先后有直接由理宗从临安府派到增城的宦官关彬、邹成、王渊"御命趣行，往复再三，宣赐路费金三百两，曲示优崇延

① 《宋史》卷 45《理宗五》，第 888 页。
② 《崔清献公集》卷 3《奏札三·辞免除参加政事（端平二年七月十八日）》；卷 4《奏札四·再辞免参知政事（端平二年闰七月）》至《第七次辞免参知政事（端平三年四月）》，第 24—30 页。

仁之意"。随后，又"命【广州】守帅彭铉"亲自登门"劝请，催促上道，毋至迁延"。接着，又晋升他最器重的学生李昴英为郎官，派李"界之便郡"，"专往谕旨"。但他"控辞至十三疏"，一一皆予婉言谢绝，"竟不为动"。宋理宗知道崔与之"志不可回"，乃下诏"即家条上时政"，命他针对朝政的利弊逐条提出意见。崔与之遂"手疏数万言"回答，理宗"皆欣纳"①。从崔与之连续八次辞谢参知政事、13次辞谢右丞相兼枢密使的过程，可知宋理宗曾连续八次下诏委任他为参知政事、13次委任他为右丞相兼枢密使。这一事实说明宋理宗曾不厌其烦、迫不及待地希望他早日抵达临安府担任朝廷要职，可见宋理宗的心情是真诚的、迫切的。所以，《宋史·理宗纪》"赞"语中所说并不符合事实。但是，让后人百思不得其解的是崔与之何以一而再，再而三地请求辞去高官呢？

据现今保留不多的一些崔与之奏状，可知主要原因是他的身体长期患病，而到他的晚年更是病势日重。宋宁宗嘉定十七年（1224年），在他《第三次辞免除礼部尚书》奏札中透露：

> 某自壬申岁，持岭右宪节半年，行部遍历瘴乡，因染风眩之病，十有三年矣。病根日深，遂成沉废。加以多事损心，健忘尤甚。怔忡自汗，通夕不交睫，或睡而觉神不附体，恍然久之而后定，此皆垂亡之证②。

壬申岁，即嘉定五年（1212年）。这一年崔与之由于担任广南西路提点邢狱公事之职，严格依照朝廷的规定，半年内遍历25州军，因而身患"风眩"之病。这一病症表现为一是严重健忘；二是惊恐不安，盗汗；三是失眠，通宵不能入睡。落下此病后，直到嘉定十七年，已经延续了13年了。其间，在嘉定十二年（1219年），他在辞免秘书少监和秘书监

---

① 《崔清献公言行录》卷2，第14—15页。《崔清献公行状》，第2页。
② 《崔清献公集》卷2《奏札二》，第10页。

的几份奏札中,向朝廷诉说自己的"头风之疾已深,时复眩绝,每遇朝参,常有颠沛之虞"。又说"所患头风,已成不治之疾"①。嘉定十六年(1123年)六月,崔与之在成都安抚置使任上,向朝廷提出要求免去临安府。在两份奏札中描写自己的"头风"病症为"百恙相陵,一衰不贷。头欲破而掣痛不已,心如啄而健忘尤深,气体支离,精神昏聩"。又说:"近来头风发动,甚于常时,呻吟叫号,痛刺如破;加以心忡健忘,肌肉消尽"等②。说明他的病情已经加重,发病时头痛欲裂,难以忍受,同时心脏也有严重问题。

更严重的是又过10年后,即到绍定六年(1233年),76岁的崔与之又不幸患过一次脑溢血。他在一份《辞免召赴行在》的奏札中说:

> 伏缘臣流年七十有六,老将焉用,病莫能兴。近又为风邪所中,左臂残枯,残息奄奄,朝不保夕。③

说明此时崔与之由于一次中风,左臂麻木。至端平二年(1235年)十月,崔与之在《第四次辞免参知政事》奏札中说自己"年事已去,百病丛生","拜跪不能","视听不真",而且"心气头风,交相为愈。春间为寒邪所中,半身不遂。涉秋以来,此疾复作,须人扶掖而行"④。

此时,他已经是一名中风了两年多的病人,左侧身子瘫痪,行走困难。至端平三年九月,宋理宗授予正议大夫、右丞相兼枢密使官职时,他自叹:"臣行年八十矣,一身孤立,百病交攻,心气日深,头风时作,视听昏聩,步履阑珊,元气渐微,生意垂绝。"⑤完全呈现出一副老态龙钟且身患重病的暮年景象。

面对宋理宗屡屡亲自下诏委以军国重任,崔与之在递呈朝廷的十

① 《崔清献公集》卷2《奏札二》,第10页。
② 《崔清献公集》卷1《奏札一·秘书少监乞补外》、《再辞免除辞书监》,第3、4页。
③ 《崔清献公集》卷1《奏札三》,第19页。
④ 《崔清献公集》卷4《奏札四》,第27页。
⑤ 《崔清献公集》卷4《奏札四·辞免特授正议大夫、右丞相兼枢密使第一诏奏状》,第31—32页。

几份"辞免"奏札中，一方面表示感谢涕零，心情甚为不安，说：

> 陛下垂怜旧物，而犹未忍弃捐。忱奉十行之书，躐升四辅之选。事出非望，凛不遑安。

另一方面，表示理应接到诏书后就该起程赴京，说：

> 顾惟君命之严，丞欲驱驰而往。仰副眷怀，庶乎詹望清穆之光，敷陈忠赤之悃。

他还回忆以前自己年富力强时，曾不遗余力的为国效劳。他说：

> 伏念臣偏远寒士，百不如人，徒有忠恪一心，拳拳体国。顷年筋力未衰之时，东淮西蜀，万里奔驰。才虽不逮，而力可往来，未始辞难。盖君命不可违，而王事所当尽瘁也。至于驽力既穷，不堪鞭策，虽长沙、南昌分阃之寄，相去非遥，亦不能往。

诉说他早在宝庆二年（1226 年）再次请辞知潭州（治今湖南长沙市）兼荆湖南路安抚使，及在绍定三年（1230 年）再次请辞知隆兴府（治今江西南昌市）的原因，也是由于"年龄已迈，疚疾已深"。①

　　加之，当时广州离临安府大约有 4 000 里的路程，所以他在奏札中再三倾诉自己的身体情况已不容许远行了。他说：

> 况骎骎 80 岁之陈人，为迢迢数千里之远役，能免颠仆于道路乎？朝夕以思，莫知死所②。

---

① 《崔清献公集》卷 3《奏札三·辞免除参知政事》，卷 4《奏札四·第五次辞免参知政事》，第 24、28 页。
② 《崔清献公集》卷 4《奏札四·第五次辞免参知政事》，第 28 页。

以上说明崔与之从嘉定十七年即 67 岁时,回增城休养,至嘉熙三年(1239 年)十二月病逝,总共"里居"15 年。在这 15 年内,既非宋理宗不想重用而把他弃之岭南,又非他眼见国事艰难而逃避远方,而确实是年力就衰,犹似风中残烛,尽管他依然一心为国,但毕竟力不从心,不容他参与并裁决军国大事了。

至于宋理宗,也是爱才心切,一直盼望着崔与之能来临安与他共商国是。但事与愿违。崔与之早已积劳成疾,无法成行。直到嘉熙三年六月,可能崔与之已经病入膏肓,才勉强同意其致仕。下诏说:

> 以崔与之力辞相位,必欲挂冠,特授观文殿大学士致仕,恩数视宰臣例①。

此时离崔与之的去世已不到半年时间了。十二月,崔与之终于走完了 82 年的里程,与世长辞。朝廷追赠他为少师,谥"清献"②。

（本文刊载于朱泽君主编:《崔与之与岭南文化研究》,
人民出版社 2010 年版）

---

① 《宋史全文》卷 33《理宗三》。
② 《宋史》卷 42《理宗二》,第 819 页。

论宋朝的礼乐教化

宋朝统治阶级通过礼乐教化来加强对本阶级各群体的约束,同时加强对其他各阶级的控制。

一、提 倡 天 命 论

宋朝统治阶级提倡天命论,以此作为一种统治阶级自我约束以及控制被统治阶级的理论。

中国古代的天命论,主要体现在"天人合一"的哲学基本命题上。汉朝董仲舒提出"灾者,灭之谴也;异者,天之威也",把天看成有意志、有目的、能对人类赏善罚恶的"人格神",天借灾祥符瑞表达意志。董仲舒的理论表现形式是"天人感应"。这种理论对于尊严无上的最高统治者具有一定的约束力,至少可用天变来警戒他们,提醒他们勉修政事,切勿穷兵黩武,对百姓实行轻徭薄赋等。把自然界和人类社会等同、合一,本来是一种错误的理论,但在中国古代却在政治上起过积极的作用,它可以约束最高统治者滥用权力。

治平四年(1067 年)八月,汴京地震。神宗问宰辅:"地震何祥也?"曾公亮答道:"天裂,阳不足;地震,阴有余。"神宗问:"谁为阴?"曾公亮答道:"臣者,君之阴;子者,父之阴;妇者,夫之阴;夷狄者,中国之阴。皆宜戒之。"吴奎说:"但为小人党盛耳。"神宗听后,颇为不快[1]。曾公

---

① 《宋史全文续资治通鉴》卷 10《宋英宗》。

亮和吴奎试图启发年轻的神宗通过灾变来修省政事。

司马光在其著作中反复论述天命论。他认为:"天者,万物之父也。父之命,子不敢逆;君之言,臣不敢违。……违天之命者,天得而刑之;顺天之命者,天得而赏之。"又说,"智愚勇怯,贵贱贫富,天之分也;君明臣忠,父慈子孝,人之分也。僭天之分,必有天灾;失人之分,必有人殃。"①把天看成有人格、有意志的全知全能者,凌驾于人类和万物包括帝王之上。这样,就形成了天—帝王—臣僚的关系,帝王之上还有"天"这个宇宙的主宰,帝王就不可能为所欲为了。张载和范祖禹等人也持类似的天命论。张载认为:"天人异用,不足以言诚;天人异知,不足以尽明。所谓诚、明者,性与天道不见乎小大之别也。"②范祖禹说:"天人之交,相去不远,惟诚与敬可以感通。"③天人可以"相交"、可以"感通"。关键是人应做到诚明或诚敬。

王安石把天看成无意志的自然界。他说:"夫天之为物也,可谓无作好,无作恶,无偏无常,无反无侧。"④王安石承认有"命","命者,万物莫不听之者也"。又说:"由于道、听于命而不知者,百姓也;由于道、听于命而知之者,君子也。"⑤在推行新法的过程中,有人认为王安石提出了"天变不足畏,人言不足恤,祖宗不足法"的观点。熙宁二年(1069年),有人对神宗说:"灾异皆天数,非人事得失所致者。"大臣富弼听说此事,十分感叹说:"人君所畏惟天。若不畏天,何事不可为者?去乱亡无几矣。"⑥次年,王安石在神宗前阐发"三不足"说。他说:"陛下躬亲庶政,无流连之乐、荒亡之行,每事惟恐伤民,此即是惧天变。陛下询纳人言,无大小惟言之从,岂是不恤人言!然人言固有不足恤者,苟当于义理,则人言何足恤!"又说:"至于祖宗之法不足守,则固当如此。且仁宗在位四十年,凡数次修敕;若法一定,子孙当世世守之,则祖宗何故

①　《温国文正司马公文集》卷74《迂书·士则》。
②　《正蒙·诚明篇第六》。
③　《宋文鉴》卷59范祖禹《论明堂》。
④⑤　《王文公文集》卷25《洪范传》。
⑥　《宋史全文续资治通鉴》卷11《宋神宗一》。

屡自变改？"①熙宁五年，他对神宗进一步说明"畏天"论的消极性。他说："陛下正当为天之所为，知天之所为，然后能为天下之所为。为天之所为者，乐天也；乐天，然后能保天下。不知天之所为，则不能为天之所为；不能为天之所为，则当畏天。畏天者，不足以保天下。"②认为必须认识"天"，去做"天"要求做的事，不然，只能消极地"畏天"。王安石这种认识自然和顺乎自然规律行事的思想，显然是进步的唯物主义观点。但是，在当时如果一味宣扬这种不畏天的思想，却会带来消极的影响，即对至高无上的皇帝的最终裁决权缺少有力的约束。至哲宗时，坚持王安石新法的宰臣章惇也殊不以天变为可惧③。到徽宗时，权臣蔡京继承"三不足"说，因此无所顾忌，胡作非为。如蔡京诱导徽宗纵情享乐，说："事苟当于理，人言不足恤也。陛下当享太平之养，区区玉器，何足道哉！"④徽宗和蔡京也不畏天变，以致"一卉一木之异，指为嘉瑞；天地灾变，隐而不言"⑤。

　　与王安石同时的程颢和程颐，以及南宋的朱熹，显然吸取了北宋的以上两种天命论，从哲理的高度，以"理"说"天"，又以"天理"替代"天命"，把天人合一理论推向一个新的高度。如程颐对汉儒的天命论认为"皆牵合附会，不可信"。同时，又认为："天人之理，自有相合。人事胜，则天不为灾；人事不胜，则天为灾。人事常随天理，天变非应人事。如祈寒暑雨，天之常理，然人气壮则不为疾，气羸则必有疾；非天固欲为害人事，德不胜也。"⑥他认为"天命"是不可知的。他说："理也，性也，命也，三者未尝有异。穷理则尽性，尽性则知天命矣。"⑦只要穷理尽性，就能知道"天命"。南宋时，朱熹对传统的天命论和王安石的否定

---

① 《宋史全文》卷 11。
② 《续资治通鉴长编》卷 236。
③ 《续资治通鉴长编》卷 491。
④ 周煇：《清波杂志》卷 2。
⑤ 《宋史全文续资治通鉴》卷 11《宋神宗一》。
⑥ 《程氏外书》卷 5。
⑦ 《河南程氏遗书》卷 21 下。

天人感应论持折衷态度。他对汉儒的"天人感应"说认为难以全部相信，他说："《洪范》庶征，固不是定如汉儒之说，必以为有是应必有是事。多雨之征，必推说道是某时做某事不肃，所以致此，为此'必然'之说，所以教人难尽信。"同时，他又不赞成王安石否定一切感应，说："如荆公又却要一齐都不消说感应，但把'若'字做'如'，'似'字义说，做比喻说了，也不得。荆公固是也说道此事不足验，然而人主自当谨戒。"要求皇帝遇灾变时"谨戒"。总之，他认为"如汉儒'必然'之说固不可，如荆公'全不相关'之说亦不可"①。此外，朱熹进一步发挥二程的天理说，认为一草一木，与他夏葛、冬裘、渴饮、饥食、君臣、父子、礼乐、器数，都是"天理流行，活泼泼地，那一件不是天理中出来"，天理"只是一源，敬见万物"。天理是可知的，"见得透彻后，都是天理"②。朱熹还提出"天命即是天理"，"命者，理之用"③。而命又有两种，一种是从气即气禀而言，"人之所以寿夭穷通"，"厚薄清浊之禀不同也"；一种是从理而言，"天道流行，付而在人，则为仁义礼智之性，如所谓五十而知天命、天命之谓性是也"。两种"皆天所与，故皆曰命"④。具体而言，如"死生有命"，"是合下禀得已定，而今着力不得"；"富贵在天"，"是你着力不得"⑤。他依据理气学说，提出人们富贵、贫贱、寿夭不同的原因，是所禀"气"的清浊、厚薄等而致。随后，他又提出人们还应从"畏天命"而"知天命"。他说："'畏天命'三字好，是理会得道理，便谨去做不敢违，便是畏之也。如非礼勿视、听、言、动，与夫戒谨恐惧，皆所以畏天命也。然亦须理会得天命是恁地，方得。"⑥他不赞成盲目的"畏天命"，而是要"理会""天命"道理的所以然，也就是"知天命"，再遵照道理去做事。朱熹的"天命论"显然把传统的天命论发展了一大步。

---

① 《朱子语类》卷79《尚书二·洪范》。
② 《朱子语类》卷41《论语二十三·颜渊篇上》。
③ 《朱子语类》卷46《论语二十八·季氏篇》，卷5《性理二》。
④ 《朱子语类》卷61《孟子十一·尽心下》。
⑤ 《朱子语类》卷42《论语二十四·颜渊篇下》。
⑥ 《朱子语类》卷46《论语二十八·季氏篇》。

二、正　统　论

如何认识宋朝以前的历史？宋朝在历史上的地位如何？这是摆在宋朝学者面前的两个问题。

最早系统回答这两个问题的是北宋著名学者欧阳修。仁宗康定元年(1040年)，欧阳修撰《正统论》3篇。他说正统是指"王者所以一民而临天下"，其中"正"是"所以正天下之不正也"；"统"是"所以合天下之不一也"。从周亡到后周显德间，共1216年，"或理或乱，或取或传，或分或合，其理不能一概"。其间"可疑之际"有三，即周、秦之际，东晋、后魏之际，五代之际。第一，统之"德"是正统，即"居天下之正，合天下于一"，当无问题。秦始皇统之虽不以德，但仍然是统，即"始虽不得其正，卒能合天下于一"。汉儒"溺于非圣曲学之说"，否认秦为正统，理由是秦始皇"废弃礼乐"，"用法严苛"，"其兴也不当五德之运"。但秦始皇的"不德"，"不过如桀、纣"，"桀、纣不废夏、商之统，则始皇未可废秦也"。所以，尧、舜、三代、秦、汉、隋、唐以及宋朝都属正统。第二，有些朝代"不幸而两立，不能相并，考其迹则皆正，较其义则均焉，则正统者将安予夺乎？"①这些朝代如东晋和后魏，未能统一，也不能算"统"。第三，有些朝代正是"天下大乱，其上无君，借窃并兴"之时，自然"止统无属"②。这些朝代如五代的后唐、晋、汉、周，"始终不得其正，又不能台天下于一"，所以不可称"正统"。第四，不能概以德为评判标准，而也应考虑客观事实即"直较其迹之逆顺、功之成败"。如曹"魏之取汉，无异汉之取秦而秦之取周也。夫得正统者，汉也；得汉者，魏也；得魏者，晋也。晋尝统天下矣，推其本末而言之，则魏进而正之不疑"③。又如

① 欧阳修：《居士集》卷16《正统论上、下》。
② 《居士外集》卷9《明正统论》。
③ 《居士外集》卷9《魏论》。

五代的后梁,"推其迹"也属正统①。

　　欧阳修的正统论得到当时许多史学家的赞同。但是,他以曹魏和后梁为正统之说,也遭到非议。章望之撰《明统》3 篇,反驳欧阳修的魏、梁正统论②。章望之认为"魏不能一,则魏不得为有统"。仁宗至和二年(1055 年),苏轼撰《正统论》3 篇,支持欧阳修的"正统"论,而反驳章望之的"霸统"论。苏轼提出,章望之认为"魏不能一天下,不当与之统",但"魏虽不能一天下,而天下亦无有如魏之强者,吴虽存,非两立之势,奈何不与之统"? 苏轼认为正统有名与实两个方面:"正统"是"有天下云尔",属"名",即"有天子之名";"有天下之实",属"实"。又认为"正统者,恶夫天下之无君而作也",即使"天下""不合于一",但"君子不忍绝之于无君"。所以,"天下有君,是天下之公正也"。即使"篡君者,亦当时之正而已",据此推理,魏以其国力之强大已有"天下之实",而且也是"当时之正"。苏轼在批评章望之"以实言而不尽乎实"的同时,实际把五代的后梁等也视为正统。他说:"尧、舜以德,三代以德与功,汉、唐以功,秦、隋、后唐晋汉周以力,晋、梁以弑。以实言之,则德与功不如德,功不如德与功,力不如功,弑不如力。是尧、舜而下得统者,凡更四'不如',而后至于晋、梁焉。"③

　　与苏轼同时的毕仲游和王安石,前者勉强承认曹魏、西晋正统说,后者贬低蜀汉。毕仲游《正统议》认为,"曹魏之继汉,司马晋之继魏,虽取之非道,而子孙血食或五六世,或十数世,较于当日,又无其他长久之主以相拟,故亦可独推其统而言正矣。"他甚至从西晋、宋、齐、萧梁的传承关系,认为"晋既为正,故疑梁亦为正统也"④。王安石则在《读蜀志》诗写道:"千载纷争共一毛,可怜身死两徒劳。无人语与刘玄德,问舍求田意最高。"⑤诗中对刘备君臣无赞美之意,而"咎其为纷争,而

---

①　《居士外集》卷 9《明正统论》、《梁论》。
②　《宋史·章望之传》。
③　《苏轼文集》卷 4《正统论三首》。
④　《西台集》卷 4。
⑤　《王文公文集》卷 73。

俾为求田问舍之举",显然贬低蜀汉①。

宋神宗时,司马光主编《资治通鉴》。该书虽说仅借年号以纪事,"彼此均敌,无所抑扬",但"据其功业之实而言之","据汉传于魏而晋受之,晋传于宋以至于陈而隋取之,唐传于梁以至于周而大宋承之,故不得不取魏、宋、齐、梁、陈、后梁、后唐、后晋、后汉、后周年号,以纪诸国之事"。司马光虽一再声明此中"非尊此而卑彼,有正闰之辨也"②。但实际仍有正统存在,且以曹魏为正统,曹魏以后的宋、陈、隋、唐以及五代均属正统。

北宋学者之所以大都以曹魏为正统,是有其社会背景的。宋太祖是在后周末年"主少国疑"的情况下以"禅代"的方式黄袍加身;同时,北宋与北方的契丹、西北的夏国三足鼎立,而北宋建都在北方,所处形势与三国的曹魏颇为相似。因此,从欧阳修到司马光论正统都"主于帝魏"③。

南渡后,正统论又起了变化。张栻编《经世纪年》,采用习凿齿《汉晋春秋》的史观,以蜀汉为正,全书"直以(蜀)先主上继(汉)献帝为汉,而附魏、吴于下方"。朱熹编《通鉴纲目》采用此说,黜曹魏为篡,也"直以昭烈(刘备)上继献帝,世许其正"。宁宗庆元间,庐陵士人萧常撰《续后汉书》,所记事从昭烈帝章武元年(221年)至少帝(刘禅)炎兴元年(263年),另编《吴载记》和《魏载记》④。理宗时,郑雄飞也著《续后汉书》。稍后,翁再撰《蜀汉书》。皆以蜀汉为正统⑤。

南宋学者之所以改以蜀汉为正统,是因为当时的社会背景为宋高宗"以宗枝再造",与刘备建蜀汉相类,因此"自不得以蜀为诟"⑥。南宋末年,学者陈过反驳朱熹的正统说,指出《通鉴纲目·序例》及其言论的自相抵牾之处,认为"三代而下,独汉、唐、本朝可当正统,秦、晋与隋

①　(元)刘埙:《隐居通议》卷11《半山读蜀志》。
②　《资治通鉴》卷69《魏纪一》。
③④　《隐居通议》卷24《通鉴帝魏纲目黜魏》。
⑤　周密:《癸辛杂识》后集《正闰》。
⑥　王应麟:《困学纪闻》卷13,清代翁元圻注。

有统无正者,当分注"。五代的后梁、唐、晋、汉、周"皆不得正统"①。周密编写《癸辛杂识》时,正是南宋末年以后,已没有宋朝的那些顾忌,因此敢对朱熹的正统说提出异议。

三、冯道评价的变化

冯道(882—954年)是五代特定的历史条件下产生的特殊人物。唐末,冯道为幽州掾,迁河东节度掌书记。后唐庄宗即位,任翰林学士,逐渐显贵。明宗时,任端明殿学士,不久晋升宰相。明宗死,立第五子李从厚为帝(闵帝),潞王李从珂谋反,冯道率百官迎接,立为帝(末帝)。石敬瑭(晋高祖)起兵灭后唐,冯道为首相。石敬瑭死,拥立齐王(少帝)。契丹灭后晋,又归附契丹,朝拜辽太宗于京师,授太傅。后汉高祖建国,为太师。后周灭后汉,为太师兼中书令。显德元年(954年),周世宗亲征北汉,冯道劝阻且不愿随行,为山陵使,不久病死。冯道历任五朝十一帝,三次入中书,在相位二十多年,自称"长乐老"。"当世之士,无贤愚,皆仰道为'元老'"。冯道死后,"时人皆共称叹,以谓与孔子同寿"②。

入宋后,与冯道有类似仕宦经历者,如范质、王溥、魏仁浦、薛居正等,仍受太祖重用,皆曾任宰相之职。开宝间,薛居正监修五代史,即《旧五代史》,将冯道列入后周的大臣,以一卷的篇幅详载其经历,措辞也无贬意,最后总结其一生说:"道历任四朝……以持重镇俗为己任,未尝以片简扰于诸侯。平生甚俭,逮至末年,闺庭之内,稍徇奢靡。"参照薛居正的经历和当时士大夫"皆习见以为固然无足怪"③,《旧五代史》对冯道肯定不会有抑辞。宋太宗曾对宰相说:后晋石敬瑭"求援于契丹,遂行父事之礼","冯道、赵莹位居宰辅,皆遣令持礼,屈

---

① 周密:《癸辛杂识》后集《正闰》。
② 《旧五代史·冯道传》、《新五代史·冯道传》。
③ 赵翼:《廿二史札记》卷22《张全义冯道》。

辱之甚也"①。太宗认为石敬瑭对契丹甚为屈辱,但并没有对冯道加以谴责。

宋、辽澶渊之盟后,真宗有一次与辅臣谈论五代历史,说:"冯道历事四朝十帝,依阿顺旨,以避患难。为臣如此,不可以训也。"②开始对冯道作出新的评价。天禧元年(1017 年),宰相王旦病死。社会上评论王旦:"逢时得君,言听谏从,安于势位,而不能以正自终,或比之冯道云。"③显示人们认为王旦晚节不终,就像冯道一样。仁宗明道元年(1032 年),下令录用冯道和王朴的后裔为官④。王朴也是五代的名臣,后汉时状元,后周历任枢密使等职。此后,由于范仲淹等名士大力提倡气节,对历史人物也完全以新的观点进行评价。欧阳修在重编五代史(《旧五代史》)时,将冯道列入"杂传",又在传序中对冯道进行评价。他说:"礼义,治人之大法;廉耻,立人之大节。盖不廉,则无所不取;不耻,则无所不为。人而如此,则祸乱败亡,亦无所不至,况为大臣而无所不取不为,则天下其有不乱,国家其有不亡者乎?"又说:"予读冯道《长乐老叙》,见其自述以为荣,其可谓无廉耻者矣,则天下国家可从而知也。"把冯道视为"无廉耻"之徒。皇祐三年(1051 年),冯道的曾孙冯舜卿进呈冯道的官诰二十份,希望朝廷录用为官。仁宗一改明道元年的态度,对辅臣说:"道相四朝,而偷生苟禄,无可旌之节。所上官诰,其给还之。"⑤认为冯道"偷生苟禄",不忠不义,没有值得表彰的气节。

宋神宗时,王安石在神宗面前称赞冯道"能屈身以安人,如诸佛菩萨之行"。唐介反驳说:"道为宰相,使天下易四姓,身事十主,得为纯臣乎?"王安石答道:"伊尹五就汤,五就桀,正在安人而已,岂非纯臣乎?"以伊尹为例,认为只要能安定百姓,就可算作"纯臣"。唐介又说:

---

① 《续资治通鉴长编》卷 26。
② 《续资治通鉴长编》卷 65。
③ 《续资治通鉴长编》卷 90。
④ 《续资治通鉴长编》卷 111。
⑤ 《续资治通鉴长编》卷 171。

"有伊尹之志则可。"王安石听后"色变"①。司马光则痛斥冯道为"不忠"之臣,说:"忠臣不二君,贤女不二夫。……彼冯道者,存则何心以临前代之民,死则何面以见前代之君? 自古人臣不忠,未有如此者。"进一步指出五代时人们不以冯道等人"失节"为耻的原因说:"庸愚之人,往往犹称其智。盖五代披攘,人主岁易,群臣失节,比踵于朝,因而誉之,欲以自释。"他担心"后世以道所为为合于理,君臣之道将大坏矣"②。

南宋时,对冯道的评价始有定论,即完全否定其业绩,视为奸臣叛贼。其中以高宗时学者范浚为代表。范浚在所撰《五代论》中说:"五代之乱极矣,凡八姓十有二君,历四十余年,干戈战伐,殆无宁岁。其间悖逆祸败,自古未有若是其烈,而兴灭起废,亦未有若是其亟者也。"冯道生活其间,不管王朝更替,照样高官厚禄,还"著书自陈更事四姓与契丹所得阶、勋、官爵以为荣。呜呼! 有臣如此,唐与晋、汉安得不亡乎?"范浚还指出,像冯道之类"靦颜于梁,于唐,于晋、汉、周者,皆倾巧乱人,谋身卖国"③。把冯道看成个朝秦暮楚的无耻之徒。

四、旌表义门的用心

义门是指尚义的家族或家庭。在宋朝,主要指世代聚居共财的家族,少数指崇尚孝义而得到朝廷表彰和社会赞誉的家庭。《宋史·孝义传》载有世代聚居共财而获朝廷旌表的 58 个家族,其余为被朝廷旌表门闾的孝子和孝妇的家庭。

唐末以后,以血缘为纽带的门阀士族宗族组织完全崩溃,族人星散,封建宗法关系松弛。入宋后,地主阶级逐渐利用农村公社的残余,重新建立新的封建家族组织。新的家族组织主要采用聚居而不同产

---

① 《永乐大典》卷 2999《人字》引张师正《倦游录》。
② 《温国文正司马公文集》卷 73《史赞评议·冯道为四代相》。
③ 《香溪集》卷 8。

(即存在族人私有经济)的方式,这种方式在全国占大多数。另一种是世代聚居而同产的方式,这种方式只占少数。宋朝统治者大力提倡而加以旌表的往往是后一种封建家庭组织。

宋太祖和太宗时,每逢地方官府申报"数世同居"者,朝廷"辄复其家",即免除其家族的赋役,同时"旌其门闾"。这些家族在五代十国社会动乱的年代,因其凝聚性而安身保命,且延续至北宋,显示出它顽强的生命力。《宋史·孝义传》记载这一时期受到朝廷表彰的义门有 19 家。真宗时,有 35 家。仁宗和徽宗时,各有 1 家。南宋时,有 2 家。

以上 58 家义门中,最有影响的有江西德安(今属江西)义门陈氏和南康军建昌(今江西永修西北)义门洪氏。陈氏在唐僖宗时已被"诏旌其门",南唐时立为义门,免除徭役。此时,江州长史陈崇为其族长,"持家有道,敦规有礼,室无私财,厨无别馔"。宋太祖开宝初年(968年),到陈昉为族长时,已 13 世同居,长幼 700 口。"不畜婢妾,上下姻睦,人无间言"。一日三餐,全部在大食堂吃饭,未成年人另桌。建造书楼,"延四方之士,肄业者多依焉"。在陈昉家族的影响下,"乡里率化,争讼稀少"。仍免徭役。太宗时,又免杂科。淳化元年(990 年)陈兢为族长,"常苦食不足",太宗下诏本州每年贷米 2 000 石。至道初(995年),派内侍至德安赐"御书"。内侍回京,回报太宗说陈氏"孝友俭让,近于淳古"。太宗曾与近臣谈论陈氏,参知政事张泊说:陈氏"家族千余口,世守家法,孝谨不衰,闺门之内,肃于公府"。太宗"以远民义聚,复能固廉节,为之叹息"。真宗大中祥符四年(1011 年),赐其族长陈旭为江州助教。仁宗天圣元年(1023 年),全族 2 000 口,族长陈蕴年八十,且"有行义",江州申报朝廷。仁宗说:"良民,一乡之表,旌之,则为善者劝矣。"特赐陈蕴为本州助教①。陈蕴病死,其弟陈泰继为族长②。为保证家族的常盛不衰,陈氏家族有不少男子参加科举考试,博取一官半职。庆历四年(1044 年),陈氏家族共 3 700 多口,其中应举者 403

---

① 《续资治通鉴长编》卷 101。
② 《宋史·孝义传·陈兢》。

人,"郎署之在朝者,琛、逊而下十有八员,当要路而居刺史、司马、参军、县令者,珪、俦而下二十有九员"。同年,"家长以食者太多,义门地窄,诸庄粮供寓远,拨遣一千四百余口往黄州庄舍就食"。开始将近三分之一的族人分往外地。但到嘉祐三年(1058 年),这支族人"思时节归侍违远,聚会失期,似亏义气,告乞归宗"。于是回到故里,在德安的东冲建小屋 500 间,称"黄州庄回归院"①。嘉祐六年,陈氏宗族已达 3 900 多口。大臣文彦博、包拯等论陈氏家族在"朝野太盛",仁宗命江西转运司官属谢景初、德安县令穆恂、湖口镇巡检官范彬等"车马拥门,监护分析,岂容忤旨抗拒"!第二年,经议定,将"知"、"守"、"延"、"继"等排行者"别号分派",共 291 庄,分迁川、浙、广、福等路。在"分析"后,各分支的"家长"议决:"今奉分之后,祖宗之庄虽析,子孙之心莫二,仍效前人规确凛义方之训,往来无间,音问莫疏,长幼必识,尊卑必辨。"又说:"自一庄至众庄,惟以义相继,不以各处一方,遂堕数百年之义风,则今日一义门,后日千百其义门又此始也。"②

南宋初,陈氏家族遭遇兵火,"家属离散"。从高宗建炎间算起,到宁宗嘉定五年(1212 年)进士、族长陈炎及孙子,不过 7 代同居,100 多口。该族仍然"自幼至长,不蓄私财"。江州申报朝廷"乞加旌表"。宁宗手书"真良家"三字赐之,并下诏"特赐旌表门闾,仍令长吏致礼"③。

建昌义门洪氏,宋太宗时洪文抚为族长,已"六世义居,室无异炊"。洪文抚的曾祖洪谔,曾任唐朝虔州司仓参军,"子孙众多,以孝悌著称"。洪文抚在所居雷湖之北创建书舍,招徕学者读书。至道间,建昌军将洪氏家族的义行申报朝廷。太宗派内侍带"御书"100 轴专程赐给洪家。洪文抚派弟洪文举赴京进贡土产,表示谢恩,太宗又将"飞白"书"义居人"一轴为赠,还授洪文举为江州助教。至道三年(997年),下诏"表其门闾"。从此,洪氏家族每年派遣子弟进贡土产,朝廷

① 《义门陈氏宗谱·分居封官记》,民国三十六年丁亥重修本,第 49 页。
② 《义门陈氏宗谱·义门分庄记》,民国三十六年丁亥重修本,第 49 页。
③ 《宋会要辑稿》礼 61 之 13。

"必厚赐答之"。洪文抚兄之子洪待用,真宗咸平三年(1000年)登进士第,历官至都官员外郎①。

宋朝统治者旌表义门的用心在于,第一,成为义门的大家族多代共居,同产同餐,显示了一种传统的孝义等宗法精神。《宋史·孝义传序》说:"先王兴孝以教民厚,民用不薄;兴义以教民睦,民用不争。率天下而由孝义,非履信思顺之世乎?"统治者期望通过旌表义门家族,以其为榜样,宣传孝悌和义礼,"激励风俗","以厚人伦",消除百姓之间的矛盾,稳定社会秩序。第二,义门的家族形态实际是国家的缩影,国家则是义门家族的放大,两者的构造和机制是一致的。皇帝是国家的族长,族长或家长即家族的君主;官僚政治制度控制国家,家法则管理家族;地主经济以私有制为主体,家族则以集体所有经济(实为家族私有)为主体。宗法伦理则成为两者直接相通的桥梁,于是以孝义转换为中介,人们将族长与族众关系、父子关系转换为君臣关系,将对族权的敬畏转换为对皇权的顺从。前述德安义门陈氏"世守家法,孝谨不衰,闺门之内,肃于公府"。又如吉州永新颜诩家族"一门千指,家法严肃,男女异序,少长辑睦"。这正说明统治者力图在地方基层政权组织之外,借助义门家族的力量来加强对地方的统治。第三,大多数义门家族重视对本族子弟的教育,并鼓励子弟参加科举考试,博取一官半职;朝廷也特赐其族长以进士出身或低级官衔,提高其在家族和社会上的政治地位。如建昌义居洪氏创办雷塘书院,德安义门陈氏创办东佳学堂,豫章胡氏创办华林书院②,不仅鼓励本族子弟就读,而且允许"四方学者"习读,"伏腊皆资焉,江南名士皆肄业于其家"③,成为江南地区几所重要的学校。经过家族教育机构的培养,许多子弟参加科举考试。经过科举考试的筛选,大批为宗法生活所熏陶的子弟从家族的怀抱转

---

① 《宋史·孝义传·洪文抚》。
② 杨亿:《武夷新集》卷6《南康军建昌县义居洪氏雷塘书院记》。
③ 释文莹:《湘山野录》卷上。

入官僚政治体制之中,其官俸源源流回家族公库①,充实了家族的共有经济,而待阙和致仕制度又使这些子弟暂时或永久回归家族,以士大夫身份左右家族。如前述仁宗庆历四年,德安义门陈氏竟有403人应举,在朝廷和地方上任官者有47人。科举制度使义门家族与官僚政治体制联结一起,既巩固了义门家族,又巩固了官僚政治体制。这是中唐以后义门家族适应新的形势而自然采取的一个重要措施。第四,宋朝一般禁止在祖父母和父母健在时提出分居,但在义门家族人数较多时又强迫其析居,分处各地,以减少对地方官府的经济负担和潜在威胁。义门家族虽然实行同产共餐,能够"同甘藜藿,衣服相让"②,有时也能"发廪减市直,以振饥民",在当地造桥、建孔庙等,造福一方,但官府必须在经济上给予种种优待,如真宗天禧四年(1020年)规定:"诸州旌表门闾户,与免户下色役。自余合差工夫、科配,即准例施行。"③德安义门陈氏还特免差役和科配。由于减免较多,使地方官府减少了许多赋税收入。同时,义门家族不时因人口众多,"常苦食不足",本州不得不每年贷粮数百、数千石,又成为州县财政的一大负担。此外,义门家族人多势众,被统治者视为潜在的威胁。因此,如仁宗嘉祐末,对世代"确守祖洲,水誓不敢分析"的德安义门陈氏,由当地派出多名官员"奉旨临门,劝令监护分析",陈氏家族出于无奈,才勉强将一族析为许多族,分居各地④。

　　义门家族在宋朝并不普及,但由于以上几点原因,统治者大力提倡;同时,又采取措施,适当控制其规模。

五、禁谶纬之书

　　谶纬是中国古代流行的神学迷信,其中包含一些天文、历法等方面

---

① 祝穆:《古今事文类聚》后集卷1《人伦部·宗族》。
② 《宋史·孝义传·徐承珪》。
③ 《宋会要辑稿》礼61之2。
④ 《义门陈氏宗谱·义门分庄记》。

的知识。谶是巫师或方士编造的一种谜语式的预言，当做吉凶的征兆；纬是由儒生编集用以附会儒家经典的各种著作。谶纬之学起于先秦，流行于两汉。

宋初，沿袭唐制，尚未对谶纬之学实行禁令。在《重详定刑统》中，仅对"诸造妖书及妖言者，绞。传用以惑众者，亦如之；其不满众者，流三千里。言理无害者，杖一百。即私有妖书，虽不行用，徒二年；言理无害者，杖六十"。"疏"注说："造谓自造休咎及鬼神之言，妄说吉凶，涉于不顾者。"①并没有将谶纬之书归入妖书妖言一类。直到真宗景德元年（1004年），才下诏申严禁止私自传习图纬、推步之书，民间应有谶候禁书并令上缴，"所在禁毁，匿而不言者论以处，募告者赏钱十万（文）"②。仁宗宝元二年（1039年），直集贤院吴育上疏说："近岁以来有造作谶忌之语、疑似之文，或不显姓名、暗贴文字，恣行毁谤，以害仇嫌"，要求朝廷禁绝③。庆历七年（1047年），贝州（治今河北清河）和冀州（治今河北冀县）民间风俗迷信"妖幻"，习读《五龙滴泪》和图谶诸书，预言"释迦佛衰谢，弥勒佛当持世"。贝州宣毅军小校王则利用这些预言聚众起事，占领贝州州城，"旗帜号令，章以佛为称"④。仁宗时儒士杨安国，长期任经筵官，他"尤不喜纬书"，但对有关注疏所引的纬书，却又"尊之与经等"⑤。神宗熙宁八年（1075年），前余姚主簿李逢被人告发谋逆，经审讯，牵涉李士宁和宗室赵世居。李士宁"能口占作诗"，"词理迂诞，有类谶语，专以妖妄惑人"。赵世居是太祖之孙，李士宁摘取仁宗赐英宗母挽词中"微有传后之意"的四句，"易其首尾"，"密言世居当受天命以赠之"⑥。从赵世居和医官刘育家搜查出图谶、书简，权御史中丞邓绾上疏说："李逢、世居等起意，皆因挟图谶妖妄书以

---

① 《重详定刑统》卷18《造妖书妖言》。
② 《续资治通鉴长编》卷56。
③ 《宋会要辑稿》刑法2之23。
④ 《续资治通鉴长编》卷161。
⑤ 《续资治通鉴长编》卷192。
⑥ 《续资治通鉴长编》卷259。

相摇惑","编敕"规定"谶书之禁","坐流三千里",但因出诡秘,无从觉察,所以"法令徒设,人不知畏,士庶之家亦或收藏传说,不以为怪"。请求命令各路"晓告收传图谶文书者立烧毁,或首纳入官,官为焚弃;过两月,许人告,重赏之,犯人处死"。神宗命将此内容"送编敕所,立法以闻"。后来"立法:私有图谶及私传习者,听人告,赏钱百千"①。简称"谶书法"②。到宁宗庆元间,此法编入《庆元条法事类》,"职制敕"规定私藏谶书或私自传习者,各流三千里,"虽不全成堪行用者,减三等;不堪行用者,又减三等"。许人告发。"赏格"规定:"诸色人告获私有图书、谶书及传习者,不全成堪行用,钱五十贯;全成堪行用,钱一百贯。"③。

宋朝统治者严禁谶纬之书,显然将它列为"妖书"之列,其用心不外是防止有些人制造和传播危害自己统治和社会安定的流言蜚语。

六、维系教化人心的禁令和惩罚规定

宋朝统治者为了维系教化人心,颁布了一系列禁令和相应的惩罚规定。现分述其中比较重要的内容。

第一,严禁祖父母和父母健在而分割家产另立户口。宋太祖乾德六年(968年),针对西川管内和山南各州"百姓祖父母、父母在者,子孙别籍异财,仍不同居"的现象,下诏说:"厚人伦者,莫大于孝慈;正家道者,无先于敦睦。况犬马尚能有养,而父子岂可异居!有伤化源,实玷名教。"要求各地长官"明加告戒,不得更习旧风;如违者,并准律处分"④。真宗大中祥符二年(1009年),又下诏规定:如有人引诱子弟"求析家产,恣为不逞,及辄坏坟域者","仍逐处随时捕捉","当议决

---

① 《续资治通鉴长编》卷262。
② 《宋会要辑稿》刑法2之89。
③ 《庆元条法事类》卷17《文书门二·私有禁书》。
④ 《宋会要辑稿》刑法2之2。

配"①,予以严惩。

第二,提倡简朴生活,纠治侈靡世风。太宗太平兴国七年(982
年),诏书要求乡民"常岁所入",除纳税外,"不得以食犬彘,多为酒醴,
嫁娶、丧葬之具并从简俭"。现今"南亩之地,污莱尚多;比屋之民,游
堕斯众","岂君人者教化之未审,而为吏者诱道之乖方"②。仁宗时,因
"近岁士庶之家,侈靡相尚,居第服玩,借拟公侯;珠玑金翠,照耀衢路,
约一裘衣,千万钱不能充给",命近臣"议定制度,以分等威"③。此后,
又屡次颁布,申明简朴风气的好处,同时痛斥浮侈的世风,主要禁止民
间"以销金为服饰"和"采捕翡翠及贩卖并为服饰",违犯者和制造的工
匠将判处三年徒刑;"邻里不觉察",杖一百④。

第三,严禁妖教、淫祠及夜聚晓散等异教活动。宋朝统治者崇尚
佛、道二教,对其他的宗教则严加防范,甚至禁绝。如真宗时命太康县
(今属河南)禁止建造妖祠,禁止兴州三泉县(今陕西宁强西北)等地
"白衣师邪法"。徽宗时,三令五申严禁邪教和邪法,命各地将"以讲
说、烧香、斋会为名而私置佛堂、道院为聚众人之所者,尽行拆毁,明立
赏典,揭示乡保"。严禁民间师巫建造"淫祠",规定"若师巫假托神语,
欺愚惑众,徒二年"。尤其严禁江浙地区吃菜事魔教和明教,命令各地
官府查明,毁拆所有斋堂,焚毁经文,收捉为首鼓众之人,严加惩办。高
宗时,规定吃菜事魔或"夜聚晓散,传习妖教者,绞";"从者,配三千里;
妇人,千里编管"等等⑤。

第四,禁止杀人祭鬼和自行毁残肢体。太宗时,已下令禁止巴峡地
区杀人为牺牲的陋俗。仁宗时,下诏川陕、广南、福建、荆湖、江淮等地
禁止民间"杀人祭妖神","其已杀人者,许人陈告",给予赏钱。高宗、
孝宗时,湖南和湖北仍然流行"用人祭鬼"的风俗,"每遇闰年之月,前

---

① 《宋会要辑稿》刑法2之9。
② 《宋会要辑稿》刑法2之2。
③ 《宋会要辑稿》刑法2之21。
④ 《宋会要辑稿》刑法2之115。
⑤ 《宋会要辑稿》刑法2之10、14、64、78、112。

期盗杀小儿,以祭淫祠",谓之"采生"。规定如能捕获"兴贩人口"入湖南、北者,"比类强盗,与之酬赏"。徽宗时,禁止各地"愚夫惑于邪说,或诱引人口,伤残支体",或"无图之辈"混迹寺院,"炼臂灼顶,剐肉燃指,截指断腕,号曰教化"。诏书指出:"毁伤人体,有害民教","如有违犯,并依法科罪",甚至"以大不恭论"①。

第五,禁止生子不举。宋朝有些地区人多地少,或因贫困,往往生子后即行溺死。尤其是福建、湖南、湖北、江东、江西等路,业已成为习俗。如福建民间在与父母分居后,"继生嗣续,不及襁褓,一切杀溺,俚语之'薅子',虑有更分家产"。统治者认为这种习俗"有害风教,当行禁止"。"如有违犯,州县不切穷治,守倅令佐当重行窜黜,吏人决配千里"②。

第六,禁止百姓习武和私藏兵器。从真宗起,所朝部三令五申禁止百姓在"社赛"或祀神时"聚众执引利刃"或其他兵器。仁宗时,颁诏:"士庶之家所藏兵器,非编敕所许者,限一月送官。""如敢有匿,听人告捕之。"徽宗时,有官员上疏说,"江南盗贼间作",是因为"乡间愚民无知,习学枪梃、弓刀,艺之精者从而教之。一旦纠率,惟听指呼,习以成风"。于是下诏"责邻保禁止,示之厚赏;敢为首者,加以重刑"③。

第七,禁止雕印有色情内容的书籍。哲宗时,根据礼部的建议,规定各种书籍"散雕印者",须"选官详定有益于学者,方许镂板"。印毕,还要呈送秘书省"详定"。其中"诸戏亵之文,不得雕印。违者,杖一百"④。

七、《三字经》之类读本的教化作用

宋朝教育较前代普及,为适应儿童教育的需要,士大夫们编出了许

---

① 《宋会要辑稿》刑法 2 之 54、56、65。
② 《宋会要辑稿》刑法 2 之 49、50。
③ 《宋会要辑稿》刑法 2 之 11、123、29、64。
④ 《宋会要辑稿》刑法 2 之 38。

多识字读本。宁宗时人项安世说："古人教童子，多用韵语，如今《蒙求》《千字文》《太公家教》《三字训》之类，欲其易记也。"①《太公家教》是唐朝流传下来的识字读本，行文多数是四言，内容是为人处世的格言谚语和行为守则。《三字训》，显然以三言韵语为其体裁。相传到南宋末年，由王应麟编定为《三字经》。《三字经》从"人之初，性本善；性相近，习相远"开始，宣讲理学的人性论。接着讲教育的重要性："苟不教，性乃迁。"列举了历史上几个教育子弟的故事。随后讲学习的内容，即从学习孝悌入手，学习数目和文字。再后是讲学习的方法和必读书籍。依朱熹所说，先读《四书》，再读其他经典，然后读诸子和史籍。最后是结束语："幼而学，壮而行，上致君，下泽民。扬名声，显父母，光于前，裕于后。"等等。勉励学子勤勉学习，将来为皇上和百姓效力，为父母争光。《三字经》以其好读易记，并包涵全民族皆能接受的伦理道德，富有教育意义，所以得到广泛传播②。

宋朝另一种新创的识字读本叫《百家姓》。陆游《秋日郊居》诗自注说："农家十月乃遣子入学，谓之冬学。所读《杂字》《百家姓》之类，谓之村书。"③《百家姓》的作者不详，据王明清考证，是宋初两浙一带的"小民所著"④。该书将400多个姓氏编成四言韵语，从"赵钱孙李，周吴郑王"开始，突出赵氏为全国第一姓氏，含有尊王之意。

（本文刊载于四川大学古籍所、四川大学宋代文化研究资料中心编:《宋代文化研究》第 19 辑，四川文艺出版社 2011 年版。后又刊载于《河北大学学报》2012 年第 2 期，文字稍有改动）

---

① 《项氏家说》卷 7《用韵语》。
② 袁征:《宋代教育》，广东高教出版社 1991 年版。
③ 《剑南诗稿》卷 25。
④ 《玉照新志》卷 3。

朱子与中国文化

南宋思想家、教育家、文学家朱熹一生清贫，仕途坎坷，备受磨难，但矢志不渝，致力于思想理论、教育、文化事业，为中国传统文化作出了不可磨灭的贡献。

清贫、坎坷的一生

朱熹字元晦，后改为仲晦，号晦庵，又号晦翁、遯翁。祖籍歙州婺源（今属江西），南宋高宗建炎四年（1130 年）农历九月生于南剑州尤溪县（今属福建），曾寓居建州崇安（今福建武夷山市）和建阳（今属福建）两县。绍兴十八年（1148 年），进士登第。二十一年，铨试及格，授左迪功郎（从九品）、泉州同安县（今属福建）主簿。任满归乡，被差监潭州（治今湖南长沙）南岳庙，拜李侗为师。一再辞去官职，专心著书讲学。宋孝宗淳熙（1174—1189 年）间，历任知江西南康军（治今江西星子）、提举江南西路常平茶盐公事、提举两浙东路常平茶盐公事等。宋光宗时，历知漳州（今属福建）、秘阁修撰、知潭州兼荆湖南路安抚使。宋宁宗初，升焕章阁待制兼侍讲。庆元二年（1196 年），被反对派弹劾，落职罢祠。庆元六年农历三月病逝，享年 71 岁。

朱熹在地方和入朝真正担任差遣（实际职务）的时间并不很多，充其量不过九考（任满一年算一考），实际共七年稍多，立朝仅 40 天。

其余近 40 年时间，大部分担任监司或主管、提举宫观一类闲职，领取不多的俸禄；另一部分时间待缺。此外，他还辞去了一些官职。这样，保证他有足够的时间去潜心学问，构筑他的庞大而精密的理学体系。

　　然而，在他治学和从政的半个世纪中，决非一帆风顺，而是备受打击。宋孝宗淳熙八年（1181 年）十二月至九年九月，他担任提举两浙东路常平茶盐公事。九年七月，他巡历绍兴府属县后，进入台州境界。随后，因再三上疏弹劾前知台州（今属浙江）唐仲友，而遭到唐的姻亲、左丞相王淮等人的攻击。十五年六月，他被任命为兵部郎官，因足病请假，暂未就职。兵部侍郎林栗因为曾与朱熹辩论《易》和《西铭》意见相左，便乘机上疏，对朱熹横加指责。宋宁宗庆元二年正月，在权臣韩侂胄的支持下，右谏议大夫刘德修奏劾前宰相留正"引用伪学之党"，直接把矛头指向朱熹等人，指其为"伪学之党"。同年十二月，监察御史沈继祖对朱熹进行激烈的弹劾，把朱熹等人的打击推向了高潮。沈罗织了朱熹的六大罪状①，朱熹因而被责落秘阁修撰职，并罢宫观；其弟子蔡元定被罚发遣湖南道州（治今湖南道县）编管。三年十二月，韩侂胄正式从组织上打击朱熹等人，被定为"伪学逆党"而"得罪"者，共 59人。理学被贬为"伪学"，遭禁止。理学家及与理学家关系密切的官员被打成"逆党"，皆被贬官，不准担任"在内差遣"；各路长官不得推荐由"选人"（低级文官）进改为京、朝官（中级以上文官），推荐者必须在荐状上写明被推荐者"非伪学之人"；举人参加科举考试，路长官必须在其"家状"上写"委不是伪学"五字等。

　　庆元六年农历三月初九（公历四月二十四日），朱熹在建阳县考亭病逝。初六，他在病榻上还在修改《大学·诚意章》。②

① 拙作：《评〈南宋反道学的斗争〉》，载武夷山研究中心编：《朱子学新论》，上海三联书店 1991 年版，第 116—181 页。
② 王懋竑撰，何忠礼点校：《朱子年谱》卷 4，中华书局 1998 年版，第 265—267 页。

时代的需要

朱熹早年研习儒家经典,此外,还学佛教禅学、道经、文学、兵法等,无所不学。追随李侗后,遂为北宋程颐、程颢的四传弟子(二程—杨时—罗从彦—李侗),专心攻求义理之学。同时,又吸取了周敦颐、张载等人以及禅学的部分学说。在宋孝宗朝,集北宋以来各派理学的大成,逐步建立起完整而系统的理学体系。

朱熹理学体系的形成,完全是出于时代的需要。从唐朝中叶开始,历经五代十国,直到宋朝,中国古代社会进入一个新的发展时期。社会生产的发展自不待言,阶级关系出现了新的重大变化:由唐朝中叶前的门阀士族和均田户、部曲、奴客、贱民、番匠、奴婢等旧的阶级结构,转变为宋朝的官僚地主和佃客、乡村上户、乡村下户、差雇匠、和雇匠、人力、女使等新的阶级结构。在此基础上,出现了新的土地占有制度,地主出租土地、收取地租、剥削佃农的租佃制度成为宋朝社会普遍的经济形态,从而形成了新的社会经济结构。随之,宋朝社会的整个上层建筑都出现相应的变革。大致在北宋初的太祖、太宗时期,基本上完成了政治制度的第一次改革,其中科举制度的初步改革稍迟至真宗朝完成。在宋仁宗朝,基本完成了教育制度的初次改革。思想领域的变革则比较晚一些,这是因为意识、观念的变化往往发生在物质生活的变化之后。仁宗朝出现了"疑经"的风气,《孟子》、《系辞》、《周礼》、《尚书》、《诗序》等古代经典都受到怀疑,从神坛取下,被人们重新审视。随后,出现了理学的各个学派,虽然在相当长的时间里没有得到统治阶级的肯定,但到宋孝宗时才由朱熹集"唯理"学派之大成,并在理宗朝受到统治阶级的推尊,取得了思想上的统治地位。从此,理学成为符合统治阶级需要的思想理论体系。

对外主张抗金，对内主张变革

　　朱熹生活的时代，宋朝的北方有强敌金朝，内部也存在许多问题。对此，他都必须一一表示态度，提出解决的办法。

　　在宋孝宗初年，朱熹三十二三岁，他血气方刚，积极主张北伐金朝，"恢复"中原故土，激烈反对与金朝议和，站在抗战派的行列。绍兴三十二年八月，他应诏上书，提出依据"修政事，攘夷狄"原则，希望罢黜和议，同时任贤使能，立纪纲，厉风俗，数年之后，气定志饱，国富兵强，然后衡量自己力量的强弱、金朝寻衅程度，"徐起而图之"，"中原故地不为吾有，而将焉往"①？这时他还写信给陈俊卿，痛斥与金议和的主张。他指出：阻碍国家恢复大计的，是讲和之说；破坏边陲备御常规的，是讲和之说；对内违背我民忠义之气，对外断绝中原遗民之望，是讲和之说；虽然现在可免日坐愁城，但养成今后的"宴安之毒"的，也是讲和之说；他在信中还说："祖宗之仇，万世臣子之所必报而不忘者"，如果决定与金朝讲和，就会使三纲沦丧，万事废弃②。然而到隆兴元年（1163年），抗战派首领张浚任枢密使、都督江淮军马，派兵攻入金境，一时占领了一些州县。但由于宋军将领间不和，坐失战机，反被金军在符离（今属安徽）击败，宋军损失严重。宋孝宗在金朝重兵的威胁下，屈辱求和。张浚北伐的失败，使朱熹对宋朝主动出击劲敌金朝、收复失土的决策发生了变化。这一年，他在《垂拱奏札》之二中，分析当时社会上人们应付金朝的三种对策。对于和议，他当然深恶痛绝，说："和之策则下矣！而主其计者，亦以为屈己爱民，蓄力观衅，疑敌缓师，未为失计。"是违背"天理"，其危害将使"三纲沦"，"子焉而不知有父，臣焉而不知有君"。至于战与守两策，他说："战，诚进取之势，而亦有轻举之失。"表明他对张浚这次北伐的评价是准备不足，以致失败。"守，固

---

① 《朱文公文集》卷11《壬午应诏封事》，四部丛刊缩编本，第160—162页。
② 《朱文公文集》卷24《与陈侍郎书》，四部丛刊缩编本，第379—380页。

自治之术,而亦有持久之难。"由此,他提出立即停止与金议和,使全国
都知道朝廷复仇雪耻的本意,然后"表里江、淮,合战、守之计以为一,
使守固而有以战,战胜而有以守。"这样,持以岁月,"以必复中原、必灭
胡虏为期而后已"。这些言论表明,朱熹已经从积极北伐复仇,改变为
"合战、守之计以为一"的主张①。在朱熹与弟子的随便言谈之间,他也
多次议论"恢复"之事。最能代表他主张的是他说:"今朝廷之议,不是
战,便是和;不和,便战。不知古人不战不和之间,亦有个且硬相守底道
理,却一面自作措置,亦如何便侵轶得我!今五六十年间,只以和为可
靠,兵又不曾练得,财又不曾蓄得,说恢复底,都是乱说耳。"②以上说明
朱熹早期曾经是积极的抗战派,后来主张"合战、守之计以为一",成为
坚定的主守派。他之所以前后主张不一,是因为他经过审时度势,认为
首先应固守南宋本土,在内修政事,国富兵强后,再考虑北伐金朝、收复
故土。在"文革"前,中国哲学史界长期争论朱熹是否是"投降派",莫
衷一是;"文革"中,更是把朱熹打成"卖国贼"和"投降派",这显然不符
合史实。笔者在1977年撰成《朱熹是投降派、卖国贼吗?》一文,次年发
表在《历史研究》该年第9期,为朱熹作了初步平反。可以肯定,朱熹
是一位爱国者,不可能是投降派、卖国贼;不然,他怎么可能受到宋理宗
以后历代皇帝和士大夫的推崇?

　　在内政方面,朱熹主张变革,并非一名顽固的反对改革者。他多次
说过,"事极必有变"③,"《周礼》一书,圣人姑为一代之法尔。到不可
用法处,圣人须别有通变之道"④。又说:"自古无不晓事情底圣贤,亦
无不通变底圣贤,亦无关门独坐底圣贤。"⑤他反对当时士大夫因循"苟
且"和"得过且过",说:"今世士大夫,惟以苟且逐旋挨去为事,挨得过
时且过,上下相咻,以勿生事,不要十分分明理会事,且恁鹘突。才理会

①　《朱文公文集》卷13《垂拱奏札》二,四部丛刊缩编本,第188—189页。
②　黎靖德编:《朱子语类》卷133《本朝七·夷狄》,中华书局1986年版,第3200页。
③　《朱子语类》卷111《朱子八·论财》,第2720页。
④　《朱子语类》卷86《礼三·周礼·总论》,第2205页。
⑤　《朱子语类》卷117《训门人五》,第2830页。

得分明，便做官不得。有人少负能声，及少经挫抑，却悔其大惺惺了了，一切刓方为圆，且恁随俗苟且，自道是年高见识长进。当官者，大小上下，以不见吏民、不治事为得策，曲直在前，只不理会，庶几民自不来，以此为止讼之道。民有冤抑无处伸诉，只得忍遏；便有讼者，半年周岁不见消息，不得了决。民亦只得休和，居官者遂以为无讼之可听。风俗如此，可畏！可畏！"①朱熹的这席话是对学生讲的，用当时的白话文讲，比较易懂，所以这里全文引录。他以一位学者的敏锐目光，看透官场的"不正之风"之一是官员们的懒散，无所事事。

　　所以，他在做地方官时，在福建和浙东实行社仓法，在漳州推行经界法，在浙东弹劾贪官唐仲友，在江西兴复白鹿洞书院，反对官府实行茶、盐专卖。宋孝宗乾道七年（1171年）五月，建州（治今福建建瓯）遇到灾荒，朱熹在崇安县（见前注）五夫里创办社仓，且讲求仓的利病，具为条约，加强管理。同时，依照灾民人口数和年龄大小分发粮食，进行救济，灾民"遂得无饥乱以死，无不喜悦"。当年冬天，农田收获后，"民愿以粟偿官"，将所得的救济粮还给官府②。此法初见成绩，各地官员纷纷仿效。淳熙八年十二月，朝廷"下朱熹社仓法于诸路"，在全国范围加以推广③。

　　宋光宗绍熙元年（1190年）四月，朱熹到漳州任知州之职。他见到当地"豪家大姓有力之家"多兼并民田，而且隐瞒田产，逃避纳税，以致赋税严重不均，所以主张实行经界法。当年十一月，他在得到朝廷批准后，在当地丈量田亩，清查赋税。次年十月，由于"豪家上户群起遮拦，恐法行，则夺其利，尽用纳税"，加上士大夫们"不肯任事"，朝廷命令停止推行④。宋孝宗淳熙九年七月，朱熹时任提举两浙东路常平茶盐公事，巡察所部，经过台州，百姓控告前知台州唐仲友者"纷纷"。他立刻

---

① 《朱子语类》卷108《朱子五·论治道》，第2686页。
② 《朱文公集》卷77《建宁府崇安县五夫社仓记》，第1427—1428页。
③ 《宋史》卷35《孝宗三》，中华书局1985年版，第677页。
④ 《朱子语类》卷109《朱子六·论取士》，第2696页。

赶到台州,"则诉者益众,至不可胜穷"。得知唐有"促限催税、违法扰民、贪污淫虐、蓄养亡命、偷盗官钱、伪造官会等事",立即奏报朝廷。他陆续写了六份"按"唐仲友的奏状,将经过调查了解到唐的贪腐罪行一一写明。应该说,确有实据。但因唐与当朝丞相王淮是"姻家",王"营救甚至",将大事化小,唐终于免受惩处①。不过,此事在官场带来很大影响。著名理学家陆九渊在给一位友人的信中谈及此事说:"朱元晦在浙东,大节殊伟,劾唐与正(案:唐仲友的字)一事,尤快众人之心。百姓甚惜其去,虽士大夫议论中间不免纷纭,今其是非已渐明白:江东之命,出于九重特达,于群疑之中,圣鉴昭然,此尤可喜。"②说明陆九渊对朱熹弹劾唐仲友贪腐一案十分支持,而且认为此事大快人心。

淳熙六年三月,朱熹赴江西任知南康军,十月决定兴复白鹿洞书院。次年竣工,并置学田,聘主讲,亲订规约,即著名的《白鹿洞学学规》(五教之目:父子有亲,君臣有义,夫妇有别,长幼有序,朋友有信。为学之序:博学之,审问之,慎思之,明辨之,笃行之。修身之要:言忠信,行笃敬,惩忿窒欲,迁善改过。处事之要:正其谊不谋其利,明其道不计其功。接物之要:己所不欲,勿施于人;行有不得,反求诸己),还常亲去授课,质疑问难。八年二月,他邀请陆九渊来书院讲学,陆以《君子小人喻义利》为题讲演,"听者莫不竦然动心"③。绍熙五年,他恢复并扩建岳麓书院,学生达千余人。受此影响,南宋先后兴建的书院总数达300所以上,书院与州县官学遂成为南宋地方的主要教育机构,书院又多是理学的传布中心,理学因而益盛。

值得注意的是,朱熹还反对由官府垄断百姓日用品——茶叶、食盐、酒的买卖。他说:"财者,人之所好,自是不可独占,须推与民共之。"又说:"如今茶、盐之禁,乃是人生日常之用,却反禁之。这个都是

① 王懋竑撰,何忠礼点校:《朱子年谱》卷3;《朱文公文集》卷18、卷19《奏状》。
② 《陆九渊集》卷7《与陈倅》,中华书局1980年版,第97页。
③ 王懋竑撰,何忠礼点校:《朱子年谱》卷2,第95、112页。

不能絜矩。"①所谓絜是度量；矩是画方形的用具，引申为法度。此处表示道德规范之意。此外，朱熹对当时的科举制度也有独特的看法，在《学校、贡举私议》②等文中系统地作了表述。尽管他本人进士出身，也写过"时文"即当时流行的考试文体（实际是八股文雏形），但他以敏锐的眼光，看到了这种文体的危害。他对学生说："如今时文，取者不问其能，应者也不必其能，只是盈纸便可得。"又说："不知时文之弊已极，虽乡举又何尝有好文字脍炙人口？ 若是要取人才，那里将这几句冒头见得？ 只是胡说！ 今时文日趋于弱，日趋于小巧，将士人这些志气都消削得尽。……只看如今秤斤注量，作两句破头，如此是多少衰气。"③这里的"冒头"、"破头"是当时科举的术语，其中还分破题、承题、小讲等，类似现代文章的开头部分。为此，他提出了一系列改革的主张。

精密的理学体系

朱熹是中国历史上著述最宏富的学者和思想家之一。他的研究触及儒家经典的所有领域。据《四库全书》的著录统计，朱熹现存著作共25 种，六百余卷，总字数达两千万字左右。此处只能介绍他理学体系中的主要部分。

第一，理气观。以前，中国学术界受前苏联哲学史研究的长期影响，将中国古代的思想家划分为唯物主义和唯心主义两类，朱熹被认为是客观唯心主义者。最近有关于文天祥的文章，还坚持这一观点。其实，这是一种误解。中国古代学者与欧洲人的传统思维方式不同。朱熹一直认为"理"和"气"是密不可分的。他说："天地间，只是一个气。"④他多次以人骑马为例，马是气，人是理，人与马两者互相依附，合

---

① 《朱子语类》卷 16《大学三》，第 368、362 页。
② 《朱文公文集》卷 69《杂著》，第 1273—1276 页。
③ 《朱子语类》卷 109《朱子六·论取士》，第 2693、2702 页。
④ 《朱子语类》卷 65《易一·纲领上之上》，第 1603 页。

为一体。"理搭在阴阳上,如人跨马相似。才生五行,便被气质拘定,各为一物,亦各有一性,而太极无不在也。""既有理,便有气;既有气,则理又在乎气之中。"①又说:"天下未有无理之气,亦未有无气之理。气以成形而理亦赋焉。"有学生再三追问他"理在先,气在后"的问题,他答道:"理与气本无先后之可言。但推上去,却如理在先,气在后相似。"②可以这样讲,朱熹的理、气关系和两者先后的问题,实际上是在理、气密不可分和无时间先后的大前提下,从逻辑推理的角度说的,只是逻辑上的理在先、气在后。他还讲过:"人生初间是初有气。既成形,是魄在先。'形既生矣,神发知矣'。既有形后,方有精神知觉。"③气与形体在先,精神、知觉在后,这怎么是唯心主义呢④?

朱熹的"气"和"理"的概念也并不简单地指欧洲哲学界所谓的物质和精神。与中国传统思想家一样,他的"气"概念包括了物质和精神。他说:"'形既生矣',形体,阴之为也;'神发知矣',神知,阳之为也。"⑤意思是说"气"分为阴、阳二气,阴气产生物质、形体,阳气产生知觉、精神。至于"理"概念,乃指客观的规律、原理、原则、法则等,并非指精神。这些证明朱熹的理气观既非主观唯心主义,也非客观唯心主义。

第二,宇宙观。有关宇宙、天地、人类的起源,理学家也在思考。朱熹认为天和地是阴、阳二气运行的产物。他说:"天地初间,只是阴、阳之气。这一个气运行,磨来磨去,磨得急了,便拶许多渣滓;里面无处出,便结成个地在中央。气之清者,便为天,为日、月,为星辰,只在外,常周环运转。地便只在中央不动,不是在下。"他认为宇宙在不停运转,说"天运不息,昼夜辗转,故地推在中间;使天有一息之停,则地须陷下"。还认为"地却是有空缺处,天却四方上下都周匝无空缺,逼塞

① 《朱子语类》卷94《周子之书·太极图》,第2374页。
② 《朱子语类》卷1《理气上·太极天地上》,第3页。
③ 《朱子语类》卷3《鬼神》,第41页。
④ 宫哲兵:《中国古代哲学有没有唯心主义?》,《广西民族学院学报》1996年第1期。
⑤ 《朱子语类》卷94《周子之书·太极图》,第2380页。

满皆是天。地之四方底下却靠着那天,天包地"①。参照现代宇宙起源的一种理论,认为宇宙起源于 140 亿年前的一次"大爆炸",当时存在一个体积无限小而密度无限大、温度无限高的"奇点",引起了大爆炸。此前,没有时间,没有空间,也没有物质和能量(堪称"四大皆空")。大爆炸以后,才开始有了时空、物质和能量。这种理论,在朱熹的以上阴、阳二气互相研磨而产生天体的演化思想里可以找到一些影子。

不过,朱熹并没有提出"大爆炸"的理论,也不可能提出这个理论。他继承传统的"无极而太极"理论,说:"原极之所以得名,盖取枢极之义。圣人谓之太极者,所以指夫天地万物之根;周子(按周敦颐)因之而又谓无极者,所以著夫无声无臭之妙也。"②这里他的"太极"实际有宇宙之意。但他不赞同在"太极"之外另有"无极",他说:"太极本无极也,此当思无有阴阳而无太极底时节。"他认为"太极之前须有世界来,正如昨日之夜,今日之昼耳","太极"之后更有世界③。他的意思是宇宙以前还有宇宙。这当然不符合"大爆炸"理论宇宙起源的学说,但与另一种宇宙起源学说接近。这种宇宙起源学说认为,(1)有证据表明在大爆炸时,已经有存在数十亿年的完全成形的遥远星系。这种学说认为大爆炸从来没有发生过。(2)宇宙是无限的,时空都是无限的。即使存在大爆炸,大爆炸前的"真空"不过是物质存在的另一种形式,并不等于"无"。按照这种学说,人类生活的这个宇宙之外还有别的宇宙,而且有多重宇宙甚至无限个宇宙。这种学说与朱熹的"太极之前须有世界"很相像。

朱熹还认为"天"本来是黑暗的。他说:"天明,则日、月不明。天无明。夜半黑淬淬地,天之正色。"④从今天看,这是一个科学的结论。现代天文学家都认为宇宙是黑暗无光的,人类见到的光是太阳等恒星照耀的结果。

---

①④　《朱子语类》卷 1《理气上·太极天地上》,第 6 页。

②　《朱文公文集》卷 45《答杨子直(方)》,第 771 页。

③　《朱子语类》卷 94《周子之书·太极图》,第 2368 页。

　　朱熹吸收当时的地质学和古生物学知识,如沈括《梦溪笔谈》中的一些见解来解释史前的历史。他多次讲过:"常见高山有螺蚌壳,或生石中,此石即旧日之土,螺蚌即水中之物。下者却变而为高,柔者变而为刚。此事思之至深有可验者。"据此他解释说:"'阳变阴合而生水火木金土'。阴阳,气也,生此五行之质。天地生物,五行独先。地即是土,土便包含许多金木之类。天地之间,何事而非五行? 五行、阴阳七者滚合,便是生物底材料。"①这一观点还是可取的。

　　第三,人类起源说。有关人类的起源,直到今天 21 世纪,自然科学界也还没有研究出一个大家都能接受的结论。可以说众说纷纭,莫衷一是。有的提出人类是鱼类从海上登陆,再由猴进化成现代人的。也有认为是外星人最早留给地球的。

　　作为一位思想家,朱熹对此问题也作过思考,并进行解释。他认为:"天地之初,如何讨个人种? 自是气蒸(一作"凝")结成两个人,后方生许多物事,所以先说'乾道成男,坤道成女',后方说'化生万物'。当初若无那两个人,如今如何有许多人? 那两个人,便如而今人身上虱,是自然变化出来。"②这种"气"如同面磨,昼夜运行不息,这就是"阴阳之两端,其四边散出纷扰者,便是游气,以生人物之万殊"。因为"四边只管层层撒出,正如天地之气,运转无已,只管层层生出人物;其中(气)有粗有细,故人物有偏有正,有精有粗"③。至于人与物的不同,是因为所"禀"的"气"有清和浊的区别。他说:"物之生,必因气之聚而后有形,得其清者为人,得其浊者为物。假如大炉镕铁,其好者在一处,其渣滓又在一处。"④由于人因"禀"得天地的"清气"或"正气",才成为人;物则"禀"得"浊气"或"晦暗昏浊底气",故只能成为物。这就是他的"气禀"说。

①　《朱子语类》卷 94《周子之书·太极图》,第 2367—2368 页。
②　《朱子语类》卷 94《周子之书·太极图》,第 2380 页。
③　《朱子语类》卷 98《张子之书一》,第 2507 页。
④　《朱子语类》卷 17《大学四·或问上·经一章》,第 375 页。

根据"气禀"说，他分析人的福、寿与卑、贱的不同，都是因为所"禀"的"气"有区别。他说："有人禀得气厚者则福寿，气薄者则福薄；禀得气之华美者则富盛，衰飒者则卑贱；气长者则寿，气短者则夭折，此必然之理。"他还解释"圣、贤"是因为"禀得精英之气"，"便是得理之全，得理之正"；"贵"者是因为"禀得清高者"，"富"者是因为"禀得丰厚者"①。究竟这些"气"的精粗、清浊、厚薄、华衰、长短怎样区分，为何存在这么多不同，他没有进一步论证。只是讲是"必然之理"，不免带有神秘的"天命论"色彩。

第四，天人关系说。从汉朝以来，流行一种天人感应说，认为天与人密切相关，人做了坏事、恶事，上天必定有所报应，加以惩罚。董仲舒《春秋繁露》提出："道，王道也。王者，人之始也。王正则元气和顺，风雨时，景星见，黄龙下。王不正，则上变天，贼气并见。"（卷4）又说："灾者，天之谴也；异者，天之畏也。谴之而不知，乃畏之以威……凡灾异之本，尽生于国家之失，国家之失乃始萌芽，而出灾害以谴告之；谴告之而不知变，乃见怪异以惊骇之。"（卷8）这本来是儒家学者提出的限制皇权的一个办法，既然皇帝是"天子"，即"皇天之子"，其皇位的拥有是受命于天，是代天理民的，那么在至高无上的皇帝上面还有一个有意志的"天"来控制他，防止他无法无天、胡作非为，促使他自我约束。

北宋神宗时，王安石推行新法。为了使各项新法顺利实行，减少阻力，他提出了三句名言，即"天变不足畏，祖宗不足法，人言不足恤"。这就是著名的"三不足"思想。其中的"天变不足畏"这句话，被现代有的学者认为是否定了有意志的"天"的存在，是一种唯物主义的观点，颇受称颂。但他们没有看到，这种观点在宋神宗时提出，其客观效果是危害无穷的。这就是整个社会失去了群臣、百姓假天之意志来约束皇帝的一种手段，皇帝既然不畏天，实际上是不畏人，于是滥用皇权，胡乱决策，危害整个王朝的长治久安。后来，宋徽宗和宰相蔡京就是利用王

---

① 《朱子语类》卷4《性理一》，第80、77页。

安石的这一观点,无视天灾、地震,也依据"不足畏"、"不足恤"①说,为非作歹,终于导致国破家亡。

南宋初,一些有远见的官员吸取北宋亡国的教训,不能不追溯到王安石的以上"三不足"思想。朱熹自然也会受到影响。他对王安石的"天变不足畏"说,指出王安石实际认为天与人"全不相关",否认天与人之间有所"感应"。他说:"古人意精密,只于五事(按指《洪范》所说谓统治者修身之貌恭、言从、视明、听聪、思睿,与五行对应)上体察,是有此理。如荆公(按即王安石)又却要一齐都不消说感应……荆公固是也说道此事不足验,然而人主自当谨戒。如汉儒必然之说固不可,如荆公全不相关之说亦不可。"②显然,他不完全赞成董仲舒等汉儒的天人感应说,但又不赞成王安石的天与人"全不相关"说,认为依照王安石的理论,皇帝每遇自然灾害都不需"谨戒"了。大家知道,近数十年内,我们也曾提出过"人定胜天"、"彻底的唯物主义者是无所畏惧的"的理论,然而事实证明,人类现代科技的发展还没有完全达到战胜自然的水平,人类想"胜天"只是一个美好的愿望,依照现代的条件,人类只能与自然和谐相处,按照科学发展观,要尊重自然,适应自然;不然,会遭到大自然的报复。

第五,对耦论。北宋的理学家在事物矛盾运动的规律方面,已经明确提出了"无独必有对"或"一分为二"的新命题,指出"对"或"耦"(矛盾)方面的普遍性,甚至指出有些"对"的双方互相可以转化,这样就把中国古代朴素的辩证法思想提到新的高度。

朱熹在此基础上,发展了"有对"说,他从事物的生成说明"对"的原因:"天地只是一气,便自分阴、阳。缘有阴、阳二气相感,化生万物,故事物未尝无对。"③他进一步探讨"无独必有对"的命题,认为"独中又

① 周辉撰、刘永翔校注:《清波杂志校注》卷2《玉盏玉卮》,中华书局1994年版,第79页。
② 《朱子语类》卷79《尚书二·禹贡·洪范》,第2048—2049页。
③ 《朱子语类》卷53《孟子三·公孙丑上之下》,第1287页。

自有对"，"就一言之，一中又自有对"①。虽然事物极小，甚至"一发之微"，也可"破一为二"②。他依据邵雍"一分为二"一词③，从太极分为两仪、四象、八卦等现象，指出"只是一分为二，节节如此，以至于无穷，皆是一生两尔"④。把事物的对立统一现象用最简洁、明确的"一分为二"的命题表达出来，这在历史上尚属首次。他还主张，有些矛盾的对立面双方可以互相转化，称为"流行底"，如寒暑、昼夜、四季、弦望晦朔；有些矛盾的对立面双方不可以互相转化，称为"定位底"，如天地、上下、四方、夫妇、男女⑤。尽管朱熹把事物"有对"的终极原因归之于超自然的"理"，认为"是理合当恁底"⑥，但他在当时的历史条件下，能觉察到事物"一分为二"的普遍性，并且觉察到有些矛盾的对立面可以互相转化，将中国古代朴素的辩证法思想提到了新的高度。

　　当然，在世界上，事物的"一分为二"的普遍性不能理解为事物的两面永远势不两立，自始至终处于斗争状态，其实这也是一种形而上学的观点。任何事物的两面首先要"合二为一"，存在"合二为一"，才有此事物。所以，事物的"合二为一"是常态的，是绝对的；人自身便是一个对立统一体。相反，事物的两面互相斗争是非常态的，是相对的。朱熹的对耦论中，还有一种横对、竖对的提法。他在解释"太极"时，曾提出"太极只是个一而无对者"⑦，但他更主张"太极有无极对"，"太极便与阴阳相对。此是'形而上者谓之道，形而下者谓之器'，便对过，却是横对了"⑧。有关横对与竖对两者究竟如何区分，留待进一步研究。

　　第六，批判佛教。宋代的理学家大都以反对佛、道为己任，同时又吸取佛、道的许多思想，其中主要是佛教华严宗和禅宗的说教。北宋和

---

① 《朱子语类》卷95《程子之书一》，第2434、2435页。
② 《朱子语类》卷63《中庸二·第十二章》，第1534页。
③ 邵雍：《皇极经世·观物外篇》，见冯友兰：《中国哲学史》下册，中华书局1992年版，第834页。
④ 《朱子语类》卷67《易三·纲领下·程子易传》，第1651页。
⑤ 《朱子语类》卷65《易一·纲领上之上·阴阳》，第1602页。
⑥⑧ 《朱子语类》卷95《程子之书一》，第2434页。
⑦ 《朱子语类》卷100《邵子之书》，第2549页。

南宋前期，各个流派的理学家尚处于探索、创新的阶段，很多人哲学思想前后曾有较大变化，并且在与佛教思想的争论中往往败北，而在晚年皈依佛教。直到南宋中期，朱熹建立起完整而系统的理学体系，从理气观、人性论、认识论、伦理学等方面辟佛，才算从理论上暂时抵制佛教这个"异端"。

朱熹的学说实际上也吸取了佛教的许多内容，如他的"理一分殊"说，便是吸取了华严宗的"一多相摄"说。同时，他又从各方面诋佛。他认为，以前的学者欧阳修、程颐排佛，仅就礼法或理义而论，没有抓住"要领"。他从佛教的发展史指出，佛教在晋、宋间"剽窃"老、庄及列子的"意思"，"变换推衍，以文其说"，"皆是中华文士相助撰集"。这样，据他所说，就查到了佛教窃取老、庄学说的"正赃"。他又从唯理论区分儒、释的差别。他说，佛教"从劈初头便错了"，因为从头到底都主张"空"，把天、地看作"幻妄"，把"四大"看作"假合"，也把万理都看作"空""虚"，而儒者认为"理是实理"，"万理皆实"①，"君君臣臣、父父子子、夫妇夫妇，皆是实理流行"②。在人性论方面，他指出佛教把"知觉运动"包括视、听、言、动当作"性"，还进一步提倡"识心见性"，而儒者认为仁义理智才是"性"，"性只是理，有是物便有是理"，视、听、言、动只是"眼前作用"，主张"天命之谓性，率性之谓道"，"以至诚尽人物之性，赞天地之化育"，将"性"的实理运用到一切方面，佛教则把"性"与"用""分为两截"，连眼前君臣、父子、兄弟、夫妇的关系上都"不能周遍"③。在"心"与"理"的关系上，他指出佛教"见得心空而无理"，把心与理看成两件事；儒者则"见得心虽空而万物咸备"，把心与理看成一回事④。他认为佛教"废三纲五常这一事"是"极大罪名"。他还分析士大夫晚年"都被禅家引去"的原因，一是佛说玄妙，思想境界比"为取利

---

① 《朱子语类》卷126《释氏》，第3017页。
② 《朱子语类》卷63《中庸二·第十二章》，第1538页。
③ 《朱子语类》卷126《释氏》，第3023页。
④ 《朱文公文集》卷56《答郑子上》之十五。

禄声名之计"的士大夫要高,士大夫自身"工夫有欠缺处","说得来疏略";二是佛说"有个悟门,一朝入得,则前后际断",省得力气①。他比较全面地分析理学与佛教观点的界限,揭露佛教与老、庄学说的关系,从而使宋代理学家能够暂时地在理论上抵制住这个"异端"。

第七,纲常伦理说。宋代理学家在论述理气观、人性论等学说时,往往在基本概念中贯注社会伦理原则,使哲理的论述以宣扬纲常伦理为归宿,即以纲常伦理来解释自然,既使自然道德化,又使道德自然化。

朱熹在北宋理学家的基础上,使哲理与伦理道德完全融为一体。他的"理"的范畴,既是表示规律、原理、法则而与"气"相对的"理",又是表示伦理道德和天理人欲的"理"。他认为,"天理"的流行,"其张之为三纲,其纪之为五常"。君臣、父子、夫妇之间的关系,都跟春、夏、秋、冬一样,是"天理使之如此"。他的"气"的范畴,既是表示物质与精神而与"理"相对的"气",又是表示神秘莫测的"气数"、"气运"、"精气"、"浩然之气"等的"气"。他认为人性的本质是善的,性是理的总名,但由于带有偶然性的"气禀之殊,其类不一"②,人们的"气质之性"便出现区别,因而有寿夭、贫富、贵贱、智愚、贤不肖的"参差不齐"。他又认为,性中的理即仁义礼智等"五常",人天生有此。只是因为"气质之有偏,物欲之有蔽也,是以或昧其性,一乱其伦"③。因此,人们需要"知性尽心","知性"即"格物穷理","尽心"即"致知"。"知性"的任务是"知君臣、父子、兄弟、夫妇、朋友各循其理"④,从自己身上去体会仁、义、礼、智、信等"五常"。这样,他把"理"、"气"、"性"等从自然界运用到社会上来,有意无意地在这些哲学范畴中添入了伦理道德的内容,使这些哲理的论述落实到伦理纲常,即以伦理纲常来解释自然,既使自然道德化,又使道德自然化。他还论证"三纲"、"五常"具有永恒性,认为

---

① 《朱子语类》卷126《释氏》,第3036页。
② 《朱子语类》卷4《性理一·人物之性、气质之性》,第74页。
③ 《朱文公集》卷14《行宫便殿奏札二》。
④ 《朱子语类》卷60《孟子十·尽心上》,第1426页。

三纲五常是"天理"在人间的具体体现,天理与三纲五常"亘古亘今不可易","千万年磨灭不得"①。还撰《小学集注》一书,收集《礼记》、《曲礼》、《论语》、《孟子》等古代文献中有关纲常的说教,编成《立教》、《明伦》、《敬身》、《稽古》等四卷《内篇》;收集古人和当代人的"嘉言"、"善行",编成《外篇》两卷。在注释中,予以解说发挥,诱导少年遵照纲常伦理,确定自己的言行。传统的纲常伦理学说,经过他的理论化与具体化、通俗化,从而在社会上产生深远影响,成为后世专制制度的思想支柱。

宋代各派理学家在哲学上常常有所分歧,但在纲常伦理学说上,却并无多少差异;他们的教人之法也各有不同,但根本目的都是劝诱人们消除物欲,自觉地遵循传统伦常,服从统治。确实,中国古代的思想家都不免要受到时代和阶级的局限,他们所处的时代,决定他们的学说必须对中唐以后转型的社会现状诸如阶级结构、各项制度等作出合理的解释,以便"统一"思想,保证本朝统治的长治久安。这是不以人们的主观意志为转移的。朱熹集大成的理学体系,因为能够比较全面、精确地对宋朝社会作出解释,对各种社会问题都提出了解决的原则和方法,而且提高到哲理的高度,因此最后获得以统治者宋理宗为首的士大夫的承认和推崇,被视为当时新的占统治地位的思想理论体系。

余　　论

过去,中国思想史界将宋代的思想家分为许多派,其中北宋二程和南宋朱熹被称为"程、朱理学",或径称"理学"学派,而北宋王安石、南宋陈亮等被定为反对程朱理学的"荆公新学"、"事功学派"等。笔者认为,宋代的思想家人人都在探讨"性理"、理气、格物致知等,尽管个人的研究重点有所不同,观点有所分歧,但他们实际都在研究理学,他们

---

① 《朱子语类》卷24《论语六·为政篇下》,第597、595页。

都是理学家,他们与程朱理学意见相左,但不等于就是反理学家。就像今天,我们都在学习和研究哲学,有谁声称反对哲学,是一名反哲学家?所以,我们今天人为地将宋代有些思想家划分为反理学家而加以推崇,也并不符合事实。

朱熹的理学处于宋代这一特定的历史时期,肯定有其先进性,对当时社会起到推动的作用。不然,统治者不会承认它的正统地位。当然,也有其局限性,因为它的鼎盛正值晚宋社会经济趋于崩溃,政治秩序趋于混乱和失控的危机时期。它多谈性理、太极、无极等哲理的内容,被视为空疏、迂阔、空洞无用的东西,因此不仅未能消弭当时深刻的政经危机,反而成为人们获取名利,追求高官厚禄的手段。这完全违背了朱熹开创的本旨。

(本文刊载于《国际社会科学杂志》2011 年第 4 期)

西夏史研究的四点想法

笔者在以往探讨宋朝历史过程中不免涉及西夏史的一些问题,也有一些想法,但由于忙于其他的工作,从未撰写过一篇文章。这次适逢母校召开纪念吴天墀先生诞辰一百周年国际学术研讨会,就顺便将这些想法写出来,这些想法只是初步的,并不作为自己的定论,以便得到学界同仁的批评指正。(1)宋朝不能完全等同于中国;(2)党项族建立西夏政权有其正当性;(3)岁币客观上有其积极意义;(4)不能一概否定历史上的主和派,不能乱扣"卖国贼"的帽子。

一、宋朝不能完全等同于中国

公元十世纪至十三世纪的中国版图上,实际上并存着由契丹族建立的辽朝,汉族的宋朝,党项族的大夏或夏国,女真族的金朝,还有吐蕃、大理、蒙元等政权。契丹族、汉族、党项族、女真族、藏族、白族、蒙古族等,都是这一时期中华民族的一个组成部分,没有一个现代意义上的"外族"。它们其实多是多民族的政权。差不多在北宋时期,主要是辽、宋、夏的并立时期;在南宋时期,主要是宋、金、夏、蒙元的并立时期。如果按照南北朝的标准划分的话,魏晋南北朝算是中国历史上的一个时期,那么宋、金、夏、蒙元的并立时期则是又一个南北朝。众所周知,宋朝人自称"中国",辽朝人也自称"中国";古代俄罗斯人还直接称中国为"契丹",今天的俄语中的"中国"发音就是与"契丹"同音。所以,我们在研究公元十世纪至十三世纪的中国历史时,不能完全用宋朝来代表中国,不要忘记在两宋时期,同时有辽、夏、金、蒙元等政权的存在。可能我们因为以研究宋史为主,整天接触宋人尤其是宋朝史臣编写的史籍,受其影响,逐步产生一种惯性思维,即在评价相关史事、人物时,不知不觉采用宋人或宋朝史臣的观点;同时,忘记了这时先后存在的辽、夏、金、蒙元等,不免把宋朝完全等同于中国,完全用宋朝代表中国。当然,由于宋朝社会经济的高度发展,农业、手工业、商业和科学技术的水平,以及各项制度的设计,都居于当时世界的领先地位,这些都是今天我们研究宋史者及学习宋史者引为自豪的,因此不免不知不觉地把宋朝与中国等同起来,用宋朝来代表当时的中国。近来,有的历史学家把这种倾向概括为"中原中心论",很有道理①。

　　值得提及的一点是,辽朝和北宋双方自"澶渊之盟"开始,在以后相当长的一段时间里,彼此互称"北朝"和"南朝"。北宋景德元年(1004年)十二月,宋、辽"澶渊之盟"达成后,据《续资治通鉴长编》记载,"录契丹誓书,颁河北、河东诸州军。始,通和所致书,皆以南、北朝冠国号之上"。其中北宋方面的誓书规定:两国"共遵成信,虔奉欢门。以风土之宜,助军旅之费,每岁以绢二十万匹、银一十万两,更不差臣专往北朝,只令三司差人搬送至雄州交割"②。在双方议定宋方岁"助"辽方绢、银的岁币后,契丹派王继忠见宋使曹利用,说:"南北通和,实为美事。国主年少,愿兄弟南朝。"③从此,长时间呈现辽、宋两国的北、南朝局面。到乾兴元年(1022年)六月,辽圣宗得悉宋真宗去世后,立即召"集蕃、汉大臣,举哀号恸,因谓其宰相吕德懋曰:'与南朝约为兄弟,垂二十年,忽报登遐。吾虽少两岁,顾余生几何?'因复大恸。又曰:'闻皇嗣尚少,恐未知通好始末,苟为臣下所间,奈何?'及(宋朝使臣)薛贻廓至,具道朝廷之意,契丹主喜,谓其妻萧氏曰:'汝可致书大宋皇太后,使汝名传中国。'乃设真宗灵御于范阳闵忠寺,建道场百日。下

①　陈支平:《中国南方民族史的逆向思考》,《厦门大学学报(社科版)》2012年第4期。
②③　《续资治通鉴长编》卷58,景德元年十二月辛丑,中华书局1980年版,第5册,第1299页。

令国中,诸犯真宗讳者悉易之。差殿前都点检、崇义节度使耶律三隐、翰林学士、工部侍郎、知制诰马贻谋来祭奠,右金吾卫上将军耶律宁、引进使姚居信来吊慰,左金吾卫上将军萧日新、利州观察使冯延休来吊慰皇太后。"①至和元年(1054年)八月二十六日,宋仁宗知道辽圣宗去世后,立即下诏:"北朝差告哀使耶律元亨赴阙,朕以大契丹文成皇帝讲修前世之好,继息两朝之民,信币交持,使轺相聘,憧憧道路,垂五十年,睦然兄弟之情,确乎金石之固。忽聆哀讣,良用震怀。爰申感惨之深,以示敦和之至。宜特辍视朝七日,兼禁在京音乐七日,以辍朝日为始。其河北、河东缘边州军亦禁乐七日。仍择日举哀成服,礼官具仪,帝成服于内东门幕殿。"②这种南、北朝的两国并存格局,使双方保持相对和平的局面,对两国社会生产的发展和人民生活的安定是极为有利的。而且,据史学家陶晋生先生研究,提出"自宋真宗与辽圣宗约为兄弟以后,两朝即为兄弟之邦"。两国皇帝结成了亲戚关系,这必然进一步巩固了两国的兄弟关系③。

二、党项族建立西夏政权有其正当性

研究西夏史,应该站在中华民族的立场上,高屋建瓴地探讨党项族及其首领的功过是非,探讨西夏的历史与周邻族国的关系。著名西夏史专家吴天墀先生最早撰写《西夏史稿》贡献给史学界,后来又负责为《中国大百科全书·中国历史》撰写"西夏"条稿,简单明了地为读者概括地介绍了西夏史。吴先生在《西夏史稿》的《结束语》中精辟地指出,与两宋、辽、金一样,西夏"同样给祖国历史写下了光辉的篇页"。他认为:"西夏是以羌(党项)、汉(宋人)、藏(吐蕃)、维(回鹘)、蒙(鞑靼)等族合组而成的多民族政权,居于主要地位的则是党项羌。"党项羌人起

①　《续资治通鉴长编》卷58,景德元年十二月辛丑,中华书局1980年版,第5册,第1299页。
②　《宋会要辑稿》蕃夷2之17—18《辽下》,中华书局1956年版,第8册,第7700页下—7701页上。
③　陶晋生:《宋辽关系史研究》第二章,台北联经出版事业公司1990年版,第26页。

初居住在今青海东南部、甘肃南部、四川西北部三省毗连的辽阔草原上，"生活水平和文化水平都非常低下"。到唐朝初年，由于吐蕃的崛兴，"他们被迫向内地迁移"。后来，"强大的托跋部凭借了党项羌人的力量，才在公元九世纪末叶取得唐朝授给的夏州节度使的官职，建立起地方割据政权"。笔者以为，中国历史上的各民族既然出现了，必定需要一定的生存环境。西夏党项族后来定居于今甘肃、陕西北部、宁夏和内蒙古鄂尔多斯一带，既然是因为受到了吐蕃的挤压，被迫无奈才迁居至此，那么在此生息力量并建立政权有其正当性，所以不能把它们建立的地方政权贬为"割据"性的。在西夏和北宋的关系方面，就战争而言，吴先生划分成三个性质不同的阶段：第一阶段，是李继捧"献纳夏州统治区，臣服宋朝，引起继迁为首的党项羌贵族反对，继迁号召部落人民团结起来，反对民族压迫和封建剥削，对北宋政府进行武装斗争；托跋氏势力随战争的激化和持久而壮大起来，这种战争既有封建王朝内部统治阶级分裂割据的性质，也有民族起义和农牧民起义的性质，因而是具有一定的正义性和进步性的"。还提到由于李继迁"善于斗争，领导有方，深得党项族人们的拥戴"，加上"北宋统治集团的腐败无能"，因此"最后能把北宋击败，为西夏政权打好了稳固的基础"。基本上肯定李继捧领导的反对北宋的战争。第二阶段，是元昊"在建立（西夏）王国的初期连年对宋朝"发动了"主要是侵略性的"战争，"很不得人心"，最后被迫接受和议，"结束了双方的战争"。第三阶段是元昊死后，"继位者多属幼主，由于母后主政，外戚专政，皇族和后族之间的矛盾便日益激化起来"，削弱了"对外战斗力量"，而北宋因为王安石变法，"国力较前有所增强"，"此后北宋对西夏发动了一系列的进攻性战争"。西夏"被迫采取单纯防御的战争策略"①。笔者以为，第三阶段的战争，实际上是北宋统治阶级发动的侵略西夏的非正义战争。笔者也注意到《宋史纪事本末》在编辑西夏史事部分时，实际也是按照以上三

---

① 吴天墀：《西夏史稿·结束语》，四川人民出版社 1980 年版，第 283—287 页。

个阶段叙述的。该书第 14 卷《西夏叛服（继迁、德明）》、第 30 卷《夏元昊拒命》、第 40 卷《西夏用兵》①完全是以宋朝为正统，站在汉族的立场上，以"叛服"、"拒命"两词来否定李继迁和元昊的反宋战争，而对北宋发动的侵夏战争则以"西夏用兵"四个中性的词来概括。

三、岁币客观上有其积极意义

关于宋、辽、夏、金关系史中的"岁币"问题，笔者最早在上世纪八十年代就注意到应该如何正确评价。笔者当时撰写了《宋朝的岁币》一文，表达了自己的见解。该文发现对岁币存在完全肯定和完全否定的两种观点，而自己认为岁币"还有一点值得肯定"，"就是宋朝的大量物资源源不断地无偿运入辽和西夏、金国，给这三个国家带去了高度发展的封建文明，加速了这三个国家的历史发展进程。这是三国统治阶级始料所未及的"②。北宋庆历四年（1044 年）十月，北宋与西夏达成和议，元昊以夏国主名义向宋朝上"誓表"，并且称臣，宋朝每年"赐"给夏银七万二千两、绢帛十五万三千匹、茶三万斤，合计二十五万五千两、匹、斤；允许夏国自置官属（实际是当时的一种民族自治）；设置榷场；保证自此"更不以它事干朝廷"③。这笔岁币确保了北宋西北边境的相对安宁。这一历史经验，事实证明是比较有效的做法，所以一直延续到了现代。

四、不能一概否定历史上的主和派，
不能乱扣"卖国贼"的帽子

在深入研究宋、辽、夏、金关系史时，笔者发现自己以前一概否定历

---

① 冯琦原著、陈邦瞻纂辑、张溥论正：《宋史纪事本末》，商务印书馆 1935 年 5 月版，上册，第 73—79、202—217、305—317 页。
② 岳飞研究会编：《岳飞研究》第三辑，中华书局 1992 年版。另见拙编：《嘤城集》，华东师大出版社 2001 年版，第 233 页。此处"封建文明"一词，用得不确，应删去"封建"两字。
③ 《续资治通鉴长编》卷 152，庆历四年十月己丑朔，中华书局 1985 年版，第 11 册，第 3706 页。

史的主和派,是值得商榷的。北宋庆历三年(1043年)七月,在宋朝与西夏议和的过程中,起初西夏使臣吕你如定等坚持元昊对宋朝皇帝只称"男",而不肯称"臣"。以宰相晏殊和枢密副使、右谏议大夫范仲淹等代表的朝廷"两府"多数大臣"厌兵","欲姑从之",即倾向于接受西夏的条件。但枢密副使韩琦"以为不可",多次在仁宗面前"历陈其不便"。仁宗同意"更审议之"。知谏院欧阳修也支持韩琦,甚至指责主和议的大臣们,说:"方今不羞屈志、急欲就和者,其人有五:一曰不忠于陛下者欲急和,二曰无识见之人欲急和,三曰奸邪之人欲急和,四曰疲兵懦将欲急和,五曰陕西之民欲急和。"八月,范仲淹晋升参知政事①。范仲淹在《奏元昊求和所争疆界乞更不问》札子中提出,朝廷官员们主张与西夏议和,必须以西夏交还延州的塞门寨(今陕西安塞县西北,接靖边县界)和河东路的丰州(治今内蒙古五原县西南黄河北岸)两地,范仲淹认为这两地原来由"属户"居住,后来西夏占领了,把这些属户"驱掠西去",留下的是一片空隙,"中国利害不系于此"。他说汉高祖和唐太宗都曾"不敢黩武而屈事戎狄",等到"国力强盛、将帅得人,则长驱破虏,以雪天下之耻"。又说宋太宗时,"北陷易州,西失灵、夏",与契丹、西夏和好时,"皆略而不言",原因是"耻以前之丑而求无用之地也"。他认为如果坚持要与西夏"理曲直,决胜负",只会"耗兆民"、"危天下"。现今"名体已顺",其余可以"假借以成和好",然后"重议边事,退移兵马,减省粮草,须我生民,劝我稼穑,选将练士,使国富民强,以待四夷之变"。他的对夏战略是针对当时形势,分清轻重缓急,再决定"安危大计"②。次年,宋、夏和议正式成立。范仲淹在朝廷内部对和议意见不同,争论亦烈的情况下,不敢避谤,坚持主和,勇气可嘉③。可见像范仲淹这样的主和派不应该否定。

---

① 《续资治通鉴长编》卷142,庆历三年七月丁丑(第3399页)、乙酉(第3403页)、癸巳(第3408页、3411页);八月丁未(第3417页)。
② 范仲淹:《范文正公集·奏议卷下》,《四部丛刊》缩编本,第177册,第203页下—第204页上。
③ 程应镠:《范仲淹新传》,上海人民出版社1986年版,第113—114页。

在南宋与金朝的和议与战争两者,也有主和派是值得肯定的。宋高宗绍兴八年(金熙宗天眷元年,1138 年),金朝统治集团内出现分裂,出现了一个对宋的主和派。该派以宰相完颜宗磐(蒲卢虎,太宗之子)、金军左副元帅完颜昌(挞懒,穆宗之子)和东京留守完颜宗隽(讹鲁观,太祖之子)为首,主张将刚废立的齐国的河南之地"割赐"宋朝。挞懒的本意是只想占领山东,对河南之地认为"欲守之,则兵连祸结,卒无休息",所以提议依照前不久刘豫齐国的"故事",割归南宋①。宗隽则告诉金熙宗说:"我以地与宋,宋必德我。"但遭到其他大臣的激烈反对。熙宗听从了宗磐等人的意见,决定下诏将河南归还给宋,并在12 月向宋朝派出了使臣②。次年正月,金军右副元帅完颜宗弼(兀术),在宿州(治今安徽宿州旧城南)颁布熙宗决定将河南和陕西之地割还宋朝的诏书,宣布为了"惠安元元之计",把河南、陕西"复以赐宋氏",原有官吏和军民"愿归山东、河北者,听"③。三月,宗弼将行台尚书省从东京(治今河南开封)迁往大名府(治今河北大名东北);同时,把河南各州军原有的官物,十分留下二分,其余运往河北④,准备执行熙宗诏书中规定的条款。但好景不常,到同年八月,熙宗听从宗弼所说宗磐、宗隽和挞懒"阴结彼国"⑤即南宋,后悔将河南和陕西归还给宋,便以"与宋人交通赂遗"、"与宋交通而倡议割河南、陕西之地"、"密主和议"的罪名,授权宗弼,将宗磐、宗隽和挞懒陆续逮捕,下大理狱,最后皆被处死。据说,宗弼大开杀戒,挞懒等"党类株连者数千人",其中挞懒及其家族三百多人"皆以帛练拉杀",然后"合焚其尸",还"屠其所

① 《三朝北盟会编》卷 197《炎兴下帙九十七》,上海古籍出版社 1987 年版,下册,第 1421 页下—1422 页上。
② 《建炎以来系年要录》卷 124,中华书局 1956 年版,第 3 册,第 2021 页;宇文懋昭撰、崔文印校证:《大金国志校证》卷 10《纪年·熙宗孝成皇帝二》,中华书局 1986 年版,第 148 页。
③ 《建炎以来系年要录》卷 125,第 2041—2042 页。
④ 《建炎以来系年要录》卷 127,第 2062—2063 页。
⑤ 宇文懋昭撰、崔文印校证:《大金国志校证》卷 10《纪年·熙宗孝成皇帝二》,中华书局 1986 年版,第 150 页。

居之地,三村之人皆不留"①。事后,熙宗下诏各地州县,历数挞懒等人的"罪状",指责挞懒等人"实稔奸谋",都是"奸臣"②。笔者认为,以宗磐和宗隽、挞懒为首的主和派主张与宋朝媾和,停止金军南侵,避免金、宋军民互相杀戮,对两国社会经济的恢复和持续发展都是有利的,应予肯定。以完颜宗弼为首的主战派即侵宋派,则应该否定,并受到历史的谴责。

　　顺便提及,笔者对于"卖国"、"卖国贼"两词也作了初步思考。据《汉语大词典》解释,"卖国"是"谓投靠敌国,出卖国家和民族利益";"卖国贼"是"出卖祖国的叛徒"③。依照这一定义,笔者认为,由于中国历史较长,古代曾经出现过许多国家,诸如春秋战国时期的"国"、魏吴蜀三国时期的"国"、五胡十六国时期的"国"、五代十国时期的"国",与版图较大的秦、汉、隋、唐、元、明、清等"国",与版图较小而实际存在南北朝分裂的两宋的"国",彼此的含义是有所区别的。因为各个历史时期的"国"或"祖国"的含义有所区别,"出卖"的对象不同,所以一概使用"卖国贼"一词,未免显得有些笼统,不够科学。其实,今天史学家使用的"卖国贼"一词,实际局限于近、现代,是指近、现代的投靠敌国、出卖祖国和中华民族利益的叛徒,属于一个政治符号或一项政治帽子。然而,在探讨古代史时,情况就有些不同,历史是比较复杂、曲折的,随便使用这个符号或帽子是最方便的,最省力的,也容易表达作者自己的"正义"感或"爱国主义"激情,但恐怕还是应该实事求是地、科学地进行研究,使用时应该慎重,以理服人,避免乱扣帽子。至于表达"正义"感或"爱国主义"激情,也首先要符合历史事实,要具体分析、细致研究,力求避免歪曲"正义"和"爱国主义"的本意。爱国热情确实不一定错,但爱国主义应该有一个限度,十八世纪西方词典编撰者塞缪尔·约

---

①　《金史》卷77《宗弼传》,中华书局1983年版,第1754页;《宋史》卷373《洪皓传》,第11559页;《三朝北盟会编》卷197《炎兴下帙九十七》,第1423页上。
②　《建炎以来系年要录》卷135,第2166—2167页。
③　《汉语大词典》,汉语大词典出版社1992年版,第10册,第229页。

翰逊博士有一句发人深思的名言:"爱国主义是恶棍的最后避难所(按或译作避风港)。"这里的"爱国主义"实际上是指一种狭隘的爱国主义或大国沙文主义,当然不值得提倡,而是应该被有正义感的人所鄙视和唾弃。

(本文刊载于《浙江学刊》2013 年第 4 期)

宋朝举人的科举梦

宋朝的举人，又称进士、贡士，是指参加各级考试的各科士人的通称。俗称"举子"。登科即授官，应试不合格须再应举。举人无"出身"，但可享受免除丁役、身丁钱米的优待；曾赴礼部即省试者，犯徒以下公罪和杖以下私罪者，允许赎。北宋熙宁四年（1071年）起，废罢明经和诸科，命诸科举人改应进士科，又设新科明法。元祐（1086—1094年）后，进士科分为诗赋进士和经义进士两科，一度设经明行修、八行、宏词等科。南宋时期，进士一般仍分诗赋进士和经义进士。另外，设武举、制举、博学宏词科等，但应举及登科人数都很少。终宋一代，科目呈现逐步减少的趋势，进士科愈益成为最主要的科目，士人都以进士科登第为荣。在民间，凡参加进士科考试的举人，皆称进士，有"国学进士"、"免解进士"、"漕贡进士"、"监贡进士"、"乡贡待省进士"、"待补进士"、"武举进士"之目，但均为布衣，即平民。进士科举人殿试合格，按五甲等级，授予进士及第、进士出身或同进士出身后，方为"登科"或"登第"。已经登第者，习惯上自称"前进士"①。

笔者三十多年前，开始注意到宋朝的举人已经形成一个习俗，即在参加各级各类科举考试过程中普遍求梦，由此推测是否考中。这种习俗是否起源于唐朝呢？笔者至今没有找到直接的根据。可能是唐朝的科举制度开始日臻完善②，但没有达到宋朝的程度；同时，唐朝的史籍

① 《中国历史大辞典·宋史》，上海辞书出版社1984年版，第175、353页。
② 白钢主编、俞鹿年著：《中国政治制度通史》（修订版）第五卷《隋唐五代》，社会科学文献出版社2011年版，第337页。

诸如笔记、小说的数量还远比宋朝要少。所以,在这里只能探讨宋朝举人的科举梦。

一、平民百姓都做科举梦

　　一般地说,宋朝的举人大都出身于平民百姓。南宋末年官员黄震说:“为士者多贫”①。官员子特别是高级、中级官员的子弟则不同,他们家境优裕,而且可以享受父兄的恩荫待遇,即依照相关规定,荫补中、低级的官阶衔或差遣,由此进入仕途②。其中,部分高级、中级官员并子弟不甘心依靠荫补得官,而也要报名参加科考。不过,他们在科考的过程中与平民百姓相比,具备三方面的有利条件:一是事前可以涉猎许多记载本朝重大史事的内部文献,诸如实录、会要、正史等。南宋嘉泰元年(1201 年)十二月二十四日,起居舍人章良能上言“主司三弊”,其中第三弊说,有关“国朝正史,与凡实录、会要等书”,本来是应该“崇奉惟谨,人间私藏具有法禁”,但“公卿子弟”属于例外,因为他们的父兄有条件收藏,他们“得以窃窥”,甚至有些“有力之家”还“冒禁传写”。这些文献,对于“寒远士子”而言,“何缘得知”? 然而,“有司”即各级考试的考官在出策问的考题时,乃“取本朝故事”,故意“藏匿本末”,这无异是“责寒远之士以素不见之书,欲其通习,无乃不近人情”。他提议以后考官出题,“如系本朝事实,并须明白指问”,“不得藏匿本末”,“庶几草茅寒士不至独为所困”。这一建议得到宁宗的批准③。二是高、中级官员不免经常在家中议论朝政,其子弟得“以亲父兄之训,识

① 《黄震全集·日抄》卷78《公移一·又晓谕假手代笔榜》,浙江大学出版社 2013 年版,张伟、何忠礼点校,第 2197 页。
② 白钢主编、朱瑞熙著:《中国政治制度通史》(修订版)第六卷《宋代》,社会科学文献出版社 2011 年版,第 488 页。
③ 《宋会要辑稿》选举 5 之 24—25《贡举杂录》,中华书局 1957 年影印本;《宋史》卷 156《选举二》,中华书局 1985 年版,第 3635 页。

政事之体,讲闻素熟",因而在考试时有驾轻就熟的优势①。三是官员子弟在考试和录取过程中作弊,这类事例甚多,不胜枚举。由于比平民百姓容易进入仕途,因此官员子弟尤其是高、中级的官员子弟一般就不需要求助于科举梦了。

依据宋朝笔记、小说、方志,诸如洪迈《夷坚志》、吴处厚《青箱杂记》、王辟之《渑水燕谈录》、方勺《泊宅编》、庄绰《鸡肋编》、费衮《梁溪漫志》、陆游《老学庵笔记》、叶绍翁《四朝闻见录》、周密《癸辛杂识》等书的记载,大约有上百例科举梦的故事。这些做科举梦的主人公,无一例外都是"士人"或普通的"举人"、太学生、州学生,少数明确记载为"家世儒冠"的举子,也没有说他们是官员子弟②。

宋朝士大夫对于举人迷信求梦,有的部分相信、部分不相信;有的完全不相信。如洪迈《夷坚志》一书记载科举梦的事例最多,他提出:"士人应科举,卜筮之外,多求诸梦寐,至有假托神奇以自欺者。若出于它人之口,则谓堪信。"认为当时举人参加科举考试,除所谓"卜筮"指起课、算命、测字等迷信活动外,还求梦或祈梦、乞梦。他列举发生在即将南东路饶州浮梁县(今江西景德镇)"的的可录"的两件事说,一件是在乾道戊子(四年,1168年)秋试即发解试结束,士人冯一飞"偕里社友交归所居寿安乡",半路遇到一名卖豆腐的村民,"舍担敬揖而请曰:'诸郎君幸少住,我将以梦为相得失。'"于是卖豆腐者"历视数人毕,遂指冯曰:'吾官定得第一名。我于前两夜梦我祖告曰:吾乡秀才有生得眉毛直立者,必作魁。明日当过此,可审细求之。观君面貌是已。'"及至发榜,果然冯一飞"用辞赋为首选"即成为饶州的解元。为了感谢这位预言者,事后冯还特意寻找,"持钱帛致犒"。另一件是在淳熙己酉(十六年,1189年)发解试结束,居住在县市的士人朱文郁回到家。第三天,其"邻家"来告诉他说:"昨夜梦一神人语我云:'县下文四十四郎

已发解,可说与朱解元,教他知。'"朱文郁一开始"莫测其意",想本县虽然有"文四十四"其人,但此人"乃市井常流耳,不读书,不曾应举",所以想"所谓说与朱解元之言,有何交涉?"不久后,朱"获荐"即发解试及格,获得荐额,"始悟文生名郁,故及其姓氏云"①。尽管洪迈不相信举人们"多求诸梦寐","假托神奇以自欺者",但对"出于它人之口"的"梦寐"故事,还是十分相信,所以他在《夷坚志》一书中记录了几十件举人求梦的故事,其中有十桩故事出自抚州"刘君所记《梦兆录》"②。

　　元朝学者刘埙也是十分相信举人求梦有用。他说:"宋时十人应举者,求梦多应",于是"好事者"将有关的故事辑成集子,称"梦录"。由于该书所记录的故事都发生在福建路邵武军光泽县(今属福建),而故事中讲述的士人都到当地的大乾山广祐王庙求梦,所以又命名该书为"《大乾梦录》"③。

　　宋朝理学家中,在他们当举人时有非常迷信科举梦的,也有十分不信的。非常迷信科举梦的,如真德秀(1178—1235年),福建建州浦城(今属福建)人。据《宋史·真德秀传》记载,真德秀"十五而孤,母吴氏力贫教之。同郡杨圭见而异之,使归共诸子学,卒妻以女。"庆元五年(1199年)登进士第④。在参加典试前夕,真德秀"祈梦"于吴山(一名胥山,在今浙江杭州旧城区西南城隍山)梓潼庙,在其鼓上题字曰:"大扣则大应,小扣则小鸣,我来一扣动,五湖四海闻其声。"被认为"是夜得吉梦",因而"其年果及第"⑤。另一位理学家魏了翁(1178—1237年),成都府路邛州蒲江县(今四川蒲江县北)人。据《宋史·魏了翁传》记载,魏了翁"年数岁,从诸兄入学,俨如成人。"虽然其父兄并非官

①　《夷坚支志》庚卷 2《浮梁二士》,第 1149—1150 页。
②　《夷坚支乙》卷 2《黄溥梦名》,第 811 页。
③　(元)刘埙:《隐居通议》卷 30,丛书集成初编,第 311 页;另见《夷坚志补》卷 15《陈焕广祐王》,第 1687 页。
④　《宋史》卷 437《真德秀传》,第 12957 页。
⑤　(明)田汝成辑撰:《西湖游览志余》卷 22《委巷丛谈》,上海古籍出版社 1980 年版,第 397—398 页。

员,但家境要比真德秀富裕一些。与真德秀同年登科①。魏了翁完全不信科举梦(见后)。

二、为应对梦境而改名字者

从北宋初开始,举人在应举前夕梦到某某人中榜,以为上天在冥冥之中预告这一喜讯,于是立即改用中榜者之名。范镇《东斋记事》卷5记载,孙抃(996—1064年),初名"贯",字"道卿",曾对范镇说:"某举进士过长安,梦见持一大文卷者,问之,云:来年春榜。索而视之,不可。问其有孙贯否,曰:无,惟第三人有孙抃。既寤,遂改名'抃',因字'梦得'。又数日,至华阴,与数同人诣金天帝庙乞灵,且求梦。夜中梦明窗下草制诏,诸人相庆曰:他日为知制诰、翰林学士矣。虽未以为信,然乃阴自喜。明年,第三人及第。其后为集贤院知制诰,如其梦云。"②孙抃是眉州眉山县(今属四川)人,"子孙以田为业",到孙抃"始读书属文"。天圣八年(1030年)进士及第③。孙抃是天圣七年秋试经过京兆府(治今陕西西安)、华州华阴县(今属陕西)的,两次都做了十分吉祥的梦,据此修改了自己的名和字,第二年殿试登科,还恰恰考上第三名。

宋仁宗朝举人赵概(996—1083年),据王辟之《渑水燕谈录》记载,最初名"公襈","一夕,梦人持名籍,有金书'赵概'字,及觉,改名概。又尝梦通判汝州,既登甲科,果通判海州。或以篆文校之,'汝'、'海'字颇相类"④。此处最初名"公襈"之"公",或为衍字,因为据《宋史·赵概传》,"概初名襈,尝梦神人金书名簿有'赵概',遂更云"⑤。又据苏轼代张方平撰《赵康定公神道碑》,赵概"七岁而孤,笃学自力。年十七举进士。当时闻人刘筠、戚纶、黄宗旦皆称其文词必显于时,而其器

---

① 《宋史》卷437《魏了翁传》,第12965页。
② 范镇:《东斋记事》卷5,中华书局1980年版,第40页。
③ 《宋史》卷292《孙抃传》,第9776页。
④ 王辟之:《渑水燕谈录》卷6《先兆》,中华书局1981年版,第75页。
⑤ 《宋史》卷318《赵概传》,第10366页。

识宏远,则皆自以为不及"。如此学识雄厚之士,早晚是会以优异成绩科举登第的,做科举梦而改名只是促使自己增加信心。确实,赵概终于在天圣五年(1027年)登进士第三人,授将作监丞、通判海州①。

同书还记载王彦祖原名亢宗,刚"胜冠"即成年,就顺利地通过了发解试和礼部试。在参加殿试时,考赋题《应天以实不以文赋》后,住宿在旅舍中,"梦一人告之曰:'君今年未当中第。'彦祖尤不平,且责之曰:'子未尝见予程文,又未始知予生月,何从而知未中第?'其人笑曰:'君若中选,赋题天字在下,君当三中选,皆然。今题'天'字在上第二字,是以知其未也。'及唱名,果不预选。次举春试,不利于礼部。八年,再预廷试,盖《轸象天地赋》,又复黜。"直到皇祐五年(1053年),获得免解而直赴礼部试。在考试前,因病卧床,"梦至一大府,见二人,因恳求生平禄命,二人笑不答;再叩来年得失,其人指面前池水曰:'待此水分流,君当登第也。'觉,以为池水不能分流,决无中第望矣。"后来,他突然醒悟,"即更名'汾',以符水分之兆"。接着,参加礼部试,赋题为《严父莫大于配天赋》;又参加殿试,赋题为《圆丘象赋》,结果"皆中高选"。"其后,召试学士院,又赋《明王谨于事天》,得贴馆职。皆符梦中之言也"②。王汾因为依照梦境所示而改名,而后殿试中第。

同书还记载宋神宗元丰五年(1082年)状元黄裳(1044—1130年)的仕宦经历说:"元丰中,汶上梁逖,一夕,梦奏事殿中,见御座前揭一牌,箔金大书'黄裳'二字,意必贵兆也,因改名黄裳。明年,御前唱进士第,南剑黄裳为天下第一。"③这里,黄裳原来的名字并没有明确记载,既然后边说他是福建南剑州(治今福建南平)人,前面又说他是"汶上"人,而且姓名"梁逖"。"汶上"是京东西路郓州(东平府)的古称,

① 孔凡礼点校:《苏轼集》卷18《赵康靖公神道碑》,中华书局1986年版,540页。
② 王辟之:《渑水燕谈录》卷6《先兆》,中华书局1981年版,第78—79页。
③ 《渑水燕谈录》卷6《先兆》,第78页。另见江少虞:《宋朝事实类苑》卷47《梦名》,上海古籍出版社1981年版,第622页;(近人)丁传靖辑:《宋人轶事汇编》卷10《黄裳》,中华书局1981年版,第474页。

梁逊姓"梁"，显然与黄裳无关。黄裳本来就姓"黄"，其父名黄文庆①。可见此条"汶上梁逊"肯定是误记，与黄裳无关。据（清）陆心源辑撰《宋史翼》卷26《文苑一·黄裳传》，黄裳，字冕仲，福建南剑州（治今福建南平）人，"未第时，尝作《游仙记》，传于京师，神宗览而爱之。元丰五年，礼部奏进士有裳名。及进读廷试策，在前列者皆不称旨，令求裳卷，至第五甲始见。神宗曰：'此乃状元卷也。'擢为第一。考官以高下失实，皆罚铜。"著有《演山集》六十卷存世②。

　　洪迈《夷坚志》一书记载南宋时举人因求梦而中第的十多例。宋孝宗朝温州平阳县（今属浙江）一名姓周的秀才，名"石"。"临应举，梦人告曰：'君且及第。'袖出将来省榜示之。遍阅始末，无己姓名。其人指吕九龄以示之曰：'此是也。'既觉，大以为不然，而思索其故，不能去心。忽幡然曰：'吾不应改姓，姑取吕龄二字为名，或可应之。'闻者颇嗤笑。果于乾道八年（1172年）黄定榜擢高科"③。周石最初准备依据梦境改姓更名为"吕九龄"，后来决定只改名为"吕龄"，不改姓氏。后来终于考上。

　　抚州崇仁县（今属江西）人罗点（1150—1194年）字春伯，淳熙二年（1175年）登进士第二人。原名维岳，字伯高，读书于郡城西南的别墅。一次做梦，梦见"报榜者至，名乃'点'也，遂更之"。于是在乾道戊子（四年，1168年）"获乡荐"即发解试中榜。随后，又"梦到官府阅金书扁榜，中有'两举登科，四遭荐达'八字，竟两到省闱，几魁多士"。"两到省闱"是指他曾两次参加礼部试，第二次才考中，得以进一步参加殿试。其实，到淳熙甲午（元年，1174年），他还"僦馆于邑中吴德秀家，受业者数辈。"意即在崇仁县富室吴德秀家当家庭教师。有一天，吴德秀梦见"馆"即教室西偏，"有物类狗，起于芭蕉丛下，已而两角嶷然，奋身

---

①　程俱：《北山小集》卷22《赠金紫光禄、赠特进制》，四部丛刊续编，第116页。

②　（清）陆心源辑撰：《宋史翼》卷26《文苑一·黄裳传》，中华书局1991年影印本，第278页下。

③　《夷坚支戊》卷8《吕九龄及第》，第1113页；《宋史》卷391《罗点传》，第12006页，作罗点"登淳熙三年进士第"，然淳熙三年并未举行殿试，据《宋史》卷34《孝宗二》，淳熙二年四月乙卯"赐礼部进士詹骙以下四百二十有六人及第、出身"。第659页，罗点系此榜进士第二名。

飞跃,历舍东,升于天,光彩粲然,照耀远迩,遗鳞脱甲,委坠满地,方审为龙也。觉而喜,遍以告人,不知为谁祥应。"及至"秋试"即发解试,"独罗中选,其所居正在邑西。"第二年殿试,罗点果然登第①。

抚州崇仁县(今属江西)还有一名"久游场屋"的举人,姓黄,初名不详。淳熙十一年(1184年)登进士第。淳熙九年七月一天晚上,"梦报榜人至,亟出视之,惟著燕服,不类走卒状,而二兄皆白袍列立,黄询仲兄曰:'得者为谁?'曰:'汝也。''名为何?'曰:'溥。'梦中不曾问若何书字,且而识诸壁,念同音非一,莫知所从,拟欲用'普'字而未决。"待到十月,又有宜黄县人李立功来访,"喜而语曰":"畴昔之夜,梦人持解榜报予长子预荐书,崇仁惟得一人,黄姓而名从水。"黄某不禁暗自高兴,说:"李君之梦,其造物欲赞吾'溥'字之疑耶!"第二年,便改名为"溥""请举"即申报发解试,因而最后"中选"。李元功的长子果然也同榜登第②。

抚州怀仁,不知属于该州某县。洪迈说是"小邑",可能指一个小镇。从宋初直到淳熙己酉(十六年,1189年),"士人获乡荐者前后惟三人",这三人"皆出周氏"。其中有周召,字彦保;周召之子龙章,字冠卿;周召之孙孝若,字君举。周孝若最初名某,淳熙丙午(十三年,1186年)春,"梦报榜者至,以杖荷席囊,声喈拱立于右阶之所。"然而"既揭榜,乃不在选中"。周孝若有一名朋友叫袁公辅,一天"梦有送解帖两道至",所谓解帖是授予参加发解试的举人录取通知书,举人凭此赴礼部参加省试。这两道解帖,一道给袁公辅,一道给周孝若,"且托袁致之于袁所"。于是袁公辅转告周孝若,两人决定在报名参加淳熙十六年的礼部试时,袁改名世成,周改名世成,结果"遂俱荐送",即礼部试中第,受荐参加殿试。洪迈还说,两次所做梦中见到的"持榜恶少,衣装举止与所立处""无小差"③。

① 《夷坚支乙》卷2《罗春伯》,第806页。
② 《夷坚支乙》卷2《黄溥梦名》,第811页。
③ 《夷坚支乙》卷2《周氏三世科荐》,第811页。

　　江南东路饶州乐平县(今属江西)南冲(按疑为乡、镇名)姜氏,"家世儒冠"。到姜景淳兄弟一代,"尤为秀爽"。到淳熙十六年"秋举",即参加本州秋天的发解试,在春季"祷梦于神","梦到一好处,楼观峥嵘,金璧光炫,门首揭一大牌曰'大洞真人之殿'。朱衣吏引造廷下,其上三人皆王者之服,而金紫侍立者甚众。小童传旨,赐以文书,捧谢而出。及门外启视,但有一'强'字径尺。"于是景淳改名"'梦强'以应诏,遂得中选籍"即发解试中榜。其弟景和,到绍熙壬子岁(三年,1192年),还"肆业邑中道观"。其"同舍陈仲礼,梦其为金甲数人所执,束以稿荐,两头燃火焚之"。醒来后,将梦境告诉姜景和,景和"乃采两火之义,名曰'梦炎'"。至当年"秋闱"即到发解试的考场,"亦预荐"即获得荐额而可赴礼部试。洪迈写此故事时指出,姜景淳兄弟的举业后来到此为止,有人"或谓由梦得名者不大显",他认为"不然,此神祇先以告人,使之知敬耳"①。不过,如果姜景淳兄弟把自己的仕途完全靠求梦来实现,是过于迷信了。

　　乐平县梅林(按疑为乡、镇名)士人李克己,"自少攻苦为学,锐心进取,然未尝登名"。宁宗庆元乙卯(元年,1195年)在朝廷颁布"科诏",即宣布举行科举考试的诏书后,也"祈梦于五显祠",但"连夕无所感"。偶尔因为"保头以家状错误,退回换易","遂梦至一处朱门紫府,门外一方井,琢石为闸,水清冷可爱。徘徊俯视,见天在水中,星月粲烂。引手就涤,不觉失足而坠。"醒来后,"汗流浃背"。于是"用井中清水之义,更名曰'困',其音与'渊'同。"当年八月,参加本州发解试,"乃中选"。不过,至"景辰"即丙辰年(庆元二年,1196年)"省场不利",即礼部试没有考上。直到丁巳年即庆元三年才"中春选"即礼部试登第,但不久即"以微疾卒"。洪迈解释李克己所做的梦并非吉祥,说:"士友谓堕井者,盖示坠落泉途之兆,固非吉云。"②

　　洪迈所述科举梦故事中,多数是成功的例子。但也有少数的士人

---

①②　《夷坚三志》己卷6《二美梦更名》,第1349页。

根据梦境改名,但最后试场失利。宋高宗朝,福州长乐县(今属福建)士人陈茂林,有一次做梦,"梦至大殿下,与数十人班谒,笏记云:'官职初临,朝仪未熟。'"醒来后,认为是一出好梦,"谓必登第为龙首谒至尊也",于是改名"梦兆"。到绍兴十七年(1147 年)参加福州发解试,成绩第一,为"解元"。赴本州"鹿鸣燕","与同荐送者谒大成殿"。依照"旧例,以年齿最高者为首",陈不同意,坚持说:"吾为举首,应率先多士。""众莫与之争。既焚香,当再拜礼毕,陈误下三拜"。举人中听说陈做梦之事,笑道:"此所谓'官职初临,朝仪未熟'也。"陈听到后,心中也颇"惘然",怀"疑为已应梦",最后果然没有中第①。

以上这些凭梦境改名的举人,结果并不相同,有的殿试、省试中第,有的仅取得发解试的合格,少数人连发解试都没有通过而名落孙山。

三、由梦境猜测考题或改变考试科目

从北宋起,有些举人在求梦时梦见相关考题的范围,从而帮助他们顺利地通过了考试,达到了目的。当然也有例外的。

宋真宗大中祥符五年(1012 年)②,西蜀有两位举人"同砚席",发解试中榜后,因"贫甚,干索旁郡,乃能办行",即凑足盘缠,准备去东京参加礼部试。待启程即"始发乡里"时,"惧引保后时,穷日夜以行"。途经剑州剑门县(今四川剑阁东北剑门镇)张恶子庙,该庙供奉的神号"英显王","其灵响震山川,过者必祷焉"。二人走到此庙时,"已昏晚,大风雪,苦寒,不可夜行,遂祷于神,各占其得,且祈梦为信,草草就庙庑下席地而寝"。以下显然是他们的梦境:"入夜,风雪转甚。忽见庙中灯烛如昼,然后有俎甚盛,人物纷然往来。俄传导自远而至,声振四山,皆岳渎贵神也。既席,宾主劝酬如世人"。二人"大惧",但"已无可奈

---

① 《夷坚甲志》卷17《陈茂林梦》,第 153 页。
② 李焘:《续资治通鉴长编》卷77,大中祥符五年三月己丑,中华书局 1985 年版,第 1759 页。载此举状元是徐奭。

何，潜起伏暗处观焉"。他们见到："酒行，忽一神曰：'帝命吾侪作来岁状元赋，当议题。'一神曰：'以铸鼎象物为题。'"然后，众神各用一韵，"且各删改商榷。又久之，遂毕，朗然诵之，曰：'当召作状元者魂魄授之。'"二人"默喜，私相语曰'此正为吾二人发也。'"到天色"将晓"，"见神各起，致别传呼，出庙而去，视庙中寂然如故"。二人"素聪警，尽记其赋"，起身后，"亟写于书帙后，无一字忘，相与拜赐，鼓舞而去，倍道以行，笑语欣然，惟恐富贵之逼身"。到御试时，二人分坐在东、西廊。"御题""果出《铸鼎象物赋》，韵脚尽合"。坐在东廊者"下笔"时，"思庙所书，懵然一字不能上口"，乘隙经过西廊"问之"。西廊者望见东来者，说："御题验矣，我乃不能记。欲起问子，幸无隐也。"东廊者答道："我正欲问子也。"于是两人互相猜疑说："临利害之际，乃见平生。但此神赐而独私以自用，天其福尔邪？""各愤怒不得意，草草信笔而出"。及至"唱名"即殿试发榜，二人"皆被黜"。此举状元是徐奭。两人后来见到市肆中印卖徐奭所撰之赋，"比庙中所记者，无一字异也"。二人"叹息，始悟凡得失皆有假手者"，就此"罢笔入山，不复事笔砚"①。

宋仁宗时，吴奎（1010—1067年），字长文，潍州北海县（今山东潍坊）人。皇祐元年（1049年）八月，由仁宗亲登崇政殿主持，对报考"贤良方正能直言极谏科"的殿中丞吴奎进行策试。依照惯例，吴奎先到秘阁考试六道论，如合格，再由皇帝亲自考策一道②。据王辟之《渑水燕谈录》记载，吴奎在"将举贤良"时，"一夕，梦入魏文帝庙，召升殿，顾问群臣优劣"。这时，吴奎尚未回答，"帝曰：'韩延寿为最。'是夕，门下抄书吏杨开者，梦公读《杨阜传》。翌日，告公。公异之，即取二传览之。及秘阁试六论，一题乃《韩延寿杨阜孰优论》，公遂膺首选。"③吴奎"性强记，于书无所不读"，加上本来"举《五经》"④，即以《五经》为自己

---

① 叶梦得：《岩下放言·来岁状元赋》，载《说郛》卷20，上海古籍出版社《说郛三种》，第954页下—955页上；又见高文虎：《蓼花洲闲录》，载同书卷41，第1911页下—1912页上。
② 《续资治通鉴长编》卷167，第4011—4012页；《宋史》卷316《吴奎传》，第10318页。
③ 王辟之：《渑水燕谈录》卷6《先兆》，中华书局1981年版，第75页。
④ 《宋史》卷316《吴奎传》，第10318页。

科考的专科,所以他倒不一定依靠做梦和门下抄书吏杨开透露的消息才获得优异的成绩。

　　洪迈记载,宋高宗朝有三名举人能够顺利参加科试并取得好的成绩,与神仙梦告考题有关。一是江南西路建昌军(治今江西南城)士人李朝隐,字兼美,"其家素事伍子胥之神甚谨,民俗呼为'相王',有祷必应"。大约早在太学读书时,"以寇至守城得免举",即不须参加发解试而直接参加礼部试。当时,李朝隐"梦神遣驶卒示以赋一首,其题曰《光武同符高祖》。梦觉,不能记忆。次夜再梦,且使熟读,遂悉记之"。到绍兴辛亥(元年,1131年),江南东、西两路举人集中至饶州(治今江西波阳)举行"类试"即类省试,赋题正与以前梦见的相同,于是顺利"奏名",即正式登第,后来还官至左通直郎。①李是梦见伍子胥之神派遣"驶卒"即马递铺的士兵告诉他"类试"的赋题。二是福建路兴化军莆田县(今属福建)秀才方翥,字次云。绍兴丁巳(七年,1137年)秋,"将赴乡举"即发解试。他家平日笃信紫姑神,而且能设坛"邀致"。他便"以题目为问,神不肯告,曰:'天机不可泄。'又炷香酌酒,祷请数四,乃书'中和'二字。"这时方翥才十八岁,"习词赋",乃"遍行搜索,如'天子建中和之极'、'致中和天地位'、'以礼乐教中和'、'中和在哲民情',如此之类,凡可作者,悉预为之"。当年因为举子多,将考场一分为二。赋作的前题是《中兴日月可冀》,后题是《和戎国之福》,李"始悟所告",他考了前一赋题,遂"中魁选"即赋的第一名。洪迈记得自己少时还"传诵"其赋,其中有警联:"八纮地辟,符一马之渡江;六合天开,光五龙之夹日。伫观僚属,复光司隶之仪;忍死须臾,咸泣山东之泪。"李次年春登第,不过仕途并不顺利,"蹭蹬三十年,才为秘书省正字而止"②。三是抚州崇仁县士人王益,字茂升。绍兴庚申(十年,1140年),与其兄茂谦(名盈)一起到袁州仰山庙(今江西宜春南)"祈梦"。梦见有人告诉他:"君姓名不在张九成下。"醒来,很高兴,"谓异时科第

① 《夷坚支景》卷5《伍相授赋》,第920页。
② 《夷坚支志》戊卷2《方翥招紫姑》,第1065—1066页。

巍峨，当如张公"。既而发解试"获荐"，在绍兴壬戌（十二年，1142 年）春"赴省"即参加礼部试。当时，考场设在临安府天竺寺。进入考场，坐位处有以前考生的题名"张九成"三大字，"意比符昔梦，愈益喜"。然而，这次考试并不利，原因是"神所告但指座次云"。最初，王茂升之父国光曾经梦见自家"室内挂巨榜，一人从旁言曰：'此君家子孙及第时赋题也。'杳茫仿佛，不可尽睹，仅识其末一'美'字，乃谕子弟，凡'美'字可作题目者皆当牢笼。又作《适尧舜文王为正道论》，意若未惬，更易者数四"。王茂升的举业十分"蹭蹬"，直到绍兴丙子（二十六年，1156 年）岁旦日，偶然在路上拾得"开元"铜钱一枚，"光洁可爱"，"私念曰：'吾今年当免举，而以元日得钱，岂省场策问及此邪？'"王茂升"于是精考钱币本末，广为之备。"绍兴丁丑（二十七年，1157 年）"到省试，其赋曰《兼听尽天下之美论》，题正昔日所作；策首篇问泉货，遂登科"。其父国光、兄茂谦此前已经"擢第"即科举登第。洪迈点评说：其"父子继踵，为儒家所歆艳，惜其宦途不大也。"①意为后来父子三人并没有步步高升，只做过小官而已。

　　宋光宗、宁宗朝士人潘某，系荆湖北路岳州平江县（今属湖南）人。绍熙壬子（三年，1192 年）秋，其母"梦神人立黄旗于门，旗上有'潘'字，下有'易'字偏而小"。醒来告诉其子。潘某不信说："梦想何足据！"明天晚上，其"母梦如昔"，但其子"犹不谓然"。其后"连夕至三"，其"母明悟人也"，对潘某说："得非示汝改名为易之兆乎？"潘某回答说："其字既偏且小，不可用，谅使之改经尔。"潘某原来"素习诗赋"，于是决定改考经义科，"因是旋买《易解讲义》诸书，从师肄业，久而益勤。"参加州学的考试，也"多中选"，因而"稍以自信"。到庆元乙卯（元年，1195 年）"秋举"即参加本州发解试，仍然担心"经义难合有司程度"，又想改考赋。到"投试卷"前，又梦见以前的神人告诉他："曩岁立旗，盖是汝名。《易》者，汝本经也。"醒来，便改名为"旗"，还决定"用

---

① 《夷坚支志》乙卷 2《王茂升》，第 810—811 页。

《易》应试"。当夜,又梦神人说:"当用'交龙为旂'之旂字,从斤乃可。"潘不免"大惊异,从所言,而加梦字为'梦旂'"。于是当年"一举登科"①。这是既据梦境改名、改试科目而获得成功的事例。

四、各地著名的"灵验"的祠庙和道观

宋朝举人普遍相信通过求梦,可以得到神灵的种种启示,因而改换自己的名字,或改换报考的科目,甚至借此得知考题的范围等。

北宋时,东京开封府的二相公庙,又称二相庙、二相祠,座落在城西内城脚下②。民间为纪念春秋时孔子的弟子子游(前505—?)、子夏(前507—?)而建,子游曾任武成宰,子夏受聘列国,"不知何以得'相'之名也"③。全国各地的"举人入京者",即参加礼部试者,"必往谒求梦,率以钱置左右童子手中,云最有神灵"。洪迈记载,宋徽宗崇宁二年(1103年),毗陵(今江苏常州)霍端友、桐庐(今属浙江)胡献可、开封柴天因三人一起到此"求梦","皆得诗两句"。霍端友得诗为"已得新消息,胪传占独班。"柴天因得诗为"一掷得花王,春风万里香。"胡献可得诗为"黄伞亭亭天仗近,红绡隐隐凤鞘鸣"。很快,霍端友"魁多士"即获进士第一名,胡献可与柴天因都登第。洪迈说他的同乡余国器(名应求)在崇宁五年参加省试,其父石月老人带他到二相公庙"焚香,作文祷之",当晚"梦一童子,年可十三四,走马至所馆门外,告曰:'送省榜来。'觉而榜出,果中选。"洪迈说,该庙"其他灵验甚多,不胜载"④。南宋学者费衮《梁溪漫志》也记载此庙"灵异甚多,不胜载,于举子问得失,尤应答如响,盖至今人人能言之"。费衮说:大观(1107—1110年)间,"先大父在太学,有同舍生将赴廷试,乞梦于庙,夜梦一童

①　《夷坚三志》己卷7《潘梦旂母梦》,第1356页。
②　(清)周城撰:《宋东京考》卷15《庙》,中华书局1988年版,第272页;吴曾:《能改斋漫录》卷18《贡士丐梦》,上海古籍出版社1979年版,第523页。
③　王栐:《燕翼诒谋录》卷4,中华书局1981年版,第36页。
④　《夷坚乙志》卷19《二相公庙》,第349页。

子传旨云：'二相公致意先辈,将来成名在二相公上。'"同舍生醒来后想："子游、子夏,夫子高弟:吾成名在其上,必居巍科无疑。"私下暗自欢喜。到"唱名"即殿试发榜时,"乃以杂犯得州文学,大愤闷失意","私念二相之灵,不宜有此"。为此"沉吟终夜",忽然"骇笑"说:"《论语》曰:'文学子游、子夏',今果居其上乎!"次日天亮,他告诉同舍生,都"大笑曰:'神亦善谑如此哉!'"①尽管结果没有与梦境一致,但仍然找到自慰的一点理由。

南宋初曾任宰相的李纲(1083—1140年),字伯纪,政和二年(1112年)登上舍第。他到开封府参加礼部试和殿试前,"一夕,酒渴,梦雪下,以双袖承接,欲快啖之,细视雪片上各有女真字,殊不晓"。考罢,他"往二相祠下求梦,梦立殿陛,少顷,帘中出三纸示之:一曰上舍登第,二曰监察御史孙宗鉴,三曰宋十相公。"李纲当时"虽喜有成名之兆,而后二幅语叵测"②。李纲梦见的三事,仅有第一件事与科考有关,后两件事要到多年后才得到验证。

北宋时,利州路剑州梓潼县北七曲山(今四川梓潼东北)上的英显武烈王庙,又称"张相公庙"、"张王庙"、"梓潼庙",用以纪念战死的晋人"文昌帝君"张亚子(张育、张恶子)。北宋咸平四年(1001年)起,陆续封其为"英显王"、"广济王"、"文昌司禄帝君"等③。川蜀举人赴东京参加礼部试、殿试者必经之地,该庙遂成为举人求梦的好去处。徽宗时,成都府路仙井监(陵州,治今四川仁寿)举人何栗(1089—1126年),政和五年(1115年)状元。此年初,他赴东京应试,路过梓潼,"欲谒张王庙而忘之,行十里始觉,亟下马还望,默祷再拜"。当晚,"梦入庙廷,神坐帘中,投文书一轴于外,发视之,全类世间告命,亦有词语"。醒来后,记得其中的三句话:"朕临轩策士得十人者,今汝褒然为举首,后结衔具所授官。"何栗想:"廷试所取无虑五百,而言十人,殆以是戏我

①　费衮:《梁溪漫志》卷10《二相公乞梦》,上海古籍出版社1985年版,第116页。
②　方勺:《泊宅编》卷6,中华书局1983年版,第32页。
③　高承:《事物纪原》卷7《灵宇庙貌部·英显王》,中华书局1989年版,第375页。

也。"等到"唱第"即殿试唱榜时,何"果魁多士"。当时,第一甲原定共九人,既而傅崧卿以"省元"即礼部试第一名"升甲",即晋升甲次,由第二甲晋升第一甲,"遂足十数"。梦中所说正是指第一甲,而且"所得官正同"①。高宗时,资州(治今四川资中)举人李石(1108—?),绍兴二十一年(1151年)登进士第。据陆游记载,李石原名"知几","少时,祈梦于梓潼神,是夕,梦至成都天宁观,有道士指织女支机石曰:'以是为名字,则及第矣。'"李就改名为"石",字"知己",于此年"过省",即礼部试中榜②。洪迈也记载,另一位资州进士王龙光,字天宠,徽宗时,"入京赴上舍试",路过七曲山,谒英显武烈王庙,当晚"梦一人持榜,正面无姓名,纸背乃有之。又有持席帽蒙其首者"。醒来后,极为高兴,以"谓士人登第则戴席帽"。这一年王没有赶上"免省"即免予省试而直接参加殿试,仅获得补升太学的内舍生。直到"次举"即政和八年(1118年)才登科。到此时,他才领"悟纸背之说"之意。同时,当时禁止使用"龙"、"天"、"君"、"玉"、"王"、"主"等字为名字,于是"唱第"即发榜的那天,皇帝"面赐名宠光",结果正是"头上加帽,该谓是云"③。

南宋时,遂宁府(治今四川遂宁)岳某和阆州(治今四川阆中)李某,在赴东京考试前,"各祈梦于梓潼祠"他们梦见"有一执簿者曰:'汝二人皆贵,但身与头不相称。'令一使运斧以易"。等醒来后,"其妻不识,诘其家人,始知之"。后来,此二人"俱甲试迁官"④。此事由文昌帝君派神给两名举人交换身子和头颅,而后科举中第,显得十分荒诞不经。

江南西路袁州宜春县南的仰山(今江西宜春南)建有道观,称"仰山庙"或"仰山行宫"。该庙祭祀萧姓二神,唐朝咸通(860—874年)中封秩,视为文昌君。北宋大中祥符二年(1009年),封为灵济王和明显公。南宋时,湖南、江西的举人赴临安府参加省试、殿试,路过此地,大

---

① 《夷坚丁志》卷8《何丞相》,第606页。
② 陆游:《老学庵笔记》卷2,中华书局1979年版,第18页。
③ 《夷坚甲志》卷18《席帽覆首》,第158页。
④ (明)曹学佺:《蜀中广记》卷79《神仙记》第九《附录·神明·文昌神事迹》,四库文渊阁台北商务影印本,第592册,第301页下。

都到此求梦，希望能够取得功名。高宗、孝宗时学者吴曾，字虎臣，抚州崇仁县人。他"博学强识，知名江西"，著有笔记《能改斋漫录》。据洪迈记载，吴曾"为举子日，谒梦于仰山，欲知科第迟速。"当天晚上，他梦见"红袖女子执板而歌，觉而不能省忆，但记一句曰：'寻春不是探花郎。'"此后他"竟不第，而以献书得官"①。据记载，他是在绍兴十一年（1141年）六月，通过向朝廷进献《左氏发挥》一书，才被朝廷"特补右迪功郎"②，从而进入仕途。

绍兴二十六年（1156年）袁州士人钟世若，一天到仰山庙"乞梦"，"以占秋试得失"。"是夜，梦自庙外门进抵庭下，顾见廊庑间背缚一人于柱，回望钟，欣然有喜色，且笑且语"。钟惊醒过来，"为朋友言，不能晓其支意"。直到进入考场，拿起赋的试卷，见题为《反身而诚乐莫大焉》，才"默念昨梦：背缚者，反身之义；顾笑者，乐也"。他又想"神既告以题，必可中选"，从而信心满满，"乃精思运赜"。写到第五韵押"焉"字，"欲用《孟子》'有三乐，而王天下不与存焉'及'仰不愧于天，俯不怍于人'等语，虑他经句堪对，不觉伏几假眠"。于是又做梦，"仿佛见黄衣一吏叱之曰：'场屋日暮有限，岂汝昼寝时耶！'"钟在梦中回答道："正为寻索故事作对未得"。"吏问其故，具以告。吏曰：'胡不用孔子不怨天，不尤人与饭疏食饮水，乐亦在其中为对乎？'"钟"洒然而起"，猛醒过来，"遂缀缉成隔联云：'孔不怨尤，饭疏食在其中矣；孟无愧怍，王天下不与存焉。'"钟"书毕自喜"，以"为得神助，持卷而出"。考官读到他的试卷，在卷子上批语："隔对浑成，可以冠场。"评为"首选"。最后揭榜，这一次袁州的发解试以"经义为都魁"，即以经义科成绩第一名为解元，钟乃屈"居其次"③。

宋孝宗时，潭州（治今湖南长沙）士人龚舆，在乾道四年（1168年）冬，与同乡六七人一起去临安府参加礼部试。经过宜春，"谒仰山祈

---

①　《夷坚支志》乙卷2《吴虎臣梦卜》，第808页。
②　李心传：《建炎以来系年要录》卷140，绍兴十一年六月壬午，中华书局1956年版，第2256页。
③　《夷坚支志》甲卷7《钟世若》，第768页。

梦"。龚"梦至官府,见柱上揭帖纸一片,书'龚舆不得',而'不'字上下稍不连接"。醒来后,"自意必下第","殊不乐"。到明年"春榜"即礼部试发榜,仅龚一人"中选"即考中,其"余人尽黜"。龚才将以前所得梦告诉他人,以"谓梦不验"。有"好事者"给他解释说:"'不'字断续如此,乃一个也。神言龚舆一个得举,岂不昭然?"①

潭州湘阴县(今属湖南)举人王容,字南强,淳熙壬寅(九年,1182年)"肄业"于岳麓书院。次年冬赴临安府参加礼部试,"过袁州,祷于仰山行宫"。当晚,住宿于州东的新市村邸,"梦人歌《玉楼春》词曰:'玉堂此去香风暖,正飞絮马前撩乱。姮娥剪就绿云衣,待来到蟾宫与换。'才半阕即止。又一人白衣策马自袁(州)来,到王旁下马揖王,立谈曰:'今早承访及。'遂复骑而去。王目送之,半里许,别有过者,指曰:'此乃仰山庙里人。'"王容"耸然惊寤",联想庙里"神君之像,正著白道袍"。明年礼部试,王中榜"奏名",恰巧其兄病故,立即返里奔丧,没有参加殿试,由此验证"一曲弗竟之意"。淳熙十四年正月,王赴临安参加殿试,再次到仰山"申祷",又"梦与友孙君同饮于卢溪市(今江西萍乡东泸溪镇),孙曰:'尔饮酒与我同,做第二人却不与我同。'王曰:'吾固未尝以第二自期也。'孙遽曰:'但愿尔作状元。'"就此醒来。王想起庙的廊下塑一"戴僧帽"的"偶像",称"应梦道者";另外,孙君"生而秃,全类僧状,故神假其人以告云"②。王容及其周围的士人都把他考上状元,与得到神人相助联系起来。

潭州浏阳县(今属湖南)举人汤璹,字君宝,"为士人时,游学于清江"县(临江军治所,今属江西),"每往来,必过宜春"。淳熙甲辰(十一年,1184年),曾"谒仰山二王祈梦"。当晚,"梦行通衢,遇两士同途,揖问姓字,其前人云姓王,其后人云欧阳。少顷,一吏如典谒者,邀赴公燕。到一处,崇阁华屋,二少年衣冠烨如,若贵游子弟,与之坐,置酒高会。席罢径起,但一僧在旁相问讯,拉诣别馆,见一钟绝大,挂于架。汤

① 《夷坚支志》甲卷5《龚舆梦》,第746页。
② 《夷坚支戊》甲卷8《湘乡祥兆、仰山行宫》,第1113—1115页。

抚摩之，谓僧曰：'试扣之如何？'僧曰：'钟虽成，俟经洪炉陶铸乃可击。今未也。'又问其故，曰：'今击之，其声止闻一方。若得洪炉坯冶之力，然后鸣蒲牢以撞之，当播宣四方，非兹日比也。'"汤遂"惊寤"。此后，到淳熙丙午（十三年），潭州秋试即发解试，汤以第三名中选，"举首则王颜，次为欧阳问"。以谓与十一年梦见"行通衢"，遇同途姓王与姓欧阳士人相符。到次年"南省"即尚书省礼部试，汤"魁多士"即成为省试第一名。洪迈据此说，此举"予实典贡举，乃悟'洪炉'之兆，盖默寓姓字，梦中二少年疑为王子，僧者小释迦云"。进一步论证汤的科举梦与后来的结果十分相符①。

福建路的举人在赴临安府参加礼部试时，都经过建宁府（治今福建建瓯）城东梨山上的梨岳庙求梦。梨岳庙又称梨侯庙、梨山庙，用以纪念唐懿宗时建州刺史李频。李频在建州"以礼法治下"②，颇有成效。他死于任上，百姓为其立祠祭祀，据说"灵异昭格"。"每当科举岁，士人祷祈，赴之如织。至留宿于庙中，以求梦，无不验者"。建宁府浦城县（今属福建）离府城300里，"邑士"陈尧咨，属于"苦贫惮费，不能应诏"，即缺少应试的旅费，不打算参加发解试，乃对人说："惟至诚可以动天地，感鬼神，此中自有护学祠，吾今但赍香纸谒之，常获丕应。"当晚，陈住在庙斋，"梦一独脚鬼，跳跃数四，且行且歌曰：'有官便有妻，有妻便有钱，有钱便有田。'"一觉醒来，"遍告朋友，决意入城"应试。此事迅速"喧播于乡里，或传以为戏笑"。不过，当年"秋闱揭榜，果预选"，随后又殿试及格，"一举登科"③。

绍兴戊午（八年，1138年）状元黄公度（1109—1156年），字师宪，兴化军莆田县（今属福建）人。黄在从莆田赴临安府参加礼部试时，最初与同里士人陈应求相约同行，"以事未办集，后数日乃登途"，经过建宁府，也"诣梨山李侯庙求梦"。黄"梦神告曰：'不必吾有言，只见陈俊

---

① 《夷坚支志》甲卷5《汤省元》，第748页；《宋史》卷411《汤璹传》，第12351页。
② 洪迈：《容斋随笔·续笔》卷1《李建州》，上海古籍出版社1995年版，第217页。
③ 《夷坚支丁》卷8《陈尧咨梦》，第1030页。

卿,他所说者是已。'"及至抵达临安,黄与陈相遇,将梦中神仙之话告诉陈,"询其得失"。陈本来没有去过此庙,"辞以不能辞"。黄再三"逼之不已",使陈勃然大怒,"大声咄之曰:'师宪做第一人,俊卿居其次,足矣。'"黄听后"喜其与梦合,乃以告之"。后来发榜,果"如其说":黄考中省试头名,因由于此举不举行殿试,黄便直升为状元,陈为榜眼①。黄著有《知稼翁集》,从(清)厉鹗辑撰《宋诗纪事》所收黄的《悲秋》、《包孝肃清心堂》等②,及近人唐圭璋编《全宋词》所收《点绛唇》、《千秋岁》、《菩萨蛮》等③,可知黄在文学上的成就。近人陶尔夫、刘敬圻著《南宋词史》一书,引用陈廷焯对其词评价,认为黄的词"气和音雅,得味外味,人品既高,词理亦胜",对其《菩萨蛮》"最为激赏"④。总体评价甚高。可见黄之所以考上状元,并不偶然,也不是靠做梦得来的,而是靠自己的真才实学。

宋宁宗庆元二年(1196年)五月,福建邵武军泰宁县(今属福建)举人邹应龙(1173—1244年)考上状元。在元年参加本军秋试时,邹原名某,在"未试前,乞梦于大乾广祐王庙","梦屋内两龙盘旋,已腾上一龙背,越前而出"。醒来后,根据梦境,决定改名。次年礼部试,原来考官议定是绍兴府莫子纯"首冠",邹第二名,恰巧这年不举行殿试,而子纯已有官位,按祖宗之法规定,已有官的考生"不可先多士",乃升邹为"大魁"即状元⑤。

衢州江郎庙,建于衢州礼贤县(即江山县)南。当地居民用以祭祀本地的三兄弟,传说三人登其颠,化为三石峰,故名。南宋时,若走陆路,衢州成为浙南、福建路举人赴临安府参加礼部试和殿试的必经之路。建宁府建阳县举人熊克,于绍兴二十七年(1157年)登进士第。叶绍翁记载,熊克,字子复,早年与同乡谢明伯"东上礼闱",路过江郎庙。

①　(清)陆心源辑撰:《宋史翼》卷24《儒林二·黄公度传》,第254页下—255页上;《夷坚支志》戊卷6《黄师宪祷梨山》,第1096页。
②　《宋诗纪事》卷45《黄公度》,上海古籍出版社1983年版,第1137—1138页。
③　《全宋词·黄公度》,中华书局,1980年版,第1326—1330页。
④　陶尔夫、刘敬圻著:《南宋词史》,黑龙江人民出版社1992年版,第75—77页。
⑤　《夷坚支志》戊卷7《邵武秋试》,第1103页。

当天下榻于庙里的客舍。据说，该庙崇奉的神"号知进士科级事"。谢提议熊"同宿庙宫谒梦"，熊表示自己疲倦要睡，让谢独自去。谢虔诚地"盥手濯足毕，服紫窄，持瓣香以入宿"。次晨，谢去客舍，将梦境告诉熊说："初入一朱门，仰视金匾，则右文之殿。自东庑入，与主人揖，则子复也。子复揖而入，其位有匾在，楣书曰：'校书郎。'匾悬风中摇摇然，壁堵饰犹湿。与熊笑语甚欢，酌谢酒至五爵。谢语熊曰：'此处儒流清选也，子复自此升矣。'熊与叙旧极款。茗毕，即送谢出右文，则犹目谢。"熊克十分听信谢的这席话，"亦颇自负"。后来，熊科举登第，陆续升迁为直学士院、秘书省校书郎等，与谢明伯的梦境基本相符。不过，熊克自己没有与谢一起入梦，叶绍翁认为，是因为熊"定力过人矣"①。其实，熊克的中举并不偶然，是靠他自己"自幼而翘秀，既长，好学善属文"，且"博闻强记"，一生"自少至老，著述外无他嗜，尤淹习宋朝典故，有问者酬对如响"②。

此外，南宋临安府的上天竺寺③、五圣行祠④、太学的土地祠⑤，福建建宁府建阳县盖竹庙⑥等，也是举人考试前"祈梦"或"谒梦"的好去处。

五、不信科举梦者

宋代也有一些官员不信科举梦，认为举人迷信科举梦，是谄媚神佛，不务正业；此事涉及社会风俗、士人风气，不应该提倡。南宋庆元五年（1199年）进士登第的魏了翁，在任官时多次上疏论及人才和士大夫

① 叶绍翁：《四朝闻见录》乙集《熊子复》，中华书局1989年版，第66—68页。
② 《宋史》卷445《熊克传》，第13143—13144页。
③ 周应合：《咸淳临安志》卷92《纪遗四·纪事》，中华书局《宋元方志丛刊》第四册，第4203页上。
④ 《夷坚三志》已卷10《林刘举登科梦》，第1379页。
⑤ 《夷坚三志》壬卷9《诸葛贲》，第1537—1538页。
⑥ 周密：《癸辛杂识》别集上《陈樵如尊者》，中华书局1988年版，第230页；真德秀：《西山先生真忠公文集》卷49《盖竹庙祝文》，四部丛刊初编缩本，第764页下。

风俗,推崇二程理学①。绍定六年(1233 年),他所撰《劳农文》写道:"近来风俗日弊,不安义命之人,皆以支干八卦为名,不务正业,奔走神佛,祈求梦兆,以图科举;不思行义不修,学业有歉,亦岂谄神佞佛,可以窃取!为士若此,何责乎民?"他认为士人应该"各期勉自进修,以须世用"②。

　　另一位推崇朱熹理学的官员陈淳,更是写诗直接否定举人的所谓科举梦。比如对衢州江山县的江郎庙,他在律诗《题江郎庙六绝》中写道:"三石参天作柱擎,自从开辟便峥嵘。何为末俗好奇怪,尽道江郎魄化成。缘尔江家兄弟三,平生爱此石岩岩。寓居石下多年代,陋俗因成附会谈。好看三石绝奇踪,自是山灵气所钟。致雨兴云功利博,合编祀典以神封。礼经岳渎视公侯,只谓祠仪一例修。不识鬼神情状者,错将经意以人求。峙立嵯峨亦石形,人其庙貌据何经?只宜坛壝为民祷,时雨时旸便是灵。礼学无人发世蒙,正神流弊与妖同。既非气类相求者,岂解精诚妙感通!"明确指出江郎庙所在的三石峰在开天辟地时就已形成,世俗"附会"到所谓江氏三兄弟身上,从而使"正神"变成了"妖"孽。他还在律诗《题盖竹庙六绝》中更写道:"人心污物本来灵,动静那分晦与明。夜思无主梦成因,昼接事为思有主。梦生于想本来非,一自魂交百感随。漠漠茫茫无定准,若何据此卜前途?世人莫悟此端原,兆自心机辟阖间。却向妖祠求证应,妖祠于我固无关。至人神定气常清,夜息虚明一若醒。假使妖祠能献兆,如何窥得此门庭?大都流俗急荣名,切切于中梦自形。附会便为神所告,神明虚得号通灵。升沉大分系于天,决非人谋所以然。告尔往来通达者,不须赘赘鬼神前。"③按照朱熹的理解,所谓鬼神并不神秘,"只是自家气";"神即是心之至妙处,滚在气里说"。又说:"神即此理也。"④陈淳是程、朱理学的坚定信

---

①　《宋史》卷 437《儒林七·魏了翁传》,第 12966—12968 页。

②　魏了翁:《鹤山集》卷 100《绍定六年劝农文》,四库文渊阁台湾商务影印本,第 1173 册,第 457 页上—458 页下。

③　陈淳:《北溪大全集》卷 4《律诗·题江郎庙六绝、题盖竹庙六绝》,四库文渊阁台湾商务影印本,第 1168 册,第 530 页上—下、第 529 页下—530 页上。

④　黎德靖编:《朱子语类》卷 98《张子之书一》,中华书局王星贤点校本,第 2511 页、第 2422 页、第 2404 页。

徒,自然不会相信所谓科举梦,所以他认为迷信科举梦者都是急攻求利者,那些庙宇只是妖祠,不可相信。

六、科举梦反映的报榜习俗

　　由于宋朝的科举考试是平民和官员子弟获得做官资格的最快、最好的一个途径,因此几乎全社会的人们都关心此项活动,每逢举行考试的年份,在考试前、考试过程中、发榜前,不仅参加考试的举人及其家属关心,而且包括官员、旅邸主人、卖豆腐的小商小贩、家庭妇女、僧侣、道士等,都热衷地谈论此事,把科举登第、获得功名看成一件极其光彩的事情。于是,科考成为社会的一个热点,并形成一些特定的习俗。

　　梦的内容本来反映的是人们对现实的追求和抱负。从以上科举梦也正反映一些特定的科举习俗。其中有一、举人所做的科举梦的情境与他们参加的考试级别有关。一般参加发解试的举人,大致梦见抵达了地方官府,如州、府官衙;参加礼部试和殿试的举人,则会梦见抵达"朱门紫府"、"楼观峥嵘,金璧光辉"的"好处"或①宫殿的情境,虽然这些情境有点朦朦胧胧。如元丰五年状元黄裳梦见自己登上宫殿,见到皇帝的御座。淳熙乙未(二年,1175年)章颖从初更至五更,"梦为人迎入官府,堂上设几案,胥吏满前,各抱文牍,白章书判",俨然已经做了官②。

　　二、报榜的习俗。举人参加发解试和礼部试后,一般都会回乡,等待发榜。参加殿试者,则一般都会留在都城,直接看榜。这样,参加前两种科考的举人,就需要报榜人及时报告中榜的喜讯,于是社会上就出现了一些以此为临时职业的报榜人。报榜人第一、必须以最快的速度向中榜者报告喜讯。如前引孝宗时王容,淳熙十一年(1184年)参加省

① 《夷坚三志》己卷6《李克己井梦、二美梦更名》,第1349页。
② 《夷坚支戊》卷2《章茂宪梦》,第1063页,作是举章颖"奏名为第一",然《宋史》卷34《孝宗二》载,淳熙二年四月乙卯,礼部进士第一名是詹骙。疑洪迈误记。

试毕,"闻亡兄而归。既到家,报榜人至,既奏名矣"①。王容闻兄丧讯,必定是昼夜兼程,赶回湘乡县,而报榜人几乎与他同时到达。报榜人是如何第一时间掌握发榜信息的呢?诸如考官首先依据举人考试成绩,编排录取名单,用纸抄录成榜,这一过程称"造榜"。在造榜时,允许"侦人"即探听消息者接近造榜的地点,"侦人"便照"例以小纸疏举士姓名",这些人"匆匆探赜",见到"预选"即考中者,就"亟掐为证"。为了保证以最快速度抵达目的地报告喜讯,难免"妄谬者多"。淳熙庚子(七年,1180年)秋,举子余镛赴饶州参加"乡举"即发解试,此前他的仆人程信"梦报榜数人怀小帖云:'至余知府宅。'才入门,又曰:'错了,错了,自是猱(nao)十一郎耳。'"次日,程信将梦境告诉余镛,余"镛不乐"。因为十一郎是"其族子知权,虽能作程文,然学艺出镛下"。而且所谓猱,"里俗戏相标谑憨痴之类也"。到九月十九日,报榜人先来余镛家,"徐以为误",再到余知权家,知权赏给他们酒一壶。他们喝完酒,又有报榜人才"持正榜者来",即送来了正式的榜文,余镛被录取。过一会儿,知权来余镛家祝贺,余镛反过来"慰抚之,而偿其所犒酒"。于是皆大欢喜②。兴化军举人郑棠参加"漕试"即两浙路转运使司的科考,曾告诉其弟郑景说:"适梦数报榜人,憧憧走趋,云寻一个郑大成不知去处。"③说明报榜人到某地报榜,同时有两人或几人组成一伙,似乎没有单人独行的。同时,估计报榜人是通过驿站,使用了急脚递,才保证及时传递信息。第二、报榜人在执行任务时,要随身自带行李。淳熙丙午(十三年,1186年),抚州怀仁士人周孝若"梦报榜者至,以杖荷席囊,声喏拱立于右阶之所"。虽然此举周没有考中,但据梦改名参加己酉(十六年,1189年)的"秋闱",即获"荐送"即发解试中第而获礼部试的名额。④第三、报榜人一般身穿黄衣。绍兴庚午(二十年,1150年)秋,

① 《夷坚支戊》甲卷8《湘乡祥兆》,第1113—1115页。
② 《夷坚支乙》卷3《猱十一郎》,第813—814页。
③ 《夷坚支戊》卷2《郑秀才梦》,第1065页。
④ 《夷坚支乙》卷2《周氏三世科荐》,第811页。

饶州鄱阳县石门镇（今江西波阳北石门街镇）士人潘良显，赴解试未归乡，其"父数梦黄衣报省榜于家"①。据载，只有个别事例，报榜人才穿"燕服"即便服②。看来，报榜人身穿黄衣，是法定的服装，一般不允许穿便服。第四、报榜人似乎只由"卒"充当，这些"卒"看来是各地的厢军，而且身穿黄衣。绍兴癸酉（二十三年，1153 年）秋，举人胡仲徽将赴解试，"夜梦黄衣卒登楼称报榜"，胡问自己的得失，回答说："正为姓名在榜，所以来报。"③第五、报榜人要手拿黄旗作为标志，到中第者家时大声报喜讯，同时还要向中第者索取酬劳。乾道辛卯（七年，1171 年）八月七日夜，饶州士人李似"梦行天庆观街，逢报榜人络绎，呼曰：'解元是王播之秀才！'"④庆元元年（1195 年）七月，余介卿在监临安税院时，其婢女庆奴做梦，"蒙两人持黄旗扣门大呼曰：'来报省榜。'方以辞却之，其一又曰：'正是本宅。'既寤，以告介卿。"介卿之子余俨、余倬正在饶州等候秋试，乃写信将此事告诉他们，"戒使淬励学业，以应梦兆"。不过，他们这次解试"皆不预选"。到次年三月七日，余干县的举人史本突然"凌晨访之"，史本原来是去年解试中第者。史本对余介卿说："本在贡闱作《易》义，颇觉称惬，恐或叨窃名第。尝闻报榜者有剥脱人衣裘之患，倘遭此扰，旅舍遂无他衣可出，愿隐蔽于此。"余介卿答应他留下。次日揭榜，史本果然中榜，而报榜人"已知史所在，径造余门"。史本藏在余的堂中，"不令见其面，但犒之以钱乃止"，从而避免被报榜人剥掉浑身衣服。于是余介卿才醒悟应验了庆奴的梦在本宅之意⑤。第六、报榜人抵达登第者家中时，登第者家依惯例犒劳他们，除给现钱外，还要给酒喝；同时，要接待贺客。庆元二年（1196 年），饶州士人洪舜臣"以免解入都"，参加礼部试和殿试。在出发前，洪"戒其妻曰：'到三月间，多酿酒，准拟犒报榜人及待贺客。'"事前，洪还用钱五

① 《夷坚三志》己卷 5《潘三十四》，第 1343 页。
② 《夷坚支乙》卷 2《黄溥梦名》，第 811 页。
③ 《夷坚支戊》卷 2《胡仲徽两荐》，第 1061 页。
④ 《夷坚支癸》卷 1《王播之魁解》，第 1225—1226 页。
⑤ 《夷坚支戊》卷 6《余氏婢梦报榜》，第 1097 页。

千文，买了一只鼓，因为当地"乡里土俗，大家好蓄鼓，遇婚姻盛礼，召会宾客，则椎击集众，且为欢欣"。洪此举引起周围邻里的怀疑，因为他"家无余资"，而洪信心满满地说："候来报省榜日当用之矣。"而"闻者益传以为笑"。到发榜之时，他家堂上的鼓安放在架上，竟然"不击自鸣者三，其声振彻于外"。而他果然登第，原来讥笑他的人也不免惊异①。

七、余　论

如所周知，人类的梦是个体在外在环境因素、生理因素、心理和人格因素交互作用下，受个体潜意识的深层影响形成的，是一种正常的、必不可少的心理和生理现象。中国古代儒家及宋代理学家，都从心理的角度来解释产生梦的缘由。如朱熹认为："心本是个动物，怎教他不动？夜之梦，犹昼之思也，思亦是心之动处，但无邪思可矣，梦得其正何害？心存这事，便梦这事，常人便胡梦了。"②不过，当时社会上，大多数人都是有神论者，他们往往把梦看成是神的旨意或鬼怪作祟，或视为未来的征兆或行动的导向。至于举人群体，他们何以都愿意做科举梦呢？何以他们的这些梦具有普遍性呢？这是因为他们有着共同的期盼、追求，企求有朝一日金榜题名，获得一个做官的资格，从而步步高升，享尽荣华富贵。所以，尽管各人的生活环境和经历有许多差异，但在几乎相同的文化背景和意识状态下，在最深层次的集体潜意识的作用下，都不约而同地先后做了这种梦。他们对此笃信不疑，把梦理解为真实生活的反映，从各种角度来解释自己所做的梦，即使梦境没有应验，也要尽量找理由加以解释。

（本文刊载于《科举学论丛》2014 年第 1 期，

后又刊于《宋代文化研究》2014 年版）

---

① 《夷坚支庚》卷 1《洪先辈鼓》，第 1139—1140 页。
② 朱熹、吕祖谦：《近思录》四《存养》，上海大达图书供应社 1935 年版，第 98 页。另见《朱子语类》卷 140《拾遗》，第 3340 页。

新兴的官僚地主阶级的
首次全面改革尝试

——北宋范仲淹"庆历新政"

公元十世纪到十三世纪是唐朝中期至辽、宋、夏、金、蒙元的社会转型时期。自唐朝中期以后,由于均田制的破坏和两税法的实行,造成了土地私有制的进一步发展,土地买卖盛行,土地所有权转移频繁。朝廷制定了严密的法规,保障私人对于土地的转移让渡的权利,使土地买卖和典当的法律更加规范化。地主阶级改变了对农民的剥削方式,普遍采用将土地租给农民而收取地租的办法,放松了农民的人身束缚,租佃关系迅速发展。在此基础上,宋朝的农业、手工业、商业和科学技术都取得了前所未有的新成就。宋朝还形成了新的社会阶级结构,由唐朝中期以前的门阀士族、均田户、部曲、奴客、贱民、番匠、奴婢等旧的社会阶级结构,转变为宋朝的官僚地主和佃客、乡村上户、乡村下户、差雇匠、和雇匠、人力、女使等新的社会阶级结构,这是在中国古代中世纪社会内部阶级关系的一次重大变化,这一变化逐步由法律规定下来。与新的社会阶级结构同时形成的,还有新的土地所有制和新的剥削方式,这三者互为依存。随着新的社会经济结构的出现,宋朝社会的整个上层建筑也都出现了相应的变革。大致在宋太祖和太宗朝,基本完成了政治制度和军事制度的第一次改革,其中科举制度的初次改革稍迟至真宗朝完成。在仁宗朝庆历年间(1041—1048年),基本上完成了教育制度的初次改革①。不过,这些改革尚有局限性,而且仅是单项制度的改革,影响有限。

　　到仁宗朝庆历三年(1043年)八月,范仲淹升任参知政事(副宰相)。九月,根据仁宗的要求,草拟了十项革新纲领,这便是著名的《答手诏条陈十事》奏疏,于是揭开了"庆历新政"的序幕。范仲淹在奏疏中指出:"历代之政,久皆有弊,弊而不救,祸乱必生。""我国家革五代之乱,富有四海,垂八十年,纲纪制度,日削月侵,官壅于下,民困于外,夷狄骄盛,寇盗横炽,不可不更张以救之。"他依旧古代经典《易经》关于"穷则变,变则通,通则久"的理论,结合当时国家的形势,认为必须进行"更张",以便"法制有立,纲纪再振",而达到"宗社灵长,天下蒙福"的目标。他所陈十事是:(1)"明黜陟"。即改变文官三年一迁和武官五年一迁的"磨勘法"。由主管机构负责在官员任满后"明具校定考绩","结罪闻奏"。官员有"大功大善"者或"高才异行"者可破格升迁,"事状猥滥"者或老病愚昧者另作处理。(2)"抑侥幸"。重定贵族(宗室)和高、中级官员子弟依靠"恩荫"做官的办法,禁止其子弟申请馆阁的职事,借以革除滥赏和减省冗员。(3)"精贡举"。即改革专用辞赋和墨义取士的旧制,着重考试策论和经义;先取履行,后取艺业,藉以"正教化之本,育卿士之才"。(4)"择长官"。即严格选差各路转运使、提点刑狱和州、县的长官,废除"循例差除"制,改为逐级推荐制,用以"正纲纪,去疾苦,救生民"。(5)"均公田"。即地方官依照差遣(实际职务)给足"职田",使之丰足,藉以"责其廉节",防止贪赃枉法。(6)"厚农桑"。具体为每年二月各地开河渠,修筑堤堰和陂塘,"以救水旱,丰稼穑,强国力"。(7)"修武备"。依照唐朝府兵制,京师先招募卫士五万人,"一时教战","以助正兵",同时使之"三时务农",由此"大省给赡之费"。待京师"已成次第,然后诸道仿此","此实强兵节财之要"。(8)"减徭役"。即裁并州县建置,减少地方官府职役的轮差人数,使部分农民回乡务农,做到"人自耕作,可期富庶"。(9)"覃恩信"。朝廷赦书宣布的各种恩典,主管财政的三司和各地官府必须执行;百姓在前朝欠负的赋税等,理应一律除免。(10)"重命令"。改变朝令夕改的旧习,慎重立法,执法必严。不合"理道"的法令,应该及时"相度","别从更改"①。

在以上十事中,除厚农桑一项属于发展农业生产的措施外,其他各项都是属于政治改革的措施:其中明黜陟和抑侥幸、精贡举(培养、选拔官员)涉及人事行政制度;择长官和均公田涉及澄清吏治;修武备涉及军事制度;覃恩信和重命令则要保证改革方案的贯彻。范仲淹看到当时内忧外患相逼而至,再不革新,国本就会动摇,将危及国家。在内忧和外患两者之间,他认为内忧引起外患,改革内政便可免除外患。所以,在他十项建策中,有九项涉及内政的改革,仅一项修武备是与边防有关。同时,他认为弊病不是一朝一夕形成的,改革也不可能一朝一夕完成。他说:"事有先后,久安之弊,非朝夕可革也。"因为在他看来,这十项建策也只是初步的,也就是仁宗"手诏"中提出的"当世急务"②。

经过朝廷大臣的"集议"和仁宗的批准,这十项建策大部分"皆以诏书画一颁下",即陆续颁布施行,仅"修武备"一项因为"辅臣"们的一致反对而没有实行③。应该说,庆历新政这场政治改革运动,随着它的领导人范仲淹和富弼、韩琦等人退出朝廷中央,从总体来看,是失败了。但是,它的各项措施并没有立即被全部废除。比如修武备,因为根本没有实行过而无需废罢外,其余九项的遭遇不完全一样。

比如最受贵族反对的"抑侥幸"一项,本身包含好几方面的内容,被废罢时也是逐个方面陆续进行的。首先,庆历五年(1045 年)三月己卯,朝廷下诏宣布:依靠恩荫得官的选人(中、低级文官),自今只由吏部流内铨遇铨选时,适当考试所习艺业注官(注拟差遣),停止执行此

①② 《续资治通鉴长编》卷 143,中华书局 1985 年版,第 3430—3444 页。
③ 《宋史》卷 314《范仲淹传》,中华书局 1985 年版,第 10274 页。

前在庆历三年十一月丁亥推行的"条制"。这一条制原来对这类选人规定了担任差遣的最低年龄、严格的考试方法，还规定了不参加考试和没有三名京朝官担保，便"永不预选"即不能担任实职①。废罢这一条制的诏令颁布后，也曾遭到有的大臣反对。如监察御史包拯上疏提出，自限制奏荫选人注官后，"天下士大夫之子弟莫不靡然向风，笃于为学"。最近臣僚上言要求撤销这一限制，实属"未之熟思尔"。或许条制尚有不够完美之处，希望"只令有司再加详定，依旧施行"。说明包拯反对废除这一条制。其次，在庆历六年四月，下诏停罢四年施行的限制大卿监以上逢"圣节"（皇帝或皇太后生日）陈乞恩泽的"新制"，宣布"并依旧者"。这时，一度反对范仲淹的权御史中丞张方平也出来表示异议。他说：范的"新制"中有难以实行的部分，如国子监、尚书省等事，现今都已冲改。不妨将范的办法"略从裁损，考之理道，已是适宜"。其中臣僚恩例，请求"且依新制为便"，"不可以人废言"②。数天后，朝廷又下诏恢复部分高级武官的"奏荐班行"的"恩例"，其他武官仍旧遵照庆历新政以来颁布的新条贯执行③。这说明武官的恩荫待遇只有一部分恢复旧制，另一部分仍然执行改革后的新制。

受到贵族官僚激烈反对的另一项改革措施"明黜陟"，在废罢过程中，也出现一些波折。庆历八年三月，翰林学士张方平上疏，重新提出旧有的官员磨勘叙迁制存在弊病，人们对此已"习以为常，皆谓本分合得，无贤不肖，莫知所劝"。他要求仁宗"稍革此制"：理应磨勘叙迁的官员，必须有劳绩值得褒扬，或朝廷特敕择官荐举的官员，才准予迁转。如无劳绩，又不因荐举的官员，则应延长年考④。仁宗是否采纳他的建

---

① 《续资治通鉴长编》卷155，第3762页；卷145，第3504—3505页。
② 《续资治通鉴长编》卷155，庆历五年三月己卯，第3762页；卷158，庆历六年四月壬子，第3824页。
③ 《续资治通鉴长编》卷155，庆历五年三月己卯，第3762页；卷158，庆历六年四月戊午，第3825页。
④ 《续资治通鉴长编》卷155，庆历五年三月己卯，第3762页；卷163，庆历八年三月甲寅，第3925页。

议,不得而知,但这证明废除"明黜陟"也不是一帆风顺的。

又如"精贡举"一项,本来包括改革科举考试制度和兴办学校两个方面。庆历五年三月己卯,仁宗下诏"礼部贡院,进士所试诗赋,诸科所对经义,并如旧制考校"。这是采纳知制诰杨察恢复科考旧制提议的结果。不过,到庆历八年三月,御史中丞鱼周询又向仁宗提议恢复"精贡举"中改革科考的措施,主张对进士先考策、论,对诸科则考其兼通经义,而后"中第释褐,无令过多",目的是减少冗员①。至于兴学养士方面,自重建太学后,即使保守派官员,也没有提出撤销太学的建议,尽管太学一度处于不景气的境地。不过从此各地的州、县学却纷纷创办,"往往有学舍、官田、房廊之利",使"学校之盛,侔于汉、唐矣"②。

至于"厚农桑"一项,自实行后,从未有人提出过异议。直到庆历五年九月二十八日,两浙路提刑宋纯等还上疏,提议凡官员能擘画开修水利,皆须先具利害,画成地图,申报所属州军和路转运司或提刑司;确系本官署选派部下官员,亲赴该地考察;确系应该开修,可获长期利益,当地乡耆调查落实后,差官具保,申报转运和提刑司审定,才下达本属州县,计算民夫和材料、粮饷数,设法劝导得益人户自愿提供。李纯等还说:"仍依原敕'于未农作时兴役半月',不得非时差扰。"仁宗批准了这一提议。这说明"厚农桑"在继续推行,只是强调在开修水利前要充分调研,保证有"经久利济",避免盲目动工③。其中提到的"原敕",就是范仲淹在庆历三年十一月七日经由仁宗颁布的诏书④。

以上说明,随着范仲淹、富弼等人的离朝,庆历新政从总体上说是失败了,他们提出的一些改革措施大部分被废罢,但也有一些措施或有一些措施的某些方面并没有完全被废罢,有的还在继续执行,有的还被进一步完善。因此,庆历新政在失败的同时,包含了成功的因素。

---

① 《续资治通鉴长编》卷155,庆历五年三月己卯,第3761页;卷163,庆历八年三月甲寅,第3931页。
② 赵汝愚编、北京大学中古史研究中心整理:《宋朝诸臣奏议》卷80《儒学门·贡举上》,孙觉:《上神宗论取士之弊,宜有改更》,上海古籍出版社1999年版,第868—869页。
③ 《宋会要辑稿》食货7之12,中华书局1957年版,第4911页下。
④ 《宋会要辑稿》食货7之11,中华书局1957年版,第4911页上。

历史的实践是检验历史的真理的唯一标准。庆历新政标志着中唐以后的官僚地主阶级登上政治舞台后，第一次实行全面的政治改革。这次新政实质上是要求进一步限制贵族和高官享受的各种特殊利益，这些利益原来是中唐以前的门阀士族的专利，如世袭大土地和爵位、封户、免除赋役等。到了宋朝，门阀士族退出了历史舞台，贵族和高官已经不能世袭大土地和父祖的爵位、封户，只能通过"恩荫"取得略低的官位、免除部分赋役，而新政中的"明黜陟"和"抑侥幸"措施，矛头直接对准他们，损害到他们的既得利益，因此遭到他们的激烈反对。庆历新政失败二三十年后，王安石和宋神宗继承了范仲淹的遗志，再次推行变法，这次变法代表了中唐以后新兴的官僚地主的第二次全面的政治改革，比庆历新政更深入了一步，尽管这次改革最后也失败了，但有些改革措施到南宋时仍然在继续实行，这说明这些措施符合时代的需要，经得起历史的检验。

（本文刊载于《浙江学刊》2014 年第 1 期）

宋朝乡村催税人的演变

——兼论明代粮长的起源

　　早年在探讨宋朝的职役制度时,拜读前辈梁方仲先生的《明代粮长制度》一书,颇受启发。梁先生注意到粮长的起源,在第一章《粮长制的历史渊源及其设立目的》中,从秦、汉到唐朝末年讲起,涉及宋朝的内容,他根据马端临《文献通考·职役考》和《宋史·食货志·役法》,提到"当时'保正副、耆户长,仅执催科奔走之役'。'上之人既贱其职,故叱之如奴隶,待之如罪囚;下之人复自贱其身,故或倚法以为奸,或匿财以规免'。两宋对于掌催征之保正、户长等役的改革,和对于一般役法的改革大致相同,即初行差役制,继行募役制,最后行义田助役制,然终无补于事,且愈改愈弊,从此乡职与胥役便混而不可分了。这是随伴着官僚主义中央集权进一步底发展而产生的现象。"至于元代,梁先生则依据《元史·食货志·农桑》《新元史·食货志·农政》《大元通志条格·理民》等,从设立村社制的社长、里长、村主首,来论述统治者"利用他们来作榨取农民"。随后,直接探讨明代粮长的设置、职务和特权、演变等①。受此启发,笔者开始注意到明代的粮长、元代的社长和主首与宋代的关系,希望能找到粮长、社长和主首的历史渊源。

　　确实,明代初年创立粮长制度期间,制度的设计者并没有明确指出

---

① 梁方仲:《明代粮长制度》,上海人民出版社1957年版,第7—10页。

这一制度与宋朝的关系，更没有人直接提到是依照宋朝的税长和苗长而设置。这就留下了本文试图解决的一个课题。

一、北宋乡村的催税人

北宋前期，州县的各种职役即"色役"实行轮差民户法，故又称差役法。其中，又分"乡役"和"吏役"两种。乡役有里正，负责催督赋税；户长承接"符帖"即官衙的公文；耆长、弓手和壮丁督察盗贼。吏役则有衙前，主管官物；人吏、帖司、书手，掌管案牍；手力、散从官，供官员趋使，等等。其中，最引起人们注意的是衙前役。由于该役负责主管官府的库藏，运输官物，经常折耗赔偿，往往破家荡产，因此负担最重。所以，最初由乡村上户充当的里正兼任，称为"里正衙前"①。户长的职责在承接官府公文外，也与里正以其"掌课输"即催督赋税。里正在乡村第一等户中轮差，户长则在第二等户中轮差②。陈耆卿等《嘉定赤城志》也有相关记载："乡书手：国初，里正、户长掌课输，乡书手隶焉，以税户有行止者充，勒典押、里正委保。天圣后，以第四等户差。"③这说明北宋前期，里正、户长负责催督本乡、里的赋税，乡书手则隶属里正④，类似会计、秘书、文书之职，协助里正催督赋税。

宋仁宗至和二年（1055 年），由于里正担任衙前之役过重，各地情况相同，遂废除里正，改差户长。是年四月，知并州韩琦上言："州县生民之苦，无重于里正衙前。自兵兴以来，残剥尤甚，至有媚母改嫁，亲族

---

① 李世熊：《宁化县志》卷5《岁役志》，清康熙 22 年刻本。
② 赵彦卫：《云麓漫钞》卷 12，中华书局 1996 年傅根清点校本，第 219 页。傅根清此处标点为："里正于第一、户长于第二等差乡书手。天圣以来，以上户多占色役，于第四等差耆长，掌……"句断出现多处失误，应改为："里正于第一、户长于第二等差。乡书手，天圣以来，以上户多占色役，于第四等差。耆长，掌……"
③ 陈耆卿：《嘉定赤城志》卷 17《吏役门·县役人》，《宋元方志丛刊》第 7 册，中华书局 1990 年版，第 7417—7418 页。
④ 梁克家：《淳熙三山志》卷 14《版籍类五·州县役人》，《宋元方志丛刊》第 8 册，中华书局 1990 年版，第 7898 页。

分居,或弃田与人,以免上等,或非命求死,以就单丁,规图百端,苟脱沟壑之患,殊可伤痛。"他指出"国朝置里正,主催税及预县差役之事,号为脂膏",后来"遂令役满更入重难衙前。承平以来,科禁渐密,凡差户役,皆(县)令、佐亲阅簿书,里正代纳逃户税租及应无名科率,亦有未曾催纳,已勾集上州主管纲运"。据此建议"其税赋只令户长催输,以三年为一替"。京畿、河北、河东、陕西、京西等路转运使司经过"相度利害",都认为韩琦所议为便①,于是,实行户长催税之制。

　　神宗熙宁五年(1072年),废除户长;六年,实行保甲法,始设保正副、大小保长,负责"讥察盗贼";七年,改为主户每十户至三十户轮流派差保丁一名,充当甲头,主管催租税、常平、免役钱,每一税一替②,甲头别称"催税甲头",后又简称"催头"。神宗起初对实行甲头催税制有所怀疑,说:"已令出钱免役,又却令保丁催税,失信于百姓"。王安石解释说:"保丁、户长,皆出于百姓为之,今罢差户长充保丁催税,无向时勾追牙集科校之苦,而数年或十年以来方一次催税,催税不过二十余家,于人无所苦。"坚持推行甲头催税制。哲宗元祐元年(1086年)正月,下诏府界及各路废除甲头催税制;复置耆长和壮丁,但并非实行轮差旧法,而是雇募人户充当,"等第给雇钱"③。不过,稍后又作调整,规定耆长、户长和壮丁的差役,必须"正身充役",即不准雇募他人替代。这是"元祐差役敕"的规定④。绍圣元年(1094年)九月。废除耆长、户长、壮丁(保丁)法,以保正长代替耆长,以甲头代替户长,以承帖人代替壮丁⑤。不久,又恢复轮差保正、长法,废除甲头,由大保长催税;其中保正、长不愿被官府雇募者,仍旧实行旧法,雇募税户(主户)充当耆

①　《续资治通鉴长编》卷179,中华书局1979年点校本,第4330页。
②　《续资治通鉴长编》卷263,中华书局1979年点校本,第6436—6437页。
③　《续资治通鉴长编》卷364,中华书局1979年点校本,第8711页。
④　苏辙:《栾城集》卷45《御史中丞论时事札子八首·论衙前及役人不便札子》,上海古籍出版社1987年版,第82—89页。
⑤　《宋会要辑稿》食货65之67《免役》,中华书局1957年影印本,第6190页。

长、户长及壮丁①。徽宗政和七年（1117年）李元弼撰《作邑自箴》记载，此时又实行户长和甲头催税制。此制规定，每年县衙在开始征税时，知县发给户长帖子，令其催收。知县又先统计全县共有多少名户长，"每一名户长管催若干户，都若干贯、担、匹、两"；各户长"各具所管户口，及都催税赋数，须先开户头所纳大数（谓三十户为都计数），后通结计一都数，以一册子写录，每一限只令算结催到现欠数，亲将比磨"。县衙还在各村张贴榜文，"大字楷书，告示人户"，申明只差甲头，"更不划刷重叠差人下乡"。同时，将税物的品种和数额，"逐户给单子，纽定折纳数目，印押讫"，交给甲头"赍俵"即分发，"免得将来计会"②。北宋乡村的催税人，大致上经历了由里正、户长、甲头等的变化历程，但尚未出现税长和苗长。

二、南宋乡村的催税人

南宋乡村的催税人，前后仍然出现较多变化，而且各地实行不同制度；同时，开始出现了税长和苗长。

宋高宗建炎元年（1127年），福州废除户长催税，复置甲头③。建炎四年八月，广南西路转运司提刑司上疏说："今乞罢催税户长，依熙丰法以村疃三十户，每料轮差甲头一名，催纳租税、免役等钱物，委是经久利便。"高宗下诏"依"；同时，又命令两浙、江南东西、荆湖南、福建、广南东路州军"并依此"，即照章推广。绍兴元年（1131年）正月初一，发布"德音"："东南州县比缘差保正、副，代户长催税，力不胜役，抑以代纳，多致破产。已降指挥，罢催税户长，依熙丰法以乡村三十户，差甲头一名催纳，以纾民力。""德音"还提到各地并未认证执行这一"指挥"，

① 赵彦卫：《云麓漫钞》卷12《国朝州郡役人之制》，中华书局1996年傅根清点校本，第219页。
② 李元弼：《作邑自箴》卷8云："夏秋税起催，先出此榜。"卷4《处事》、卷2《处事》中均有论述。
③ 梁克家：《淳熙三山志》卷14《版籍类五·州县役人》，《宋元方志丛刊》第8册，中华书局1990年版，第7898页。

"人户未获安息"。因此,再次重申"仰逐路州县遵依已降指挥,疾速施行。如敢违戾,许人户越诉,提刑司觉察以闻,当议重置典宪"。值得注意的是,这里初次出现了"催税户长"一词。五月二十三日,朝散郎吕安中上书说:"契勘催纳二税,依法每料逐都雇募户长或大保长二名,系是官给雇钱。自建炎四年秋料为头催税,每三十家为一甲,责差甲头催纳。其雇募户、保长,更不复用;所有雇钱,只在县桩管。此钱既非率敛,又不预省计,乞督责诸县每年别项起发,以助经费。"高宗下诏"依",并命令各路提刑司"依经制钱条例拘收起发"。从吕安中的奏疏和高宗的批示,可知:一、从建炎四年秋税起,恢复"熙丰法",凡乡村主户每三十家为一甲,轮差一户充当甲头,负责催本甲的赋税。二、原来各都每料雇募户长或大保长二名,现皆取消。三、原来的户长或大保长的雇钱,从今起由各县作为经制钱上缴朝廷。九月十三日,又有官员上疏,指出使用甲头催税,使甲头"受害,又十倍于保长"。他认为以前所差大保长,"皆选差物力高强、人丁众多"的富户,"其催科则人丁既壮,可以编(遍)走四远。物力既强,虽有逃亡死绝户,易于偿补"。然而现今所置甲头,有五大"不便":一是甲头的设置,"不问物力、丁口,虽至穷下之家,但有二丁,则以一丁催科"。他们"既力所不办,又无以偿补,类皆卖鬻子女,狼狈于道"。二是原来大保长催税,"每一都不过四家,兼以保正、副事皆循熟,犹至破产"。现今的甲头,每一都一料至少须催三十家的税,因此"破产者又甚众"。三是"田家"即"夏耘秋收,人自为力;不给,则多方召募,鲜有应者"。如今甲头"当农忙"时,"一人出外催科,一人负担赍粮,叫呼趋走",即使能够"应办","官司亦失一岁之计"。以一都计算,则"废农业者六十人";以一县、一州、一路计算,则"数十万家不得服田力穑矣,此岂良法哉"?四是保长中"多有惯熟官司人,乡村亦颇畏之"。即使如此,"犹有日至其门,而不肯输纳者"。如今的甲头"皆耕夫,岂能与形势之家、奸滑之户立敌,而能曲折自申于私哉"!因此,"方呼追之急,破产填备,势所必然"。五是"自来轮差保长,虽县令公平,亦须指决论讼,数日方定"。不然,县衙的"群胥之恣为高下,唯观赇赂之多寡",此事最为"民所愤怨者"。现今轮差甲头,"每科一替",其中"指决论讼之繁","群胥""受赇纳赂之弊","必又甚于前日"。预计"东南之民自此无宁岁"。因此,他建议停用甲头催税,"且令大保长同保正、副依旧催科"。当然,如果朝廷"念其填备破产,则当审择县令,谨户账之推割,严簿籍之销注,申戒逃亡户绝之令,又安有保正、长破产之患哉?"最后,指出其危害是"不知出此,而但务改法,适足为贼吏之资耳"。经过户部官员十多天的讨论研究,到十月初五日,上疏说:"奉诏勘当臣僚所言改差甲头不便五事",由于甲头催科"系于主户十户至三十户,轮一名充应,即是不以高下、贫富,一等轮差",而大保长是从小保长内"取物力高强者选充,既兼户长,管催税租等钱物,即系有力之家,可以倚仗"。因此"欲乞依臣僚所乞事理施行"。高宗批准了这一提议。这意味着从此确定取消轮差甲头催税,而改行大保长催税制①。依照大保长催税制度的设计官员的用意,已经充分考虑到减轻直接生产者—乡村下户的差役重负,这无疑是对维持农业生产的正常运转是有利的。

但是,任何完善的制度,不能很好地贯彻执行,仍旧只是一纸空文。绍兴三年(1137年)二月二十六日,提举淮南东路茶盐公事郭揖上疏,明确指出吏人对大保长催税制的破坏。他说:"差役之法,吏缘为奸,并不依法"。本来"五家相比者为一小保",他们"却以五上户为一小保,于法数内选一名充小保长,其余四上户尽挟在保丁内。若大保长缺,合于小保长内选差;保正、副缺,合于大保正、长内选差。其上户挟在保丁内者皆不着差役,却致差及下户,故当保正、副一次,辄至破产,不惟差役不均,然保伍之法亦自紊乱矣"。他提议,自今起"免役公文内选'保正'二字下删去'长'字"。这样"选差","上户不能挟隐,不须更别立法,自然无弊"。高宗下诏令户部在五日内"看详",而后申报尚书省。稍后,户部上奏说:据"臣僚所言,止谓关防人户避免充催税大

① 《宋会要辑稿》食货65之76—77《免役》,中华书局1957年影印本,第6194—6195页。

保长，多是计会系干人，将有心力之家，于小保下排充保丁，致选差不到。"现今"欲乞今后令州县先于五小保内，依法选有心力、财产最高人充保长，兼本保小保长祗应"。其中，大保长的年限、替期、轮流选差，"并依现行条法施行"。其余皆"依臣僚所乞"。这样，州县"奉行，不致隐挟上户却充保丁之弊"①。

　　到绍兴四年（1138年）正月二十四日，御史台检法官李元瀹再次上书论"大保长代户长催纳税租事"说："凡户绝逃亡，未曾下落，若诡名户无人承认，及顽慢不时纳者，以官司督迫、棰楚之故，率为填纳，故多致于坏家破产。"他提议"现充保正、长人将替，县令前一月，按产业簿，依甲乙次第选差"。高宗下诏户部"看详"。随后，户部汇报李元瀹"所陈，皆有条法，欲申严行下诸路州县，委监司常切钤束；违戾者仰案举"。高宗批示同意②。据熊克撰《皇朝中兴纪事本末》卷28绍兴四年（1138年）正月甲戌（24日）记载，"先是，御史台检法官李瀹论保正、税长之弊，上谕宰执曰：'役法推行寝久，失其本意，致富者益富，贫者益贫，民力重困，此宜讲究。'"及至此日，高宗又说："原瀹所论，乃是民事，祖宗法固不可改，然民事急务也。孟子所谓民事不可缓，其令州县条利害上之。"③值得注意的是初次将"催税户长"简称"税长"。熊克《中兴小纪》卷16绍兴四年（1138年）正月甲戌也记载此事，不过御史台检法官李瀹则写作"李元瀹"④。九月十五日，朝廷颁布"明堂赦"说，福建路的保正、保长和大、小保长只管缉捕逃亡军人及私贩禁物、斗讼、桥梁、道路等事，其余承受县衙追呼公事、催纳二税等物，"并系耆、户长、壮丁承行"。但现今两浙、江南等路各县，并不雇募耆、户长、壮丁，却差保正副和大小保长"干办"，又"责令在县祗候差使"。因此，保正副和大小保长"费用不赀，每当一次，往往破荡家产，遂诡名挟户，规免

①　《宋会要辑稿》食货65之78《免役》，中华书局1957年影印本，第6195页。
②　《宋会要辑稿》食货65之79《免役》，中华书局1957年影印本，第6196页。
③　熊克：《皇朝中兴纪事本末》卷28，北京图书馆出版社2005年影印本，第569页。
④　熊克：《中兴小纪》卷19，福建人民出版社1985年，第196页。

差使,深可矜恤"。从今起,各路转运使、提点刑狱"同共相度,可与不可并依福建现行事理,或量增役钱,以充雇募耆、壮、户长之费";同时,规定自今不得更令保正副、大小保长在县祇候承受差使①。这意味着各地推广福建路的雇募耆长、壮丁、户长负责承受县衙追呼公事、催纳二税等事。

不过,绍兴五年(1139年)十一月二十八日,广东转运常平司上言说:"近据知平江府长洲县吕希常陈请,大保长催科,一保至内,岂能亲至? 违其过限,催促不前,则枷锢棰栲,监系破产"。他提议改用甲头催税,"用刑势户催形势户,平户催平户"。高宗以"朝旨"指出:"户长与甲头催科税租,其风俗利害各有不同去处,令诸路相度以闻"。广东转运常平司提议,"今欲依所请,改用甲头,专责县令、佐,将形势户、平户随税高下,各分三等编排,籍定姓名,每三十户为一甲,依此攒造成簿,然后按籍,周而复始轮差,委是久远便利"。高宗"从之"。说明在该年十一月,平江府长洲县还是由大保长催科。当然,从此月起,与各地一样,改为甲头催税。

但是,到绍兴七年(1141年),福州仍旧由大保长负责催科②。九年(1143年)正月五日,"内降新定河南州军赦"规定,凡"州县催税保长,官司常以比较为名,勾集赴县科禁,人吏因而乞取钱物,有致破产者",因而规定今后"并仰依条三限科较外,更不得逐月或逐旬勾集比较,仍仰本路监司常切觉察"③。同年,福州则规定保正、长专管烟火、盗贼,"不得承受文帖及输课事",即不再掌管催税之事。十年(1144年)至十一年,福州又拘收耆长、户长及壮丁的雇钱,"充总制窠名",即列入总制钱系列,成总制钱的一个名目④。十三年(1147年)十月二十四日,广西路提刑和提举常平司上奏说:"依准朝旨,相度到本路催科利害,

---

①　《宋会要辑稿》食货65之79—80《免役》,中华书局1957年影印本,第6196页。

②④　梁克家:《淳熙三山志》卷14《版籍类五·州县役人》,《宋元方志丛刊》第8册,中华书局1990年版,第7898页。

③　《宋会要辑稿》食货65之85《免役》,中华书局1957年影印本,第6199页。

除琼州不行役法，及高、廉州乞用甲头外，其余柳、象等州，自绍兴六年（1140年）以后，各随都分编排三十户为一甲，夏、秋二税，轮差甲头二名催科，自高至下，依次而差。"又说，此制实行"至今已经七年，每甲共差过一十四户，今已轮至下户"。但一甲内"不下三无户系逃移，一半系贫乏"，如果轮到他们充当甲头，剩下"尽是上户之家壮丁、佃客，委是催科不行"；如果回过头来"再差上户，即又不免词诉"。因此，"今来若复用户长，实为利便"。高宗又"从之"。这表明广西路高、廉州依旧用甲头催税，其余柳、象等州改用户长催税①。

绍兴二十六年（1156年）正月十日，权知复州章焘上疏建议湖北、京西路各州县，每一都"选差"都保正一人，"催税户长"则"通行雇募"②。二十九（1159年）年七月初五，国子正张恢提议"推详祖宗旧法，每都令户长专受催科"；同时，允许大保长自愿兼任户长"催纳税租"。三十年（1160年）十一月初四，有"臣僚"上言各地多用甲头催税，说"各郡邑乃有以三十户为一甲，创为甲头，而责其成效者"。其中一甲之内，"或有贫乏输纳未前者"，不免"尽令甲头代输"；还有官衙的"无名之须"，"民户不从"，则"悉取办于甲头"。因而甲头一旦挂名于籍，则"迁延莫得而脱"。他指出广南二路就是这种情况，建议以后"应有催科合纳税赋，各于本户人自输纳，勿复广置甲头，以勤骚动"。高宗下令"有司看详"③。事后，"有司"研究结果如何，不得而知。绍兴三十一年正月二十三日，权发迁江东路转运副使魏安行上书指出"保长催税无不破产逃亡"，为此改为雇募耆长和户长，但"此等本无税产、行止顾籍，为害不可言"。现今与属县官、民"详究相度"，决定"以比邻相近三十户为一甲，给帖从甲内税高者为催头催理"。其中，"本户足者，本县画时给凭由，执照出甲，不与三十户上流下接催理之数"。此制"行之数月，足渐见效"。提议其他各州"悉依此施行"。户部认为，可

① 《宋会要辑稿》食货65之85《免役》，中华书局1957年影印本，第6199页。
② 《宋会要辑稿》食货65之87《免役》，中华书局1957年影印本，第6200页。
③ 《宋会要辑稿》食货65之91—92《免役》，中华书局1957年影印本，第6202页。

以下令江东路转运、常平司"权依所陈施行",其他路则"从长相度,如经久可行,不致骚扰,兼别无利害,即仰保明申请施行"①。同年,福州命令由甲头催税②。

宋孝宗隆兴二年(1164年)六月初一,因福建路转运司上疏反映,建宁府、福州、泉州各县轮差保正、副,凡保内"事无巨细",包括"承受文引,催纳税役"等"无所不至","一如责办","一经执役,家业随破"。故重新下诏"诸充保正、副,依条只合管烟火、盗贼外,并不得泛有科扰差使"③。这种情况似乎带有普遍性。乾道元年(1165年)八月初五,有一名官员反映说,各州县"被差执役者,率中、下之户。中、下之家,产业既微,物力又薄,故凡一为保正、副,鲜不破坏家产"。除了负责严防烟火、盗贼外,要"承文引,督租赋"即负责催纳赋税。此外,还有种种负担:"方其始参也,馈诸吏,则谓之'参役钱';及其既满也,又谢诸吏,则谓之'辞役钱';知县迎送,僦夫脚,则谓之'地里钱';节朔参贺,上榜子,则谓之'节料钱';官员下乡,则谓之'过都钱';月认醋额,则谓之'醋息钱'。如此之类,不可悉数。"这名官员期望朝廷"严敕有司检照参酌,立定条法,身严州县":今后仍然"敢令保正、副出备上件名色钱物","官员坐以赃私,公吏重行决配"。孝宗"从之"④。乾道三年(1167年)九月十九日,四川制置使兼治成都府汪应辰也上疏说,最近有"臣僚"请求"罢催税户长,改差甲头"。汪应辰认为,提出这种要求者只"见户长之害,而思有以救之",却"不知所以害民者,在人不在法也"。他以为"户长之法,无可更易"。望降明旨,令州县并依现条施行,勿复他议"。孝宗赞同他的提议,下诏"令户部下诸路准此"⑤。从汪应辰的提议及孝宗的诏书,可知此时各地普遍实行户长催税制。乾道六

①　《宋会要辑稿》食货65之91—92《免役》,中华书局1957年影印本,第6202页。
②　梁克家:《淳熙三山志》卷14《版籍类五·州县役人》,《宋元方志丛刊》第8册,中华书局1990年版,第7898页。
③　《宋会要辑稿》食货65之94—95《免役》,中华书局1957年影印本,第6203—6204页。
④　《宋会要辑稿》食货65之95—96《免役》,中华书局1957年影印本,第6203—6204页。
⑤　《宋会要辑稿》食货65之97《免役》,中华书局1957年影印本,第6205页。

年（1170年）十月七日，又有官员上奏说，近年有的"漕臣务在催科急办，不用役法，罢去税长"即催税户长，"行下州县，每三十户差一甲头，逐时催税"。此制推行后，各县"并缘为奸，一名出头，即告示出钱数千，谓之'甲头钱'。往往一县岁不下五七千缗，以至万余缗"。有的县有一万户，夏、秋两税，共差甲头六百多人，"此事岂不为扰"！请求下令各路提举司，"并行住罢"，由户部"检坐乾道二年九月已获旨行下"，"如有违戾，重作施行"①。这表示取消甲头催税，仍旧实行户长催税制。

当然，由于各地经济发展不平衡，各地难以实行一种统一的催税制。比如福建路、福州，此前多次变更。到乾道二年（1166年），福州取消甲头催税；四年，复设。五年（1169年）九月十六日，又有官员向朝廷提出，"两税催科，用户长或耆长之类，此通法也"。说明此时各地普遍实行户长或耆长催税制。这名官员又提到，在江、浙四路，"以赋入浩繁，耆、户长不足以督办，乃权一时之宜，而责之保正、副长"。近二三年以来，福建诸州县"亦仿浙、江之例而行之"，但"不知福建地狭民贫，赋入不及于江、浙也"。所以，他建议禁止照搬江、浙的催税制。孝宗于是下诏："应福建路州县催科之人，悉仍其旧。如近来创置甲头与保正、副长，追税之扰，一切罢之。"②八年（1172年）"又罢甲头催税"③。自此至淳熙九年（1182年）五月，福州耆长、壮丁雇募"投名"即自愿报名者，保正、长则依旧轮差税户即主户。依据该州各县主户的户数统计，平均约每一千多户设置户长一名，其中有的县近700户设一名，也有的县5 000多户设一名④。

从宋孝宗朝至宁宗朝，按照法律规定，乡村一都之内，一般设都副保正二名，主管本地有关盗贼、斗殴、烟火、桥梁、道路公事；下设大、小

---

①　《宋会要辑稿》食货65之99—100《免役》，中华书局1957年影印本，第6208页。

②　《宋会要辑稿》食货65之98《免役》，中华书局1957年影印本，第6205页。

③④　梁克家：《淳熙三山志》卷14《版籍类五·州县役人》，《宋元方志丛刊》第8册，中华书局1990年版，第7898页。

保长八名，负责"催纳税租及随税所纳钱数"。都副保正是本都"物力颇高"者，"役之二岁，尚可枝梧"；而保长"类多下户，无千金之储，限以二年，困穷特甚"。淳熙元年（1174年）三月起，保长的任期缩短为一年，后来又减为"一税一替"即每任一界（半年），前提是要自愿兼充户长"轮催纳税租"①。淳熙六年四月，孝宗采纳"臣僚"所说"差役之弊，人但知保正受害，不知大保长催科者受害尤重，盖其数多于保正，而力弱于大姓"，下诏自今大保长"不许催科，止受凭由，给付人户，依限输纳"；如果遇有"顽户""欠多"，"即差保正追纳"②。但在执行时，又出现了保正负担过重的问题。在县衙"以文引勒令"保正副"拘催"时，"其间有顽慢不肯输纳之人，又有无着落税赋，往往迫以期限"；保正副"不堪杖责"，县衙则"勒令代纳"。理学家朱熹了解到"县道差募保正拘催二税，自承认之日，便先期借绢借米，硬令空坐人户姓名，投纳在官，曾未旬月，分限完较，或三五日一次，或五六日一次"。在"比较"过程中，"人吏、乡司皆有常例，需索稍不如数，虽所催分数已及，却计较毫厘，将多为少，未免棰楚"。而且，在"一月之内，尽是趁赴比较之日，即不曾得在乡催税"。因此，保正、长"一经役次，家产遂空"。针对这一弊病，朱熹以两浙东路提举常平茶盐公事的身份，在本路各州县乡村市镇张榜公布，声明如果县衙有如上的"违戾"，"许保正副、催科保长径副本司陈诉"③。不管用大保长催税，或者用甲头及都、副保正催税，时间稍长，都会产生弊病。一是一般官户可以利用权势免役，完全不承担本都、保的催税之责。二是上户则使用"诡名挟户"的办法降低户等避役。三是县衙的案吏、"乡司"即本乡的头目、乡书手等，往往受上户的"计嘱"，"抑勒贫乏之家充催税保长"，中、下户反而被迫充役，"频年被扰，不得休息"。四是县吏在保正或保长交税时，还对无权无势的催税人敲诈勒索，迫使承担逃户、绝户田产的赋税以及"陪备输纳管物"，"以至破家荡产"。对于这些弊病，每隔数年总有官员上疏提出改革，

①②③　《宋会要辑稿》食货66之21《免役》，中华书局1957年影印本，第6218页。

有时讲"催税保长"或"大保长代户长催税",请求朝廷取消"催税户长"或"税长",改差甲头,或建议雇募;有时讲"保正、副"催税负担太重,要求州县官衙"遵守条法,不得泛有科扰"或"非泛科配物色";①等等。其实,不管改来改去,总有弊病出现。究其原应,正如乾道三年四川制置使汪应辰所说,是官员们"不知所以害民者,在人不在法也"。看来,世界没有百分之百的完善之法制。任何一项新法,执行时间稍长,总会出现一些漏洞,给某些人钻空子,从而产生弊病。随后,有人指出其危害,提出进行改革,于是出现了新的措施或办法。

三、税 长 和 苗 长

如前所述,宋高宗绍兴四年(1134 年)正月已经出现"税长"一词。从当时使用者的角度推断,此词是负责催夏、秋二税等赋税的户长的简称。绍兴五年至七年,张守在《措置江西善后札子》中提及:"民间积欠税赋,多是逃绝死亡,及贫民下户。如逃绝死亡,则取办于税长、保正;贫民下户则不胜棰挞,亦逃亡而后已。臣契勘绍兴五年分积欠,已有绍兴七年七月二十五日指挥除放外,今欲乞将本路绍兴六年分积欠税租、和买,特与蠲放。"②此处将税长与保正并列,似乎税长仅指催税户长,不包括保正,即使保正也被派去催税。

到孝宗淳熙十六年(1189 年),甲头负责催税也被称为税长。据浙东提举袁说友奏请朝廷遵行绍兴间的"甲首法"即甲头法,具体为:"以三十户为一给(甲),流水排次。遇开场,则以各户合输之目,列为榜,揭之通衢,令已输者自疏其时,以待考察。限满,上其榜,以县钞点磨:其输足者;先出甲;未输或输未足者,择其尤一人罚为甲首,给甲帖,催甲内税;违者,痛绳之。"自此法实行后,效果甚佳:"自是民畏充甲首,竞先输官,不费寸纸而赋集,齐民破荡之祸殆少纾矣。"但也有一些人

---

① 　《宋会要辑稿》食货 66 之 27、28《免役》,中华书局 1957 年影印本,第 6221 页。
② 　张守:《思陵集》卷 7《札子·措置江西善后札子》,丛书集成初编本,第 36 页。

不满意,主要是县衙的吏胥们无法从中敲诈勒索,于是"日撼岁摇":或"怖以税长",或"虽用甲首,而已非袁公之旧,名实交戾,利害相反,虽未如至催头之酷,而中产下户遍患苦之矣"①。

从此,"税长"一词的使用频率明显增多。光宗绍熙元年(1190年)六月,知绍兴府洪迈、同提举郑湜"奉诏""措置"绍兴府和买的"均敷"问题,洪迈等采取的措施之一是"诸县人户物力,有原管绝少,而新并过倍;有原系白脚,而新并千百贯者,多合升起等第充税长保正之人。缘积习累年,一旦输纳和买,又便当役,中产之家所不能堪"。指出"均敷"和买的结果,造成乡村中等户的户等提升,被迫充当本保的保正,并负责催税,担任当年的"税长"。二年(1191年)八月十七日,据太常少卿张叔椿统计,按照乡村的都、保制,大致"一都二年用保正、副二人","一都十保,一保夏、秋二税用保长二人","二年之间,为税长者四十人"。这里明确计算平均每都每年设保长十人,充当税长。张叔椿建议采用不论宽乡或狭乡,人户的"物力""均以十分为率,以上五分充保正、副,以下四分充保长,至末等一分之贫乏者免之"。他具体举例说,"如物力三千贯至五百贯,皆以为正、副;自四百贯至二百贯,皆以为保长";宽乡物力不及一百贯,狭乡不及五十贯,"与免役"即不担任保长。②光宗朝的官员蔡戡在《论州县科扰之弊》的奏疏中,说乡村中担任保正者,要承担县衙的"科买土产,科买竹木"外,"巡尉下乡,则预备酒食;居民被盗,则先纳赏钱;应期限,则有缴引钱;违期限,则有罚醋钱;以至修造公廨、桥梁、驿舍,一切取办",所以"中人之家,无不剔屋破产以充役"。至于担任税长者,遇到邻户"逃绝",其税则"令代纳";邻户的土地"坍江",其税则"令代纳";邻户"产去税存、无所从出者",其税则"又令代纳";"异县它乡、不能追逮者",其税"又令代纳",因此"单产之民,无不典妻鬻子以免罪"。蔡戡还提及州县"催科"过程中对

---

① 陈耆卿:《嘉定赤城志》卷17《吏役门·乡役人》,《宋元方志丛刊》第7册,中华书局1990年版,第7419页。
② 《宋会要辑稿》食货66之26《役法》,中华书局1957年影印本,第6220页。

农民的种种骚扰①。

宋宁宗时，又出现了"苗长"一词。从其名，估计由主管催缴本地的秋税即秋苗而来。由此，如果同时出现税长和苗长的话，税长只管催缴本地的夏税，苗长则只管本地的秋税。据《名公书判清明集》记载，宁宗时，地方官范应铃在《罗柄女使来安诉主母夺去所拨田产》判词中指出，嘉定十四年（1221年）秋，"已差邹明充应税长一次"。邹明是主户罗柄家女使阿邹之父，其田产系罗柄赠与阿邹及阿邹自己以铜钱和会子典买者，由于法律规定"不许起立女户，而以父邹明替之"。这说明邹明是在当年征收秋税即秋苗时，充当本地的苗长②。

宋理宗时，又出现了"税长催头"一词。端平三年（1235年），胡太初撰《昼帘绪论·差役篇》说："今既行绍兴甲首之法，可免税长催头之责，则应役者不过辑保伍、应期会而已，民亦不至甚惮，而巧计以求免也。"③如前所述，宋高宗时，一度实行"甲头"催税制，胡太初认为由甲头负责催税，便可以免除税长催税的麻烦。"催头"列于"税长"之后，可能就是负责催督秋税（秋苗）者即"苗长"之意。不过，当时更多的官员不分秋税和夏税，只笼统使用"税长"一词，以代表负责催督二税之长。如黄震撰《知吉州兼江西提举、大监糜公（奓）行状》记载，糜奓任绍兴府山阴县知县时，"山阴旧苦催科"，地方官"往往抑税长代输"。糜奓到山阴后，"郡议排甲以易之"。糜奓提出反对说，"此不在变法，而在择县令。县令得人，税长可，排甲亦可。否者税长之弊，排甲独无弊乎"？他在当地"厘正税长苗税"，于是二税"不趣而办"④王柏在《答季伯韶（按名铺）》函中针对各县乡村主户为逃避重税而出现许多逃户

① 黄淮、杨士奇：《历代名臣奏议》卷109《仁民》，上海古籍出版社1989年影印本，第1457—1458页。

② 《名公书判清明集》卷4《户婚门·争业类》，中华书局1987年版，第115—116页。

③ 胡太初：《昼帘绪论·差役篇第十》，丛书集成初编本，第16页。

④ 张伟、何忠礼：《黄震全集·日抄》卷96《行状·知吉州兼江西提举、太监糜公行状》，浙江大学出版社2013年版，第2470—2471页。

和亡绝户,县衙往往逼迫"税长"代缴的现象,提出"由此逃亡户绝者不与厘正,而税长代输,破家荡产,比比皆是,而争役之讼,自是而扰扰矣"①。孙应时在《与施监丞宿书》中也言及"其余保正及税长名次,一面排结,当以面呈"②。

由于负责催纳二税等成为乡村主户的沉重负担,税长等逐渐变为职役的一种,而且带来了许多纠纷。为了减少矛盾,平均负担,各地推行新的役法即义役法、倍役法等。其中义役法大致为:乡村主户为了减轻轮差保正、保长而兼任税长等的重负,自行结合,捐田收租,资助当役户。嘉熙二年(1238 年)正月,刘宰撰《义役记》,记载平江府常熟县的义役法说:"役之大者曰保正,以式法受政令,而赋于下;役之小者曰税长、苗长,视岁时之宜,督租税以奉其上。保正则岁一人,及除而代;苗、税长则岁各二人,或一人。"③说明常熟县的义役法是每年每保轮差保正一人,而税长和苗长轮差各二人或各一人。

在南宋人的各种记载中,人们更多地论述税长的重负,而较少谈到苗长。之所以出现这一现象,据朱熹说是因为夏税和秋税催纳时难、易程度不同。他说:"尝有人充保正,来论某当催秋税,某人当催夏税。某初以为催税只一般,何争秋、夏? 问之,乃知秋税苗产有定色,易催;夏税是和买绢,最为苦重。盖始者一匹,官先支得六百钱,后来变得令人先纳绢,后请钱,已自费力了。后又无钱可请,只得白纳绢;今又不纳绢,只令纳价钱,钱数又重。催不到者,保正出之,一番当役,则为之困矣。"④朱熹原来也不知道催夏税和催秋税的难易有别,在请问了一位当保正者后,才弄懂其中的奥妙。由此我们推测南宋人较少提到"苗长"的原因就在于此。

---

① 王柏:《鲁斋集》卷 17《尺牍》,商务印书馆文渊阁四库全书本,第 245—246 页。
② 孙应时:《烛湖集》卷 8《书四》,商务印书馆文渊阁四库全书本,第 613 页。
③ 孙应时:《重修琴川志》卷 12《学》,《宋元方志丛刊》第 2 册,中华书局 1990 年版,第 1266—1267 页。
④ 黎靖德:《朱子语类》卷 111《朱子八·论民》,中华书局 1986 年版,第 2714—2715 页。

四、元朝和明朝的催税人

元朝乡村也设置催税人，但没有继承南宋的税长、苗长制，而是承袭金朝之制，设立里正和主首制。据刁培俊《元代主首的乡村管理职能及其变化》一文的研究，元朝的基层组织编制，乡村分为乡、都二级；部分乡村地区（尤其是北方）在更小的村一级还设立社制。在乡设里正，乡之下设都，都设主首。里正、主首成为元朝乡村管理基层体系的职役人员。主首具体的治理职能首先是催督民户交纳赋税，其次是催督民户承担徭役①。高树林《元代赋役制度研究》一书《元朝赋税》《元朝力役》②，也对元朝的二税和职役制度作了深入研究，不过都还没有涉及前代的税长和苗长的问题。

明朝乡村催税人制度，在太祖洪武四年（1371年）九月就设立了。据梁方仲先生研究，洪武四年（1371年）九月丁丑，太祖"以郡县吏每遇征收赋税，辄侵渔于民，乃命户部令有司科民土田，以万担为率，其中田土多者为粮长，督其乡之赋税。且谓廷臣曰：'此以良民治良民，必无侵渔之患矣。'"③明太祖设计这一制度时，没有沿袭元朝的主首和里正制，而是直接制定粮长催税制。据明代一些方志记载，"初，嘉定之为役有四，曰粮长，曰塘长，曰里长，曰老人（塘、老人皆杂泛，唯里长为正役），而沿革损益之变，以时移易。"又说："高皇帝（按明太祖）念赋税关国重计，凡民既富方谷，乃以殷实户充粮长，督其乡租税，多者万担，少者乃数千担，部输入京，往往得召见，一语称旨，辄复拜官。当时父兄之训其子弟，以能充粮长者为贤，而不慕科第之荣。盖有累世相承不易者，官之百役以身任之，而不以及其细户，细户得以相保，男乐耕耘，女

---

① 刁培俊：《元代主首的乡村管理职能及其变化》，载复旦大学历史系：《传承与变革——10—14世纪中国的多边政治与多元文化》，国际学术研讨会论文集，第194—198页。
② 高树林：《元代赋役制度研究》，河北大学出版社1997年版。
③ 梁方仲：《明代粮长制度研究》引《明太祖实录》卷68，第13页。

勤织纺,老死不见县门。故民淳事简,中家常有数年之蓄。"①明太祖如
何与在朝大臣商讨制定乡村催税制的,史无明文,但不可能不经过与大
臣们商议,明太祖自己独自作出了这一重要的决策。至少在明初君臣
的心目之中,南宋的税长和苗长催税制还留下一些历史的记忆,因此立
即设计了"粮长"制。不过,与南宋之制略有不同,第一,粮长由当地的
缴税"殷实户"即富户中产生,税长和苗长则有时轮差到中、下户。第
二,粮长不仅负责催纳本地的租税,还要负责运往首都;税长和苗长则
只负责催税,将赋税缴至本县。第三,粮长将本地租税解发至首都时,
有机会谒见明太祖,如得到太祖的赏识,还可授予官职,故富户尚愿任
此差遣。由此可见,明朝的粮长制还是脱胎于南宋的税长和苗长制。

(本文刊载于《河北大学学报》(哲学社会科学版)

2016 年第 1 期)

---

① 　韩浚:(万历)《嘉定县志》卷 6《田赋考中·徭役》,第 2—3 页。

史籍考论

目　　录

"三面保义"辨

近年来,在北宋末年方腊起义的研究中,出现了一个生疏的名词,叫做"三面保义"。说是曾经参预镇压方腊起义的青溪县土豪方庚的一个称号,意为"八面玲珑"。根据是《桂林方氏宗谱》所录南宋绍兴年间洪适所撰奏状,即所谓《洪丞相奏文》。

其实,《桂林方氏宗谱》所录《洪丞相奏文》,是有问题的。洪适《盘洲文集》卷50《徽州除浙西提举赴阙奏方庚状》,正是《宗谱》所谓《洪丞相奏文》的原文。奏状说:方庚"其人黑而长,徽人谓之'方庚三',面称之为'保义'。众皆能言,非臣敢为虚语。"《宗谱》的《奏文》在原文"面称之为'保义'"一句中,漏脱了"称之为"这三个字,因而使人乍一读以为是"面保义",应与前句的"三"字缀连,于是就出现了"三面保义"这个奇怪的名词,进而被后人望文生义地解释为"八面玲珑"。

那末,"方庚三"和"保义"这两个名词又应该怎样解释呢?《桂林方氏宗谱》卷1《世系总图》记载,方有常的几个儿子中,方庚是"行三,授都统领,转承信郎"。说明方庚排行第三,故徽州人称他为"方庚三"。当然,对于这个大土豪来说,这一称呼确实有点不敬,所以只在背后才这样称呼他。至于"保义"这一称号,来源于宋徽宗政和年间颁行的"内殿承制以下小使臣"新十二阶中的第八阶"保义郎",政和以前称"右班殿直"①,系正九品官②。根据《桂林方氏宗谱》卷7《忠义彦通

---

① 《宋大诏令集》卷163《政事十六·官制四》,政和二年九月二十五日诏。
② 《宋史》卷168《职官志八·官品》。

方公传》以及其他有关方庚事迹的记载,方庚一生没有当过"保义郎"。南宋初,虽曾取得"承信郎"的诰身,但不久即因故被追毁。直到绍兴三十一年(1161年),由于提举两浙西路常平茶盐公事(《宗谱》作"提举江南路常平茶盐公事",误),洪适上疏推荐,才当上了"承信郎"。次年,方庚死去。"承信郎"在"小使臣"中比"保义郎"要低两阶,属从九品,是宋代最低的官品。既然方庚一生只当过"承信郎",何以别人又当面称他为"保义"呢? 原来宋代社会流行一种自封官衔的习俗,一些没有得官的人往往自称某某官,借此提高身价。从富人、巫医、祝卜、技艺之流到官僚贵族的仆隶,无不如此。北宋时,开封的富人都自称为"员外"①。"员外"是宋代尚书省各司"员外郎"(从六品或正七品官)的简称。在宋代城市、集镇里,巫、医、祝、卜、技艺之人都以"助教"自名②。"助教"是宋代最低的官称。北宋时,官僚、贵族的仆隶,有时自称"保义",有时自称"大夫"③。北宋末年,河北路有的农民起义领袖自称"赛保义"④。受这种习俗的影响,方庚必然首先自称"保义郎",然后别人为了讨好他,便当面叫他"保义"。

总之,方庚只能称为"保义",不能称为"三面保义"。"三面保义"是以讹传讹的结果,宋代并不通行这个名词。

（本文刊载于《南开学报》(哲学社会科学版)1980年第4期）

---

① 方回:《续古今考》卷10《附秦汉九卿考》。
② 曾敏行:《独醒杂志》卷2。
③ 曾慥:《高斋漫录》。
④ 《宋会要辑稿》兵12之26《捕贼二》。

关于《容斋逸史》的作者

　　《容斋逸史》是有关北宋末年方腊起义的重要史料之一。它原是《青溪寇轨》一书的一部分。近年来，史学界对《青溪寇轨》的结构及其作者等问题作了探讨，颇有收获。但是，在《容斋逸史》的作者究竟是谁的问题上，意见仍有分歧。吴企明同志"补证"清代《四库全书总目提要》的观点，提出了三点理由，证明《容斋逸史》是南宋洪迈所撰①。杨渭生同志与之相反，认为《容斋逸史》系"后人假托'容斋'之号而伪作的"，"并非洪迈所撰"②。我认为，吴、杨二文各持一端，不免都失之偏颇。根据现存资料，《容斋逸史》既有可能是洪迈所撰，又有可能是其他以"容斋"为号的士大夫所撰，尚不能最后定论，更不能把它当成一种"编造的伪作"。

一

　　从严格的意义讲，《容斋逸史》究竟是一部独立的著作，还是附于某一著作中的几卷或单篇文章；《容斋逸史》究竟是原作者自定的名称，还是《青溪寇轨》的编纂者擅自命名，或是在原名《逸史》上冠以原作者之号"容斋"，这些问题现在都难以一一搞清。我们只是从《青溪寇轨》一书所附"容斋逸史曰"的两则材料中，才知道它的存在。因此，

---

① 吴企明：《"容斋逸史"补证》，载《中华文史论丛》1979年第1辑。以下简称"吴文"。
② 杨渭生：《〈容斋逸史〉献疑》，载《历史研究》1979年第9期。以下简称"杨文"。

我们只能由"容斋"之号和《容斋逸史》的有些内容来推测它的作者及其写作年代。

《容斋逸史》的第一则材料的最后一段话,为我们提供了《逸史》作者大致的生活时代的一个线索。《逸史》的这段话是这样说的:"泊宅翁之志寇轨也,蕲王犹未知名,故略之。"所谓泊宅翁,就是方勺。方勺是南、北宋间人,著有《泊宅编》。这段话提到了南宋初年抗金名将韩世忠的封号"蕲王"。据《宋史》卷34《孝宗纪二》记载,韩世忠是在宋孝宗乾道四年(1168年)四月己酉,被追封为"蕲王"的。由此推测,以"容斋"为号的作者撰写《容斋逸史》的时间,最早不会超过乾道四年四月己酉。杨文虽然注意到韩世忠被称为"蕲王"这一事实,但却以韩世忠在宋孝宗淳熙三年(1176年)二月甲申被追谥"忠武",定为《容斋逸史》作者生活时代的上限。这就把上限的时间向下拉了八年之久。因此,比较准确地说,应该把上限的时间定在乾道四年。至于《容斋逸史》作者生活时代的下限,《容斋逸史》第一则材料最后的另一段话又为我们提供了一个线索。这段话指出:"迨建炎南渡,经费多端,愈益穷困,不可复支。向非(方)腊之耗乱,江淮、二浙公私充实,南渡后或可藉为恢复之资,亦未可知也。噫!腊之耗乱,可哀也已!然所以致是者谁欤?"言下之意,江淮、两浙地区本来公私富足,由于方腊起义的"耗乱",致使南迁后越来越贫困,不然,南迁后还有可能利用这些地区的财富,作为"恢复"北方故土的资本。当然,这段话把南宋统治者不能打败金朝女真贵族的罪责转加给方腊起义,这是违反历史事实的,是对方腊起义的污蔑。但是,这段话对南宋不能"恢复"中原所表露的感伤、惋惜之情,却说明它正是出于南宋士大夫的笔下,因为唯有南宋的士大夫才具有这种感情。由此可见,《容斋逸史》作者生活时代的下限,必定在南宋末年。这样,《容斋逸史》作者的生活时代,必定在宋孝宗乾道四年到南宋末年。在这段时间里,凡是以"容斋"为号的士大夫,都有可能是《容斋逸史》的作者。

二

如果以"容斋"之号来确定《容斋逸史》作者的话,那么必须看到,乾道四年到南宋末年之间,不仅洪迈一人曾经以"容斋"为号,据初步查考,至少还有其他三名士大夫以此为号。这三名士大夫是刘元刚、唐廷瑞、庄圭复。

刘元刚,字南夫,一字南强,号容斋,吉州吉水县人。宋孝宗淳熙十四年(1187年)生,宁宗嘉定十六年(1223年)登进士第,任信州永丰县主簿,调静江军节度推官,差江州教授兼濂溪书院山长。理宗淳祐五年(1245年)知抚州崇仁县,迁通判鄂州,最后知韶州。度宗咸淳四年(1268年)死,享年八十二。著有《诗、书、孝经、论语、孟子演义》、《容斋杂著》、《家庭谩录》等各若干卷①。

唐廷瑞,字君祥,号容斋,徽州歙县人。理宗宝祐元年(1253年)特奏名进士,授福州文学,迁建德府遂安县主簿,官至总干。博洽多闻,著有《容斋杂著》十卷②。

庄圭复,字生道,号容斋,晋江青阳人。以文学著名,入元后隐居不仕,吟哦自如,享年九十一③。

以上这四名以"容斋"为号的士大夫中,洪迈自然是《容斋逸史》的可能作者之一,而刘元刚、唐廷瑞都曾撰《容斋杂著》一书,《容斋逸史》也有可能是他们的《容斋杂著》的一部分。在这两人中,唐廷瑞的情况更值得注意。他既是徽州歙县人,又曾在建德府遂安县任主簿。据《桂林方氏宗谱》卷7《忠义彦通方公(庚)传》记载,方腊正是歙县人。遂安县又是方腊起义军曾经浴血奋战的地点之一。所以,《容斋逸史》

---

① 文天祥:《文山全集》卷11《知韶州刘容斋墓志铭》。
② 《宋元学案补遗》卷81。
③ (清)李清馥:《闽中理学渊源考》卷33《庄容斋先生圭复》。

也有可能是他的《杂著》的部分内容。至于庄圭复，由于他的生平、著作情况记载比较简略，只能说他有可能是《容斋逸史》的作者，除此而外，无法作更多的推测。因此，在乾道四年以后的南宋士大夫中，如果只因洪迈之号为"容斋"以及其他理由，而把洪迈看作《容斋逸史》唯一可能的作者，显然是十分不够的。同时，如果只因《容斋逸史》有些内容不符合事实，就认为是别人"假托"洪迈之号，并定为"伪作"，显然也是十分不够的。

三

　　杨文断定《容斋逸史》是后人"假托"洪迈之号而"编造"出来的"伪作"。他提出了四条理由。我认为，这四条理由都还有值得商榷之处。
　　首先，杨文引用了《容斋逸史》第一则材料的最后一段话："泊宅翁之志寇轨也，蕲王犹未知名，故略之。且时宰犹多在朝，（方）腊党阴谋，语多忌讳，亦削不载，吾故表而出之，以戒后世司民者。"认为"伪作"者从这里"露出了破绽"。是什么"破绽"呢？据杨文说，方勺《泊宅编》"作于南宋绍兴年间（一说绍兴二年，一说绍兴十二年）"，当时韩世忠已经"战功显赫"，建炎四年（1130年）和绍兴四年（1134年）两次大败金兵，成为"中兴"名将，而《容斋逸史》却说他"犹未知名"。洪迈曾经做过史官，"熟悉本朝掌故"，"难道洪迈连方勺《泊宅编》的作年，尤其是韩世忠何时扬名都不知道"！杨文认为，这一"破绽"证明《容斋逸史》"不是洪迈的著作"。我认为，《容斋逸史》这一段话本来并不存在"破绽"，这个"破绽"恰是因为杨文对方勺《泊宅编》的写作过程有所误解而造成的。方勺《泊宅编》全书完稿的时间，最早是在绍兴十二年。因为《泊宅编》卷9有一则材料，说到方勺自己在绍兴壬戌（十二年），"始游径山，首见长老觉明"。这是《泊宅编》明确记载方勺活动时间最晚的一个年头。不过，还应该看到，《泊宅编》是一部笔记性质的著作，方勺遇事随时记录，虽然最后成书的时间不会早于绍兴十二年，但从全书的内容考察,有些条目肯定写于北宋末年,也就是宋徽宗宣和年间(1119 到 1125 年)。比如其中有一条说:"枢密蔡公卞,只一子,名仍,今为显谟阁待制……"①。蔡卞是蔡京之弟,政和末年(1118 年)死于高邮军。宋高宗即位,被追责为宁国军节度副使;绍兴五年(1135 年),又被贬为单州团练副使②。蔡卞跟蔡京一样,都是导致北宋亡国的罪魁祸首,宋钦宗靖康到高宗绍兴年间,已经声名狼藉,路人唾骂,在这种情况下,方勺在写这一条时,仍然称蔡卞为"蔡公"是不可能的。所以,唯一的可能是方勺写这一条的时间,正是在蔡卞、蔡京等人得势的时候。同时,蔡卞之子蔡仍,宣和年间曾任徽猷阁学士,钦宗靖康初被削职罢官,流窜湖南,死于孝宗乾道年间③。《泊宅编》说蔡仍"今为显谟阁学士",也正表明方勺写这一条是在蔡仍任显谟阁学士的时候,而蔡仍只有在宣和年间才可能当宋代的这一"侍从官"。由此可见,《泊宅编》肯定有一部分内容写在北宋末的宣和年间,这些条目并非都要到全书完稿的那一年才写出来。这样,《容斋逸史》所说方勺在《泊宅编》中记录方腊起义事迹时,韩世忠尚未知名、"时宰"蔡京等人仍然在朝等等,是符合事实的。这里并不存在什么"破绽"。假定《容斋逸史》是洪迈所撰,那末《容斋逸史》的这段话恰好表明洪迈熟知方勺《泊宅编》的写作经过,而不是胡乱编造出来的。

其次,杨文从《容斋逸史》所载方腊的身份,来论证《容斋逸史》并非洪迈所撰。杨文认为,《桂林方氏宗谱》、《歙淳方氏会宗统谱》等书关于方腊的身份为"佣工"(雇农)的记载,是"众所公认"的事实,而《容斋逸史》说的"(方)腊有漆园,造作局屡酷之,腊怨而未敢发",则不是事实,说明《容斋逸史》的作者"对方腊的身份一无所知","这不像洪迈所能知道的方腊情况"。我认为,完全肯定《容斋逸史》关于方腊起义事迹的记载,固然不对,过于相信《桂林方氏宗谱》等书关于方腊事

---

① 《泊宅编》卷中(《金华丛书》三卷本)。
② 《宋史》卷 472《蔡卞传》。
③ 王明清:《挥麈录·余话》卷 2;王偁:《东都事略》卷 101《蔡卞传》。

迹的记载,也并不正确。事实上,《桂林方氏宗谱》本身也有不少失实的记载。就以杨文所引《桂林方氏宗谱·洪丞相奏文》为例。该《奏文》是洪迈之兄洪适为保荐淳安县大土豪方庚而写的。方庚曾经参预镇压方腊起义。杨文引用其中关于方庚的几句话,说:"方庚'人黑而长','徽人称为三面保义','众皆惮之'——实际上方庚为地方上一霸"。这里就有错误。宋代只有"保义"、"赛保义"等叫法,根本没有"三面保义"这种称呼。据查,洪适《盘洲文集》卷50《徽州除浙西提举赴阙奏方庚状》,就是《桂林方氏宗谱》的《洪丞相奏文》的原文。在这一奏状中,关于方庚的情况是这样描写的:"帮源四边俱山险,其中坦夷,有田可耕,居者甚众,方庚实为之桀,聚族皆惮服之,……其人黑而长,徽人谓之'方庚三',面称之为'保义'。众皆能言……"跟《桂林方氏宗谱》的《奏文》对照,不难发现,所谓三面保义,是《宗谱》的编纂者随意删节的结果,方庚本来并没有这个称号。由此可见,《桂林方氏宗谱》并不绝对可靠,对于其中关于方腊起义的记载也应该加以认真鉴别。关于这个问题,史学界已有同志撰文论述,并对《宗谱》所载方腊的籍贯、出身等提出怀疑,此处不再赘述①。我的看法是,根据目前掌握的史料,方腊的出身究竟是"佣工",还是漆园主,还不能定论,不妨两存之。因此,杨文用《桂林方氏宗谱》的资料来否定《容斋逸史》的记载,并以此来证明《容斋逸史》跟洪迈无关,并不十分妥当。

再其次,杨文对《容斋逸史》所载方腊漆园誓师"演讲"词提出怀疑,认为这一"演讲"词的内容有很多是"宋明理学家们的常谈","根本不是方腊的语言";同时,"演讲"的时机不对,方腊揭竿首义时,"斗争非常紧迫军事行动分秒必争,哪有时间'椎牛酾酒'、'发表演讲'"! 此外,"演讲"的地点也有问题,因为《桂林方氏宗谱》"并未提到方有常家有什么'漆园',哪来'占领漆园'和'漆园誓师'呢?"我认为,《容斋逸史》出自南宋乾道四年以后地主士大夫之手,是毫无疑义的。乾道四

---

① 吴泰:《关于方腊评价的若干问题》;陈振:《方腊起义研究中的几个问题——〈桂林方氏宗谱〉不可信》,均载《学术月刊》1979 年第 7 期。

年以后,正是程朱学派理学在社会上逐步扩大影响的时期(尽管其间有过曲折),反映到《容斋逸史》中,就出现了宋代理学家的一些说教。这一点我跟杨文的意见是一致的。不过,还应该看到,在北宋末年,由于蔡京等人打着继承王安石熙丰"新法"的旗号,对广大劳动人民实行残酷掠夺,因此,广大劳动人民在憎恨蔡京等"奸贼"的同时,对熙丰"新法"派表示反感,而对以司马光为首的"元老旧臣"表示怀念,这也并不难理解。《容斋逸史》的作者,在记述方腊起义的这段历史时,很可能汲取了当时民间的一些传说,而这些传说又本来具有上述看法。所以,即使正如杨文所说,这些话不是方腊当时的语言,那末在一定程度上也代表了南宋一般人民群众的看法。此其一。按照常理,在革命战争中,政治动员必然会对军事行动起促进的作用。方腊在起义前,不可能不作准备工作;在举行起义时,也不可能不作某种方式的动员工作。如果一定要说因为军事行动紧急,不能"椎牛酾酒"和进行政治动员,我看也未必尽然。此其二。方勺《泊宅编》中关于方腊起义的事迹,是根据镇压方腊起义的刽子手之一、会稽进士沈杰亲口所说而记录的,一般地说是比较可信的第一手资料。此书卷 5 说:"青溪为睦(州)大邑,梓桐、帮源等号山谷幽僻处,东南趋睦,西近歙,民物繁庶,有漆、楮、林木之饶"。说明帮源峒确实是当地产漆地区之一。虽然《桂林方氏宗谱》没有提到地主方有常家拥有漆园,也没有提到方腊家拥有漆园,但当地存在漆园或漆树林则是事实,因此,方腊在起义之初在漆园中进行秘密的誓师和动员工作,也完全有其可能。此其三。以上三点,说明方腊的漆园誓师演说在内容、时机、地点上并非全属虚构,虽然在方腊的演说词中不免掺杂了一些地主士大夫的观点,但不能因之而把它定为"编造的伪作"。

　　第四,杨文从现存的洪迈著作来推断《容斋逸史》"并非洪迈的作品",理由之一是在《容斋随笔》和《夷坚志》等作品中"既未发现他有题作《容斋逸史》的论著,也没有见到他用'容斋逸史曰'这个笔名"。理由之二是王弥大在《青溪弄兵录》自注中说明,他在洪迈逝世前一年即嘉泰元年(1201年)，从方勺《泊宅编》和宋朝《续会要》中录出青溪方腊的事迹，并没有提到《青溪寇轨》及其所附《容斋逸史》。我认为，洪迈一生著述极为丰富，今存的作品不过是他的全部著作中的一小部分。除《夷坚志》已大部散佚外，今天已散佚的还有《野处猥稿》一〇四卷、《琼野录》三卷、《会稽和买事宜录》七卷、《记绍兴以来所见》二卷、《野处赘稿》三八卷、《词科进卷》六卷、《苏黄押韵》三二卷、《节资治通鉴》一五〇卷、《四朝史记》三〇卷、《列传》一三〇卷、《前汉法语》二〇卷、《后汉精语》一六卷等，这些作品在《宋史·艺文志》、陈振孙《直斋书录解题》和晁公武《郡斋读书志》中均有著录。虽然这些作品中并没有提到《容斋逸史》一书，但也有可能《容斋逸史》就是已经散佚了的某一作品的一部分。至于王弥大在《青溪弄兵录》自注中没有提到《容斋逸史》，那也不等于可以肯定洪迈生前不曾写过。因为在宋代，许多文人名士的作品，往往是在他们死后，由他们的门弟子或后人编纂成书而后付梓问世的。因此，《容斋逸史》仍然有可能是洪迈的著作。当然，也不排斥有另外的可能，即由以"容斋"为号的唐廷瑞、刘元刚等另外三名士大夫所撰。

最后，必须说明，杨文一再强调《容斋逸史》是"伪作"。这就产生了一个问题，究竟应该用什么标准来衡量一部史籍或一篇历史著作的真伪呢？如果因为洪迈使用了"容斋"之号，而当别人使用时就变为非法，从而把他们的著作也定为"假托'容斋'之号而伪作的"，那末唐廷瑞、刘元刚的《容斋杂著》就可能因为这个标准而变成"伪作"。显然，这是不合情理的。事实上，自从元末明初陶宗仪编纂《说郛》，收入《青溪寇轨》一书以来，直到清代编《四库全书》时，才有编修官在《提要》中指出："容斋为洪迈之号，疑或(洪)迈所附题欤!"也仅仅是怀疑或许是洪迈所撰，没有完全肯定。如果因为《容斋逸史》的某些内容，由于作者的剥削阶级偏见而很不符合事实，那么，去粗取精、去伪存真就是我们今天历史工作者的任务，但不能因此而把它定为"伪作"。否则，一部《二十四史》以及其他大量的中国古代文献，都会在这个标准面前，被当成"伪作"而受到不应有的待遇。

　　总之,我认为,《容斋逸史》是由以"容斋"为号的南宋士大夫所撰,在南宋乾道四年以后,有四人使用"容斋"之号,其中洪迈、唐廷瑞的可能性比较大,其次为刘元刚、庄圭复。不能把《容斋逸史》定为后人编造的"伪作"。

（本文刊载于《中国农民战争史论丛》第 3 辑,
河南人民出版社 1981 年版）

宋代俗语"踏逐"新解

　　"踏逐"是宋代的俗语,不仅见于社会日常生活,还屡见于有关政治、军事、经济等官方文书。

　　陈奇猷同志在《宋代俗语"踏逐"》一文①中,引用《宋史·选举志》、《梦粱录》、《武林旧事》等书所载,认为"踏逐""不见于辞书","实际就是推荐、介绍之意"。台湾《中文大辞典》(1968 年 8 月版)第 32 册第 244 页,收入"踏逐"此辞,释为"助产"(按:指妇女分娩时助产),其所举事例即《武林旧事》卷 8《宫中诞育仪例略》。这样,"踏逐"便出现了两种解释,一为推荐、介绍,一为助产。究竟哪一种解释比较符合实际呢?

　　在回答这一问题之前,首先考察宋人是在何种情况下使用"踏逐"此词的。根据现有资料,大致可以分为以下几类:(一)在任用低级官员时使用此词。常与"奏举"、"奏差"、"指差"、"抽差"、"申差"等词组合在一起。如《宋会要辑稿》食货 25 之 14 载:"诏:……特许本路漕司,同共踏逐奏举谙知逐处次第才干清强者,充恭、涪两州、大宁知监差遣一次,任满无遗缺,保明奏闻。"同上书职官 13 之 19 云:"诏:提举措置新法度牒等事所,合用押号簿使臣,下吏部,于得替、待阙、已未参部大小使臣内踏逐指差,与免短使,先次赴任。"《宋史》卷 163《职官三》载:"六部监门:……绍兴二年置。选升朝文臣有才力人充,仍令六部踏逐

---

① 载《中华文史论丛》1979 年第 4 期。

奏差。"《永乐大典》卷14625《部字·吏部条法·奏辟门》:"诸小使臣、校尉,未曾参部,不许官司差权职任,并时暂干办,虽奉特旨及不拘常制踏逐抽差,并执奏不行。"《宋文鉴》卷60王岩叟《请复内外官司举官法》说:"自辟举之法罢而用选格,可以见功过而不可以见人才,中外患之,于是不得已而有踏逐奏差、申差之格。踏逐者,阴用举官之实,而明削同罪,非善法也。选人荐能而曰踏逐,非雅名也。"同时,"踏逐"还经常单独使用,直接跟准备任用的人物联系一起。诸如"踏逐有武勇人"①,"踏逐通晓坑冶人"②,"踏逐曾经任、有举主、无过犯人"③,"踏逐到承信郎冯熙积充监门官"④,等等。"踏逐"的对象大都是低级的文、武官,他们将要担任像"巡尉",学士院的"专知官",各路提举坑冶司的"管勾文字官"、"勾当公事官",六部的"监门官"等,说明只有低级官员担任某些差遣(实职)才需要上级官府"踏逐"、"奏举"或"奏差"等,而一般高、中级官员无需通过这个途径。

(二)在挑选兵员时使用此词。李纲《梁溪全集》卷67《乞依近降指挥乞兵二万人措置招捕曹成奏状》云:"虽依朝廷近降画一指挥,踏逐人兵,并未蒙差到。"同上书《乞拨颜孝恭军马付本司使唤奏状》云:"踏逐差兵二万人,臣本司已具奏,踏逐辛企宗、阎乐等军,未奉回降指挥。"

(三)在寻找、挑选或物色地点、部门时使用此词。如《通鉴长编纪事本末》卷126《州县学》载:"仍差将作少监李诫(诚)于城南门外踏逐修置外学。"《宋会要辑稿》职官43之144载孙庄言:"欲望许令于荆广路踏逐冲要军州,权置廨宇。"《永乐大典》卷14624《部字·吏部条法·差注门五》载:"奉圣旨,应两淮、京襄、四川军功补官,未经参部注授人内,曾隶军籍人……亦令赴元保明去处,从便踏逐军分,陈乞从军,并充使臣。"《宋会要辑稿》刑法7之32载:"诏:应差往诸路捉杀军兵,经过

————————

① ④ 《宋会要辑稿》选举24之17。

② 《宋会要辑稿》职官43之140—141。

③ 《宋会要辑稿》职官48之145。

州县,不得直入州县,止许城外踏逐寺院并空闲官舍安泊。"

（四）在物色或挑选屋宇时使用此词。如《宋会要辑稿》职官30之14载枢密院札子:"其八作司北营使令东八作司监官居,仍于右厢内踏逐空闲廨宇,充西八作司监官居。"黄震《黄氏日抄》卷73《申提刑司区处交米状》云:"某亦曾蒙使牒,委令踏逐,继具回申,乞札下镇江府踏逐有无公私空闲屋宇。"

（五）在寻觅、物色田地时使用此词。如《宋会要辑稿》食货63之204载户部言:"京西、淮南系官闲田,多系膏腴之地……今欲转运司行下所部州县,多出文榜招诱,不以有无拘碍之人,并许踏逐指射请佃,不限顷亩。"同上书兵15之2载:"踏逐良田,令葺治农业,准备使唤。"

（六）作为差遣名称的一个组成部分时使用此词。如《宋会要辑稿》职官43之121载,宋徽宗时设有"河北铁冶铸钱司准备差使·管勾踏逐窑眼官。"

综上所述,"踏逐"是宋人在寻找、物色或挑选某一个人或物时使用的俗语,它的原意就是寻找、物色或挑选,而不应该是推荐、介绍或者助产之意。在中国历史上有些辞汇或俗语,只在一定的时期使用过。但只要它们被使用一天,就都会有一个比较固定的确切的含义。对此,当时的人们绝不会含混。如果像《中文大辞典》,将"踏逐"释为助产,在《武林旧事·宫中诞育仪例略》中"令本位踏逐老娘、伴人、乳妇、抱女、洗泽人等",似乎是合适的,因为"老娘"即收生婆,本来专司助产。但是,在更多的场合,"踏逐"就毫无"助产"之意。同样,如果把"踏逐"释为推荐、介绍,在上述第（一）种场合还勉强说得过去,因为很多低级官员需要别人向上司推荐或介绍,但在第（二）到第（六）种场合,这个解释就不怎么合适了。这是因为"踏逐"的对象诸如"人兵"、"兵二万人"、"空闲屋宇"、"军分"、"寺院"、"良田"、"荒地"、"窑眼"等,并不是"踏逐"者为了推荐、介绍给别人或别的官府而去"踏逐"的,实际却正相反,恰恰是"踏逐"者出于自己的需要而去"踏逐"的。如《宋会要辑稿》职官43之140—141载中书省、尚书省言:"一、合用公廨,……如已被他司拘占,或旧无处,或全来提举路分与旧不同,合于别州置司者,即从便踏逐,申尚书省;未踏逐到间,许权于寺院治事。"又言:"一、水路合破人船,许于本路州军见管无违碍船内踏逐,限一日应副。"这里的"从便踏逐"、"未踏逐到间"的"踏逐",如果理解为介绍、推荐,便显得十分牵强,而如果解释为挑选、物色,则显得文通意顺了。因此,在以上这些场合,只有把"踏逐"归纳为挑选、物色、寻找之意,才能解释得通。

宋代还有"检踏"、"踏发"、"差踏"等词,常常用于矿冶业方面。《宋会要辑稿》职官43之120—122载:"诏:诸路应坑冶兴发处,并令提刑司差官检踏,如可采取,关转运司施行。"当时,还设置"检踏坑冶官",简称"检踏官",负责往"深山穷谷、人迹不到之处""分头勾当"。各级官府还不断派遣官员"踏发坑冶"。所谓"检踏"乃是检查勘验,亦即寻访、勘察,而"踏发"是检踏兴发的省词。显然,"踏"有亲自前往勘验之意。至于"差踏",据《黄氏日抄》卷71《总所差踏江北三沙围田回幕申提刑司状》,系指黄震被总领所差往常州江北踏逐三沙的围田,简言之,即被差踏逐的意思。

必须说明,"踏逐"的本意不仅仅是"选择"。《永乐大典》卷14626《部字·吏部条法·考任门》载,在任用临安府"缉捕使臣"时,临安府奏:"欲望今后,许本府不以有无拘碍,于大小使臣、校副尉内,踏逐选择果可倚仗之人,具申朝廷指差。"如果"踏逐"与"选择"完全等同,临安府便不会在"踏逐"之后再加上"选择"二字,否则,岂非多此一举!可见"踏逐"有寻找、物色之意,而"踏逐选择"四字则是挑选的意思。

总之,"踏逐"是宋人在日常生活、官方文书中常用的一个词语,意为寻找、物色或挑选,而不是推荐、介绍或助产。

（本文刊载于《中国历史大辞典通讯》1982年第4期）

宋代选举制度中的"削"

根据《宋史·选举志》,宋代的选举制度包括"科目"(科举)、"学校试"(教育)、"铨法"(铨选)、"保任"(荐举)、"考课"(考核)等五个部分。"削"以及与"削"组合而成的"奏削"、"举削"、"荐削"、"京削"等,则是保任即荐举制中常见的名词。

大约从宋真宗初年开始,出现了"削奏"一词。江少虞《宋朝事实类苑》卷57《知人荐举·朱翰林》引《玉壶清话》记载:"(宋)太宗诏卿士举贤良,翰林朱公昂举陈彭年。陈彭年家贫,无赞编可投之,备入削奏,乞终任,不愿上道。"据《宋史·陈彭年传》,翰林学士朱昂荐举知金州陈彭年为"贤良方正",陈"辞以贫乏,请终秩",事在宋真宗咸平四年(1001年)。《宋朝事实类苑》等将此事当作在宋太宗时,系误。又据《续通鉴长编》卷403宋哲宗元祐二年(1087年)七月乙丑,吕陶上疏论朋党说:"奏削方上,而陛下已悟其失,有旨改正。"这里的"削奏"或"奏削",似乎都是指官员向朝廷递呈的奏状或奏疏。

南宋时,"奏削"一词继续使用。同时,又出现了"举削"、"荐削"、"京削"、"一削"、"五削"等词。宋高宗时,中书舍人洪遵、张孝祥等讨论"监司、郡守荐举之法"说:"今欲约每岁改官之员,减其分数,以待无举削者,则当被举之人,必有失职淹滞之叹。"①绍兴三十一年(1161年),宋高宗下诏:"初官有出身三考,无出身四考,方听受监司、郡守京

---

① 《建炎以来系年要录》卷183。

削之荐。"①宋理宗时,"点检行在赡军激赏酒库所"官每年可以荐举改官三员,如遇无人可荐的年份,允许挪移"一削"给知临安府或浙西安抚使推荐其所属官员;如"点检所"自有可荐之人,则"三削"全部荐举本所属官,不予挪移②。当时,还曾重申:"选人五削,方可改秩。"③李心传《建炎以来朝野杂记》乙集卷14《隆兴至淳熙立改官员数》、《隆兴至嘉泰积考改官沿革》、《四川举削倍改官之额》、《选人三考外零日不许受京削》等,也都使用了"举削"和"京削"等词。

　　为了弄清这些词的含义,首先应该对宋代的荐举制有一个大概的了解。宋代的荐举,又称奏举、举官、保举、保任等。在法律上,负责担保和推荐别人的官员称为"举主",被推荐的官员称为"被举官"。被举官以选人为最多,其次为京朝官,还有部分武官。选人又称幕职州县官,是低级文官的总称,其寄禄官共有迪功郎到承直郎等七阶;其寄禄阶共有两使职官、初等职官、令录、判司簿尉等四等;其差遣(实际职务)有县尉、主簿到三京府判官、留守判官等七级二十多种。京官是比选人品级略高的不常参的低级文官的总称,其寄禄官共有承务郎到宣教郎等五阶。升朝官是可以参加朝见、宴坐的中、高级文官的总称,其寄禄官有通直郎到特进等二十四阶④。选人须经磨勘(考核)和一定员数的举主的荐举,根据本人有无出身和考数(任职满一年为一考),才能升为京朝官。选人升为京朝官,称"改官"。按照南宋末年编定的《吏部条法》规定,迪功郎以上的选人必须已满三考,赴第二任,并且有京官举主五员,其中一员必须是"职司"即各路转运使、转运副使、提点刑狱,或朝廷专差的宣抚、安抚、察访等使⑤。举主为被举官向朝廷递呈的荐举书,称为"荐举改官状"⑥,或称"荐举改

① 《通考》卷38《选举十一》。
② 《永乐大典》卷14627《部字·吏部条法·荐举门》,第28页下。
③ 《永乐大典》卷14627《部字·吏部条法·荐举门》,第24页下。
④ 佚名:《趋朝事类·官品令》,载《说郛》商务本卷24。
⑤ 《宋会要辑稿》选举24之25。
⑥ 《宋会要辑稿》职官10之43。

官奏状"①、"改官举状"②、"改官荐牍"③。由于被举官得以升为京官，因此又称"京状"④。朝廷对选人改官的员数有一定的限额，规定每年共一百人左右。同时，对每个现任的中、高级官员每年荐举选人改官的员数也规定了一个数额。如前任宰相、执政官每年可举改官五员，孝宗后减为三员。又如宋度宗时，两浙路沿海制置使可举改官二员，转运副使可举十一员，转运判官可举四员等⑤。

在了解宋代荐举制的基础上，再探讨这些词的含义。根据宋代文献，"选人改官，合用举主五员"⑥。这一规定的另一种表述方法是："选人五削，方可改秩。"⑦两相对照，"五削"似乎是指五员举主。但是，在这些文献中，"削"使用的计数单位并非"人"或"员"，而是"纸"。宋理宗嘉熙三年（1239 年）正月二十三日敕："户部侍郎、淮东总领吴潜申：岁举京削，上、下半年仅有五纸……"⑧开庆元年（1259 年）三月四日敕："……令沅州桩一纸京削，举之一年，毫无怨辞。制司亦以职司一削，举之一年，始终无弊。"⑨不难看出，"削"是指一种官方文书，所以使用"纸"作为计数单位。淳祐十一年（1251 年）四月十日敕："……恭准圣旨，照沿江制司例，特与权增每岁改官举状一纸、从事郎举状二纸……"⑩前已言及，被举选人所得荐举改官的奏书，称为"改官举状"，也可称为"京状"。"改官举状"或"京状"自然要以"纸"作为计数单位。对照"京削"也使用"纸"这一计数单位，以及选人改为京官必须具有"五削"的规定，可以初步判断："京削"就是举主荐举选人改为京官

---

① 《永乐大典》卷 14627，第 1 页下。
② 《永乐大典》卷 14627，第 29 页上。
③ 《朝野杂记》乙集卷 14《四川举削倍改官之额》。
④ 《永乐大典》卷 14627，第 31 页下。
⑤ 《永乐大典》卷 14627，第 7 页下。
⑥ 《永乐大典》卷 14627，第 28 页上、下。
⑦ 《永乐大典》卷 14628《改官门》，第 24 页下。
⑧ 《永乐大典》卷 14628《改官门》，第 24 页上。
⑨ 《永乐大典》卷 14628《改官门》，第 35 页上。
⑩ 《永乐大典》卷 14628《改官门》，第 29 页上。

的奏状，"京削"和"改官举状"、"京状"实际上是一回事。再看淳祐九年十二月都省札子："……去年减省运管干办等员，举状减三分之二。今旧员已从所辟，举状委是狭少。倘得上半年京削四纸、下半年两纸，仓官一削在外，庶可鼓舞僚佐。"①这里前面称为"举状"，后面又称之为"京削"、"仓官一削"，说明"京削"确实是一种举状，而且是选人改为京官的举状。

至于"举削"或"奏削"、"荐削"等词，实际上都是举状的别称。宋宁宗嘉定二年（1209年）十月二十八日敕："吏部状：国子司业王介奏：'蜀之四路，选人举削，必先经制司，后到奏院。今则从通进司而下，其月日先后、条限违否，本部皆不得而稽考。'侍郎左选勘会：'……本部今欲乞除在京六曹、寺监、前宰执所发举状，许赴通进司投下，仍依指挥理降付到省月日放散外，其余诸路监司、州军并四川、二广所发举状'……"②显然，王介所说的"举削"便是吏部侍郎左选勘会的"举状"，两者也是一回事。宋孝宗时，曾经减少"内外荐举改官员数"，有减二分之一的，也有减四分之一的③。赵彦卫《云麓漫钞》卷4记载："乾道（宋孝宗年号）削荐纸，严岁额"，因而"举削日减，人有淹滞之叹"。这里，日益减少的"举削"，正是"荐纸"，即举状。由此可见，"举削"或"荐削"、"奏削"都是举状的别称。由于需要荐举的官员不仅有准备改官的选人，而且有准备关升为职宫（即两使职官和初等职官）和县令的人选，还有准备升迁的京朝官和武官。这些官员都必须具备举状。因此，为了表示区别，常把准备改官的选人的举状称为京状或京削，把准备关升的选人的举状称为关升职、令状④，而总称为举状或举削。

从"京削"、"举削"、"五削"、"一削"等词的含义，可以肯定"削"是

① 《永乐大典》卷14628《改官门》，第28页上。
② 《永乐大典》卷14628《改官门》，第16页下。
③ 《宋史》卷160《选举志六》。
④ 《宋会要辑稿》职官10之43。

一种官方文书,即荐举奏状。宋代何以把"削"词用来表示荐举奏状呢? 早在汉代,写在木简上,有误则用到削去,称作"削牍"。《汉书·原涉传》说:"涉乃侧席而坐,削牍为疏。"注云:"牍,木简也。"宋代人把"削"代表荐举奏状可能发端于此。同时,在荐举范围内,宋代人还把"削"引申为中、高级官员每年荐举定额的一种计数单位。如淳祐九年十二月,淮西总领申所:"每岁专举催运官一削,欲酬其劳动……"①端平三年(1236 年)十二月二十二日,司农少卿王极申:"照得本寺京削,卿每岁举四人。"②又如淳祐六年正月五日,两浙运判吴子良申:"……如提领所属官有人可举,则以三削尽数举之。"③这里的"削"既不单指举官本人,而是泛指举主荐举的一种数额,属于计数单位。

　　总之,宋代选举制度的"削"是指举主推荐被举官而递呈朝廷的一种奏状,又被引申为表示举主荐举数额的一种计数单位。"举削"、"奏削"、"荐削"是荐举奏状的几种别称。"京削"则是举主荐举选人改官的一种举状,也称"京状"。

　　　　　(本文刊载于《中国历史大辞典通讯》1982 年第 4 期)

---

① 《永乐大典》卷 14627,第 27 页下。
② 《永乐大典》卷 14627,第 23 页。
③ 《永乐大典》卷 14627,第 26 页下。

《春渚纪闻》的作者何薳父子

　　《春渚纪闻》是宋代史料价值较高的一部随笔性著作。作者何薳由于《宋史》无传，后人对他的生平知之甚少。最近，此书标点本问世，为治宋史者带来了不少方便。但是，标点本在"点校说明"中，对于何薳及其父何去非生平的介绍，尚有不足之处，特作补正。

　　首先，关于何薳的生卒时间。"点校说明"说，何薳"大约生活在宋哲宗、徽宗、钦宗时期，《宋诗纪事》云：'人称东都遗老，入南渡尚存。'"只是大概地推断何薳的生活时代。其实，据何薳的好友王洋所撰何薳的墓志铭（见王洋《东牟集》卷14《隐士何君墓志》，四库珍本初集本）记载，何薳病死于宋高宗绍兴乙丑十一月十三日，享年六十九。绍兴乙丑是绍兴十五年（公元1145年），据此推算，何薳应生于宋神宗熙宁十年（公元1077年）。这样，何薳的生卒时间应为公元1077年到1145年。

　　其次，关于何薳的字。"点校说明"认为何薳"字子远"，又附带指出"张邦基《墨庄漫录》及洪迈《容斋随笔》又称子楚"。但据何薳《墓志》只有"子楚"一字，而且《墨庄漫录》卷8载"何薳子楚作《春渚纪闻》"，卷5仍称"子楚"；《容斋随笔》卷16《续树萱录》也称"何子楚云"，都没有提到"子远"。最早提出何薳字"子远"的是清代陆心源《宋诗纪事补遗》（卷44）和《仪顾堂题跋》（卷5）。从此，许多学者以此为证，相继引用，何薳便增添了"子远"一字。根据《墓志》，"字子远"是不可信的。

　　第三，关于何薳的籍贯。"点校说明"认为是福建浦城。此说最早见于南宋后期陈振孙《直斋书录解题》卷11《小说家类》，后来马端临《文献通考》等书相沿不改。但据《墓志》，何薳"本建安人"，没有涉及浦城。宋代建州下辖建安、浦城等县。《春渚纪闻》中至少有六条记载建安的人和事，如卷2《金甲撞钟梦》、《中雷神》，卷4《花木神井泉监》、《花月之神》等。可见将何薳的籍贯定为建安，要比浦城更准确一些。

　　第四，关于何薳之父何去非曾任官职。"点校说明"引用《福建通志》，认为何去非曾任"武学校谕"，最后"历判庐州卒"。宋代任何学校都不曾设"校谕"一职。《墓志》记述其父在神宗元丰中"教授武学"。《宋会要辑稿》选举17之15《武举》，熙宁五年复置武学，"诏选文武官知兵者充教授"。陆心源辑《宋史翼》卷26《何去非传》，也作"武学教授"。可见何去非从未担任武学"校谕"，而只任过武学"教授"。《墓志》还记载何去非"卒于通判沧州"，证明死于庐州通判任上之说也是不符合史实的。

　　（本文原署名"朱石之"，刊载于《中国史研究》1983年第4期）

关于江阴北宋墓的墓主孙四娘子

　　《文物》1982 年第 12 期刊载苏州博物馆和江阴县文化馆合撰的《江阴北宋"瑞昌县君"孙四娘子墓》一文,报道了江苏省江阴县发现的北宋"瑞昌县君"孙四娘子墓的情况,为研究宋代历史提供了十分珍贵的新资料。但该文未能利用现存的文献资料探讨墓主孙四娘子的生平,对于孙四娘子和葛氏家族的关系缺少说明,甚至在"几点浅见"中还颠倒了葛诱和葛宫的祖孙关系。笔者不揣浅陋,根据已经掌握的文献资料写成此文,以弥补该文的不足,并就教于读者。

　　第一、关于孙四娘子的生平。该文由墓中保存的刻经《佛说观世音经》推断,孙四娘子"应属葛氏家族"。这一推断触及了孙四娘子与葛家的关系,但还没有弄清究竟是何种关系。北宋著名书法家蔡襄《蔡忠惠公文集》卷 35《瑞昌县君孙氏墓志铭》(清乾隆五年刻本。四库全书本蔡襄《端明集》卷 39 亦收录此墓志),扼要记载了孙四娘子的生平,不仅有助于说明孙四娘子的身分,而且有助于考释墓中出土的器物。现将这一墓志主要部分抄录如下:

　　　　夫人之父、故礼部郎中、直史馆讳冕,在祥符间,少〔能〕直言,有声名,数更剧郡,治用严明,当世推重。夫人少丧母,鞠养艰勤。及既笄,礼部自负才称,又加怜幼女孤苦,必择奇士,得今尚书职方郎中葛君宫(公雅),遂以女归葛氏。初夫人之行,公雅年余二十,以文词中甲科,为州将幕官,指期可得贵仕。久之,回旋铨管,仅工

（二?）纪，平居益邑邑不自得，或复慨叹。夫人曰："为官穷通，岂不有命耶?"既而公雅升郎位，再以郊祀恩，封夫人乐安、瑞昌二县君。至和二年，公雅罢南剑州，夫人从还京师，道病发，亟命旋归，以三月二十日终于正寝，年六十。七月二十九日，葬江阴军江阴县化龙乡，祔于先茔。有子蒙，登进士第，处州缙云尉。女一人，未嫁。孙六人，曰逢，郊社斋郎；曰充；曰三老；女幼。夫人守礼法，动止有度，举族姻内外，无有不得其所。持生简约，使公雅能专意公家，而无锱毫扰于民，有内辅焉。喜诵浮图书。将终，遗戒薄葬祭之具，神情如平生，无有悲怛，盖妇人之难能者。铭曰……（下略）

（〔〕中字系据《端明集》本。）

据此可知：（一）孙四娘子是礼部郎中、直史馆孙冕之女。孙冕，字伯纯，江西临江军新淦（今江西新干）人①。宋真宗咸平间（998—1003年），任直史馆多年。晚年知苏州，七十岁时自动致仕，在厅壁大书诗云："人生七十鬼为邻，已觉风光属别人，莫待朝廷差致仕，早谋泉石养闲身。"退隐九华山，颇为士大夫所称道②。可知孙四娘子籍贯江西新淦，出身于仕宦之家。（二）孙四娘子是葛宫之妻。《宋史》卷333《葛宫传》记载，葛宫，字公雅，江阴人，死于熙宁五年（1072年），享年八十一岁。由此推算，葛宫生于淳化三年（992年）。墓志记载，孙冕认为葛宫是"奇士"，乃将女儿许配给他。当时葛宫二十多岁，刚科举中第，任"州将幕官"。据《宋诗纪事》卷8《葛宫》条，葛宫是在大中祥符间（1008—1016年）登进士第的，娶孙四娘子也正是在这段时间里。《宋史》本传还言及葛宫"举进士，授忠正军掌书记"。所谓州将幕官，当是指此。（三）孙四娘子是虔诚的佛教信徒。她既然出身于仕宦之家，就有优越的条件读书识字，所以墓志记载她"喜诵浮图书"，死后其遗属便把她生前喜欢诵读的佛经都当作了随葬品，所以她墓中保存了许多

---

① 《宋诗纪事》卷4《孙冕》条。
② 《宋会要辑稿》选举31之24，职官11之6；江少虞：《宋朝事实类苑》卷41《旷达隐逸·孙集贤》。

佛经。其中《金光明经》、《金刚般若波罗蜜经》卷尾都有墨书"孙氏女弟子经"六字，可以断定都是出自她的手笔。（四）孙四娘子主张薄葬。墓志记载，孙四娘子临终前，"遗戒"要"薄葬祭之具"。而今墓中出土的物品中，除少量金银器外，大部分是佛经和一些普通的梳妆用具，说明其遗属正是遵照她的"遗戒"安葬的。（五）孙四娘子的生、卒时间。墓志还记载，葛宫在南剑州（今福建南平）担任知州，孙四娘子随往，至和二年，孙四娘子在随任满的葛宫返回汴京途中突然患病，立即回到江阴。三月二十日在家中病死，七月二十九日葬于化龙乡。这跟墓中出土的买地券所载"维皇宋至和二年……三月二十日终于家，取当年七月二十九乙酉化龙乡祖茔西仄"毫无二致。略有不同的是墓志记载孙四娘子享年六十，而买地券写作"得寿年六十一"。蔡襄的文集几经传刻，难免出现疏漏，因此应以买地券所载享年六十一岁为准。这样，孙四娘子的生年应是至道元年（995年），晚葛宫三年。

　　第二、关于孙四娘子跟葛诱的关系。该文说，在葛宫和孙四娘子的墓地曾"发现葛宫之子葛诱墓"，推断孙四娘子"可能与葛诱有关"。墓志已经明确记载，孙四娘子和葛宫只生一子，即葛蒙。同时，据该墓出土《佛说观世音经》卷尾葛诱的题记①，"将仕郎、试江阴军助教葛诱"在大中祥符六年（1013年）九月已经七十二岁。由此可知，葛诱实生于南唐昇元六年（942年），比葛宫大五十岁，不可能是葛宫之子。那末，葛诱跟孙四娘子究竟是什么关系呢？据《蔡忠惠公文集》卷34《葛君（宏）墓志铭》，葛宏之父为葛惟明，祖父为葛详，曾祖父为葛彪。再据葛胜仲《丹阳集》卷15《朝奉郎、累赠少师、特谥清孝葛公（书思）行状》，葛书思之父为葛密，祖父为葛惟甫，曾祖父为葛详。《宋史》卷333《葛密传》更载明葛密是葛宫之弟。这就证明葛宫和葛密之父都是葛惟甫，而葛惟甫和葛惟明之父都是葛详。从葛详的名讳以"言"字为傍，跟葛诱两相对照，葛诱跟葛详应是兄弟辈分。再从葛诱比葛宫大五

①　见《文物》1982年第12期图版贰之3。

十岁推算,葛诱也应比葛宫大两辈,属于葛宫的堂房祖父辈分。因此,葛诱应是孙四娘子丈夫的堂房祖父。

第三、关于孙四娘子之夫葛宫的世系。据《蔡忠惠公文集》、《丹阳集》、《宋史·葛宫传》等,葛氏家族是唐末从广陵(扬州)南迁江阴的。到江阴后,第一代为葛涛,第二代为葛彭,第三代为葛详和葛诱,第四代为葛详之子葛惟甫和葛惟明,第五代为葛惟明之子葛宏、葛定等和葛惟甫之子葛宫、葛密。葛密一支后来族属殷茂,不断出现名士。由此可见,葛氏在江阴是一个大族。葛胜仲撰《中奉大夫葛公(师望)墓志铭》说:"葛氏江阴,世为闻家。"①蔡襄撰《葛处士(惟明)夫人墓志铭》说:"当夫人之归,葛氏方为大姓,族属亲疏,姑姊娣姒,节时往来,佩簪缨珥,序列庆贺者甚众。"②蔡襄的妻子,正是葛惟明的第三女。所以,蔡襄跟孙四娘子也有亲戚关系,即是她丈夫葛宫的堂妹夫。正因为蔡襄跟葛氏家族有这种密切的关系,所以才亲自替葛家四个人书写墓志铭,并写了《葛氏草堂记》。今后发掘葛氏墓地时,说不定还能发现北宋四大书法家之一蔡襄书写的碑石。

第四、关于"景祐三年三月"的"牒文"。此牒出土时,握在孙四娘子手中,因朽蚀严重,仅能辨认以上六字年款。该文据此推测,"瑞安县君""应为当时的诰封,牒文上的'景祐三年三月'可能为诰封之时"。据笔者了解,北宋前期的文武官员妻、母叙封制度规定,凡庶子、少卿监、司业、郎中、京府少尹、赤县令、少詹事等之母,都由朝廷授予"县太君"的封号;其妻授予"县君"的封号③。县太君的官告(告身、诰)用"销金常使罗纸";县君的官告用"玉色素罗纸"④。墓志记载,葛宫在至和二年任尚书职方郎中,所以孙四娘子只能被封"县君"。墓志还记载,因朝廷举行郊祀的恩典,孙四娘子被封为乐安、瑞昌二县君。据

----

① 《丹阳集》卷14。
② 《蔡忠惠公文集》卷34。
③ 《宋史》卷170《职官志十》。
④ 宋敏求:《春明退朝录》卷中。

《宋史》卷88《地理志四》,乐安县属江西抚州,瑞昌县属江州。但乐安县始设于南宋绍兴十九年(1149年),孙四娘子生前并不存在此县。因此,笔者认为,"乐安县"可能是江州德安县或洪州靖安县之误。那末,残存的"牒文"所写六字是何意呢? 宋代皇帝一般每三年在京城南郊举行一次祭祀大礼,称"郊祀"。时间在当年的十一月。每逢郊祀,高中级官员都可荫补子弟为官,官员的母、妻也可得到叙封或者追赠官爵。景祐二年(1035年)十一月,宋仁宗举行过郊祀。郊祀仪式结束后,官员照例开始办理享受"恩泽"的手续。"景祐三年三月"六字,很可能是吏部的司封部颁发给孙四娘子第一个封号,即"乐安(?)县君"的时间。后来,孙四娘子又获得"瑞安县君"的封号。宋代镇江一带流行将证明死者身份的文书抄件随葬的习俗,镇江周瑀墓出土过太学生监牒①,就是一例。所以,墓中的"牒文"只能是孙四娘子受封的官告抄件。

(本文刊载于《文物》1984年第9期)

---

① 《江苏金坛南宋周瑀墓发掘简报》,《文物》1977年第7期。

南宋赵善誉"墓志"考辨

　　《中国史研究》1983年第4期载《赵善誉墓志介绍》一文,详细介绍了一篇南宋宗室赵善誉的"墓志",并且指出它的史料价值:"为后世留下了重要记载。"

　　如果这篇"墓志"果真是世上独一无二的赵善誉墓志,那么称之为"重要记载",未尝不可。但事实是,在浩如烟海的宋代文献中,还保存着另一篇真正的赵善誉墓志铭。据南宋人楼钥《攻媿集》卷102,真正的赵善誉墓志铭是楼钥亲自撰写的,称《朝奉郎、主管云台观赵公墓志铭》(下称《墓志铭》)。对照《墓志铭》和"墓志"不难发现,"墓志"仅短短五百多字,而《墓志铭》长达二千六百多字(均不计标点符号),比"墓志"多二千一百字。就具体内容而言,"墓志"颇为简略,正如"墓志"撰者赵善誉长子汝傅所述,"谨历叙世系、官秩次第之大略"。当然,"墓志"也可补正《宋史·赵善誉传》的一些讹误和不足,但跟《墓志铭》相比,毕竟缺略太多了。试举数例:一、"墓志"载赵善誉登进士第后初任"明州昌国县主簿",仅七字,而《墓志铭》详述"昌国邈在海屿,公介然有守,不鄙夷其人,为辨曲直,皆明达平允。邑人相与爱服之,……对易定海、慈溪,三年簿领,而无抚字之寄。逾二期,三邑父老犹能道其惠政。海盗窃发,捕得全党……"二、"墓志"载赵善誉"改秩知抚州临川县",而《墓志铭》在此八字后还有大段记载:"县在江西,最为繁剧。"描述其劝谕百姓、按籍征税、罢无额官地等政绩。三、"墓志"简单提到赵善誉曾迁"大理寺主簿、大理寺丞",《墓志铭》则详细记载在"迁大理寺主簿"后曾上万言书,并且摘录其要点,在"大理寺丞"任期内,又于"(淳熙)十一年,充省试考官"。四、介绍之文花了一些笔墨考证"赵善誉任潼川府路提点刑狱、转运判官,不会早于淳熙八年",而《墓志铭》则已明确记述其在"(淳熙)十三年,除潼川府路提点刑狱。……才三阅朔,……就除转运判官。"此外,有关赵善誉的仕宦生涯、子女、著作等情况,《墓志铭》都比"墓志"详细得多,不再赘述。由此可见,"墓志"的史料价值远比不上《墓志铭》。诚然,这块墓石作为书法艺术品,也不妨定为"传世之作",但这属于艺术上的价值了。

　　人们还会提出疑问,既然有了楼钥所撰《墓志铭》,怎么又出现了一篇"墓志"呢?一个墓主怎么会有两块石刻墓志呢?根据介绍之文,"墓志"有全文,但无款式,这不能不使人怀疑,这块墓石原来并不称为墓志。同时,从"墓志"内容看,赵汝傅在其父死后,不胜悲痛,乃"忍死泣血书而纳诸幽堂",未说自己在写"墓志"。相反,楼钥在《墓志铭》最后,说明出自赵汝傅的请求,乃"采其可铭者书之,余弗著"。因此,只有楼钥所撰的一篇才算得上真正的墓志铭,可惜在此墓发现时未曾找到这块刻石。

　　(本文原署名为"张迅",刊载于《宋史研究通讯》1986 年 9 月第 3 期)

《中国古代著名哲学家评传》 "程颢、程颐"篇辨正

近读《中国古代著名哲学家评传》(齐鲁书社出版)第三卷上册,在冯友兰先生所撰"程颢、程颐"篇中,发现若干不够正确之处,现提出并辨正如下。

一、周惇实(即周敦颐)在南安军"当一个管牢狱的小官,年纪很轻"(第229页)。

按:此处所谓管牢狱的小官是指司理参军。《周濂溪先生全集》卷10《年谱》记载,庆历四年,"部使者以为才","奏举"周敦颐为"南安军司理参军"。据《宋史》卷167《职官志七》,州衙诸曹官中"司理参军掌讼狱勘鞫之事",就是主管一州民事和刑事案件的审讯。司理参军又兼管州里的监狱之一"司理院",但这不是他的唯一职务。

二、二程的高祖父程羽是"宋太祖的一个将领","同时还当过宋真宗的老师","死后,赠少师"(第230页)。

按:程羽在后晋天福年间参加贡举考试,以进士登第,任阳谷县主簿。入宋后,仍任文官的官职,从未当过武将,不知何以成为"将领"的。据王偁《东都事略》卷112和《宋史》卷262《程羽传》,程羽在宋太祖开宝间擢著作郎,出知兴州。宋太宗任开封府尹时,以程羽领开封府判官。太宗即位,历任知开封府、知成都府、文明殿学士,太平兴国六年(981年),以兵部侍郎致仕,死时七十二岁①。冯先生将程羽当做宋太

————————————

① 《宋史》作七十二,《东都事略》作七十三。

祖的"将领",可能与程羽最后以兵部侍郎致仕有关。但兵部侍郎这时只是文官的差遣,并非武将。同时,据《伊川文集》卷8《太中自撰墓志》,程羽后来"赠太子少师",是死后之事。虽然太子少师属东宫官,为皇帝的"师傅"之一,但程羽生前还来不及做宋真宗的老师。至于"少师"是"三孤"或"三少"之一,为"次相之任"①。太子少师在宋代有时可以简称为"少师",但严格地说太子少师与少师是不能混淆的。所以,冯先生提出"死后,赠少师",不尽准确。

三、二程之父程珦的"'官',是他做过的官职;'勋',是他在朝廷的功劳簿上的级别;'爵',是他的政治待遇的等级"(第231页)。

按:宋代的差遣才是官员的实际职务。至于"官",又称本官或正官,用以定品秩、俸禄等,并不是实职,所以不能释为"官职"。"勋"和"爵"如果笼统地说,都可算做"政治待遇的等级"或"功劳簿上的级别",但不能正确说明勋和爵究竟是什么。其实,《宋史》卷169《职官志九》等早已写明,勋官和封爵是官员的两种附加性官衔,属于荣誉头衔。

四、程颢曾任"监察御史里行","就是一个见习御史,而且还加了一个'权'字,就是临时的学习御史"(第231页)。

按:监察御史里行属御史台,共六员,其中官阶低(或称"官资浅")而入察院任监察御史者,称为"监察御史里行"。《宋史》卷164《职官志四》记载:"官卑而入殿中监察御史者,谓之'里行'。"据叶梦得《石林燕语》卷1,台官的资任"须中行员外郎以下、太常博士以上、曾任通判人",如果"未历通判,非特旨不荐"。反之,如果未历通判,经特旨允许御史中丞、御史知杂或翰林学士保举,即任"里行"。宋神宗熙宁三年,秀州军事推官李定"为太子中允、权监察御史里行。由选人为御史自定始"。程颢在由御史中丞吕公著荐举而"授太子中允、权监察御史里行"以前,官阶不过是著作佐郎②,离太常博士还差三阶,而且只曾任县令而不曾任过通判,所以,他入御史台只能充当"里行"。当然,"权"字

---

① 《宋史》卷161《职官志一》。
② 《伊川文集》卷7《明道先生行状》。

与"真"相对,包含临时之意,但不等于现代意义上的"见习"。

五、程颐"生于宋仁宗明道二年(公元 1033 年),死于宋徽宗大观三年(公元 1109 年)"(第 232 页);"到大观三年(公元 1109 年)他就死了,活了七十五岁"(第 233 页)。

按:程颐死于宋徽宗大观元年(1107 年),而不是大观三年。据《二程全集·遗书》附录朱熹撰《伊川先生年谱》记述,程颐"生于明道二年癸酉","大观元年九月庚午卒于家,年七十有五(见《实录》)"。《宋史》卷 427《程颐传》载:"卒年七十五。"由程颐生于明道二年推算,享年七十五,则应在大观元年去世。冯先生将其卒年定为大观三年,显系失误。

六、程颐"'判西京国子监',其职务是管理设在西京(洛阳)的太学分校"(第 232 页)。

按:宋代在南京、北京、西京设置分司御史台、国子监,由执政、侍从、一般官员等充任,职事甚简,国子监仅主管钱粮出纳而已。在设宫观官前,士大夫多申请为休息之地。详见徐度《却扫编》卷上。赵昇《朝野类要》卷 5《退闲》条也说:"旧制,有三京分司之官,乃退闲之禄也。神庙置宫观之职以代之。"可见北宋的三京国子监不是太学的分校,也不招生。虽然程颐在"判西京国子监"期间,也有门徒追随左右,但并不是太学西京分校的学生。

七、崇宁二年,"有'圣旨',把程颐做官以来所受的仕命等文件,都追回销毁"(第 233 页)。

按:宋代无称为"仕命"的官府文件,实际是官诰(告命)之误。据《二程全书·遗书》附录《伊川先生年谱》,崇宁二年四月,"有旨追毁(程颐)出身以来文字"。宋朝对官员的这一等级的处罚,有时也称"追毁出身以来告敕文字"[1]。所以,准确地说,程颐被追毁的文件不是"仕命",而应称为"告敕"或官诰。

(本文原署名为"张迅",刊载于《宋史研究通讯》1986 年第 2 期)

---

[1] 《宋会要辑稿》职官 70 之 33。

宋代饮食著作《膳夫录》

郑望之《膳夫录》是一部不大为人注目的古代饮食著作。《中国丛书综录》称郑望之为唐代人①。既然是唐代人的著作,研究宋代饮食者自然不予重视,而所载内容大都是宋代之事,所以研究唐代饮食者也极少涉猎。加之,此书至今仅存于元末明初人陶宗仪所纂的《说郛》宛委山堂和《四库全书》等内,不易卒读,因此更少有人问津了。

最近,翻阅《四库全书》文渊阁影印本,在第 95 卷中,读到了《膳夫录》。发现该书的作者郑望之,根本不是唐代人,而是宋代人,所记内容也有不少是北宋的事情。据《宋史》卷 373《郑望之传》,郑望之字顾道,彭城(今江苏徐州)人。宋徽宗崇宁五年(公元 1106 年)登进士第,历任开封府仪,工、户曹,驾部员外郎兼金部等。宋钦宗靖康元年(1126年),金兵攻进汴京(今开封),曾借工部侍郎衔,任军前计议使,与金帅议和。南宋初年,主战派李纲当政,指责郑在与金议和过程中虚张敌势,沮损国威,贬为海州团练副使,连州居住。李纲罢相,郑出任户部侍郎,升转吏部侍郎,出知宣州。绍兴二年(1132 年)致仕。三十一年(1161 年)死,年八十四。清代厉鹗编《宋诗纪事》卷 46,收录郑望之撰《除夕》诗一首。南宋王明清《挥麈后录》卷 11,记述郑望之一度寓居饶州(治今江西波阳)、与吕本中(居仁)、曾惇(宏父)、晁谦之(恭道)等"日夕往来,杯酒流行"。可见郑望之是北宋末、南宋初的一名官员。

---

① 《中国丛书综录》第 2 册,第 953 页。

《膳夫录》(《说郛》所收)《四库全书》文渊阁本,仅存 14 条,共约 600 余字,可以肯定不是原书的完本。但从仅存的这 14 条内容看,除少部分名词尚须进一步探索其准确含义外,其余并不难懂。如《厨婢》条说,太师蔡京府厨房的婢仆有几百人,"庖子"即专做包子者也有 15 人。郑望之是与蔡京同时代的人,在担任开封府曹官时,曾抵制蔡京夺人之妾(见《宋史》本传)。可见这一记载并非虚语。比郑望之晚 120 年登进士第的罗大经,在其笔记《鹤林玉露》丙编卷 6《缕葱丝》条,也记载蔡京包子厨的一名女子,专门缕葱丝,不会做包子。可以与此条相印证。又如《五生盘》条说,用羊、兔、牛、熊、鹿肉,"并细治"。据北宋初年人陶谷《清异录》记载,唐代韦巨源食谱中也有五生盘,是用羊、猪、牛、熊、鹿肉制成,其中没有兔肉。"五生盘"的"生"字,庞元英《文昌杂录》卷 3 写作"辛"字。约元代末年人吴氏《中馈录》脯鲊类记录了当时的"肉生法",是用各种精肉,切成薄片,用酱油洗净,入火烧红,放进锅内爆炒,倒去血水,见肉色微白便可。从锅中取出后,切成细丝,再加上酱瓜、糟萝卜、大蒜、砂仁、草果、花椒、桔皮丝,用香油一起拌炒肉丝,食用时再加醋调匀,"食之甚美"①。再如《八珍》条说,所谓八珍,是淳熬、淳母、炮豚捣珍、渍、熬、糁、肝膋、炮牂,"盖八法也"。表明是八种烹调食物的方法。这里的八法颇为深奥难懂,断句也不一定准确,有待进一步探讨。但由此可以初步了解宋代"八珍盘"的内容。宋理宗时人陈郁《藏一话腴》卷下《珰邻生续御诗》条,记载宋徽宗在扇上题诗云:"选饭来时不喜餐,御厨空费八珍盘。"八珍盘究竟是怎样一种食物,相信在完全弄清"八珍"的内容后,定能把它搞清楚。再如《汴中节食》条,描述北宋都城的几个重要节日的食物:上元节食油䭔,人日六一菜,上巳手里行厨,寒食冬凌,四月八日指天馂馅,重五如意圆,伏日绿荷包子,二社辣鸡脔,中秋玩月羹,中元盂兰饼馅,重九米锦,腊日萱草面。上元节即正月十五日,人日即正月七日,上巳即三月三日,寒食节为冬

---

① 《说郛》卷 95 上。

至后的第 105 天或清明节前的第 3 天,四月八日为浴佛日,重五即五月初五日,伏日即夏至后第三个、第四个庚日和立秋后第一个庚日(共三伏),二社为立春后第五个戊日的春社和立秋后第五个戊日的秋社,中秋即八月十五日,中元为七月十五日,重九即九月九日重阳节,腊月为冬至后第三个戊日。对照陶谷《清异录》所附张手美家节食单,汴京阊阖门外大街上张手美经营的食店,每逢一个节日专卖一种食品,其中上元节的食品为"油饭",称"油画明珠"。《膳夫录》为"油䭔"。油䭔的制法,据明代人宋诩《竹屿山房杂部》卷 2《养生部二·粉食制》记述,一为用碓细的白糯米粉和蜜糖、豆沙做成小䭔,放入油中煎熟;一为用山药去皮,捣成粉,和以鲜乳饼,入油煎熟。张手美家寒食节的食品是"冬凌粥",由此断定《膳夫录》的"冬凌"乃一粥名。张手美家重九节的食品"糕"称"米锦",由此推断《膳夫录》的"米锦"是一种糕名,等等。

　　不难看出,《膳夫录》是北宋末、南宋初人郑望之所撰的一部饮食著作,尽管现存的内容不多,但对我们研究宋代的饮食仍然具有一定的价值,不容忽视。

(本文刊载于《中国烹饪》1987 年第 3 期)

王安石《字说》钩沉

编者按:王安石是我国屈指可数的著名宰相,就其改革的精神和改革成果来说,那更是佼佼者。他的一生不仅在他执政期间进行了一系列政治的、经济的、军事的、教育的改革,而且留下大量的著述。可惜,无情的历史迁变,使王安石的许多著作流佚了。我国著名的学者邱汉生先生花数十年的精力辑录了王安石的《诗义》,于1982年出版了《诗义钩沉》,做了一件十分有意义的工作。

1986年5月,本刊编辑了"纪念王安石逝世九百周年"增刊,发表了抚州研究宋史的专家、学者傅林辉先生的《王安石〈字说〉一议》,傅文阐述了王安石《字说》的概貌和在当时所产生的影响、王安石撰写《字说》的动机和要领,十分惋惜《字说》的失传,叹服邱汉生先生的《诗义钩沉》问世。傅林辉先生在文章末尾感叹地说:"也许有朝一日,中国还可能出现第二个邱汉生,也来一部《字说钩沉》,那真是一件大快事。"

中国不愧是一个文明古国,英才辈出。果然,不出傅林辉先生所料、所期望,在1986年抚州纪念王安石逝世九百周年的学术讨论会上,我国著名的宋史学家、上海师范大学古籍研究所所长朱瑞熙教授在这次学术讨论会上作了《王安石〈字说〉钩沉》学术报告,震动很大,深受与会者的热烈欢迎。朱瑞熙教授接受了本刊编辑部约稿,他回到上海,将定稿后的《王安后〈字说〉钩沉》寄来本刊。

这篇四万三千多字的珍贵的《钩沉》,确是当今中国乃至世界研究王安石的新的成果,现发表于本刊。本刊编辑部对朱教授这种真诚地支持《抚州社会科学》杂志,表示诚挚的致谢。

朱瑞熙教授博览群书,辑录了王安石《字说》二百七十七条,尽管只是原著的几十分之一,但已经是十分珍贵的了。这是一个良好的开端,我们真诚地希望国内外的宋史专家、学者,将自己已辑录的《字说》寄来本刊,数量不限。分期署名发表,并奉寄稿酬。

王安石是北宋著名的政治家、思想家和文学家,还兼文字学和语言学家。宋神宗时期,他和宋神宗主持推行了各项改革措施,史称"熙丰变法"或"王安石变法"。为配合对于学校和科举考试的改革,王安石在助手的协助下,不仅编写了《三经新义》(《毛诗义》、《尚书义》、《周礼义》),而且还编写了《字说》。这是王安石编写的一部有关语言文字学的精心杰作。遗憾的是,《三经新义》和《字说》在宋代以后逐渐被人忽视,最后终于失传。幸而清代初年学者从《永乐大典》中辑出王安石《周官新义》十六卷,今人邱汉生先生又从吕祖谦《吕氏家塾读诗记》等书中辑出《诗义》数百条,汇为二十卷,取名《诗义钩沉》①。至于《字说》,直到明神宗万历六年(1578 年)李时珍(字东璧)写成《本草纲目》时仍然传诸世上②,李时珍还多处引用过《字说》,把它列入《引据古今经史百家书目》之中。但清初编纂《四库全书》时未见著录,也不见于其经部小学类存目和阮元撰《四库未收书目提要》。可见《字说》的失传时间是在明代后期到清代初期。此后,仅近人柯昌颐先生在《王安石评传》③和柯敦伯先生《王安石》④中,引述了《字说》的一些资料,但总嫌不足。笔者在涉猎宋代史籍时,注意随手收集有关记载,至今为止,共辑录《字说》二百七十多条、三百多字,当然这充其量只是《字说》

① 中华书局 1982 年 9 月版。
② 见《本草纲目》卷 1 上《序例上》。
③ 商务印书馆 1935 年版。
④ 商务印书馆 1945 年渝版。

原书的几十分之一,离开其原貌仍然很远,现愿公之于众,盼能集思广益,使学术界对此引起兴趣,以便辑出更多的内容,俾《字说》早日恢复本来面目。

本文叙述《字说》的编写经过、流传情况、《字说》学的形成、《字说》的评价,最后辑录《字说》的二百七十多条。

一、《字说》的编写经过

有关王安石《字说》的编写时间,宋人并没有比较明确的记载,仅晁公武在《郡斋读书志》卷4《小学类·字说二十卷》说:"右皇朝王安石介甫撰。蔡卞谓介甫晚年闲居金陵,以天地万物之理,著于此书,与《易》相表里。"明确交代是根据王安石之婿蔡卞所说。按照常理,蔡卞的说法自然是比较可信的。王安石在宋神宗熙宁九年(1076年)十月辞去宰相之职,寓居江宁府(治今江苏南京市)。编写《字说》的最早时间只能在这一时间以后。至于王安石编完《字说》的时间,目前尚未找到比较确凿的证据。清人蔡上翔在《王荆公年谱考略》卷21,将《字说》的编成定于元丰三年(1080年)九月,紧接在《乞改〈三经义〉误字札子》二道、《改撰〈诗义·序〉札子》等之后的,是《进〈字说〉札子》、《进〈字说〉表》、《熙宁字说序》等一系列有关《字说》的诗文。但是,蔡上翔用没有进一步申述他的理由,看来这仅是他的一种估计。诚然,退一步讲,《字说》最后定稿的时间不会晚于王安石逝世的宋哲宗元祐元年(1086年)四月。又据王安石所撰《进〈字说〉札子》、《进〈字说〉表》,显然是在宋神宗生前奏上的,可见《字说》最后的定稿时间必定在宋神宗元丰八年(1085年)三月逝世以前。

王安石《进〈字说〉札子》说:"臣在先帝时,得许慎《说文》古字,妄尝覃思,究释其意,冀因自竭,得见崖略。若矇视天,终以罔然,念非所能,因画而已。顷蒙圣问俯及,退复龟勉讨论,赖恩宽养,外假岁月,而桑榆愈耗,久不见功。甘师颜至,奉被训敕,许录臣愚妄谓然者,缮写投进。伏惟大明,旁烛无疆,岂臣荧爝,所敢衔冒,承命遑迫,置惭无所。如蒙垂收,得御宴间,千百有一,倘符神恉。愚所逮及,继今复上。"①表明王安石在熙宁九年十月罢相前,宋神宗曾经当面询问过王安石有关文字学的问题。王安石退朝回府后,乃进行深入探讨。但当时忙于政务,无暇及此,直到宋神宗批准他"宽养",即寓居江宁府"外假岁月"时,他才有时间集中精力钻研此事。为了编写一部文字和语言学的著作,王安石穷年累月,尚未竣工,正如他所说"桑榆愈耗,久不见功"。宋神宗多年未见书成,直接派遣甘师颜到江宁,催促王安石赶紧把书稿誊正送呈。于是王安石随书稿《字说》,又撰献进此书的札子一道,最后还在札子中告诉宋神宗"愚所逮及,继今复上",说明以后如果还有研究心得,将陆续送上。这是王安石自己叙述《字说》编写经过的第一篇文字。

据《续资治通鉴长编》卷316、卷336记载,甘师颜是宦官,官衔为"入内省东头供奉官"。宋神宗曾屡次委以重任,如遣赴熙河行营慰问将士、修筑自开封府界至滑州的辽使道路,直到元丰六年(1083年)闰六月因私役士卒而被神宗下诏"除名"。由此推断,甘师颜受命去江宁府向王安石索取《字说》书稿和王安石完成这部书稿,必定在元丰六年闰六月以前。

第二篇文字是《进〈字说〉表》。王安石在这一表文中谈到,"臣顷御燕间,亲承训敕。抱痾负忧,久无所成。虽尝有献,大惧冒渎。退复自力,用忘疾恙,咨诹讨论,博尽所疑。冀或涓尘,有助深崇。"②说明他在此以前"尝有献"即曾经将《字说》的书稿献送宋神宗过目,这就是《进〈字说〉札子》中所述由甘师颜送交宋神宗审阅《字说》书稿一事。同时,又说明《字说》的编写,最早是由宋神宗在宴会席上,委托王安石编写一部新的文字和语言学著作。此后,王安石便开始动笔,但一直没有完稿。这就是表文中所述"亲承训敕","久无所成"。

①　《王临川集》卷34。《王文公文集》卷20作《进〈说文〉札子》,"说文"二字误。
②　《王临川集》卷56。

　　王安石晚年为了编写《字说》，差不多花出了全部精力。黄庭坚《豫章黄先生文集》卷27《书王荆公骑驴图》记载："荆公晚年删定《字说》，出入百家，语简而意深，常（尝）自以为平生精力尽于此书。好学者从之请问，口讲手画，终席或至千余字。"婺州金华人俞紫琳清老曾经戴秃巾，穿扫塔服，手捧《字说》，追逐王安石于驴后，往来法云、定林寺等等。陆佃《陶山集》卷11《书王荆公游钟山图后》也记载此事，《王荆公游钟山图》是元祐四年（1089年）六月画家李公麟（字伯时）所绘，图中立于松下者，一为进士杨骥，一为僧法秀。法秀便是婺州金华人俞紫芝（字秀老），一度出家为僧。其弟名紫琳（字清老）①。王安石有时住在禅寺中，在禅床前安放笔、砚，外边送来书信，拆开封皮理在一边，然后睡倒在床，过一阵便起身写一两个字。看来根本没有入睡②，几乎日夜苦思冥想。与此同时，遇到百思不解的难题时，他也出门调查，通过一些实践来启发自己，以便找到最准确的答案。比如，他解释"蔗"字不得要领，一天，走到园圃，见畦丁种植甘蔗，将甘蔗横埋。畦丁告诉他："他时节节皆生。"他立即恍然大悟，说："蔗，草之庶生者也。"③关于"蔗"字的解释。协助过王安石推行新法的吕惠卿也说过："凡草皆正生嫡出，惟蔗侧种，根上庶出，故字从庶也。"④显然吸收了王安石的说法。又有一次，王安石正在苦苦思索，徘徊于庭院中。适遇他的媳妇前来问安，因而请问其原因，王安石答道："解'飞'字未得。"媳妇说："鸟反爪而升也。"王安石立即表示赞同⑤。还有一例，王安石《三经新义》中原来释"鹳鸣于垤"的"垤"字为"自然之丘"，不相信"蚁封之说"，因为他从未到过山东。那里的蚁冢有极其高大的，犹如冢墓，每到天将降雨，则鹳集其上而鸣叫⑥。后来他到北方见到"蚁封"即蚁冢，便改变旧

---

① 黄庭坚：《书王荆公赠俞秀老诗后》。
② 《朱子语类》卷130。
③ 罗大经：《鹤林玉露》甲编三《字义》。
④ 李时珍：《本草纲目》卷33《果部》。
⑤ 曾敏行：《独醒杂志》卷4。
⑥ 楼钥：《攻媿集》卷67《答杨敬仲论诗解》。

说①。以上记载虽然不可能完全符合事实，但至少可以肯定王安石在《字说》上几乎尽心竭力，而且还亲自作了一些调查研究。

王安石编写《字说》时，曾得到谭掞和蔡肇的帮助。王安石有七律一首，题为《成〈字说〉后与曲江谭掞、丹阳蔡肇同游齐安寺》，此诗云："据梧杖策事如毛，久苦诸君共此劳。遥望南山堪散释，故寻西路一登高。"②这首诗十分明瞭地反映谭、蔡二人是与王安石长期"共此劳"即编写《字说》的助手。谭掞，字文初，韶州曲江（今广东韶关西南）人，少与王安石同窗。王安石推行新法，引为郎官。《宋元学案补遗》卷98引《广东黄（通?）志》说，王安石"方髫龀"，与谭掞兄弟同学，王安石"后为《字说》，先生入局为郎官，不苟从"，为谭掞曲为辩护，既不符合史实，又无此必要。蔡肇，字天启，润州丹阳（今属江苏）人，元丰二年（1079年）登进士第，历任明州司户参军、江陵府推官等职。《东都事略》卷116本传说其"始师事王安石"，可见是王安石的门生之一。

《字说》在编写和流传过程中，出现了至少三种版本，在王安石生前，先后形成了两种版本。一是二十四卷本。王安石在《进〈字说〉表》中说："谨勒成《字说》二十四卷，随表上进以闻。"二是二十卷本。王安石在《字说序》中说："予读许慎《说文》，而于书之意时有所悟，因序录其说为二十卷，以与门人所推经义附之。"③晁公武《郡斋读书志》也记载了这一版本，而未涉及其他版本。宋哲宗绍圣元年十月，国子司业龚原向朝廷提议雕印《字说》，在其奏章中说：王安石"在先朝时尝进所撰《字说》二十二卷"④。这是《字说》的第三种版本。南宋时，陆游见到另一种题为《重广字说》的版本。他指出："《字说》凡有数本，盖先后之异，此犹非定本也。"⑤宋理宗淳祐元年（1241年），谢采伯撰《密斋笔记》，记述当时有"《新刊荆公字说》二十四卷，前无序引，后无题跋，独

① 《朱子语类》卷105。
② 《王文公文集》卷63。
③ 《王文公文集》卷36《字说序》。《王临川集》作《熙宁字说》。
④ 《通鉴长编纪事本末》卷130《徽宗皇帝·尊王安石》。
⑤ 《渭南文集》卷31《跋〈重广字说〉》。

雷抗为之注。"谢采伯"平心定气而言",发表评论,认为雷抗为《字说》作注,可与徐锴传释《说文解字》同日而语①。

　　从杨时《字说辨》所列举的《字说》近三十条释义(见本文五之第1至28条),可以推测《字说》是依韵编次的。文字的形体则按照《说文》。还收入了一些联绵字,如佐佑、蝦蟆、蜘蛛等(见本文五之118、43、65条)。

二、《字说》的流传

　　《字说》初稿写成后,如前所述,王安石把它献给了宋神宗。但是,宋神宗没有像《三经新义》那样把此书迅速地颁布全国学校而成为统一的教材和科举录取的标准。尽管如此,当时士大夫互相传钞,很快在社会上产生影响。宋哲宗绍圣元年(1094年),礼部上言,太学博士詹文奏:"恭惟神皇圣智高妙,该报象数,常念文字之学世所不知,深诏儒臣俾供探讨。而王安石进其说,当时未及颁行,而学者亦已久见之。"②元符三年(1100年),晁说之也说过:"如其(指王安石)所撰《字说》者,神宗留中不以列学官。"③显然,宋神宗在收到《字说》后,始终把它"留中"而没有颁行全国,所以只在"学者"之中传钞。这与《三经新义》由皇帝颁行全国、雕板传播而引起的反响相比,其影响毕竟要小得多。

　　宋神宗死后,司马光拜相,陆续推翻各项新法。他在宋哲宗元祐元年六月十二日,采纳殿中侍御史林旦的建议,颁布"贡举敕",命令进士在参加科举考试时不得在试卷上引用《字说》,"与申、韩、释氏之书同禁"④。据曾慥撰《高斋漫录》记载,"元祐初,温公(司马光)拜相,更易熙丰政事。荆公(王安石)在钟山,亲旧恐伤其意,不敢告语,有举子自

①　《密斋笔记》卷1。
②　《通鉴长编纪事本末》卷130《徽宗皇帝·尊王安石》。
③　《嵩山集》卷1《元符三年应诏封事》。
④　《宋会要辑稿》选举3之49《科举条例》;《通鉴长编纪事本末》卷130《徽宗皇帝·尊王安石》。

京师归,公问有何新事?对曰:'近有指挥,不得看《字说》。'公曰:'法度可改,文字亦不得作乎?'是夜,闻公绕床行至达旦,于屏上书'司马光'三字凡数百,其胸次不平之气概可见也。"结合《通鉴长编纪事本末》前引记载,可见司马光曾经下令禁止士人引用《字说》,以及王安石对此举的愤懑之情。

在禁止《字说》的过程中,国子司业黄隐起而推波助澜,他烧毁了《字说》和《三经新义》,还禁止太学生赞同或引用这些著作。守旧派御史中丞刘挚等人对黄隐此举颇为反感,指出:"故相王安石经训经旨,视诸家议说得先儒之意亦多,故先帝以其书立之于学,以启迪多士。而安石晚年溺于《字说》、释典,是以近制禁学者毋习此二者而已。至其所颁经义,盖与先儒之说并行而兼存,未尝禁也。隐猥见安石政事多已更改,辄尔安意迎合傅会,欲尽废安石之学……"①刘挚等人并不反对禁止学者学习和援引《字说》,只是不赞成黄隐擅自否定王安石的《三经新义》。当时,殿中侍御史吕陶、监察御史上官均也上疏表示了同样的看法②。这是发生在"元祐更化"期间的一个小插曲。

绍圣元年(1094 年),宋哲宗亲政,决意恢复熙丰新法。六月甲申"除进士引用王安石《字说》之禁"③。十月丁亥(十九日),又批准国子司业龚原的奏疏:派遣臣僚去王安石家"缮写定本","降付国子监雕印,以便学者传习"。不过,批准归批准,实际并未派员去缮写和雕印。所以,到次年十一月庚子(八日),龚原第二次上奏,要求"检详前奏","下赠太傅王安石家,取所进《字说》副本,下国子监校定雕印,以便学者传习"。哲宗再次"从之"。这次,哲宗确实把诏令付之行动,国子监雕板前,还特命"尝受安石学"的池州石谏、刘发二人负责校勘。当时太学录叶承,也毛遂自荐,自称"亲闻安石训释,校对疑误",要求一同"看详"。第三年十一月丁酉(十一日),监察御史蔡蹈还因之弹劾蔡承

① 刘挚:《忠肃集》卷7《劾黄隐》。
② 《续资治通鉴长编》卷390,元祐元年十月。
③ 《宋史》卷18《哲宗纪二》。

"身为学官,宜知分守,而乃离次侵官,干预本监(国子监)之事",乃罚金(指铜)六斤①。周煇《清波杂志》卷 10 记载:"章子厚在相位,一日,国子长式堂白:'《三经义》已镂板颁行,王荆公《字说》亦合颁行。合取相公钧旨。'子厚曰:'某所不晓此事,请白右丞。'右丞,蔡元度也。"章子厚即章惇,蔡元度即蔡卞。蔡卞自绍圣二年十月甲戌开始担任尚书右丞,四年闰二月壬寅升任左丞②。可见《字说》的颁行经过尚书右丞蔡卞批准,这与《通鉴长编纪事本末》的有关记载在时同和内容上都是一致的。

　　宋徽宗统治的二十六年时间,是王安石《字说》盛行的时期。学校以《字说》作为教材,学生在各个科目的考试时都引用《字说》的说法,贡士参加殿试也都如此(徽宗时曾有十八年时间废除乡试和礼部试)。曾慥《高斋漫录》说:"崇宁以后,王氏《字说》盛行,学校经义论策悉用《字说》。有胡汝霖者,答用武策,其略云:'止戈为武,周王伐商,一戎衣而天下大定,归马放牛,偃武修文,是识武者也。尊号曰武,不亦宜乎?秦始皇、汉武帝、唐太宗,既得天下,而穷兵黩武不已,是不识武字者也。'榜出,遂为第一。虽用《字说》而有理。"陆游《老学庵笔记》卷 4 记述,吴敏在太学的外学——辟雍中读书,考试经义五篇,他全部引用《字说》,"援据精博"。宰相蔡京读后大喜,立即进呈宋徽宗,特予免除省试而直接参加殿试的优待,借此作为"学《字说》之劝"。在朝廷的鼓励之下,士人更加注意学习《字说》,传播王安石的学说。重和元年(1118 年)十一月,提举成都府路学事翟栖筠奏疏说:"王安石参酌古今篆隶,而为《字说》……字形书画纤悉委曲,咸有不易之体。世之学者知究其义,而至于形画则或略而不讲,从俗就简,转易偏旁。传习既殊,渐失本真。"因此,他提议召集儒臣"重加修定,去其讹谬,存其至当,一以王安石《字说》为正,分次部类,号为'新定五经字样'","颁之庠

---

① 《通鉴长编纪事本末》卷 130《徽宗皇帝·尊王安石》。
② 《宋史·哲宗纪二》。

序"。于是宋徽宗下令太学的学官"集众修定"①。这进一步反映了当时士人普遍学习《字说》的情景。正因为人人都读《字说》,所以翟栖筠主张以《字说》所定字形书画为标准,称"新定五经字样",颁行于学校。

三、《字说》学的形成

随着《字说》的流传,在北宋后期到南宋前期,形成了一种新的学问——《字说》学,出现了各种阐发和注解《字说》的专门著作。宋孝宗至理宗初年,尤袤在《遂初堂书目》中录有"《王氏引经字说》、《字说解》、《字说分门》",这些是他藏书中的一部分②。其中《王氏引经字说》不知是何种著作,或许就是《字说》的另一种名称。《字说分门》不清楚作者是谁。又据陆游《老学庵笔记》卷2记载,在《字说》盛行时,太学博士唐耜和韩兼各撰《字说解》数十卷。又据见晁公武《郡斋读书志》卷4《小学类》,有《唐氏〈字说〉解》一百二十卷,系唐耜所撰,至任知邛州时奏献朝廷。晁公武还指出:"绍圣以来,用《字说》程试诸生,解者甚众。"唐耜"集成此书,颇注其用事所出书,一时称之"。这部书只是众多注解《字说》的著作之一。陆游又记载,有刘全美撰《〈字说〉偏旁音释》一卷、《〈字说〉备检》一卷和《字会》二十卷,《字会》是"以类相从"的著作。晁公武载有《〈字说〉偏旁音释》、《〈字说〉叠解备检》各一卷,说"不见撰人姓名"③,其实作者即刘全美。《〈字说〉叠解备检》正是《〈字说〉备检》的简称。陆游还记载,另有太学诸生撰《〈字说〉音训》十卷。这些著作现在都已失传,无从了解其具体内容。

从至今仍然传世的一些宋人著作中,可以看出《字说》学的流传。蔡卞是王安石之婿,其所撰《毛诗名物解》,分为释天、释百谷、释草等十一类。《四库全书总目提要》认为此书"大旨皆以《字说》为宗",但在

---

① 《通鉴长编纪事本末》卷130《徽宗皇帝·尊王安石》。
② 《说郛》卷28。
③ 《郡斋读书志·小学类》。

"征引发明亦有出于孔颖达《正义》、陆玑《草木虫鱼疏》外者"。此书直接引用《字说》数条,如鹿、鸒、駮、枌榆、莪等字的解释。又有一些字的释文,实际上采用了《字说》的说法,不过没有明确交代。如"天命帝命解"中说"无为而在上,一而大者天",即出自《字说》①。还有一些字的释文并没有采用《字说》之说,如蟋蟀、豹等字。这反映蔡卞在接受王安石的学说方面不是随声附和,而是有所鉴别和发展的。王安石的门生陆佃在其著作《埤雅》中,引用《字说》较多。在其另一著作《尔雅新义》中,也引用"王文公曰"的一些说法。《埤雅》自元丰年间开始编写,历时四十年才告成功②。《埤雅》内容甚多,完全采用《字说》的说法只占全书的一小部分,所以晁公武在《郡斋读书志》中提出陆佃之学"不专主王氏,亦似特立者",这是比较符合事实的。宋徽宗、钦宗时人王昭禹撰《周礼详解》四十卷。王昭禹也宗法王安石新学。据《四库全书提要》提出,如解"惟王建国"、"匪颁之式"等,"皆遵王氏《字说》"③。宋钦宗时,王学的信仰者、福建建州人黄朝英,撰《缃素杂记》一书。该书《鸲鹆》条说:"《字说》鸲从勾,鹆从欲,解云:'鸲鹆多欲,尾而足勾焉。'余少时读《字说》而不解其义,后因看段成式《酉阳杂俎》,云……(予)今观鸲鹆群集木上,其间或有双堕地者,以是验成式之言果不妄,而舒王于百家小说之书,无所不取也。"言词之中,表露出对《字说》解字含义深刻的钦佩之情。随后,又提出唐耜注《字说》,只说"鸟名",引《考工记》"鸲鹆游不逾济"而已,"其他无义",这是因为"唐公亦未见段成式之说"④。该书《正阳》条,又引用《字说》来纠正沈括《梦溪笔谈》的一处错误⑤,可以说是进一步阐发了《字说》的见解。

王安石寓居建康府半山时,曾在蒋山路上建造书堂,经常食宿于此。杭州秀才薛昂来书堂谒见王安石,从学一段时间。元丰八年(1085

① 《毛诗名物解》卷16《杂解》。
② 陆宰:《埤雅》序。
③ 《四库全书提要》卷19《经部·礼类一》。
④ 《靖康缃素杂记》卷8。
⑤ 《靖康缃素杂记》卷5。

年)薛昂登第,仕途贵显,政和七年(1117 年)十二月升任门下侍郎,"言话动作率以(王安石)为法,每著和御制诗,亦用《字说》"①。大诗人陆游在少年时见到同族伯父陆彦远,还用《字说》之说写诗。如他的和霄字韵诗云"虽贫未肯气如霄",别人都不懂什么意思,有人问他,他回答说:"此出《字说》霄字云:'凡气升此而消焉'。"同乡前辈胡宗伋(字浚明,徽宗、高宗时人),"尤酷好《字说》",在洗澡时还在探讨《字说》的字义。一次,浴罢出来,大喜道:"吾适在浴室中有所悟,《字说》直字云'在隐可使十目视者,直。'吾力学三十年,今乃能造此地!"参知政事王之望也对《字说》"笃好不衰",陆游每次见到他,他"必谈《字说》,至莫不杂他语",甚至卧病时,还"拥被指画诵说不少辍"。侍郎、目录学家晁公武对《字说》之学也十分感兴趣②。宋理宗时,还有一位名叫刘景云的学者,依据《字说》提出了"中心为忠"(见本文五之第 7 条)和"如心为恕"(见本文五之第 107 条)之说③。

在《字说》学盛行的同时,也有一些学者提出了不同的意见。湖州(今属浙江)道士张有(字谦中)从元丰间开始撰《复古篇》,共集三千多字,至徽宗大观四年(1110 年)成书。据陈瓘大观四年所写序,张有"其说以谓专取会意者,不可以了六书;离析偏旁,不可以见全字,求古人之心而质糟粕,固以永矣。又取一全体,凿为多字,情生之说,可说可玩,而不足以销人之意。"确实,《字说》讲究性命义理,但缺点是只讲会意,忽略六书中的其他几个方面。张有在《字说》学盛行的时期,自然不敢冒大不韪地针锋相对地表示反对,只是采取正面论述的办法。而陈瓘在序中比较明确地指出该书否定"专取会意"和"离析偏旁"的做法。事实正是如此。《复古编》中许多字的解释与《字说》不同。如"燕"字,《字说》从会意作解(见本文五之第 259 条),《复古编》则指出此字系

---

①　洪迈:《夷坚丙志》卷 19《薛秀才》。

②　《老学庵笔记》卷 2。

③　欧阳守道:《巽斋文集》卷 6《答丁教授》。

"象形"①;"電"字,《字说》仍从会意解(见本文五之第44条),《复古编》则也从"象形"解②;"驳駮"两字,《字说》释为"駮,类马,駮食虎,虎食马,凡类己者,而能除害己者,在所交也,则駮非驳也(见本文五之第69条)。《复古编》则解释为"驳,马色不纯也,从马、艾。駮、兽如马,食虎豹,从马、交"③。也有一些不同。"系"字,《字说》作会意解(见本文五之第193条),《复古编》则指出此字是"象形"④。"气"字,《字说》更作会意解(见本文五之第202条),《复古编》则也认为是"象形"字⑤。有关例子颇多,不胜枚举。

　　宋神宗至高宗间人杨时,早年从学于二程,宋高宗绍兴三年(1133年)撰《王氏〈字说〉辨》,引用《字说》二十八条,一一加以辩驳。如指出《字说》解"空"字(见本文五之第1条),其中"作相"之说"出于佛氏,吾儒无有也"。进一步指出"工、穴之为空,是灭色明空,佛氏以为断空,非真空也。太空之空,岂工能穴之耶?"⑥对于这种辩驳方法,朱熹颇不以为然。他认为:"龟山有辨荆公《字说》三十余字。荆公《字说》其说多矣;止辨三十字,何益哉! 又不去顶门上下一转语,而随其后屑屑与之辨。使其说转,则吾之说不行矣。"⑦说明朱熹对《字说》也是颇感兴趣的。朱熹还吸取了《字说》关于"中心为忠"、"如心为恕"的释义⑧。

四、《字说》的评价

　　《字说》一书失传已久,如今主要从浩如烟海的宋代文献中辑录出

---

① 《复古编》卷4《去声》。
② 《复古编》卷3《上声》。
③ 《复古编》卷7《形声相类》。
④⑤ 《复古编》卷8《形相类》。
⑥ 《杨龟山先生集》卷7《辨二·王氏〈字说〉辨》。
⑦ 《朱子语类》卷86《礼三》。
⑧ 叶大庆:《考古质疑》卷3。

二百七十多条，充其量只占原书的二十分之一至三十分之一，离该书的全貌相距甚远。不过，即使依据这些材料，结合读过该书的宋代许多学者的评论，不论是王学的信仰者，或是程朱学派的信仰者，以及其他的学者，归根到底，还是能够作出较为客观的评价的。

我们认为，《字说》是一部语言文字学的专著，总的来说，它是一部成功之作。自然，受当时历史条件的限制，它确实难以避免地存在一些缺点。

《字说》的第一个特点是注重义理之学。这是它的长处，同时又是它的短处。

宋代学者大多对《字说》持分析的态度，全盘否定者尽管也有，但毕竟是少数。前述黄庭坚说过："荆公晚年删定《字说》，出入百家，语简而意深，常（尝）自以为平生精力尽于此书。"陈善在《扪虱新话》下集《免役之法》条中，也发表过同样的评论。朱翌在《猗觉寮杂记》卷上指出"介甫《字说》，往往出于小说、佛书。"他还举了《字说》实际引用《法苑珠林》、晋《天文志》、《酉阳杂俎》等书的论点。北宋末、南宋初抗战派领袖李纲，认为"介甫作《字说》，其发明义理之学甚深"[1]。陈瓘认为，《字说》"皆性命之理也"[2]。倪思也认为："荆公《字说》……其间说象形象意处，亦自有当理者。"[3]刘克庄还写诗称赞《字说》云："半山《字说》行，精义极贯穿。世好鹅蚓书，谁识虫鱼家？"[4]即令撰《字说辨》的杨时，也不得不承认："某观王氏之学，其精徽要妙之义，多在《字说》。"[5]众所周知，王安石的"新故相除"说，便是赖《字说辨》而得以保存至今的。《字说》解"除"字为："有阴有阳，新故相除者，天也；有处有辨，新故相除者，人也。"（见本文五之第 24 条）这是带有朴素辩证思想的观点。杨时反驳《字说》的这一观点说："一日之顷、一身之中，而有

---

① 《梁溪先生文集》卷 110《浓阳与崧老书》。
② 邵博：《邵氏闻见后录》卷 23。
③ 《经锄堂杂志》，载《宋元学案》卷 98。
④ 《后村先生大全集》卷 46《字说一首》。
⑤ 《杨龟山先生集》卷 17《答吴国华》。

阴中之阳、阳中之阴,新新不穷,未尝'相除'也。'有处有辨',与阴阳异矣。"杨时承认万事万物本身包含着阴阳两面(即矛盾),且承认事物不断更新,但否认旧事物消失而代之以新事物的发展过程,从而使他的理论走进了死胡同。由此反证《字说》的这一见解是多么精当!

大多数批评《字说》的学者,都认为《字说》过分地追求每个字的字义,未免失之偏颇。他们认为,造字方法有指事、象形、谐声(形声)、会意、转注、假借六个原则即所谓六书,而《字说》忽略了会意以外的其他五个原则。李纲在肯定《字说》成就的同时,又指出:"人得以议之者,以求之太备故也。古者六书,有象形、谐声、转注、假借、会意之类,而一切以义训之,故不免有穿凿之患。"①宋宁宗时人项安世提出:"予尝谓俗人书字,专用谐声、转注;王介甫说字,专用会意。其精粗虽异,皆堕于一偏也。"②与项安世同时代人楼钥说《字说》"所以不能传者,往往以形声诸体皆入会意,故有牵合强通之病。"还举王安石解"八月剥枣"的"剥"字为例,指出"剥音普卜反,荆公以为养老者剥枣之皮而进之。后行田野间,群儿相呼'扑枣',方知释文之有自来。"③虽然旧说有望字生义之病,但王安石不惮改正缺点的风格,还是值得称道和效法的。与王安石同时代的程颐和其门人的一段对话也值得注意。门人问程颐:"如荆公穷理,一部《字解》多是推五行生成,如今穷理,亦只知此,著工夫如何?"答道:"荆公旧年说话煞得,后来却自以为不是,晚年尽支离了。"④看来程颐师徒都认为《字说》解字从"推五行生成",虽然也在"穷理",但过于"支离"了。

综合以上肯定的和否定的两种意见,可以看出,《字说》着力于探讨文字的理义,这既是它的成功所在,同时又是它的明显缺陷,而成功又大于缺陷。如果从中国文字学和语言学的历史衡量,就会发现它应

----

① 《梁溪先生文集》卷110《浓阳与崧老书》。
② 《项氏家说》卷5《六书》。
③ 《攻媿集》卷67《答杨敬仲论诗解》。
④ 《二程遗书》卷19《伊川先生语五》。

该占有一席之地。如所周知,东汉许慎《说文解字》,是中国古代极有价值的一部字书,从魏晋到北宋长达十一个世纪,人们依靠它来解释文字的结构和意义。但此书对篆文、古文、籀文形体演变的认识有一些不确之外,对一些字的说解也存在迂曲和附会的一些说法。加上语音的不断变化,南北朝以后对于谐声偏旁的音例逐渐不明,用意义的字作声符,容易使人误以为义符。北宋初徐铉作为《说文》的专门家,已对某些形声字不能"悉通",往往"妄以意说"①。对此,王安石是颇不满意的,他在《字说序》中说,"惜乎先王之文已缺、(许)慎所记不具,又多舛,而以予之浅陋考之,宜有所不合。"②在《进〈字说〉札子》中又说:"臣在先帝时,得许慎《说文》古文,妄尝覃思,究释其意,冀因自竭,得见崖略"。通过研究《说文》,发现了《说文》的许多不妥,王安石乃决定另外"究释其意"。他认为文字"其声之抑扬开塞,合散出入,其形之衡从曲直,邪正上下,内外左右,皆有义,皆出于自然,非人私智所能为也"③。当然,王安石也承认"字虽人之所制",但他更强调"本实出于自然",如"凤鸟有文,河图有画,非人为也,人则效此"。于是文字有"自然之位"、"自然之形"、"自然之声"、"自然之义",因此,即使异方殊域,语音乖离,点画不同,通过翻译,"其义一也"④。我们认为,作为书写语言符号的文字尽管不带有阶级性,但不等于是纯客观的东西,即不等于它们的制作和解释完全不受主观因素和一定阶级的世界观的影响。所以,王安石赋予文字以纯客观性,并不符合文字的产生和演变的规律。但是,王安石强调文字的客观性,在中国古代是难能可贵的,这要比所谓圣人造字的说法要高明得多;同时,强调文字的理义,也有较为重要的意义。

　　宋仁宗庆历(1041—1048 年)以前,学者崇尚文辞,墨守章句注疏

① (清)钱大昕:《潜研堂文集》卷 27《跋〈说文解字〉》。
② 《王文公文集》卷 36。
③ 《字说序》。
④ 《进〈字说〉表》。

之学,陈陈相因,很少发明。大致从庆历间开始,学者由不信汉、唐儒者注疏,进而大胆怀疑古代儒家经典,并且从当时的社会政治需要出发,提出新的见解。在整个学术思想界,出现了一股探讨理气、性命、道德等问题的思潮,许多学者著书立说,各自创建具有不同哲学思想理论色彩的理学学派。当时的文字学和语言学,也受到了理学的深刻影响。《字说》强调理义,正是在这种历史条件下的产物。与改变"祖宗之法"而进行变法一致,《字说》也体现了一种破旧立新的精神,成为一部通释字义的训诂学专著,在中国语言学史上起着承前启后的重要作用。

　　《字说》否定形声字的声旁表音作用,把它们当作一个个有具体意义的意符字,因此,许多形声字在它那里变成了会意字。如"蟋蟀"二字,原来都是形声字,《字说》却解为"蟋蟀,阴阳帅万物以出入,至于蟋蟀,其率之为悉。蟋蟀能帅阴阳之悉者也,故《诗》每况焉。"(见本文五之第25条)蟋蟀作为一种昆虫,如何去"帅阴阳"呢? 又如"笼"字,原来也属形声字,《字说》却解为象形会意字,说:"笼,从竹从龙,内虚而有节,所以笼物,虽若龙者,亦可笼焉。"(见本文五之第12条)如果地球上出现过龙的话,如何去"笼"呢? 这些杨时在《字说辨》中已明确指出其弊病。但像"除"字,《字说》就发明新意,颇有见地。同时,在解说形声字和会意字时,也改变了许慎的许多旧义。宋宁宗、理宗时人叶大庆,认为《字说》解"人为之谓伪";"位者,人之所立";"讼者,言之于公";"五人为伍";"十人为什";"歃血自明为盟"等,"无所穿凿,至理自明"①,给予肯定。

　　在《字说》的影响下,王子韶提倡"右文说"。王子韶,字圣美,太原人。王安石实行新法时,引入制置三司条例司任职,迁为监察御史里行。历任知上元县,湖南转运判官、两浙提举常平、知明州等,曾与陆佃等一起修定过《说文》。王子韶研究字学,"演其义以为右文"。古代字书,都从左文(形声字意义在左)。右文说认为,凡字其类在左,其义在

────────────

① 《考古质疑》卷3。

右,如"戋"字之意为小,"水之小者曰浅,金之小者曰钱,歺而小者曰残,贝之小者曰贱"。诸如此类,都是以"戋"为义①。这种说法主张因声以求义,即从声旁解释已定的字义,不脱离语音,可以说明一部分同源字的音义关系。但这并不是所有汉字的必然规律,因为声符相同的字,意义不一定都相通。这种学说启发了训诂因声求义的方法,宋高宗时的王观国和后代的不少学者在此基础上又加以发挥②。

在《字说》的影响下,王安石之婿蔡卞所撰《毛诗名物解》,王安石之门生陆佃所撰《埤雅》和《尔雅新义》,都是当时文字和语言学方面的重要著作,在中国学术史上占有一定的地位。

《字说》脱离语音,专门从字形上去解释其理义,把文学当作直接表示概念的东西,这当然是不对的。如前所述,宋代一些学者已看出其错误,并列举了一些确凿的例子。除此以外,还有一些例子可证。如《字说》解"诗"字为"从言从寺。诗者,法度之言也"。将形声字"诗"定为会意字。据吕本中分析:"诗本不可以法度拘,若必以法度言,则侍者法度之人,峙者法度之山,痔者法度之病也。"③说得十分中肯。此外,宋人还有一些关于《字说》的传说。如邵博记载:"王荆公晚喜《字说》。客曰:'羁字何以从西?'荆公以西在方域主杀伐,累言数百不休。或曰:'霸从雨,不从西也。'荆公随辄曰:'如时雨化之耳。'"由此,邵博断定王安石"其学务凿,无定论类此"④。邵博还记载:"王荆公喜说字至于成俗,刘贡父戏之曰:'三鹿为麤,鹿不如牛。三牛为犇,牛不如鹿。'谓宜三牛为麤,三鹿为犇,若难于遽改,欲令各权发遣。荆公方解纵绳墨,不次用人,往往自小官暴据要地,以资浅,皆号'权发遣',故并谑之。"⑤刘贡父即刘攽,属守旧派。邵博在该书中肆意诋毁王安石及其新法,有些记载与事实不符,有关"犇"、"麤"二字的笑话更是出于民

---

① 沈括:《梦溪笔谈》卷14《艺文一》。
② 洪诚:《训诂学》,江苏古籍出版社1984年版。
③ 《童蒙训》卷下。
④ 《邵氏闻见后录》卷20。
⑤ 《邵氏闻见后录》卷30。

间传闻。这则笑话,最早见于王辟之《渑水燕谈录》卷10《谈谑》。王辟
之说:"熙宁中,学士以《字解》相尚。或问贡父曰:'曾得字学新说否?'
贡父曰:'字有三牛为奔字,三鹿为麤字。窃以牛为麤而行缓,非善奔
而体瘦,非麤大者。欲二字相易,庶各会其意。'闻者大笑。"王辟之在
宋神宗时做过官,照例他的记载是比较可靠的。但此书写成于推翻新
法的宋哲宗元祐前三年,因此收录了这则嘲笑王安石的故事。这则故
事同样见于宋哲宗时人陈师道的《后山丛谈》卷3中。其实,《字说》在
宋神宗熙宁间尚未编成,士人不可能以此"相尚"。因此,故事的不可
靠就显而易见。一百二十多年后的宋宁宗嘉定年间,岳珂再次重复这
桩故事,但刘攽变成了苏轼。岳珂记载:"王荆公在熙宁中作《字说》,
行之天下。东坡在馆,一日,因见而及之,曰:'丞相赜微宧穷,制作某不
敢知,独恐每每牵附,学者承风,有不胜其凿者。姑以麤、犇二字言之,
牛之体壮于鹿,鹿之行速于牛。今积三为字,而其义皆反之,何也?'荆
公无以答,迄不为变。"①故事被编得更加详细,时间为熙宁间、王安石
任丞相时,地点为馆中。但与《邵氏闻见后录》和《渑水燕谈录》对照,
不难发现刘攽与苏轼的话被编造得大不一样,刘攽是独白,苏轼是与王
安石对话。即使承认这三种宋人笔记的记载都属事实,刘攽或苏轼都
讲过这样的话,王安石《字说》也这样写过,但他们三人关于麤字的解
释都不正确。清代黄生引述《桯史》的故事,提出苏轼和王安石"二公
皆非识字者",因为《说文》训麤字为"行超远也",而"吾乡语行之速者,
犹有此称"。他认为,以麤为大,"自是后人之语"②。我们认为,这桩故
事与其证明王安石和苏轼不识麤字,不如说记录这桩故事的邵博、王辟
之、陈师道、岳珂等人不识麤字。除此以外,还有一则故事,记录苏轼嘲
笑《字说》:"东坡闻荆公《字说》新成,戏曰:'以竹鞭马为笃,以竹鞭犬,
有何可笑?'又曰:'鸠字从九从鸟,亦有证据。《诗》曰:鳲鸠在桑,其子

---

① 《桯史》卷2《犇麤字说》。
② 《字诂·犇麤》。

七兮。和爷和娘，恰是九个。'"①似乎苏轼生来是挖苦王安石的专家，所以宋理宗时张世南也说："王金陵《字说》之作，率多牵合，固不免坡公之讥。"②其实，苏轼与王安石虽然政见有异，但彼此钦佩对方的文章学术。王楙《野客丛书》卷6《荆公读苏文》记述，苏、王"二公皆一时伟人，其所不相能者，特立朝议论间耳。然其文章妙处，各自心服，何尝以平日议论不相能之故，并以其所长者忌之。苟如是，何以为二公？"否则，只是"以市井常态测二公，过矣！"比较公允地估量苏、王之间政治上和学术上的交往，实际上澄清了有关苏轼讽刺、嘲弄王安石的种种故事，纯系"市井"人的传说。

《字说》的第二个特点是大量引用佛经中的语句。王安石晚年师事大禅师瞿昙，又与一些禅师过从甚密，受佛教的影响颇深。他听信真净和尚的话，将自己的第宅施舍为僧寺，称"报宁禅院"，延请真净为"开山第一祖"，每年剃度僧人。他又亲自撰《楞严经疏解》一书，并为《金刚经》作过注，表明他对佛学有一定的造诣。此外，他还写过许多禅家机锋很盛的诗，说明他笃信佛教禅宗。反映到《字说》中，是引用佛经的语句。宋代好几名学者都注意到这一事实。如前述朱翌《猗觉寮杂记》说，《字说》"往往出于小说、佛书"。其中"天，一而大"的解释，出自《法苑珠林》。前述杨时《〈字说〉辨》，指出《字说》解"空"字，用"无相之说"，即"出于佛氏，吾儒无有也"。进一步指出："佛之言曰空即无相，无相即无作，则空之名不为作相而立也。工、穴之为空，是灭色明空，佛氏以为断空，非真空也。太空之空，岂工能穴之耶？色空，吾儒本无此说，其义于儒、佛两失之矣。"这是引用和阐发佛说的明显证据之一。陈善撰《王荆公〈字说〉多用佛经语》条，指出王安石最初解"空"字，未用佛经，后来改用佛经，就"比旧为胜"（见本文五之第1条）。《字说》解"空"字，实际采用三种佛经的说法。一是《维摩诘经》

---

① 曾慥：《高斋漫录》。
② 《游宦纪闻》卷9。

说:"空即无相,无相即无作,无作无作,即心意识。"二是《法华经》说:"但念空无作。"三是《楞严经》说:"但除器方,空体无方。"王安石综合了这三种佛经之说来解释"空"字的含义。《字说》解"追"、"搔"、"牂柯"等字(见本文五之第 31 条、32 条、33 条),也采用佛经中"能、所二语"。《圆觉经》说:"其所证者,无得无失,无取无舍。其能证者,无作无止,无生无灭。于此证中,无能无所。"佛经所谓"能"、"所"二字,乃指"彼此义也","《古书中本无此语》"①。当然,《字说》如果引用佛经之说解释得贴切,也无可厚非,也许这正是《字说》的成功之处。

《字说》确实存在一些缺点。如过分强调理义,把许多形声字偏偏说成会意字,是它的主要缺点。所以,宋代一些学者批评它"牵强"、"穿凿"、"支离"等等。另一个缺点是征引古籍有误、出现张冠李戴的现象。王观国在《学林》卷7《引证》条指出,《字说》"牲"字解说:"《国语》曰毛以告全。"但《国语》无此文,仅《礼记》云:"毛者,告全之物也。""牟"字解说:"牟者,《尔雅》曰牟,进也。"但《尔雅》无此文,仅《玉篇》云:"牟者,进也。""芼"字解说:"《尔雅》曰芼,择也。"但《尔雅》无此文,仅郑氏《诗注》云:"芼,择也。""仔"字解说。《尔雅》曰仔,肩任也。"但《尔雅》无此文,仅郑氏《诗注》云:"仔,肩任也。"王观国引述此四例,认为"引证之误,小疵也,然作成书者,固不当误。"看来王安石在完成《字说》时,对所引古籍失于进一步校对,因此出现了这些错误。

《字说》的第三个缺点是漏收了一些该收的字。如"益"字,因为王安石父名益,为避家讳,所以《字说》中没有"益"字②。又如"钏"字,王观国说:"磺亦作矿,丱亦作钏,则丱者古文矿也。《周礼释音》,丱音胡猛切。王荆公引《诗》'总角丱兮',以释丱人之义,取其有分别之义。若然,则丱兮音惯,而丱人亦惯矣。若丱人音惯,则字书丱人之丱,当弃而不用也。故荆公《字说》收矿字而不收丱字,恐丱字未可遽尔削去也。"认为《字说》也应该收入"丱"字。

---

① 《扪虱新话》上集卷 3。
② 陆游:《老学庵笔记》卷 6。

　　总之,王安石《字说》是中国封建社会中期的一部重要的文字、语言学著作。王安石注重性命理义,用性命理义来解释文字,带有一定的开创性,给予宋代及后代的文字、语言学以深刻的影响。当然,《字说》也有一些缺点,但不能因之完全加以抹煞。

五、《字说》内容辑录

　　本文所辑录的《字说》内容,主要据依宋人文集、笔记小说、文字学著作等,少部分来自明人的《本草》著作和清人的地方志。有关资料的出处,凡原文直接说明引用《字说》者,即在书名和篇名后写明如“《字说》曰……”等;凡原文不直接说明引用《字说》者,则在书名和篇名后写明肯定其为《字说》内容的理由;凡篇名直接写明与《字说》的关系,则不再说明理由。

　　由于古人不使用标点符号,有些资料的内容较多,一时难以判断《字说》的内容到何处为止,因此有可能多所征引,也有可该摘而未摘。

王安石《字说》

　　1　空:无土以为穴,则空无相;无工以穴之,则空无作。无相无作,则空名不立。(初作:工能穴土,则实者空矣,故空从穴从工。)

　　(杨时:《杨龟山先生集》卷7《辨二·王氏〈字说〉辨》;陈善:《扪虱新话》上集卷3《荆公〈字说〉多用佛经语》)

　　2　倥　侗:真空者,离人焉,倥异于是,特中无所有耳。大同者,离人焉,侗异于是,特不能为异耳。

　　(杨时:《杨龟山先生集》卷7《辨二·王氏〈字说〉辨》)

　　3　同:彼亦一是非也,此亦一是非也,物之所以不同。门一口,则是非同矣。

　　(杨时:《杨龟山先生集》卷7《辨二·王氏〈字说〉辨》)

　　4　金　铜:金,正西也,土于此终,水于此始。铜,赤金也,为火所胜而不自守,反同乎火。

（杨时:《杨龟山先生集》卷7《辨二·王氏〈字说〉辨》）

5　**童**:始生而蒙,信本立矣;方起而稺,仁端见矣。

（杨时:《杨龟山先生集》卷7《辨二·王氏〈字说〉辨》）

6　**中**:中通上下,得中,则制命焉。

（杨时:《杨龟山先生集》卷7《辨二·王氏〈字说〉辨》）

7　**忠**:有中心,有外心。所谓忠者,中心也。

（杨时:《杨龟山先生集》卷7《辨二·王氏〈字说〉辨》）

中心为忠。

（叶大庆:《考古质疑》卷3;欧阳守道:《巽斋文集》卷6《答丁教授》）

8　**洪**:洪则水共为大。《洪范》所谓洪者,五行也,亦共而大。

（杨时:《杨龟山先生集》卷7《辨二·王氏〈字说〉辨》）

9　**鸿**:大曰鸿,小曰雁,所居未尝有正,可谓反矣。然而大夫赘此者,以知去就为义,小者随时,如此而已。乃若大者随时,则能以其智兴事造业矣。鸿,从水,言智;工,言业,故又训大。《易》曰“随时之义,大矣哉!”若大夫者,不能克也。

（杨时:《杨龟山先生集》卷7《辨二·王氏〈字说〉辨》）

10　**公**:公虽尊位,亦事人,亦事事。

（杨时:《杨龟山先生集》卷7《辨二·王氏〈字说〉辨》）

11　**松　柏**:槐,黄中其华,又黄怀其美,以时发者也,故公位焉。松华犹槐也,而实亦玄,然华以春,非公所以事上之道。柏视松也,犹伯视公,伯用诎所执躬圭者以此,公用直所执桓圭者以此。

（陆佃:《埤雅》卷14《释木》载“王文公曰……”。杨时:《杨龟山先生集》卷7《辨二·王氏〈字说〉辨》）

松柏为百木之长,松犹公也,柏犹伯也,故松从公,柏从白。

（明人李时珍:《本草纲目》卷34《木部》载“王安石《字说》云……”。清人李世熊:《宁化县志》卷2《土产志》载“安石《字说》

云……"）

12　**笼**：从竹从龙，内虚而有节，所以笼物，虽若龙者，亦可笼焉。

（杨时：《杨龟山先生集》卷7《辨二·王氏〈字说〉辨》）

13　**冬**：春徂夏为天出而之人，秋徂冬为人反而之天。

（杨时：《杨龟山先生集》卷7《辨二·王氏〈字说〉辨》）

14　**天　示**：一而大者，天也。二而小者，示也。天得一而大，地得一而小。

（杨时：《杨龟山先生集》卷7《辨二·王氏〈字说〉辨》）

一而大，谓之天。

（罗大经：《鹤林玉露》甲编卷3《字义》；朱翌：《猗觉寮杂记》卷上）

15　**义　和**：敛仁气以为义，散义气以为和。牺牲，残而杀之，和，所以制物；完而生之，义，所以物始。

（杨时：《杨龟山先生集》卷7《辨二·王氏〈字说〉辨》。参见"利""义"条）

16　**戏**：自人道言之，交则用豆，辨则用戈，虑而后动，不可戏也。戏实生患。自道言之，无人焉用豆，无我焉用戈，无物（"物"字四库本作"我"）无人，何虑之有？用戈用豆，以一致为百虑，特戏事耳。戏非正事，故又为于戏倾戏之字。

（杨时：《杨龟山先生集》卷7《辨二·王氏〈字说〉辨》）

17　**置　罢**：上取数备，有以门下，则直者可置，使无式适，惟我所措而已；能者可置（"置"字四库本作"罢"）使无妄作，惟我所为而已。

（杨时：《杨龟山先生集》卷7《辨二·王氏〈字说〉辨》）

18　**终**：无时也，无物也，则无终始。

（杨时：《杨龟山先生集》卷7《辨二·王氏〈字说〉辨》）

19　**聪**：于事则听，思聪于道，则聪忽矣。

（杨时：《杨龟山先生集》卷7《辨二·王氏〈字说〉辨》）

20　**思**：出思不思，则思出于不思，若是者，其心未尝动出也，故心在内。

（杨时:《杨龟山先生集》卷7《辩二·王氏〈字说〉辨》）

21　莑　荎　蒤:莑,一草而五味具焉。即一即五,非一非五,故谓之荎。众而出乎一,亦反乎一,故谓之蒤。

（杨时:《杨龟山先生集》卷7《辩二·王氏〈字说〉辨》）

22　之:有所之者,皆出乎一,或反隐以之显,或戻静以之动,中而卜者,所之正也。

（杨时:《杨龟山先生集》卷7《辩二·王氏〈字说〉辨》）

23　懿　微:壹而恣之者,懿也,俊德之美也。微而纠之者,微也,玄德之美也。

（杨时:《杨龟山先生集》卷7《辩二·王氏〈字说〉辨》）

24　除:有阴有阳,新故相除者,天也。有处有辩,新故相除者,人也。

（杨时:《杨龟山先生集》卷7《辩二·王氏〈字说〉辨》）

25　蟋　蟀:蟋蟀,阴阳帅万物以出入,至于蟋蟀,其率之为悉,蟋蟀能帅阴阳之悉者也,故《诗》每况焉。

（杨时:《杨龟山先生集》卷7《辩二·王氏〈字说〉辨》;陆佃:《埤雅》卷10《释虫》）

26　红　紫:红,以白入赤也。火革金,以工器成焉。凡色,以系染也。紫,以赤入黑也。赤与万物相见,黑复而辩于物,为此而已。夫有彼也,乃有此也。道所贵,故在系上,工者事也,此者德也。

（杨时:《杨龟山先生集》卷7《辩二·王氏〈字说〉辨》）

27　豊:("豊"字四库本作"豐"字):豊者,用豆之时。

（杨时:《杨龟山先生集》卷7《辩二·王氏〈字说〉辨》）

28　崇　高:高言事,崇指物阴阳之义。

（杨时:《杨龟山先生集》卷7《辩二·王氏〈字说〉辨》）

29　鹔　鸰:鹔以勾,鸰从欲。鹔鸰多欲,尾而足勾焉。

（黄朝英:《靖康缃素杂记》卷8《鹔鸰》。参见第94"鹡""鸰"条）
其行欲也,尾而足勾,故曰鹔鸰。从勾从欲省。

（明人李时珍：《本草纲目》卷 49《禽部》载"王氏《字说》以为……"）

30　已：已，正阳也，无阴焉。

（黄朝英：《靖康缃素杂记》卷 5《正阳》载"余考舒王《字说》云……"）

31　追：追，所追者止能追者，迨而从之。

（陈善：《扪虱新话》上集卷 3《荆公〈字说〉多用佛经语》）

32　搔：搔，手能搔所搔。

（陈善：《扪虱新话》上集卷 3《荆公〈字说〉多用佛经语》）

33　牂　柯：以能入为柯，以所入为牂。

（陈善：《扪虱新话》上集卷 3《荆公〈字说〉多用佛经语》）

犅以乘而不逆为刚，牂以承而不随为臧。所谓牂，牂言小狠也。牂柯者，以能入为柯，所入为牂，欲小狠焉。盖牛之性顺，犅虽牝（"牝"字四库本作"牡"）而犹有顺性，故为乘而不逆。羊性狠，牂虽牝而犹有狠性，故为承而不随。

（罗愿：《尔雅翼》卷 23《释兽六》载"《字说》曰……"）

34　美：美，从羊从大，谓羊之大者方美。

（周辉：《清波杂志》卷 9）

35　穜：物生必蒙，故从童草。木亦或种之，然必穜而生之者，禾也，故从禾。

（袁文：《瓮牖闲评》卷 4；《永乐大典》卷 13194《种字》）

36　伶：伶，非能自乐也，非能与众乐乐也，为人所令而已。

（袁文：《瓮牖闲评》卷 1）

37　役：役则执殳。

（袁文：《瓮牖闲评》卷 4）

38　戍：戍则操戈。

（袁文：《瓮牖闲评》卷 4）

39　牷：《国语》曰"毛以告全。"

（王观国：《学林》卷7《引证》）

40　牟：牟者，《尔雅》曰"牟，进也。"

（王观国：《学林》卷7《引证》）

41　芼：《尔雅》曰"芼，择也。"

（王观国：《学林》卷7《引证》）

42　仔：《尔雅》曰"仔，肩任也。"

（王观国：《学林》卷7《引证》）

43　蝦　蟇：俗言蝦蟇怀土，取置远处，一夕复还其所。虽或遏之，常慕而返，故名蝦蟇。或作蝦蟆，蝦言其声，蟆言其斑也。《尔雅》作螫蟇。

（明人李时珍：《本草纲目》卷42《虫部》载"按王荆公《字说》云……"）

俗说蝦蟇怀土，虽取以置远郊，一夕复还其所。虽或遏之，常慕而反。

（陆佃：《埤雅》卷2《释鱼》载"《字说》云……"）

俗言蝦蟇怀土，置之远处，一夕复返。虽遏之，常慕返，故曰蝦蟇。

（清人李世熊：《宁化县志》卷2《土产志》载"安石《字说》云……"）

44　黾：黾善怒，故音猛，而谓努力为黾。《诗》曰"黾勉同心"，亦蛙善踊，故谓之猛。

（陆佃：《埤雅》卷2《释鱼》载"《字说》又云……"）

45　麕：赤与白为章，麕见章而惑也。

（陆佃：《埤雅》卷3《释兽》载"《字说》曰……"）

46　麇：乐以道和，麇可以乐道而获焉。麇不可畜，又不健走，可缚者也，故又训缚。

（陆佃：《埤雅》卷3《释兽》载"《字说》曰……"）

47　豺：豺亦兽也，乃能获兽，能胜其类，又知以时祭，可谓才矣。

（陆佃：《埤雅》卷3《释兽》载"《字说》曰……"）

豺能胜其类，又知祭兽，可谓才矣。故字从才。

（明人李时珍：《本草纲目》卷 51 下《兽部》载"按《字说》云……"）

48 **熊 羆**：熊，强毅有堪能，而可以其物火之。羆亦熊类，而又强焉，然可罔也。

（陆佃：《埤雅》卷 3《释兽》载"《字说》曰……"）

49 **豹**：虎豹狸，皆得勺物而取焉。大者犹勺而取，不足为大也；小者虽勺而取，所取小矣，不足言也，故于豹言勺。

（陆佃：《埤雅》卷 3《释兽》载"《字说》曰……"）

50 **羊**：羊大则充实而美，美成矣，则羊有死之道焉。《老子》曰"天下皆知美之为美，斯恶已。"

（陆佃：《埤雅》卷 3《释兽》载"《字说》曰……"）

51 **象**：象齿感雷，莫之为而文生，天象亦感气，莫之为而文生。人于象齿也，服而象焉，于天象也，服而象焉（瑞熙案：此四字四库本作"象而服焉"）。像，象之也。周官"玉路以祀，象路以朝"。玉，仁也；象，义也；仁者，人也；义者，道也。故象路一名道车。弁师掌皮弁，会五采玉璂象邸玉璂以况基德，而象邸即庄周所谓托宿于义者也。

（陆佃：《埤雅》卷 4《释兽》载"《字说》曰……"）

象牙感雷而文生，天象感气而文生，故天象亦用此字。

（明人李时珍：《本草纲目》卷 51 上《兽部》载"王安石《字说》云……"）

52 **貀**：貀，善睡，则于宜作而无作，于宜觉而无觉，不可以涉难矣。舟以涉难，利则涉，否则止。貀舟在右，能生（"生"字四库本作"止"）者也。

（陆佃：《埤雅》卷 4《释兽》载"《字说》曰……"）

53 **貉**：貉之为道，宜辨而各。故孔子狐貉之厚以居，貉辨而各，故少乎什一，谓之大貉、小貉。无诸侯币帛饔飧百官，有司以为貉道也。

（陆佃：《埤雅》卷 4《释兽》载"《字说》曰……"）

貉与貛同穴各处，故字从各。

（明人李时珍：《本草纲目》卷 51 下《兽部》载"按《字说》云……"）

54　羔：羔，以羊从火。羊，火畜也。羔火在下，若火始然，可进而大也。

（陆佃：《埤雅》卷5《释兽》载"《字说》曰……"）

55　羹：羹，从美从羔，羊大而美成。羔未成也，美成为下，和羹是也；未成为上，大羹是也。礼豆先大羹。

（陆佃：《埤雅》卷5《释兽》载"《字说》又曰……"）

56　麢：鹿比其类，环其角，外向以自防，麢独栖其角木上，是所谓靁。夫其如此，亦以远害其靁也，亦所以为灵也。

（陆佃：《埤雅》卷5《释兽》载"《字说》云……"）

鹿则比类而环角，外向以自防。麢则独栖，悬角木上以远害，可谓灵也。故字从鹿从灵省文。后人作羚。

（明人李时珍：《本草纲目》卷51上《兽部》载"按王安石《字说》云……"）

57　鹅：鹅，飞能俄而已，是以不免其身，若鴲鹅者可也。鴲鹅者，鹅也，而非鹅。《禽经》曰"鹅见异类，差翅鸣；鸡见同类，拊翅鸣。"

（陆佃：《埤雅》卷6《释鸟》载"《字说》曰……"）

58　鷹：应，从心从雍。心之应物，不疚而速，不引而至。雍之应物，人或使之，能疾而已，不行不至。

（陆佃：《埤雅》卷6《释鸟》载"《字说》曰……"）

59　鷄　鶌：奚也、曷也，皆无知也。鸡可畜焉，以放于死，奚物而无知者也。鶌善斗焉，以放于死，曷物而无知者也。《禽经》曰："鶌，毅鸟；鸥，信鸟也。"

（陆佃：《埤雅》卷7《释鸟》载"《字说》曰……"）

60　鷮：从乔，尾长，而走且鸣，则其首尾乔如也。鷮走且鸣，行止不能自舍，女有取节尔。故《诗》以为淑女之譬，而又与鸉冕之义异也。《诗》曰"依彼平林，有集维鷮。"言王后无妒忌之行、险诐之心，能庇其所赖，而淑女从焉，则如平林之集鷮雉也。

（陆佃：《埤雅》卷8《释鸟》载"《字说》曰……"）

尾长而走且鸣,则其首尾鹝如也。

(蔡卞:《毛诗名物解》卷 8《释鸟》)

61　鸢:鸢,屵上鸥氏取隼致一。鸶,舆也;鸧,合也。鹊,黑白错,鹏,黑白间。《禽经》曰:"鹰以膺之,鹊以撋之,隼以尹之。"

(陆佃:《埤雅》卷 8《释鸟》载"《字说》曰……")

62　鸪:鸪,远举难中,中之则可以告,故射侯栖鸪,中则告胜焉。

(陆佃:《埤雅》卷 9《释鸟》载"《字说》云……";王安石:《考古记注》卷下)

63　鹦　鹉:婴不能言,已而能言母,从人而后能言。

(陆佃:《埤雅》卷 9《释鸟》载"《字说》曰……"。参见第 91 条"鹦""鹉"字)

婴儿生不能言,母教之言,已而能言,以言此鸟之能言类是也。亦其舌似小儿,故能委曲其音声以象人尔。

(罗愿:《尔雅翼》卷 14《释鸟》载"《字说》曰……")

64　蛇　蝮:蛇,螫人也,而亦逃人也,是为有它。蝮触之则复,其害人也,人亦复焉。

(陆佃:《埤雅》卷 10《释虫》载"《字说》曰……")

65　蜘　蛛:蜘蛛,设一面之网,物虫而后诛之,知乎诛义者也,故从知从朱。

(陆佃:《埤雅》卷 11《释虫》载《字说》曰……"。明人李时珍:《本草纲目》卷 40《虫部》载"按王安石《字说》云……"。清人李世熊:《宁化县志》卷 2《土产志》载"王安石《字说》……")

设一面之网,虫至而后获焉,知诛义者也。

(罗愿:《尔雅翼》卷 25《释虫二》载"《字说》曰……")

66　螣:螣食苗叶,无伤于实,若螣可贷也,贼食苗节,贼苗(瑞熙案:据前文"食心曰螟,食叶曰蟘,食节曰贼,食根曰蟊",此"贼苗"二字衍。)蟊食根,如句所植。螟食心,不可见。

(陆佃:《埤雅》卷 11《释虫》载"《字说》云……")

67　蜮：蜮，不可得也，故或也。今蝛蝚溺人之影，亦是类尔。

（陆佃：《埤雅》卷 11《释虫》载"《字说》曰……"）

68　蛉：蛉，蜻蜓也。动止常廷，故又谓之蛉，令出于廷者也。

（陆佃：《埤雅》卷 11《释虫》载"《字说》云……"）

69　駮：駮，类马，食虎，而虎食马。凡类己也，而能除害己者，在所交也，则駮非驳也。

（陆佃：《埤雅》卷 12《释马》载"《字说》云……"）

駮：类马，駮食虎，虎食马，凡类已（己）也，而能除已（己）害者，在所交也。

（蔡卞：《毛诗名物解》卷 10《释兽》）

70　甘　棠：《诗》言"蔽芾甘棠"，以杜之美言；有杖之杜，以棠之恶说。诗者以意逆志，乃能得之。

（陆佃：《埤雅》卷 13《释木》载"《字说》云……"）

71　樱　栲：樱，主实么释柔泽如婴者。栲，主材成就坚久如考者。

（陆佃：《埤雅》卷 14《释木》载"《字说》云……"）

72　枌　榆：榆沖滑，故谓之俞，茎俞而有刺，所以为至枌俞而已，安可长也。以俞为合，乃卒乎分，夫很如粉、俞如枌，皆分之道。

（陆佃：《埤雅》卷 14《释木》载"《字说》曰……"）

榆沖俞柔，故谓之榆。其枌则有分之之道，故谓之枌。其荚飘零，故曰零榆。

（明人李时珍：《本草纲目》卷 35 下《木部》载："按王安石《字说》云……"）

榆沖滑，故谓之榆。茎榆而有刺，所以为主枌榆而已，安可长也。以俞为合，乃卒乎分，夫根如粉、榆如粉，皆分之道。

（蔡卞：《毛诗名物解》卷 5《释木》）

73　茝：茝可以养鼻，又可以养体。茝者，养也。

（陆佃：《埤雅》卷 16《释草》载"《字说》曰……"）

匜香可以养鼻，又可以养体。故匜字从匜，匜音怡，养也。

（明人李时珍：《本草纲目》卷 14《草部》载："王安石《字说》云……"）

74　**菼　薍**："荻"字：芦谓之葭，其小曰萑；荻谓之蒹，其小曰薕。其始生曰菼，又谓之薍。荻强而葭弱，荻高而葭下，故谓之荻。菼中赤，始生末黑，黑已而赤，故谓之菼。其根旁牵揉，櫱互其行，无辩矣，而又强焉，故又谓之薍。薍之始生，常以无辩，唯其强也，乃能为薍。

（陆佃：《埤雅》卷 16《释草》载"《字说》曰……"）

75　**蕅　莲**：蕅，藏于水，其自处卑，无所加焉。其所与污，洁白自若，中有空焉。不偶不生，若此可以偶物矣。茄无枝附，泥不能污，水不能没，挺出而立，若此可以加物矣。莲既有以自白，又会而属焉，若此可以连物矣。

（陆佃，《埤雅》卷 17《释草》载"《字说》曰……"）

76　**葵**：草也能揆日响焉，故又训揆。《本草》"日葵为百菜之主"，岂亦以此乎？

（陆佃：《埤雅》卷 17《释草》载"《字说》曰……"）

77　**莪**：莪，以科生而俄。《诗》曰"匪莪伊蒿"，"匪莪伊蔚"。莪俄而蒿直，蔚粗而莪细。育材之诗，而言莪者以此。

（陆佃：《埤雅》卷 17《释草》载"《字说》曰……"）

莪，以科生而俄。《诗》曰"匪莪伊蒿"、"伊蔚"。莪俄而蒿且蔚菁莪。育材之诗，正言莪者以此。

（蔡卞《毛诗名物解》卷 4《释草》）

78　**茺**：茼除眩，茺除臀，遂逐水，亦逐盅。

（陆佃：《埤雅》卷 17《释草》载"《字说》曰……"）

79　**艾**：艾可×疾，久而弥善，故字从×。《尔雅》曰"艾，长也"。"艾，历也"。妾以×灭为名，艾以×疾为义，皆以所历长所阅众故也。

（陆佃：《埤雅》卷 17《释草》载"《字说》曰……"。明人李时珍：《本草纲目》卷 15《草部》载："王安石《字说》云……"）

80　**葱**：葱，疏关节，达气液，葱也。所谓葱珩，其色如此。缥亦如此。

（陆佃：《埤雅》卷 18《释草》载"《字说》曰……"）

81　薇：薇，礼豕用焉。然微者所食，故《诗》以采薇言戍役之苦，而草虫序于蕨后，喻求取之薄。

（陆佃：《埤雅》卷 18《释草》载"《字说》曰……"）

微贱所食，因谓之微，故《诗》以采薇赋戍役。

（明人李时珍：《本草纲目》卷 27《菜部》载"王安石《字说》云……"）

薇，微者所食也。

（罗愿：《尔雅翼》卷 4《释草》）

82　薑：薑，疆也。疆我者也。于毒邪、臭腥、寒热皆足以御之。

（陆佃：《埤雅》卷 18《释草》载"《字说》曰……"。一本作"疆"字）

薑，能疆御百邪，故谓之薑。初生嫩者，其尖微紫，名紫薑，或作子薑，宿根谓之母也。

（明人李时珍：《本草纲目》卷 26《菜部》载"王安石《字说》云……"。清人李世熊：《宁化县志》卷 2《土地部下·土产》载"安石《字说》云……"）

83　芥：芥，界也。界我者也，汗能发之，气能散之。

（陆佃：《埤雅》卷 18《释草》载"《字说》曰……"）

芥者，界也。发汗散气，界我者也。

（明人李时珍：《本草纲目》卷 26《菜部》载"按王安石《字说》云……"。清人李世熊：《宁化县志》卷 2《土地部下·土产志》载"安石《字说》云……"）

84　槐：槐，黄中怀其美，故三公位之。春秋元命包云"槐之言归也"。古者树槐，听讼其下，使情归实也。

（明人李时珍：《本草纲目》卷 35 上《木部》载"王安石释云……"）

85　麂：麂虎所在，必鸣以告鹿，鹿属冯而安者，亦其声几几然。

（清人李世熊：《宁化县志》卷 2《土产志》载"安石《字说》云……"）

86　利　义：利者，阴也。阴当隐伏。义者，阳也，阳当宣著。

（杨时：《杨龟山先生集》卷 11《语录二·京师所用》。参见"义"
"和"条）

87　**诗**：诗字，从言从寺。诗者，法度之言也。

（吕本中：《童蒙训》卷下）

88　**无**：天屈西北为无。盖东南为春夏，阳之伸也，故万物敷荣。
西北为秋冬，阳之屈也，故万物老死，老死则无矣。

（罗大经：《鹤林玉露》乙编卷 3《无字》）

89　**蔗**：蔗，草之庶生者也。（一本作：蔗切之夜，庶生是也。）

（罗大经：《鹤林玉露》甲编卷 3《字义》）

90　**波**：波者，水之皮。

（罗大经：《鹤林玉露》甲编卷 3《字义》）

91　**鹦　鹉**：鹦鹉，如婴儿之学母语，故字从婴、母。

（明人李时珍：《本草纲目》卷 49《禽经》载"按《字说》云……"）

92　**飛**：鸟反爪而升也。

（曾敏行：《独醒杂志》卷 4 载"王荆公作《字说》……"）

93　**星**：物生乎下，精成于列。

（朱翌：《猗觉寮杂记》卷上）

94　**鶵　鸰**：勾其足而欲。

（朱翌：《猗觉寮杂记》卷上）

尾而足勾焉是也。

（罗愿：《尔雅翼》卷 14《释鸟二》载"《字说》云……"）

95　**季**：禾一成为季。

（朱翌：《猗觉寮杂记》卷上）

96　**偽**：人为之谓伪。

（叶大庆：《考古质疑》卷三）

97　**位**：位者，人之所立。

（叶大庆：《考古质疑》卷 3）

98　**讼**：讼者，言之于公。

（叶大庆:《考古质疑》卷 3）

99　伍:五人为伍。

（叶大庆:《考古质疑》卷 3）

100　什:十人为什。

（叶大庆:《考古质疑》卷 3）

101　盟:歃血自明而为盟。

（叶大庆:《考古质疑》卷 3）

102　门:二户相合而为门。

（叶大庆:《考古质疑》卷 3）

103　鼟:以兆鼓则曰鼟。

（叶大庆:《考古质疑》卷 3）

104　郊:与邑交则曰郊。

（叶大庆:《考古质疑》卷 3）

105　富:同田为富。

（叶大庆:《考古质疑》卷 3;陈师道:《后山丛谈》卷 2 云"金陵人喜解字,习以为俗",此"金陵人"当指王安石。因宋人有时也称王安石为"王金陵"）

106　贫:分贝为贫。

（叶大庆:《考古质疑》卷 3;陈师道:《后山丛谈》卷 2）

107　恕:如心为恕。

（叶大庆:《考古质疑》卷 3;欧阳守道:《巽斋文集》卷 6《答丁教授》）

108　霄:凡气升此而消焉。

（陆游:《老学庵笔记》卷 2）

109　直:在隐可使十目视者直。

（陆游:《老学庵笔记》卷 2）

110　緅:緅,紫也。緅以茈染,故系在左,紫或染或不,故系在下。緅人染也,其为此也有戾焉,或不则无戾也,此而已。茈可染紫,谓之茈蒮。则茈言本紫,蒮言所染,所染戾,彼而此者也。

（罗愿:《尔雅翼》卷4《释草》载"《字说》曰……"）

111　桧 枞:檜,柏叶松身,则叶与身皆曲。枞,松叶柏身,则叶与身皆直。枞以直而从之,桧以曲而会之。以直而从之,故音从容之从;以曲而会之,故音会计之会。

（罗愿:《尔雅翼》卷9《释木一》载"《字说》曰……"）

112　柽:知雨而应,与于天道。木性虽仁圣矣,犹未离夫木也。小木既圣矣,仁不足以名之。音桯,则赤之贞也,神降而为赤云。柽非独能知雨,亦能负霜雪,大寒不凋,有异余柳,盖庄子以松柏独受命于地,冬夏青青,比舜之受命于天,柽之从圣,亦以此欤!

（罗愿:《尔雅翼》卷9《释木》载"《字说》曰……"）

113　羒 羖:夷羊谓之羒,而夏羊谓之羖,则由中国之道无分也,处之有宜而已。夷羊谓之牂,而夏羊谓之羭,则由中国之道,非特承上以臧,有可否之义焉。以羖合夷言之,以羭合兽言之,是以羖为牯,羭为牝也,不用释畜夏羊牡羭牝羖之文矣。

（罗愿:《尔雅翼》卷23《释兽六》载"《字说》曰……"）

114　豝:豝,所谓娄猪。巴,犹娄也。

（罗愿:《尔雅翼》卷23《释兽六》载"《字说》曰……"）

115　極:从木从亟,木之亟者,屋极是也。

（王安石:《周官新义》卷1《天官一》,丛书集成初编本,下同）

116　宰:治官之上也。故宰之字从宀从辜省,宀覆人罪之意,宰以治割调和为事,故供刀匕者谓之宰。

（王安石:《周官新义》卷1《天官一》）

宰以制割调和为事,供刀匕者,亦谓之宰。

（王与之:《周礼订义》卷1《天官冢宰》载"王氏曰……"）

117　冢:冢于地特高,故宰谓之冢也。山顶曰冢。冢,大之上也,列职于王,则冢宰与六卿同谓之大,百官总焉,则大宰于六卿独谓之冢。

（王安石:《周官新义》卷1《天官一》）

《尔雅》曰"山顶曰冢",冢于地特高。列职于王,则冢宰与六卿同谓之大,百官总焉,则太宰与六卿独谓之冢。

（王与之:《周礼订义》卷1《天官冢宰》载"王氏曰……"）

118　佐　佑:以左助之为佐,以右助之为佑。

（王安石:《周官新义》卷1《天官一》）

119　國:从或从口,为其或之,故口之。故凡言国,则以别郊野。

（王安石:《周官新义》卷1《天官一》）

120　王　國:业格于上下谓之王,或而围之谓之国。王者天下之利势,国者天下之利用。王之利势,待国而后立;国之利用,待王而后行。

（王昭禹:《周礼详解》卷1《天官冢宰》。《四库提要》云此条"皆遵王氏《字说》"）

121　邦:从邑从丰,是邑之丰者。故凡言邦,则以别于邑都。亦或包邑都而言焉。

（王安石:《周官新义》卷1《天官一》）

122　卿:从丣,丣,奏也。从卩,卩,止也。左从丣,右从卩,知进止之意。从皂,黍稷之气也。黍稷地产,有养人之道,其皂能上达。卿虽有养人之道,而上达,然地类也,故其字如此。

（王安石:《周官新义》卷1《天官一》）

123　夫:与天皆从一,从大。夫者,妻之天也。天大而无上,故一在大上,夫虽一而大,然不如天之无上,故一不得在大上。夫,以智帅人者也。大夫,以智帅人之大者也。

（王安石:《周官新义》卷1《天官一》）

124　士:与工与才皆从二,从丨。才无所不达,故达其上下。工具,人器而已,故上下皆弗达。士非成才,则宜亦皆弗达,然志于道者,故达其上也。士,事人者也,故士又训事,事人则未能以智帅人,非人之所事也,故未娶谓之士;下士谓之旅,则众故也。

（王安石:《周官新义》卷1《天官一》）

125　**旅**：从尣、从从、众矣，则从旌旗指挥故也。从旌旗指挥，则从人而不自用。下士之为旅，则亦从人而不自用者也。

（王安石：《周官新义》卷1《天官一》）

126　**府**：从广从付。广则其藏也，付则以物付之。

（王安石：《周官新义》卷1《天官一》）

127　**史**：从中，从又。设官分职，以为民中，吏则所执在下，助之而已。

（王安石：《周官新义》卷1《天官一》）

128　**胥**：从疋、从肉。疋则以其为物下体，肉则以其亦能养人。其养人也，相之而已，故胥又训相。

（王安石：《周官新义》卷1《天官一》）

129　**徒**：从辵，从土。徒，无车从也。其辵而走，则亲土而已，故无车而行谓之徒行也。

（王安石：《周官新义》卷1《天官一》）

130　**奚**：从系、从大，盖给使之贱系于大者故也。

（王安石：《周官新义》卷1《天官一》）

131　**嫔**：从宾，则有宾之义。

（王安石：《周官新义》卷1《天官一》）

132　**妇**：从帚，妇则卑于嫔矣。

（王安石：《周官新义》卷1《天官一》）

133　**御**：御则尤卑，如马之在御，迟速缓急唯御者之听故也。

（王安石：《周官新义》卷1《天官一》）

134　**典**：从册，从丌。从册，则载大事故也。从丌，则尊而丌之也。

（王安石：《周官新义》卷1《天官一》）

135　**坐**：大坐为座。

（陈师道：《后山丛书》卷2。参见"富"字）

136　**瀒**：从水、从啬、从去。从水，则水之为物，因地而为曲直，因器而为方圆，其变无常，而常可以为平。从啬，则啬之为物，去不直者。

从去,则瀺将以有所取也。

（王安石:《周官新义》卷1《天官一》）

137　**神**:从示、从申,则以有所示无所屈故也。

（王安石:《周官新义》卷1《天官一》）

138　**示**:从二,从小,则以有所示故也。效瀺之谓坤,言有所示也;有所示,则二而小矣。故天从一从大,示从二从小。

（王安石:《周官新义》卷1《天官一》）

139　**戒**:从戈,从廾。两手奉戈,有所戒之意。

（王安石:《周官新义》卷3《天官三》）

140　**令**:从人,从卩。卩守以为节,参合乎上之意。

（王安石:《周官新义》卷3《天官一》）

141　**纠**:从系,从丩。若纠丝然,纠其缓散之意。

（王安石:《周官新义》卷3《天官三》）

142　**禁**:从林、从示。示使知阻,以仁范焉之意。

（王安石:《周官新义》卷3《天官三》）

143　**羊**:羊,火也畜。方冬水用事之时,宜助养心故也。

（王安石:《周官新义》卷3《天官三》;陆佃:《埤雅》卷5《释兽》"羔"字载《字说》曰"……羊,火畜也。"）

144　**牛**:牛,土畜也。方春木用事之时,则宜助养脾故也。

（王安石:《周官新义》卷3《天官三》）

145　**犬**:犬,金畜也。方夏火用事之时,宜助养肺故也。

（王安石:《周官新义》卷3《天官三》）

146　**鸡**:鸡,木畜也。方秋金用事之时,宜助养肝故也。

（王安石:《周官新义》卷3《天官三》）

147　**合**:合,以伍联伍,故谓之合。

（王安石:《周官新义》卷6《地官一》）

148　**丧**:哭亡谓之丧。

（王安石:《周官新义》卷8《春官一》）

149　荒：人亡而草生之,谓之荒。

（王安石：《周官新义》卷8《春官一》）

150　璧：璧,辟也,万物亲地,而天为之辟。

（王安石：《周官新义》卷8《春官一》）

151　琮：琮,宗也,万物祖天,而地为之宗。

（王安石：《周官新义》卷8《春官一》）

152　赤：赤,阳之盛色。

（王安石：《周官新义》卷8《春官一》）

153　章：章,阴之成事。

（王安石：《周官新义》卷8《春官一》）

154　玄：玄,阳之正色。

（王安石：《周官新义》卷8《春官一》）

155　黄：黄,阴之盛色。

（王安石：《周官新义》卷8《春官一》）

156　社：社者,土示也。

（王安石：《周官新义》卷12《夏官一》）

157　纲：纲,谓以縻索维之,所以制其奔�踶也。

（王安石：《周官新义》卷12《夏官一》）

158　茨：次草谓之茨。《诗》曰："墙有茨。"

（王安石：《周官新义》卷13《夏官二》）

159　苫：苫谓之阖,以剡草为苫。

（王安石：《周官新义》卷13《夏官二》）

160　辟：出命制节以治人罪,谓之辟。八辟有议,则非制于灋而已,故称辟焉。

（王安石：《周官新义》卷14《秋官一》）

161　议：丽邦灋,附刑罚,则若今律称在八议者,亦称定刑之律,谓之议。则刑诛赦宥未定也,必情灋两伸而无所偏挠焉。

（王安石：《周官新义》卷14《秋官一》）

162　**商**：以迁有资无为利，下道也。于上则为辛焉。从内者以入为利，从口者商其事，故为商贾、商度、宫商之字，商为臣，如斯而已。

（王安石：《考工记解》卷上。《周官新义》附。《四库全书提要》云："（王）安石本未解《考工记》，而《永乐大典》乃备载其说。据晁公武《读书志》，盖郑宗颜辑安石《字说》为之，以补其阙。今亦并录其解，备一家之书焉。"晁公武《郡斋读书志》卷1上《新经周礼义二十二卷》条云："……介甫自为《周官义》十余万言，不解《考工记》"云云，据第62条"鹊"字，《考工记注》卷下"鹊"字释文与陆佃《埤雅》所引《字说》内容全同，足证《提要》之说可信。）

163　**陶**：依阜为之冂，缶属焉。陶冫阴阳之气，忧乐无所泄，如之，故皆谓之陶。

（王安石：《考工记注》卷上）

164　**車**：車从三，象三材。从口，利转。从丨，通上下。

（王安石：《考工记注》卷上）

165　**轉**：（車）乘之莫擊之而专则转。

（王安石：《考工记注》卷上）

166　**軋**：（車）或乙之则轧。

（王安石：《考工记注》卷上）

167　**輆**：（車）或爻之则輆。

（王安石：《考工记注》卷上）

168　**輸**：（車）于所俞则输

（王安石：《考工记注》卷上）

169　**輖**：輖，（車）往而可复周也。

（王安石：《考工记注》卷上）

170　**輹**：輹，（車）复也。

（王安石：《考工记注》卷上）

171　**轐**：轐，（車）僕也。

（王安石：《考工记注》卷上）

172　**軨**：軨,(車)令也,人以为卩者。

（王安石:《考工记注》卷上）

173　**軫**：軫,旗游之所参也。夫軫之方也,以象地。方,地事也,方
而不运,故物参焉。与車相收也,故軫训收琴。所谓軫与琴相收,故
曰軫。

（王安石:《考工记注》卷上）

174　**軾**：軾所凭抚以为礼,式之者也。

（王安石:《考工记注》卷上）

175　**軌**：有式则有几。軌,于用式则为先。

（王安石:《考工记注》卷上）

176　**轛**：轛,对乘,乘者君子也,宜能立式者对焉。

（王安石:《考工记注》卷上）

177　**輪**：輪,一冨一虚,一有一无,运而无穷,无作则止。所谓轮
者,如斯而已。

（王安石:《考工记注》卷上）

178　**輻**：辐,冨者也。实轮而辏毂,致福之道也。……辐者,輆不
出于毂,若贤而非贤也。

（王安石:《考工记注》卷上）

179　**軸**：轴,作止由之者也。

（王安石:《考工记注》卷上）

180　**轐**：轐,当毂之先而致用焉。彗也,毂以虚受福,彗以实受福。

（王安石:《考工记注》卷上）

181　**毂**：毂者縠,善心也。

（王安石:《考工记注》卷上）

182　**軹**：軹者轵,善首也。载者舆,运者轮,服者辀,軹无任焉,而
持其先,出其上。

（王安石:《考工记注》卷上）

183　**輗**：輗者有大焉,所谓能儿子者也,元不足以名之。

（王安石：《考工记注》卷上）

184　輮：輮，柔木以为固抱也。

（王安石：《考工记注》卷上）

185　輢：輢者，軹不入于軹。……輢，兵所倚也，众亦倚也。

（王安石：《考工记注》卷上）

186　軹：毂有口，所以为利转，至軹而穷焉，是皆宜只者也。

（王安石：《考工记注》卷上）

谓之軹者，盖毂以利转，至軹而穷焉，有宜只之意。

（王安石：《考工记注》卷上）

187　飤：于食能力者，飤也。

（王安石：《考工记注》卷上）

188　農：农，致其爪，掌养所受乎天工者，故从臼、从囟。欲无失时，故从辰。辰，地道也。故又训厚。

（王安石：《考工记注》卷上）

189　浓：浓，水厚。

（王安石：《考工记注》卷上）

190　襛：襛，衣厚。

（王安石：《考工记注》卷上）

191　朩：朩，上土中，极矣，则别而落，无以下冂焉。

（王安石：《考工记注》卷上）

192　麻：麻，木穀也。治丝为帛，治麻为朩。其中不一，卒于披而别之，男服尚之，于庙、于庭、于序、于府，皆广也。……六冕皆麻。麻，阴物也，故阳尚之。

（王安石：《考工记注》卷上）

193　系：系，幺可饰物，合系为丝，无所不饰焉。凡从系不必丝也。

（王安石：《考工记注》卷上）

194　知：知如矢直，可用胜物。然必欲使之，非不疾而速，不行而至，是智之事而已。所谓良知以直养之，可以命物矣，如智之事，故其字通于智。礼从豆,用于交物故也,则知从矢,亦用于辨物。智者,北方之性也。

（王安石:《考工记注》卷上）

195　創:刀用于当敛之时,虽杀不过也。用于方发之时,则为創焉。創则惩矣,故又为予創若时之字。仓言发,刀言制,故又为創业垂统之字。

（王安石:《考工记注》卷上）

196　巧:巧者善伪,在所丂焉,作者交错而难知。

（王安石:《考工记注》卷上）

197　述:述者分辨而宜审。辨矣,然后乇以述之,知察本末,述则述其末而已。

（王安石:《考工记注》卷上）

198　爍　焕:金性悲,悲故惨聚。得火而乐,乐故融释。凡物凝止惨聚,火烁而为乐,焕之而为欣。

（王安石:《考工记注》卷上）

199　刃:刃,制也。能制者刀,所制者非刀也。刀以用刃为不得已,欲戾右也,于用刃也,乃为戾左。刃,刀之用。刀又戾左,焉刃矣。

（王安石:《考工记注》卷上）

200　凝:重阴则凝,凝则疑。《易》曰:"履霜坚冰,阴始凝也"。

（王安石:《考工记注》卷上）

201　时:时以日为节,度数所自出,当时为是。是,在此也,故时又训此,又作止日。有为之焉,人以为时,以有之也,故曰时无止。

（王安石:《考工记注》卷上）

202　氣:有阴气焉,有阳气焉,有冲气焉,故从乙。起于西北,则无动而生之也。卬左低右,屈而不直,则气以阳为主,有变动故也。又为气与之气者。气,以物与所贱也。天地阴阳冲气,与万物有气之道,又为气索之气者,万物资焉。犹气也,其得之有量,或又从米,米食气也。

（王安石:《考工记注》卷上）

203　**攻**：攻从工者，若所谓攻金之工、攻木之工是也。从攴者，若所谓鸣鼓而攻之是也。

（王安石：《考工记注》卷上）

204　**榘**：榘以木者，一曲一直而成方，生于木之曲直。从矢者，方生直也。从巨者，五寸尽天下之方器之巨者，巨以工，则榘工所用。巨从半口，则榘与规异。

（王安石：《考工记注》卷上）

205　**橼**：橼，缘也。

（王安石：《考工记注》卷上）

206　**桷**：相抵如角，故又谓之桷。

（王安石：《考工记注》卷上）

207　**榱**：自极衰之，故又谓之榱。

（王安石：《考工记注》卷上）

208　**橑**：联属上比，为上庇下，下有僚之义，故又谓橑。

（王安石：《考工记注》卷上）

209　**旗**：旗，所帅众有与也，鸟隼南方，为有与焉。

（王安石：《考工记注》卷上）

210　**旟**：军将所建、众期焉。其得天数，乃可期物。熊虎西方，止而左右，物所期也。旟，人君所建以帅众，则宜有义辨焉。夫旟熊虎也，故宜以知变为义。夫旟龙也，故宜以义辨为言。

（王安石：《考工记注》卷上）

211　**弓**：弓，象弛弓之形，欲有武而不用。从一，不得已而用，欲一而止。

（王安石：《考工记注》卷上）

212　**矢**：矢，从八，从睽而通也。从入，欲覆入之。从一，与弓同意。覆入之为上，睽而通，其次也。一而止，又其次也。睽而不能通，斯为下，誓谓之矢，激而后发，一往不反如此。矢又陈也，用矢则陈焉。

（王安石：《考工记注》卷上）

213　鳬：鳬有不可畜者,能反人也,为得已焉。有可畜者,不能乙也,为庆右焉。

（王安石：《考工记注》卷上）

鳬有不可畜者,能及人也,为得已焉。有可畜者,能及人而止,为居右焉。

（蔡卞：《毛诗名物解》卷8《释鸟》）

214　鐘：锺,金为之。……锺从种者,种以秋成,支以春始,支作而散,无本不立,种止而聚,乃终于播,而后生焉。……锺又或从童。……于锺从金从重,则皆其体也。……锺训聚,止而从故也。

（王安石：《考工记注》卷上）

215　鼓：鼓,豆则用焉。鼓从攴。……攴,击也。……于鼓从豆从攴,则鼓以作为事。……止为体,作为用,鼓以作,故凡作乐皆曰鼓。……鼓又作鼖,鼖者,作也。作已而鼓,有承之者。

（王安石：《考工记注》卷上）

216　枣：从木者,阴所能枣,以阳而已。从口,从重人,阴疑阳也,从一,从丨,阳战而丨也。丨则胜阴,故一上右。枣,北方果,缩而果者也。

（王安石：《考工记注》卷上）

217　桃：木兆于西方,故桃从兆。

（王安石：《考工记注》卷上）

218　李：(木)至东方生子,故李从子。

（王安石：《考工记注》卷上）

219　杏：(木)至南方,子成适口,故杏从口。

（王安石：《考工记注》卷上）

220　量：量之字从日,日可量也。从土,土可量也。从凵,凵而出,乃可量。从冂,冂而隐,亦可量也。从口、从十,可口而量,以有数也。十上出口,则虽在数,有不可口而量者。

（王安石：《考工记注》卷上）

221　则：《诗》曰"天生蒸民,有物有则。"是非人为也。若贝之为刊也。《书》曰"知人则哲,明哲实作则。"是则人为也。若刀之为制也,以有则也者,则有则之也者,故又为不重则不威之则。七月之律,谓之夷则。阴夷物以及未申为则,故至酉告酷焉,又作剸,鼎者,器也,有制焉。刀者,制也,作则焉。又作劓者,天也,人也,皆有则也。

（王安石:《考工记注》卷上）

则:从贝、从刀。从贝者,利也。从刀者,制也。

（王安石:《周官新义》卷上《天官一》）

222　革:三十年为一世,则其所因必有革,革之要,不失中而已。治兽皮,去其毛,谓之革者,以能革其形。革有革其心,有革其形,若兽则不可以革其心者。不从世而从廿从十者,世必有革,革不必世也。又作鞹,鞹有为也,故爪掌焉。

（王安石:《考工记注》卷上）

223　鞄:鞄所治以军为末,谓之鞄人,举末以该之。或作韗,亦是意。人各致功,不可齐也,故以磬鼓之音。

（王安石:《考工记注》卷上）

224　臬:臬则用众,故臬字从本、从白。本,进趋也,大者得众,所以进趋矣。臬大者得众进趋,阴虽乘焉,不能止也,能臬之而已。所谓隰臬山阪骏疾,臬则臬缓。

（王安石:《考工记注》卷上）

225　繡:繡,阴也。凡繡所象皆德,非苟设饰也,使必有肃心焉。

（王安石:《考工记注》卷上）

226　繢:缋,阳也。施于衣。

（王安石:《考工记注》卷上）

227　繪:绘,会五采焉。

（王安石:《考工记注》卷上）

228　赤:坎为赤,内阳也。乾为大赤,内外皆阳也。字从大火为赤,外阳也。于赤质其物,故又作烾,炎也,土也。要其末也,色本欲幽,其末在明,故探其本于黑,要其末于烾。

（王安石:《考工记注》卷上）

229　黑:至阴之色,乃出于至阳,故火上炎为黑。

（王安石:《考工记注》卷上）

230　斧:凡斫木者,先斧而斤继事,故斧在上,斧于斤有父道焉。

（王安石:《考工记注》卷上）

231　黼　黻:天谓之玄,至黑谓之黼。……其西北为黼,黼在乾位,则斧有父体矣。黹不一而止终于甫。黼、黻皆黹也,斧有父体焉,黼有用而已。黻两已相弗,而以丿为守。

（王安石:《考工记注》卷上）

232　圜:圜则可口,以为圜所出,则圜无所至。圜,德之圆也。《易》曰“蓍之德圆而神”。圜器之圜也。《易》曰“乾为圜”。

（王安石:《考工记注》卷上）

233　素:素,系其本也,故系在下,巫为衣裳,其末也,故巫在上。凡器亦如之。周官,春献素,秋献成素,末受采,故以为裳素之素,素而已,故又为素隐之素。

（王安石:《考工记注》卷上）

234　染:水始事,木生色,每入必变,变至于九,九已无变,于又从木,而九在木上。

（王安石:《考工记注》卷上）

235　經:經从巠,则可以阳流而經。

（王安石:《考工记注》卷上）

236　缁:缁从甾,则以阴离而缁。缁,则水之所以为赤者隐,田之所以为黄者废。

（王安石:《考工记注》卷上）

237　羍:羍,孰也。羊孰乃可亯。

（王安石:《考工记注》卷上）

238　淳:淳,洎厚也。亯物以水为节,则洎厚。所谓其民淳淳者,如物孰洎厚,所谓以栏为灰,渥淳其帛者,灰渥而孰之也。

（王安石：《考工记注》卷上）

239 醇：醇,酒厚也。酒生则清,孰则醇。《周礼》有清酒昔酒,则孰之者也。

（王安石：《考工记注》卷上）

240 谆：谆,孰言之。

（王安石：《考工记注》卷上）

241 觳：觳,穷也。觳穷而通,角穷而已,斯为下。

（王安石：《考工记注》卷下）

242 簠 簋：周官掌客,诸侯之礼,用簠有差。唯簋皆十有二。又公食大夫之礼,稻粱用簠,则簋常以食,日已焉。常以食,则有通上下,用簠则簋从之。用簋则簠不从也。簋又内圜,有父之用。簠、簋象龟,示食有节,故皆从竹。簋又作医,簠从焉,夫道也。夫外方,所以正也;内圜,所以应也,父道也,夫道也。内方,所以守也,外圜,所以从也,子道也,妻道也。簠又作瓯,日已焉,主以饱饥而已。医、瓯皆以虚受物。

（王安石：《考工记注》卷下）

243 虡：栒,木为之,中空焉。空,声之所生。虡,器之所出。

（王安石：《考工记注》卷下）

244 筍：旬,均也,宜所任均焉。栒上版谓之业,则以象业成于上,而乐作于下。

（王安石：《考工记注》卷下）

245 膏：膏在肉上,故膏。

（王安石：《考工记注》卷下）

246 脂：脂肉杂生,故脂。

（王安石：《考工记注》卷下）

247 羽：羽左右翼,乃得已焉。左右,自饰也,亦以饰物。

（王安石：《考工记注》卷下）

248 嬴：果嬴于实成也无所敝。乚,不足于亡者也,于果为嬴矣。

裸者如之,故又训裸。

（王安石:《考工记注》卷下）

249　鳞:五虫皆阳物也,羽炎亢乎上,故飞而不能潜。鳞,炎舛乎下,故皆而不能飞。龙亦鳞物,然能飞能潜,则唯鱼属为炎舛乎下。舛乎下,鳞故也。

（王安石:《考工记注》卷下）

250　彫:彫,羽物生事周矣,彫于是时,亦搏而彫之。玉谓之彫者,玉,阳物也;彫,阴物也。雕刻制焉,阴物之事。

（王安石:《考工记注》卷下）

251　鐻:鐻,所任金为重,虡属于任重宜者也。虡在右,能胜也。

（王安石:《考工记注》卷下）

252　爵　雀:爵,从尸,宾祭用焉;从鬯,以养阳气也;从囟,所以盛也;从又,所以持也;从尒,资于尊,所入小也。又通于雀。雀,小佳,为人所爵,小者之道。又雀春夏集于人上,人承焉,则以其类去,仁且有礼则集,用义则与人辨,下顺上逆,难进者也,为所爵者宜如此。

（王安石:《考工记注》卷下）

253　觚:觚言交物无卩,其穷为觚。……觚又为操觚之字,觚奇则孤,偶则角,所谓谲觚如此。

（王安石:《考工记注》卷下）

254　觯:觯言用礼无度,其穷为单,尊者举觯,故于用礼戒焉。……觯又作觗,于作也穷,于止也时。《诗》曰:"既醉而出,并受其福。"

（王安石:《考工记注》卷下）

255　梓　楸:梓荣于丙,至辛而落,正辛之所胜也。又谓之杍。金,木子也,正子之所胜也。梓音子,亦为是故也。又谓之楸,其荣独夏,正秋之所胜也。

（王安石:《考工记注》卷下）

256　侯:侯内受矢,外厂人,或作医,亦是意。诸侯厂人,为王受难如此。侯,候也,所谓侯禳是也。侯,射者所指。故侯为指词。

（王安石：《考工记注》卷下）

257　鴳：鴳不安处,安矣。

（王安石：《考工记注》卷下）

258　燕：燕嗛土,辟戊己。戊己,二土也,故廿在口上。谓之玄鸟,鸟莫知焉。知,北方性也;玄,北方色也;故从北。袭诸人间,故从人。春则庆阴而出,秋则庆阳而蛰,故八。八,阴阳所以分也。故少昊氏纪司分用此。知辟、知袭、知出、知蛰,若如者可以燕矣。

（王安石：《考工记注》卷下）

259　盧：水始一勺,总合而为川。土始一块,总合而为田。虚,总合众实而授之者也。皿,总合众有而盛之者也。若虚之无穷,若皿之有量,若川之逝,若田之止,其为总合一也。庐者,总合之言,故广从之为庐。

（王安石：《考工记注》卷下）

260　遂　沟：豕八而乇则遂。五沟所谓遂者,水自是而之他,射韝使绖得遂焉,故亦曰遂。所谓乡遂者乡内鬻,遂外遂。夫遂者,大求而应而非生也,遂直达也。至沟,十百相菁。

（王安石：《考工记注》卷下）

261　洫：洫中五沟,如血崲焉。洫又作减,成有一旬,减口之一。域,土也。减,水也。

（王安石：《考工记注》卷下）

262　澮：浍,沟遂洫水会焉。《春秋传》曰"自参以上称浍"。浍又作《。《会以为川。水有屈,屈其流也。

（王安石：《考工记注》卷下）

263　川：集众流为川。

（王安石：《考工记注》卷下）

264　涂：涂依沟,故从水。有舍有辩者依此,故从余。经略道路,以此为中,谓之五涂,故制字如此。

（王安石：《考工记注》卷下）

265　漱：水束之而漱焉。漱则上欠而为坎，凡漱如之。

（王安石：《考工记注》卷下）

266　耒：草无实用，于土犹丰（四库本"丰"字作"彡"），耒（四库本"耒"字作"手"）而除之，乃达嘉谷。揉木为耒，用此故也。

（王安石：《考工记注》卷下）

267　均　和：多寡轻重等，而后可以谓之均。刚柔强弱称，而后可以谓之和。多寡轻重不均，欲其和不可也，故均者三谓之九和。

（王安石：《考工记注》卷下。王与之：《周礼订义》卷80载"王氏曰……"）

268　弧：睽而弧也，乃用弧焉。音胡，疑辞也。弧，弓也，然周官六弓，有弧弓焉，以授射甲革椹质者。睽弧所利，胜坚而已，与王弓同，则王以威天下为义，至尽善也。

（王安石：《考工记》卷下）

269　剑：剑者。剑其刃焉。

（王安石：《考工记注》卷下）

270　鷃：能效鹰鹯之声，而性恶，其类相值则搏者。

（明人李时珍：《本草纲目》卷49《禽部》载"《字说》云……"）

善斗谓之鷃，非不健也，然尾长，故飞不能远。比诸强学务末务本，则其出入亦不能远。今人皆养之以斗，其在笼中，亦能扬其米以诱雀，雀至，捕而食之。又能效鹰鹯之声。其字从学，未必不以此。

（罗愿：《尔雅翼》卷15《释鸟》载"《字说》曰……"）

271　獭：正月、十月獭两祭鱼，知报本反始，兽之多赖者。其形似狗。故字以犬从赖。

（明人李时珍：《本草纲目》卷51下《兽部》载"王氏《字说》云……"）

272　匪　颁：散其所藏曰匪，以等级之曰颁。故匪之字从匚从非，言其分而非藏也。颁之字从分从页，言自上而颁之下也。匪颁之用，缓于刍秣。

（王昭禹：《周礼详解》卷2《大宰下》。《四库提要》云此条"皆遵王氏《字说》"）

273　鲍：鲍则鱼之鲜者，包以致之也。

（王昭禹：《周礼详解》卷6。《四库提要》云此条"皆遵王氏《字说》"）

274　鱐：鱐者，鱼之乾者，肃以致之也。

（王昭禹：《周礼详解》卷6。《四库提要》云此条"皆遵王氏《字说》"）

275　司：于文反后为司，盖后从一从口。从口则所以出命，司反之则守令而已。从一则所以一众，司反之则分众以治之而已。从厂则承上世之庇覆，以君天下也，司反之，则以君之爵为执事之臣而已。六官之治，或谓之司，或不谓之司。

（王昭禹：《周礼详解》卷9《地官司徒》。《四库提要》云此条"皆遵王氏《字说》"）

276　园　囿：其围也不高而远，谓之园。以植众甫，谓之囿。

（王昭禹：《周礼详解》卷13。《四库提要》云此条"皆遵王氏《字说》"）

277　鹿：鹿性警防，相背而食，以备人物之害。盖鹿群居善走者也，分背而食则相呼，群居则环其角外向，以备物之害己。故《诗》以况君臣之义。而《诗草虫经》曰："鹿欲食，则皆鸣相召，志不忌也。"盖鹿爱其类，发于天性。《周官》曰："视朝则服皮弁。"正以鹿皮为之，盖取诸此。《诗》曰："王在灵沼，于牣鱼跃。王在灵囿，麀鹿攸伏。"言人之与物异类，则鱼见之深入，鹿见之决骤。今鱼乐于沼，鹿安于囿如此，则以文王之德，行于灵沼灵囿，而有以及之故也。

（蔡卞：《毛诗名物解》卷9《释兽》载"《字说》曰……"）

鹿性警防，分背而食，以备人物之害。盖鹿萃善走者，分背而食，食则相呼;群居则环其角外向,以防物之害己。故《诗》以况君臣之义。而《毛诗草虫经》曰:"鹿欲食,皆鸣相召,志不忌也。"《周官》曰:"视朝则皮弁服。"皮弁正以鹿皮为之,盖取诸此。鹿爱其类,发于天性。《诗》曰:"王在灵沼,于鹿鱼跃。王在灵囿,麀鹿攸伏。"正言鱼鹿者,言人之与物异类,则鸟见之高飞,鱼见之深入,鹿见之决骤。今鱼乐于沼、鹿安于囿如此,则以文王之德,行于灵沼囿故也。

　　(陆佃:《埤雅》卷3《释兽》载"《字统》曰……"。"统"字当为"说"之误)

本文参考书目:

1. 杨时:《杨龟山先生集》(清康熙道南祠玉华山馆刻本)

2. 黄朝英:《靖康缃素杂记》(上海古籍出版社本)

3. 陈善:《扪虱新话》(丛书集成初编本)

4. 周煇:《清波杂志》(知不足斋丛书本)

5. 袁文:《瓮牖闲评》(上海古籍出版社本)

6. 王观国:《学林》(丛书集成初编本)

7. 李时珍:《本草纲目》

8. 陆佃:《埤雅》(丛书集成初编本)

9. 李世熊:《宁化县志》(清同治八年重刻本)

10. 罗愿:《尔雅翼》(丛书集成初编本)

11. 蔡卞:《毛诗名物解》(四库全书本)

12. 吕本中:《童蒙训》(四库全书本)

13. 罗大经:《鹤林玉露》(中华书局本)

14. 朱翌:《猗觉寮杂记》(知不足斋丛书本)

15. 曾敏行:《独醒杂志》(上海古籍出版社本)

16. 叶大庆:《考古质疑》(上海古籍出版社本)

17. 陈师道:《后山丛谈》(丛书集成初编本)

18. 欧阳守道:《巽斋文集》(四库全书本)

19. 陆游:《老学庵笔记》(中华书局本)

20. 王安石:《周官新义》(丛书集成初编本)

21. 王与之:《周礼订义》(四库全书本)

22. 王昭禹:《周礼详解》(四库全书本)

23. 王安石:《考工记注》(丛书集成初编本)

（本文刊载于《抚州社会科学》1987 年第 3 期）

北宋军事家王韶墓址考

王韶（1030—1081年），字子纯，江州德安（今江西省德安县）人，宋代著名的军事家。宋仁宗嘉祐二年（1057年），进士科登第，任河南府新安县主簿、建昌军事理参军。宋神宗熙宁元年（1068年），赴汴京（今河南开封）献《平戎策》三篇，提出收复河湟，以断西夏右臂的战略，得到神宗的赏识，任以西事。后在王安石的支持下，置熙州（治今甘肃临洮），取河（治今甘肃临夏西南）、洮（治今甘肃临洮）、岷（治今甘肃岷县）、宕（治今甘肃宕昌）、叠（治今青海门源境）等州，收复失地幅员三千七百里，降服诸羌七十一万一千余，形成包围西夏之势，获得北宋熙丰时期在军事上唯一成功的"熙河之役"的辉煌胜利，也是北宋王朝在结束十国割据局面之后八十多年来所取得的一次最大的军事胜利。王韶以战功升迁为观文殿学士、礼部侍郎，应召入朝任枢密副使。元丰四年（1081年），病死于洪洲（治今南昌），享年五十二岁。谥"襄敏"。王韶一生的著作有《敷阳子》七卷、《奏议》六卷、《天鹥子》一卷、《熙河阵法》一卷、《传阵法》三卷、《九陇记》一卷、《章表》三卷等。

王韶不仅是江西历史上著名的人物，也是中国历史上比较重要的人物。《宋史》和有关宋代的历史著作收有他的列传或资料。

有关王韶墓址在何处的问题，有下列几种不同的记载：

第一种记载，是在今江西省德安县望夫山下。

清康熙十二年（1673年）《德安县志》（姚文燕等纂）、清乾隆二十一年（1756年）《德安县志》（曹师圣等纂）、清同治十年（1871年）《德安县志》(沈建勋等纂)均在《茔墓》中记载:"襄敏王公韶墓,在县西望夫山之下。有人曾盗其翁仲石为磨础者,火自石起,焚其房屋。成化间,尚有观文殿学士之碑,后为豪门所碎。"

第二种记载,是在江西省德安县凤凰山和凤凰岭下。

清乾隆二十一年(1756年)和清同治十年(1871年)《德安县志》均在《山川》记载:"凤凰山,在县西北七十里,王韶墓所在。"

民国丙子年(1936年)续修的王韶家谱——《王氏宗谱》,在《襄敏小传》中记载:"公生天圣八年(1030年)二月二十八日,薨于元丰四年(1081年)六月二十四日,享年五十有二,与初娶受封江国夫人杨氏,续娶受封燕国夫人刘氏,合葬于敷阳山凤凰岭下。"

第三种记载,是在建昌县西八十里。

清同治十年(1871年)《建昌县志》(今江西永修县)卷12《茔墓》记载:"王襄敏公韶墓,县西八十里。德安人,仕宋,累官观文殿学士,转枢密副使,谥襄敏,葬于建昌。"

第四种记载,是在甘肃岷县金童山。

清康熙年间《岷州志》(汪元綗撰)记载:"宋安抚使王韶墓,在城南半里金童山下。向为居住侵没,坏土余留无几。康熙四十一年,同知汪元綗捐资筑台,并立碑以表之。"

以上四种不同的记载,究竟哪一种比较可靠呢?我们认为,这需要从王韶逝世的地点和有关王韶墓址的文献等来进行考察。

一、王韶逝世的地点

王韶于熙宁十年(1077年)二月己亥(十八日),罢尚书礼部侍郎、枢密副使,以观文殿学士、户部侍郎出知洪州(治今南昌)。十月因撰谢表落职,改知鄂州(治今湖北武昌)。元丰二年(1079年)复职,再知洪州。元丰四年六月二十四日,因患背疽,死于洪州[①]。吕惠卿为王韶

---

① 《宋史》卷328《王韶传》。

撰写了墓志铭①。

王韶是德安人。德安离洪州仅一百八十里,王韶在洪州死后由其亲属扶柩归葬故乡德安是合乎情理的,不可能千里迢迢将其遗体运到异乡岷州安葬。对王韶葬在岷州之说,清初岷州人陈如平在《岷州志》中已有考证说:"宋安抚使王韶墓,旧志云:'在城南金童山下。'按此附会不足信。王韶,江州德安人,其战功在狄道、河州、洮岷、西宁,与岷州不相涉。然木征降,岷、宕、洮迭皆内附,即以列诸岷宦绩,亦无不可。然史称晚与王安石不和,出知洪州,《扪虱新语》又载其洪州疽发背死矣。而岷州仍有其墓……而究非其实也。按岷有元将完颜,洪武初归附,自称王完颜,死葬西郊。西郊偏南及金童山下,而之不可谓王韶墓在此也。"

不难看出,王韶墓不在岷州,应是定论。但,是否在建昌县呢? 也不可能。宋神宗时,洪州的辖境不包括建昌县。建昌县属南康军。南康军是宋太宗太平兴国七年(982 年),割洪州和江州之地建立起来的,辖都昌、星子、建昌三县②。建昌并非王韶生前知洪州时所管之县,死后当然也不会葬在此地。同时,建昌与德安毗邻,不葬在故乡德安,而葬在无关系的建昌,这亦不可能。加之,建昌之墓只说在县西八十里,而未指明具体地点,这显系一种传说。

南宋孝宗淳熙元年(1174 年),赵彟出宰德安,尽尊贤之意,存追古之心,为王韶扫墓,王韶曾孙王阮写了两首谢诗③。由此可见,王韶之墓在德安是确切无疑的。

因此,王韶在岷州和建昌的墓址,当是出于传说和附会,而非实有。

二、有关王韶墓址的文献记载

记载王韶墓址的文献,大致有《岷州志》、《德县县志》、《建昌县

---

①　《续资治通鉴长编》卷 258,熙宁七年十二月丁卯。

②　王存:《元丰九域志》卷 6《江南东路》。

③　见同治十年《德安县志》,王阮《义丰集》。

志》、《王氏宗谱》等四种。其中前三种志书均纂于清朝(《德安县志》的创修也只是在明正统八年),距王韶死时已有六百多年。而《王氏宗谱》创修于南宋孝宗淳熙五年戊戌(1178年),距王韶逝世只有九十七年,二修于宋宁宗庆元四年岁次戊午(1198年),距王韶逝世只有一百一十七年。而且《王氏宗谱》的纂修者王彦融,又是王韶的孙子王寀的儿子,对王韶的墓址应该是最清楚的了。因此,《王氏宗谱》所载王韶墓在敷阳山凤凰岭下,是最可信的。

《王氏宗谱》所载的敷阳山凤凰岭,与《德安县志》所载的望夫山或凤凰山,是否互相抵捂呢? 我们认为,两者实际上并行不悖。望夫山即敷阳山①,汉代称敷阳山,隋代改称望夫山,宋代又称敷阳山②。凤凰岭原是望夫山南麓的一个山峰,它面对博阳河,岭下即梓场畈,左细屋蔡村,右浙江移民村,德安县城至邹桥的公路从岭上低洼处通过。

王韶一家的墓地,应该在望夫山下。近年来已在这一带发现并挖掘了王韶的父、母、两妻、子等五座墓葬。《王氏宗谱》所说王韶与其两名妻子"合葬",只是指葬在同一个地方,不能理解为合墓即葬于同一个墓穴或一个墓丘。光绪七年(1881年),王韶的后裔、翰林王凤池,从瑞昌县来望夫山祭扫祖墓,错误地把宗谱上的"合葬"当作合墓理解,在一座有翁仲的墓前立了一块墓碑,碑上刻有"宋太子太师封江国公襄敏王公子纯之墓"。后人便以此墓为王韶之墓。其实,1972年12月间,江西省博物馆考古工作者对此墓进行了发掘,结果墓内没有王韶本人的任何东西,只有一方石质墓志(随葬品被盗)。志石高1.48米,宽0.77米,厚0.07米。志额题曰《宋故华原郡夫人杨氏墓志》。墓志详细地记载杨氏是王韶的前妻,死时,王韶尚未出仕。其原葬于敷里畈,后王韶官封枢密副使,为显耀前妻杨氏,便于熙宁八年十一月九日,将其改葬于望夫山下。

按照宋人习惯,常将夫妻合葬于一墓。如妻死在夫之前,夫死后,

① 孙自诚:《从一块墓志谈敷阳山的位置》,载《文物》1979年第7期。
② 王洋:《东牟集》卷14《右朝奉郎王公(彦隆)墓志》。

即掘开妻墓,将夫妻的棺木合葬一起①。当时合葬亦称"合祔"。根据近年的考古发掘,宋代夫妇合葬墓,往往男女二室,男室在右,女室在左②。我们考虑王韶墓就在其妻之墓附近,不会很远,究竟是哪一座尚难断定,这只有通过考古发掘来证实。但不管怎样,王韶墓在敷阳山(望夫山)下的凤凰岭是毫无疑问的。

(本文与孙家骅合作,刊载于《江西文物》1989年第2期)

① 张耒:《柯山集》卷50各墓志铭。
② 《考古通讯》1957年第5期,第79页。

《皮蛋史考》质疑

　　夔明先生《皮蛋史考》一文(载《中国烹饪》1988年第2期),认为北魏贾思勰《齐民要术》所载生产"杬子"的方法,是指用杬木皮汁泡蛋,一利防腐,二为染色;杬子就是染红的咸鸭蛋,不是皮蛋。这一结论是十分正确的。但该文又提出"皮蛋见诸文献较早记载的是宋宗室赵希鹄著的《调燮类编》",又说赵希鹄约"公元1231年前后在世",所以"至迟在宋代,用灰盐包裹,从而发生质变,诞生了皮蛋"。这一结论就不符合史实了。

　　据我所知,《调燮类编》的作者不是宋代宗室赵希鹄,而是清朝人。如果仔细推敲一下《调燮类编》的内容,就不难发现它成书很晚。如书中卷1《总纲》,引用了一些典籍,其中《通考》(即《文献通考》,系元代马端临撰)、《相经》(系清代王仁俊撰)、《遵生笺》(即《遵生八笺》,系明代高濂撰)、《癸辛杂志》(系元初周密撰)、《留青》(即《留青日札》,系明代田艺蘅撰)等,都不是宋朝人的著作,而以明、清两代的居多。尤其是卷1《总纲》的第一条和第二条,都引用了《天经或问》一书。《天经或问》是清代人建宁人游艺写的一部天文学著作。《总纲》第一条,从第一、二句"天体如碧琉,透映而浑圆",到最后一句"以合天行也",实际出自《天经或问》卷2《天体》和《地体》两部分,不过是将这两部分删节合并而写成。《总纲》第三条还提到"西人(按指西方人)精于天文","中法谓水载"云云,完全是明、清人的口气。宋代人怎么可能使用"西人"、"西法"和"中法"等名词呢? 所以,我认为《调燮类编》的作者不可能是宋朝宗室赵希鹄，它的有关记载也不能证明宋代已经诞生了皮蛋。

宋代确有宗室赵希鹄其人，且著有《洞天清禄集》一书。《四库全书总目》叙述该书时，指出赵是燕王赵德昭房下的子孙，书中有他在宋理宗嘉熙庚子(即四年，1240年)自岭右回到宜春的话。那么，是什么原因使《调燮类编》与赵希鹄联系起来而成为他的著述了呢？原来，《海山仙馆丛书》(清道光、咸丰年间刊)最早收录《调燮类编》，将此书排列在赵希鹄《洞天清禄集》之后，未署名，说明当时就不清楚谁是作者了。后来，《丛书集成初编》编者从《海山仙馆丛书》中收录此书时，见此书紧接在《洞天清禄集》后，便贸然将此书列入赵希鹄名下，于是赵希鹄成为这部清代著作的作者了。龚明同志见《调燮类编》的《丛书集成初编》本赫然写着"赵希鹄著"等字，联系到《洞天清禄集》，便引用了有关皮蛋的资料加以论述。

顺便说明：一、《中国丛书综录》也收录了《调燮类编》，但编者显然经过推敲，因而将此书排列在明代人著作之后、清代人著作之前，既不署作者的姓名，也不确定著作的年代(第二册第847页左)。这是比较慎重的做法。二、我不想否定宋代已生产皮蛋的说法，但在尚未找到确凿证据前，姑且当做一种估计，有待大家在阅读古籍时多加留意。

(本文刊载于《中国烹饪》1989年第8期)

评《南宋反道学的斗争》

　　近读王越先生《南宋反道学的斗争》长文（载陈乐素编《宋元文史研究》，广东人民出版社 1988 年 9 月版），觉得该文（以下简称王文）提出了近 10 年来很少有人提出的问题，颇引人注意。王文主要依据宋宁宗"庆元党禁"时监察御史沈继祖弹劾朱熹的奏疏（以下简称"沈疏"）除断定朱熹在对金和战问题上"属于骑墙派"①外，还断定朱熹"私欲恶性膨胀，驯至肆无忌惮，言行相悖，追求一己之享受，妄冀虚幻之福荫，从而丧失廉耻，干出一系列见不得人的丑恶勾当"②等等。王文虽然在一些细枝末节上，承认沈疏"有牵强附会、故入人罪之处"，或者"小题大做。无限上纲之处"③，但对沈疏的另一些更关键的牵强附会或小题大做之处，却又不遗余力地加以论证和发挥，使那些原来就牵强附会之处更加牵强附会，使那些原来小题大做之处更无限度的上纲。

　　笔者已在《一论朱熹的政治主张》（载《朱熹与中国文化》，学林出版社 1989 年版）中，较为深入地论证了朱熹一贯反对投降政策，主张抗击金军入侵，不愧为一位爱国者等，所以对王文所谓朱熹在对金和战问题上"属于骑墙派"的说法觉得无需再费笔墨。至于王文所谓朱熹"干出一系列见不得人的丑恶勾当"的说法，则感到大有澄清的必要。现首先叙述朱熹一生所受的三次打击的过程，然后依次辩清所谓朱熹

---

① 王越：《南宋反道学的斗争》，陈乐素：《宋元文史研究》，广东人民出版社 1988 年 9 月版，第 5 页。
② 王越：《南宋反道学的斗争》，陈乐素：《宋元文史研究》，广东人民出版社 1988 年 9 月版，第 30 页。
③ 王越：《南宋反道学的斗争》，陈乐素：《宋元文史研究》，广东人民出版社 1988 年 9 月版，第 20 页。

"私故人之财"、"纳其尼女"、"规学宫之地而改为僧房"以及援"魔"入儒等种种"罪行"，并剖析王文的其他失误。

一、朱熹一生所受的三次打击

朱熹一生，共活七十一岁，在地方或入朝真正担任差遣（实际职务）的时间并不多，充其量总共九考，实际不过七年稍多，立朝仅 40 天。其余近 40 年时间，大部分担任监司或主管、提举宫观一类的闲职，只领不多的俸禄；另一部分为待缺。此外，他还辞去了许多官职。这样，他就保证自己有足够的时间去潜心学问构筑那个庞大而精密的理学体系。

然而，在朱熹治学和从政的半个世纪中，绝非一帆风顺，而是历尽坎坷。宋孝宗时，他受到了政治上的两次打击。第一次打击，发生在淳熙九年（1182 年）朱熹担任提举浙东常平茶盐公事期间。朱熹因再三弹劾前知台州唐仲友而遭到唐之姻亲左丞相王淮及其爪牙郑丙等人的打击报复和攻击。

第二次打击，发生在淳熙十五年（1188 年）六月。这一年朱熹被任命为兵部郎官，因足病请假，暂未就职。兵部侍郎林栗因为曾与朱熹讨论《易》和《西铭》，意见相左，便乘机上疏，对朱熹横加指责和诬陷。

宋宁宗时，朱熹受到了政治上的第三次打击。这是一次更为沉重的打击。宁宗即位初年，枢密使赵汝愚首荐朱熹担任焕章阁待制兼侍讲，入宫替宁宗讲理学。数十天后，朱熹因为上疏得罪权臣韩侂胄，被罢经筵，改任宫观。庆元年（1195 年）二月，韩侂胄得到宁宗的支持，将赵汝愚罢相出知福州，并且陆续罢斥一批支持赵汝愚的官员。于是，由赵汝愚荐引入朝的士大夫，被韩侂胄"一网尽矣"①。庆元二年正月，右谏议大夫刘德秀奏劾前宰相留正"引用伪学之党"，进一步打击朱熹等

① 李心传：《道命录》卷 7 上。

人。庆元二年十二月,监察御史沈继祖对朱熹进行激烈的弹劾,把打击朱熹等人的斗争推向了高潮。沈继祖的弹劾奏疏问世后,成为当时和后世攻击朱熹的主要根据。现照录如下:

> 臣窃见朝奉大夫、秘阁修撰、提举南京鸿庆宫朱熹,资本回邪,加以忮忍,初事豪侠,务为武断,自知圣世此术难售,寻变所习,剽张载、程颐之余论,寓以吃菜事魔之妖术,以鼓簧后进。张浮驾诞,私立品题,收召四方无行义之徒以益其党伍,相与餐粗食淡,衣褒带博,或会徒于广信鹅湖之寺,或呈身于长沙敬简之堂,潜形匿影,如鬼如魅。士大夫之沽名嗜利,觊其为助者,又从而誉之荐之。根株既固,肘腋既成,遂以匹夫窃人主威福之柄,而用之于私室。飞书走疏,所至响答,小者得利,大者得名,不惟其徒咸遂所欲,而熹亦富贵矣。
>
> 臣窃谓熹有大罪者六,而他恶又不与焉。人子之于亲,当极甘旨之奉。熹也不天,惟母存焉。建宁米白,甲于闽中,而熹不以此供其母,乃日籴仓米以食之,其母不堪食,每以语人。尝赴乡邻之招,归谓熹曰:"彼亦人家也,有此好饭。"闻者怜之。昔茅容杀鸡食母而与客蔬饭,今熹欲餐粗钓名而不恤其母之不堪,无乃太戾乎?熹之不孝其亲,大罪一也。熹于孝宗之朝,屡被召命,偃蹇不行,及监司郡守,或有招致,则趣驾以往。说者谓召命不至。盖将辞小而要大;命驾趣行,盖图朝至而夕馈。其乡有士人连其姓者,贻书痛责之,熹无以对。其后除郎,则又不肯入部供职,托足疾以要君,此见于侍郎林栗之章。熹之不敬于君,大罪二也。孝宗大行,举国之论,礼合从葬于会稽。熹乃以私意倡为异论,首入奏札,乞召江西、福建草泽,别图改卜。其意盖欲藉此以官其素所厚善之妖人蔡元定,而附会赵汝愚改卜他处之说,不顾祖宗之典礼,不恤国家之利害,向非陛下圣明,朝论坚决,几误大事。熹之不忠于国,大罪三也。昭者汝愚秉政,谋为不轨,欲藉熹虚名以招致奸党,倚

为腹心羽翼,骤升经筵,躐取次对。熹既用法从恩例,封赠其父母,奏荐其子弟,换易其章服矣,万忽上章佯为辞免。岂有以职名受恩数而却辞职名?玩侮朝廷,莫此为甚。此而可忍,孰不可忍?熹之大罪四也。汝愚既死,朝野交庆。熹乃率其徒百余人哭之于野。熹虽怀卵翼之私恩,盍顾朝廷之大义?而乃犹为死党,不畏人言。至和其徒建阳知县储用之诗,有"除是人间别有天"之句,人间岂容别有天耶?其言意何止怨望而已?熹之大罪五也。熹既信妖人蔡元定之邪说,谓建阳县学风水,有侯王之地,熹欲得之。储用逢迎其意,以县学不可为私家之有,于是以护国寺为县学,以县学为护国寺,以为熹异日可得之地。遂于农月伐山凿石,曹弃伍拽,取捷为路,所过骚动,破坏田亩,运而致之于县下。方且移夫子于释迦之殿,移释加于夫子之殿,设机造械,用大木巨缆绞缚圣像,撼摇通衢器市之内,而手足堕坏,观者惊叹。邑人以夫子为万世仁义礼乐之宗主,忽遭对移之罚,而又重以折肱伤股之患,其为害于风教大矣!熹之大罪六也。以至欲报汝愚援引之恩,则为其子崇宪执柯娶刘珙之女,而奄有其身后巨万之财。又诱引尼姑二人以为宠妾,每之官则必与之偕行,谓其能修身,可乎?冢妇不夫而自孕,诸子盗牛而宰杀,谓其能齐家,可乎?知南康军,则妄配数人而复与之改正,帅长沙,则匿藏赦书而断徒刑者甚多,守漳州,则搜(援?)古书而妄行经界,千里骚动,莫不被害;为浙东提举,则多发朝廷赈济钱米,尽与其徒而不及百姓,谓其能治民,可乎?又如据范染祖业之山以广其居,而反加罪其身;发掘崇安弓手父母之坟以葬其母,而不恤其暴露,谓之恕以及人,可乎?男女婚嫁,必择富民,以利其奁聘之多;开门援徒,必引富室子弟,以责其束修之厚。四方馈赂,鼎来踵至,一岁之间,动以万计,谓之廉以律己可乎?夫廉也,恕也,修身也,齐家也,治民也,皆熹平日窃取《中庸》《大学》之说以欺惑斯世者也。今其言如彼,其行乃如此,岂不为大奸大憝也耶?昔少正卯言伪而辩,行僻而坚,夫子相鲁七日而诛之。夫子,圣人之不得位者也,犹能亟去之如是,而况陛下居德政之位,操可杀之势,而熹有浮于少正卯之罪,其可不亟诛之乎?

臣愚欲望圣慈特赐睿断,将朱熹褫职罢祠,以为欺君罔世之徒、污行盗名者之戒。仍将储用镌官,永不得与亲民差遣。其蔡元定,乞行下建宁府追送别州编管。庶几奸人知惧,王道复明①。

另据《道命录》卷7上载有《沈继祖劾晦庵先生疏》,宋宁宗批准了沈继祖的奏疏,朱熹因而被责落秘阁修撰,并罢宫观;蔡元定则发送道州编管。

韩侂胄最初对朱熹等人主要从政治上进行打击,企图把他们搞倒搞臭,极少在学术上和理论上进行批判。其间只有张贵谟"指论《太极图说》之非"②算是对朱熹理学的唯一学术批判,可惜其内容不得其传。很多参预从政治上打击朱熹等人的官员,在学术上和理论上都不是朱熹的对手。从庆元三年(1197年)十二月开始,韩侂胄正式从组织上打击朱熹等人。被定为"伪学逆党"而"得罪"者,共59人。

从庆元元年初开始,韩侂胄所发动的对朱熹等人的打击,一直持续到庆元六年三月甚至更后。庆元四年底,朱熹"疑犹在罪籍",不敢向朝廷提出致仕的申请。到庆元五年四月,他考虑到自己"常带阶官,义当纳禄",决定正式向朝廷提出申请,终于获得批准。从此,他开始"用野眼见客"③。次年三月,朱熹在建阳县考亭重病而死。朱熹这次所受打击,前后持续了五年多,时间不可谓不长。

二、所谓朱熹"私故人之财"问题

沈疏提出,所谓朱熹罪状之一,是"欲报(赵)汝愚援引之恩,则为

①② 叶绍翁:《四朝闻见录》丁集《庆元党》。
③ 《两朝纲目备要》卷5《宁宗》。

其子崇宪执柯,娶刘珙之女,而奄有其身后巨万之财"。王文不加考订,便信以为真,而且信口雌黄,说朱熹"在处理故人之财的问题上,却是见利忘义,有如惟利是图的市侩,'履市廛之污行'。"又说朱熹"利令智昏","败德伤廉",是"道学史上绝大的讽刺"[1],等等。

其实,这纯属无稽之谈。刘珙(1122—1178 年),字共父,福建崇安人,高宗绍兴十二年登进士第,孝宗朝,历官秘书丞兼吏部郎官、中书舍人、同知枢密院事、参知政事等。刘珙遗孤有两子两女。两子是刘学雅,官阶承务郎(京官的第五阶);刘学裘,官阶承奉郎(京官的第四阶)。两女中,长嫁将仕良吕钦,幼女未嫁,后适赵汝愚之子赵崇宪[2]。据朱熹所撰刘子羽和刘珙的神道碑记载,朱熹之父朱松晚年从刘珙之父刘子羽游,过从甚密。朱松去世前,"以家事为寄",刘子羽"恻然怜之,收教熹如子侄,故熹自幼得拜公左右"。刘子羽去世后,朱熹与刘珙跟随刘子羽之弟刘子翚(人称"屏山先生")学习。朱熹与刘珙"相长大,知公(刘珙)为详,而公晚岁相予亦益笃"。由此可知朱熹与刘珙两家是世交,朱熹与刘珙的友情极深,非同一般。

南宋时法律规定,在父亲去世后,在室女应得兄弟份额的一半,或由父亲立遗嘱,给予其钟爱的女儿以更多的田产,充作嫁资;或由父母作主,在出阁时,拨给部分田地、屋业、山园等随嫁[3]。赵崇宪娶刘珙的次女为妻,依例可以通过取得女方妆奁的方式,继承刘珙的部分遗产,但不可能占有刘珙的全部遗产,因为刘珙还有妻女和两个儿子、长女在世,尤其是刘学雅和刘学裘业已长成,刘学雅还出任官职。沈继祖说朱熹为了报答赵汝愚"援引"之恩,替赵崇宪做媒,娶刘珙的次女为妻,从而赵崇宪"奄有"实即独吞了刘珙的"巨万"遗产云云,显然不符合历史事实。

---

① 王越:《南宋反道学的斗争》,陈乐素:《宋元文史研究》,广东人民出版社 1988 年版,第 21—22 页。
② 《朱文公文集》卷 97《刘珙行状》。
③ 详见拙著《宋代社会研究》,中州书画社 1983 年版;台北弘文馆出版社 1986 年版。

值得注意的是,即使捕风捉影的沈继祖,其奏章的本意也只是指赵崇宪"奄有"其岳父刘珙的遗产,并没有说朱熹乘此机会"奄有"了这笔财产。但是王文却不惜移花接木,硬把"奄有"这件原来子虚乌有的事按到朱熹头上。这说明王越先生的轻率比沈继祖有过之而无不及。据清人王懋宏编《朱子年谱》卷 1 上记载:屏山(按即刘子翚,刘坪之父)在世时,与朱子讲习武夷,去家颇远,曾于中途建歇马庄,买田二百亩,以代诸费,实与朱子共之。"屏山既没,忠肃公珙尽以畀朱子,资其养母。后朱子同安秩满归,以田还屏山子坪,坪不受。谋于忠肃,转畀南峰寺,至今犹存。"朱熹最后将歇马庄的二百亩田产归还给刘坪,这一事例说明朱熹轻于钱财,重于情义,并不像王文所描绘的那样是一个"见利忘义"、"惟利是图的市侩"式人物。

三、所谓朱熹"纳其尼女"问题

沈继祖提出,朱熹的另一条"罪状"是"又诱引尼姑二人,以为宠妾,每之官则与之偕行"。王文对此亦不加考订,以为属实,而且与刘珙胡乱联系起来,说:"这两个青年尼姑不是别人,而是朱熹的故人之女。其父去世,朱熹竟不择手段,欺凌弱小,侵占其父的遗产,使两女遁入空门。""两女既入空门,朱熹又诱其返俗,充当自己之爱妾,携往官署,以满足其'人欲'。"①

不难看出,在这一问题上,王文前后自相矛盾已到了令人捧腹的程度。因为在所谓朱熹"私故人之财"问题上,王文已经赞同沈继祖所说朱熹为报答赵汝愚"援引之恩",替赵汝愚之子赵崇宪做媒,娶刘珙之女。这里又说朱熹引诱刘珙两个女儿为宠妾,这事如果属实,加上还有吕钦之妻,则刘珙就必须生有四个女儿才行。但刘珙行状记载,他只生了两个女儿。这事实揭示王文纯属胡缠乱扯。据黄干撰《朱子行状》②

---

① 王越:《南宋反道学的斗争》,陈乐素:《宋元文史研究》,广东人民出版社 1988 年版,第 23 页。
② 黄干:《勉斋集》36。

和王懋竑编《朱子年谱》卷 2 上记载,朱熹的夫人刘氏,是刘勉之(号白
水、草堂)之女,宋孝宗淳熙三年(1176 年)十一月去世,次年葬于建阳
县唐石里大林谷。除刘氏而外,各种文献都没有朱熹纳妾的记载。在
宋代,众多官僚、贵族和富人中娶上三妻四妾者,并不罕见,人们习以为
常,社会舆论也不予谴责。如抗金名将韩世忠娶有四妻,此事冠冕堂皇
地载于赵雄所撰《韩忠武王世忠中兴佐命定国元勋之碑》①并不需要遮
遮掩掩。大臣王素也娶了三个妻子②。朱熹如果确曾纳妾,当时根本
无需隐瞒,自然会反映到各种文献中来。今存的宋代文献却毫无朱熹
纳妾的记载,可见沈继祖所说朱熹诱引两个尼姑为妾完全不是事实。
王文据以立论并且大加发挥的那些辱骂朱熹的话,也根本站不住脚。

四、所谓朱熹"规学宫之地而改为僧坊"问题

　　沈继祖指责朱熹"既信妖人蔡元定之邪说,谓建阳县学风水有侯
王之地,熹欲得之。储用逢迎其意,以县学不可为私家之有,于是以护
国寺为县学,以县学为护国寺,以为熹异日可得之地。"王文对此不但
随声附和,且引述朱熹关于州县学重要性的四段论述,作为朱熹言行相
悖的证据;然后指责朱熹"如此破坏县学,损毁孔像,在封建社会中,确
是骇人听闻之举"。最后又"探讨"所谓朱熹"竟如此胆大妄为"的原
因③等等。这里要辨明三个问题:
　　(一)迁学的过程和原因——笔者觉得,王文根本没有弄清朱熹搬
迁县学的原因和整个过程。据《嘉靖建宁府志》、《嘉靖建阳县志》以及
《道光建阳县志》卷 5《学校志》的记载,建阳县学原来建在三桂里水东
交溪之浒(一作锦水之东),朱熹认为这里逼近民居,卑隘喧闹,影响士
人学习。又据刘爚撰《重建建阳县学记》,建阳县学原"在水东之浒,其

---

①　《新刊名臣碑传琬琰集》卷 13。
②　《新刊名臣碑传琬琰集》卷 9。
③　王越:《南宋反道学的斗争》,陈乐素:《宋元文史研究》,广东人民出版社 1988 年版,第 27 页。

地湫隘狭窄,迥隔大溪,遇霖潦,浮桥断绝,士子病涉焉"①。概括起来,搬迁的原因不外有二:一是原址在交溪(指麻阳溪和崇阳溪的交汇处,即今水东溪)附近,这里地方狭隘,靠近居民住宅,极不安静。二是隔着大溪,每遇春水泛滥,浮桥断绝,师生难于渡河。因此,朱熹等人提议搬迁到新址。

关于迁学的经过,朱熹在《与郑景实栗书》中讲得很清楚。他说:

> 台评所指"迁学"一事,乃与贱迹相连。士子有初不预谋者,亦被流窜,其事甚可笑。或传不止流窜,于尔又可痛也。盖旧学基不佳,众欲迁之久矣。储宰一日自与邑中士子定议,而某亦预焉,其人则初不及知,而其地亦不堪以葬也。他时经由,当自知之②。

又在《答潘子善(时举)书》中说:

> 此中近日改移新学,复为僧坊,塑像摧毁,要(腰)脊断折,令人痛心。彼圣贤者尤不免遭此厄会,况如吾辈,何足道哉③!

又在《答储行之书》中说:

> 闲中读书奉亲,足以自乐;外来之物,圣贤所不能必,况吾人乎?但新学一旦措手而委之庸髡,数日前已迁像设,令人愤叹不已④。

这三封信说明:1.建阳县学因地理条件不佳,很多人早就提议搬迁。2.县令储用召集本县士子商议迁学事宜,朱熹也参预商议。3."其

---

① 刘爚:《云庄集》卷4。
②④ 《朱文公文集·续集》卷6。
③ 《朱文公文集》卷60。

人"即蔡元定①最初根本不知道迁学之事,更不用说事先参预筹划了。4.县学旧址并不适合充当墓地。5.县学刚迁到新址,朝廷便命令搬回原地,新学则重新变为僧寺,圣贤塑像被损毁。以上这些信反映了当时建阳县迁学的真相。

(二)朱熹与"地理之学"——王文认为朱熹和储用这样"胆大妄为",是因为朱熹崇拜堪舆、迷信风水;朱熹的父亲朱松酷信"地理",朱熹"恪守父道",必然受其影响;朱熹与蔡元定关系密切,"互相标榜"等等②。

其实,朱熹并不"酷信""地理之学",王文所谓"朱熹以堪舆择穴与针灸择穴作类比,企图藉此为堪舆家张目"③的说法纯属捕风捉影。实际情况是:宋光宗绍熙五年(1194 年)六月,孝宗去世,朝廷命令百官集议,为其选定陵墓地点。经过勘测和比较,决定在绍兴府永思陵(宋高宗陵墓)下宫之西兴建。这时,朱熹写成《山陵议状》,向朝廷提出:已选定的孝宗墓地,依然"土肉浅薄,下有水石",这无异是使孝宗的"梓宫""置之水中"。朱熹从长久保藏孝宗的遗体,防止水泉和蝼蚁、地风的侵蚀及防止盗掘出发,建议朝廷搜访"通晓地理之人"另访佳处,选择墓地,再派官员"按行"和"复按"。但他曾声明"臣本儒生,不晓术数";同时又声明"地理之学"只是"猥贱之末术",不过其说"亦不为无理"。

朱熹还指出,朝廷"专信台史"、"必取国音坐丙向壬之穴,而不博访名山,是以粗略苟简"。所谓坐丙向壬,即坐南向北,是使遗体"背阳而向阴"。朱熹认为,"古之葬者,必坐北而向南,盖南阳而北阴。孝子之心不忍死其亲,故虽葬之于墓,犹欲负阴而抱阳也"。所以,"台史之说,谬妄多端"。

---

① 见叶绍翁《四朝闻见录》丁集《庆元党》引朱熹复郑栗书时,"其人"两字下原注:"谓元定"。
② 王越:《南宋反道学的斗争》,陈乐素:《宋元文史研究》,广东人民出版社 1988 年版,第 27 页。
③ 王越:《南宋反道学的斗争》,陈乐素:《宋元文史研究》,广东人民出版社 1988 年版,第 27—28 页。

在指出"台史之言"不足为信的同时，朱熹以针灸比喻"地理之法"的选定穴位，"不可有毫厘之差"。还说近年江西和福建"地理之学""尤盛"，"岂无一人粗知梗概"？王文就据此断定朱熹"酷信""地理之学"，还断定他所谓"一人"，"其用意在暗示有一蔡元定深于此道，可为宋孝宗的遗体择一'吉'地"①，这显然是王文的一种主观臆测。当时精通"地理之学"者大有人在，怎能说朱熹向朝廷只是"暗示"蔡元定一人"深于此道"呢？

不错，朱熹之父确酷信"地理"，但怎能说朱熹也必定是堪舆家或风水先生吗？难道因为朱熹是大学者、理学家，他的三个儿子也一定都是大学者、理学家吗？

客观事实是朱熹当时对选择孝宗墓地只是要求地势稍高，以避免地下水浸蚀遗体。他说过："为坟但取其稍高，四边能走水足矣。古人坟极高大，圹中容得人行，也没意思。"根据地形，"北方地土深厚，深葬不妨"；南方则只宜浅葬，以防水浸②。王文附会沈继祖对朱熹的攻击，勉强拼凑了几条材料，是难以使人信服的。

（三）蔡元定及其"相地之学"——沈疏把蔡元定说成是"妖人"，蔡元定的学术是"邪说"，这也不符合事实。

据蔡元定所著《发微论》，可知他将理气学说融会到"地理之学"中，提出了一些值得注意的见解。比如在《雌雄篇》，他认为："孤阴不生，独阳不成。天下之物，莫不要相配对。"这一论点吸取了北宋以来理学家如张载、王安石、二程的事物对耦学说。又如在《感应篇》中，他认为："感应者，言乎其天道也。夫天道不言而响应，福善祸淫皆是物也。谚云：'阴地好，不如心地好。'此善言感应之理也。是故求地者，必以积德为本。"他把新的天人感应理论，运用于"地理之学"，给"地理之学"贯注了新的内容。清代《四库全书提要》说："术家惟论其数，元定则推究以儒理，故其说能不悖于道……非方技之士支离诞谩之比

---

① 王越：《南宋反道学的斗争》，陈乐素：《宋元文史研究》，广东人民出版社1988年版，第28页。

② 《朱子语类》卷89《礼六·冠昏丧》。

也。"可见蔡元定的相地学,与一般堪舆家不同,他提出了以积德为体,择地为末的主张,并极力使之哲理化。因此,沈继祖耸人听闻地说他是"妖人",他的学术是"邪说",是不符合事实的。

王文把蔡元定与建阳县学迁址一事联系起来,似乎朱熹听从了他的"风水"之说,才动议迁学。其实,正如朱熹在《与郑景实栗书》中所说,蔡元定没有参预迁学的谋划,他最初根本不知道这回事。后来,蔡元定因迁学等事而受到了牵连,蒙受了不白之冤,以致最后死于贬所,令人感叹!

五、所谓朱熹"认罪"问题

王文引用朱熹所撰《落秘阁修撰依前官谢表》①,以为找到了他完全承认自己"罪行"的证据。该表是这样写的:

> 伏念臣草茅贱士,章句腐儒,惟知伪学之传,岂适明时之用。顷叨任使,已屡奏于阘茸,旋即便安,复未能于寡过,致烦重效,尽掎宿愆。谓其习魔外之妖言,履市廛之污行。有母而尝小人之食,可验恩衰;为臣而高不事之心,是明礼缺;以至私故人之财而纳其尼女;规学官之地而改为僧坊。谅皆考核以非诬,政使窜投而奚憾。不虞恩贷,乃误保全;第令少避于清班,尚许仍居于散秩。

王文据此提出:"《宋史·朱熹传》和黄干所撰的朱熹《行状》,都把朱熹描述为实践'非礼勿视,非礼勿听,非礼勿言,非礼勿动'的道学家,《宋史》作者断言沈继祖污蔑朱熹,但是像'私故人之财而纳其尼女'等事,朱熹为什么公开承认呢?难道朱熹是肯背黑锅的人吗?"②王

---

① 《朱文公文集》卷85。
② 王越:《南宋反道学的斗争》,陈乐素:《宋元文史研究》,广东人民出版社1988年版,第24页。

文还以宋仁宗时欧阳修为反证,说:"北宋欧阳修曾被控有'盗'甥女之污行,欧阳修上奏章给宋朝廷极力辩白自己是无辜受谤。朱熹不敢效法欧阳修,可见在事实面前,无法抵赖。"①

细察此文,不难看出,王文把朱熹的这份《谢表》当作朱熹"公开承认"自己"罪行"的证明,不过是一种肤浅之论。他没有看到朱熹在《谢表》中留下了重要的伏笔,这就是"谓其"和"谅"字。用今天的话来讲,"谓其"便是"所谓他的"意思。朱熹使用"谓其"两字开头,然后大包大揽地照抄沈继祖罗织的各条"罪状",这说明朱熹把这些"罪行"说成是人家说的,实际并没有加以承认。近读陈荣捷先生《朱子新探索》一书,陈先生也注意到朱熹这一《谢表》的"谓其"两字,指出:"'谓其'乃述疏中大意,非认罪也。"这是十分正确的②。

笔者以为,朱熹之所以没有公开辩白,是因为当时的政治形势异常严峻,权臣韩侂胄完全控制朝政,沈继祖的奏章得到宋宁宗的批准,"储用特降两官,蔡元定道州编管",朱熹本人则被落职罢祠③。在此情况下,完全不允许朱熹向朝廷进行申辩。但这并不等于朱熹没有申辩过。在朱熹给友人或门徒的书信中,他还是作了一些辩白,以澄清沈继祖加给他的"罪状"。如前述《与郑景实栗书》、《答潘子善书》、《答储行之书》,为搬迁建阳县学问题进行辩白,说明迁学的原因和蔡元定无辜受牵连等情况。此外,他在致刘学古的信中,说蔡元定"渠于此事本无所预",而也被牵连获罪,"殊使人愧恨"④。在致祝汝玉的信中,说:"季通(按即蔡元定)徒步上道,令人愧叹。昨日又闻有毁乡校,以还僧坊之请事亦施行。彼巍然当坐者,岂亦不谢客而遭此耶,可付一大笑也。"⑤在致刘智夫(崇之)的信中,说建阳县有一名"不逞"之徒,写匿

① 王越:《南宋反道学的斗争》,陈乐素:《宋元文史研究》,广东人民出版社 1988 年版,第 24—25 页。
② 陈荣捷:《朱子新探索》,学生书局 1988 年版,第 770—771 页。
③ 李心传:《道命录》卷 7 上《沈继祖劾晦庵先生疏》。
④ 《朱文公文集·别集》卷 5《书·学古之一》。
⑤ 《朱文公文集·别集》卷 2《书·祝汝玉》。

名信给礼部,诬告县令储用迁学一事,蔡元定也为其所指控。实际上,"所诉无一词之实"①。显而易见,在沈继祖的奏章被朝廷批准后,朱熹不是不想向朝廷为自己辩白,而是因为当时的政治局势所限,所以他在《谢表》中采用了巧妙的手法,用"谓其"两字表示这些"罪行"只是沈继祖罗织的,从表面上看,好像是"认罪",实际上并没有认罪。同时,他并曾在一些书信中为一些事情作了澄清。

除此而外,还应该注意到这份《谢表》中的"谅皆考核以非诬"一句。"谅"字在这里只能作"推想"解释。朱熹这句话的原意是推想(以上这些事情)都经过调查核实而不是诬蔑的。他的真正用意是用"谅"字来表示自己前此并不知情。如果他完全认罪,他决不会使用"谅"字。这证明朱熹自己并没有"公开承认"沈继祖所罗列的那些"罪状"。

六、所谓朱熹其他"罪行"问题

王文所述沈继祖弹劾朱熹的奏疏中,还有一些事情是不难弄清的。

(一)夺人墓地以葬其母问题。沈疏说朱熹"发掘崇安弓手父母之坟以葬其母,而不恤其暴露"。在中国古代,发掘他人的祖坟,暴露其祖先遗骨,是令人发指的罪恶。朱熹如果真的做了这件事,舆论安能甘休?但事实不然,朱熹母祝氏在宋孝宗乾道五年(1169年)去世,翌年葬于建宁府建阳县太平山天湖之东"②,即建阳县崇泰里后山铺东的寒泉坞③,并不葬在崇安县。

(二)强其母食仓米问题。事实上,朱熹平日生活十分俭朴,三餐食物都比较简单。黄干说,朱熹"自奉则衣取蔽体,食取充腹,居止取足以障风雨,人不能堪,而处之裕如也"④。沈疏也谈到朱熹与门徒们

① 《朱文公文集·别集》卷2《书·刘智夫之二十七》。
② 《朱文公文集》卷94《尚书吏部员外郎朱君孺人祝氏圹志》。
③ 《朱文公文集》卷97《皇考左承议郎守尚书吏部员外郎史馆校勘累赠通议大夫朱公(松)行状》。
④ 《勉斋集》卷36朱熹行状。

"餐粗食淡"。朱熹十四岁时丧父,与其母祝氏相依为命。正如朱熹所撰其母圹志所称,熹"愚不适世用,贫病困踬,人所不堪"①,而其母"处之怡然"②,说明祝氏与朱熹一样,习惯于过清贫的生活。必须指出,沈继祖的这道章疏是在庆元二年(1196 年)十二月奏申朝廷的,而这时朱熹之母祝氏早已去世二十七年。不知沈继祖是从何搜集到祝氏夫人"不堪"食仓米的。

(三)专招富室子弟为徒问题。沈疏指控朱熹开门授徒,必招富室子弟,以多收学费。其实,据陈荣捷先生统计,在朱熹的门人 467 人中,仅 133 人曾有官职,约占总数的百分之二十八;"富室子弟诚有之,惟不及全数之半耳。"③

(四)专择富民为婚问题。朱熹有 3 个女儿,长女嫁刘学古。刘学古之父刘坪,"少尝一仕为莆阳郡丞,秩满即称疾,奉祠以归,乐道著书十有七年而卒",并不是一个家财万贯的富翁。刘学古在其父去世时,任泉州同安县主簿,也只是低级文官,俸禄菲薄④。朱熹次女嫁给黄干。黄干之父在宋高宗时曾任监察御史,不幸早死⑤且"不事生产",家计零落。黄干"既冠,而执经于晦庵先生,荷其一见便有相教诲之意"。几年后,朱熹将次女嫁给黄干。这时,黄干尚未得到一官半职。朱熹的小女嫁给范元裕。范元裕只是一名应举的进士,也没有官职⑥。在宋代,朱熹的这三位女婿都算不上是富豪。

(五)收取馈赂问题。沈疏说朱熹每年收取各地的馈赠和贿赂动以万计。如果朱熹真是贪财好利之徒,他就不必屡次辞去差遣,充当祠官,仅取微禄。这与许多士大夫汲汲于利禄,谋取俸高事闲的差遣,不止有天壤之别。事实上,早在宋孝宗乾道九年,朝廷在批准朱熹由选人

---

① 《朱文公文集》卷 94《皇考朱公(松)行状》。
② 《朱文公文集》卷 94《尚书吏部员外郎朱君孺人祝氏圹志》。
③ 陈荣捷:《朱子新探索》,学生书局 1988 年版,第 769 页。
④ 《朱文公文集》卷 92《从事郎潭州南岳庙监刘君墓志铭》。
⑤ 《宋史》卷 430《黄干传》。
⑥ 黄干:《勉斋集》卷 10《与李侍郎梦闻书》。

改为京官并主管台州崇道观时,曾褒扬他"安贫守道,廉退可嘉……"公认朱熹家境贫寒。①

（六）在敬简堂和鹅湖寺聚集门徒搞阴谋活动问题。沈疏说朱熹"会徒"于以上两处,"行踪诡秘"。其实,朱熹在宋孝宗乾道三年(1167年)九月至十一月赴湖南潭州访张栻。有门徒范念德,林用中两人侍行。据范念德记载,朱、张二人讨论《中庸》之义,"三日夜而不能合"。朱熹在《与曹晋叔书》中说:"荷敬夫(按即张栻)爱予甚笃,相与讲明其所未闻,日有问学之益,至幸至幸。敬夫学问愈高,所见卓然,议论出人意表。近读其语说,不觉胸中洒然,诚可叹服。"②表明朱熹的潭州之行只带了两个弟子与张栻切磋学问,也没有"会徒"和诡秘的行动。朱熹与陆九渊的鹅湖寺之会,是在宋孝淳熙二年(1175年)江东信州铅山县(今属江西)鹅湖寺举行,由吕祖谦安排的。参加此次朱、陆会讲的,还有陆九龄、吕祖谦、刘清之、赵景明、赵景昭等五人。陆九渊的门徒邵斌(字俊父)、朱泰卿(字亨道)、朱桴(字济道)③列席了中国思想史上的这次盛会。朱熹看来没有门徒随行。可见"会徒"之说是站不住脚的。至于把朱熹与张栻、吕祖谦、陆九渊等人举行的正当的学术讨论说成是"潜形匿影,如鬼如魅",更是令人发噱的无稽之谈。

（七）写"怨望"诗问题。沈疏说朱熹与储用唱和之诗中,有"除是人间别有天"之句,认为"人间岂容别有天",朱熹的"言意何在怨望而已",沈疏暗示朱熹将图谋不轨。其实,这句诗出自朱熹所撰《淳熙甲辰中春,精华含闲居,戏作武夷棹歌十首呈诸同游,相与一笑》,诗的第十首④,原诗如下:

九曲将穷眼豁然,

---

① 　《朱文公文集》卷20《辞免改官宫观状》。
② 　(清)王懋竑:《朱子年谱》卷1下;《朱文公文集》卷24。
③ 　陆九渊:《象山先生全集》卷36《年谱》;《宋元学案》卷77《槐堂诸儒学案》。
④ 　见《朱文公文集》卷9。

桑麻雨露见平川。

渔郎更觅桃源路,

除是人间别有天。

可见这首诗只是朱熹歌咏武夷山风景之作,并非与储用唱和,更非表达"怨望"之意。沈疏采取断章取义的卑劣手法,然后,曲解原意,以无限上纲,其用意昭然若揭。

(八)所谓朱熹"援'魔'入儒"问题。王文对沈疏所谓朱熹"寓以吃菜事魔之妖术,以鼓簧后进"这句话,不仅不加分析,而且提出朱熹"援'魔'入儒"之说,而且添油加醋,以朱熹的服装、饮食以及天理人欲学说,来论证此一说法。王文说,"朱熹日祷的衣帽,衣则以布为之,阔袖皂缘,裳则用白纱,为濂溪画像之服。周敦颐的思想受道家之影响很深,……他的生活作风,亦俨然一道士。……朱熹连穿衣戴帽都模仿周氏,亦与摩尼教士之装束颇为类似。""沈疏亦言其餐粗食淡,并以粗米供母。凡此种种,可见沈疏劾其'寓以吃菜事魔之妖术',不是无风起浪,飞语中伤";朱熹"还参照摩尼教明、暗两宗的教义,结合儒家传说的理、欲对立的观念,发挥了'存天理,灭人欲'的理论"[1]等等。

笔者认为,王文根据沈疏而进行的种种推理,都是难以成立的。因为,第一,朱熹并不信仰摩尼教,也没有剽窃摩尼教的教义。至今还找不到朱熹吸取摩尼教教义的证据。第二,即使说朱熹理学体系的某些方面与摩尼教有"同声相应"之处,也不过是说两者有一些地方不约而同而已,并非指谁"剽窃"谁的学说。第三,摩尼教也没有什么"妖术"。据记载公开活动的摩尼教教派在城市传教,信徒有士人、宗室、吏人、兵士,甚至"名族士大夫",主张"男女不相授",男教徒不吃妇女作的食物,反对杀生,营建庙宇、法堂,崇拜摩尼佛像;崇尚白色,首领紫帽宽衫,妇女黑冠白服。秘密教派在农村传教,主要吸收贫苦农民参加,主

---

① 王越:《南宋反道学的斗争》,陈乐素:《宋元文史研究》,广东人民出版社 1988 年版,第 56、57 页。

张男女平等，主张杀人以"救其苦"，反对偶像崇拜，只拜日、月；不讲究服色。在宋代，统治者往往把秘密教派称为"吃菜事魔"，有时也称公开教派为"吃菜事魔"。所以，笔者不禁要问：沈疏所谓"寓以吃菜事魔之妖术"，究竟"寓"了哪一教派的"妖术"呢？所谓"援魔入儒"，究竟"援"了哪一教派的"妖术"呢？王文对此一点也说不清楚。而况摩尼教两派本来就没有什么"妖术"，朱熹当然也无从"剽窃"，无从将"妖术""援"到理学中去。我们总不能因为朱熹穿衣戴帽与周敦颐相似，又习惯于"餐粗食淡"，就说他受到摩尼教的影响，甚至说他是摩尼教教徒吧！

七、王文的其他失误

作为一篇重要的学术论文，王文在史实以及论述方法上却存在着不少失误，这不能不使读者感到遗憾。

（一）王文在《前言》中，说："直到朱熹死时（公元 1200 年）门徒要举行会葬，也受到禁止。九年以后，韩侂胄等为了安定内部局面，进行抗金，宋宁宗也认识到朱熹在宣扬三纲五常以及'存天理，灭人欲'方面，干了许多理论深化的工作……于是重新肯定朱熹对宋王朝作出的贡献而予以昭雪，并一再予以褒崇。"①如所周知，宋宁宗开禧三年（1207 年）十一月，韩侂胄已在礼部侍郎史弥远和杨皇后发动的一次政变中被杀身死。朱熹去世的"九年以后"（即嘉定三年，公元 1210 年）韩侂胄如何能在九泉之下"进行抗金"？事实上，韩侂胄早在嘉泰二年（1202 年）为准备北伐金朝，就已下令"弛学禁"。同时，又追复赵汝愚资政殿学士之职，恢复徐谊、刘光祖、陈傅良、叶适等人官职，删去官员举状中的"不系伪学"一段②。还下命追复朱熹焕章阁待制致仕③。当

---

① 王越：《南宋反道学的斗争》，陈乐素：《宋元文史研究》，广东人民出版社 1988 年版，第 4 页。
② 高斯得：《耻堂存稿》卷 3《邓中丞家集跋》。
③ 《宋史》卷 38《宁宗二》。

然,这一"弛学禁"措施,还谈不上给朱熹平反昭雪,更谈不上"予以褒崇"。真正为朱熹昭雪平反是在嘉定元年(1208年)。这一年二月,皇帝下诏"朱熹依条与致仕遗表恩泽"①,给予其后裔以官员致仕遗表的待遇。次年十二月,"赐朱熹谥曰文"。并在太常博士等议定朱熹赐谥的文件中,肯定朱熹在学术上的贡献,说:"孔子之道……至公而圣道灿然矣。"②这才不仅在政治上而且在学术思想上为朱熹恢复了名誉。

(二)王文的第一部分,说朱熹在宋孝宗初年,因为"抗战派坚持抗金",不得不在奏章中表示"非战无以复仇,非守无以制胜",但在私下又向其弟子散布"赞同秦桧而主和"的言论。朱熹说:"秦桧自房中归,见房人溺于声色宴安,得之中国者,日夜烂熳,亦有厌兵意,秦得此意遂归来主和,其初亦是矣。"王文据此断定朱熹是"赞同秦桧而主和的"③。应当指出,王文对朱熹的这段话是采取了断章取义的手法。朱熹原文在"其初亦是矣"一句后,本来并没有结束,接着还有"然抚己奉之,荡不为一毫计,使其和中自治有策,后当逆亮之乱,一扫而复中原,一大机会也,惜哉!"朱熹这段话的原意是秦桧从金朝归国之初,主张与金议和,也是可以的,但不应该一点不去加强军事力量。如果在和议之中,"自治有策"到金帝完颜亮末年金朝发生内乱时,宋朝大举反攻,恢复中原,便是一个大好的机会,但当时没有这样去做,这是十分可惜的。可见,朱熹这段话立足于恢复中原,为没有能够利用完颜亮被杀这个机会而表示惋惜,尔后追溯宋朝失去这个机会的原因是秦桧一味主和而不作军事上的准备。在这里,朱熹的原意并没有赞成秦桧的所作所为和主张与金媾和的意思。王文力图把朱熹说成实际是与卖国贼秦桧唱一个调子的"骑墙派",因而不惜采取断章取义而歪曲原意的手法,这样的治学态度是不可取的。

---

① 樵川樵叟:《庆元党禁》。
② 《两朝纲目备要》卷12《宁宗》。
③ 王越:《南宋反道学的斗争》,陈乐素:《宋元文史研究》,广东人民出版社1988年版,第6页。

（三）王文第二部分，引用沈继祖弹劾朱熹奏疏原文："……熹既用，法从恩例封赠其父母，奏荐其子弟，换易其章服矣，乃忽上章，佯为辞免。"①据笔者知道，"法从"乃侍从官（宁宗时指在京的职事官自尚书至权侍郎以及学士、待制）的别称②。朱熹在宋光宗绍熙五年（1194年）八月，授焕章阁待制兼侍讲，进入侍从官行列。所以，这段奏疏的准确断句应该是"……熹既用法从恩例，封赠其父母……"

（四）王文的第一部分，引用朱熹所说"祖宗之仇，万世臣子之所必报而不可忘者"，断定朱熹"意思是说，复仇之事可寄希望于万世臣子"。随后，王文又引用朱熹"盗贼四起，人心动摇"两句，断定他"突出国内的阶级矛盾而把民族矛盾的严重性，摆在次要的地位"。又进一步推论："在这儿朱熹要求当政者必须以全力对付农民起义，这就意味着，'安内'先于'攘外'。我们回顾一下本世纪30年代，国民党反动派的叫嚣与朱熹的呼号，简直如出一辙。"③这里王文采用的是歪曲原意和无限上纲，任意引申的手法，稍为懂得语法的人都会理解"祖宗之仇，万世臣子之所必报而不可忘"，是说子孙后代要永远记住祖宗之仇，怎么可解释为把复仇之事"寄希望于万世子孙"呢？朱熹一讲"盗贼四起，人心动摇"，怎么就是意味着"安内"先于"攘外"呢？这种无限上纲和任意引申的作法，实在令人寒心。

（五）王文的第四部分，说朱熹"删改异教的图籍"，"为了遮掩'家丑'，为了替周、程一脉相承的道学，也即是为了自己的宗派，披上千圣相传的道衣，竟不择手段，托名空同道士邹䜣，以撰述《周易参同契考异》为幌子，把《参同契》所附的9个图……都删掉了。"又说："朱熹企图藉此淹尽天下人的耳目，岂非怪事！作伪心劳日拙，道学家出此下策，这就是治学的品德问题"④。

---

①　王越：《南宋反道学的斗争》，陈乐素：《宋元文史研究》，广东人民出版社1988年版，第17页。
②　程大昌：《考古篇》卷8《法从》。
③　王越：《南宋反道学的斗争》，陈乐素：《宋元文史研究》，广东人民出版社1988年版，第6—7页。
④　王越：《南宋反道学的斗争》，陈乐素：《宋元文史研究》，广东人民出版社1988年版，第35页。

　　实际情况怎么样呢？据一些学者研究，《周易参同契》是中国的一部最古老的炼丹术著作，它是一部古代的化学著作①。朱熹对它进行过研究，搞清它的作者魏伯阳是东汉会稽上虞人。魏不是道士，而是隐士；《周易参同契》最初不是道家的著作，后来才被道家将它网罗到自己的门下，变成了道家的著作。朱熹还对它进行过注释，使用"邹䜣"的笔名，对中国古代化学史的研究做出了贡献，这根本谈不上"不择手段"或"治学的品德问题"，更谈不上是要掩盖理学与道家的关系。

　　王先生再三声称，他揭示道学和道学家以及朱熹的为人和治学的"虚伪性"，"有助于肃清封建意识形式的流毒"②，"有助于我们批判封建残余的意识形态"③。王先生的意愿自然是无可厚非的。不过，这种批判和肃清首先要坚持马克思主义为指导，要尊重历史，尊重事实，正确区分精华和糟粕，并区分思想家个人和他的理论体系，尤其是他身后经过后人不断加工后的理论体系，不要把这种批判和肃清变成对历史上某一位思想家的"批判"，重复当年"文革"中那种"打倒一切"、"否定一切"的做法，造成思想混乱。

（本文刊载于《朱子学新论——纪念朱熹诞辰860周年
国际学术会议论文集》，上海三联书店1991年版）

---

① 袁翰青：《中国化学史论文集》，三联书店1956年版。
② 王越：《南宋反道学的斗争》，陈乐素：《宋元文史研究》，广东人民出版社1988年版，第59—60页。
③ 王越：《南宋反道学的斗争》，陈乐素：《宋元文史研究》，广东人民出版社1988年版，第3—4页。

《陈亮集(增订本)》点校质疑

  《陈亮集(增订本)》(中华书局 1987 年版,以下简称"增订本"),是点校者在《陈亮集》(同上,1974 年版)的基础上,重新做了增补和校订而成的新的版本。"增订本"增补了一些重要的内容,尤其是补入了《圈点龙川水心二先生文粹》一书中陈亮所撰策问三十四篇和汉论五十一篇,这些作品反映了陈亮的政治思想和历史观等,弥足珍贵。同时,改正了《陈亮集》原来点校的较多不够准确之处,遗憾的是,"增订本"仍然存在一些不足之处,如将原来标点无误之处反而改错;有的地方失校;删除了原来附录的较为重要的内容。现撰成此文,特向"增订本"的点校者质疑,敬请校正。

  第一,将原来标点基本准确之处反而改错,出现破句。如陈亮《中兴论》中的《论执要之道》(卷 2)的第二段"立政之大体,总权之大纲",《陈亮集》是这样断句的:

>   自祖宗以来,军国大事,三省议定,面奏获旨。差除即以熟状进入,获可始下中书造命,门下审读。(第 27 页)

  我们认为,这样断句是基本正确的,虽然其中也存在缺点。可是,"增订本"却改成这样:

>   自祖宗以来,军国大事,三省议定面奏,获旨差除,即以熟状进

入,获可,始下中书造命,门下审读。(第 27 页)

根据宋朝的中央决策制度,分析陈亮的这段话,实际共有三层意思,第一层是"军国大事"由三省协定,然后当面奏告皇帝,获得皇帝的圣旨批准。第二层是"差除"即任命官员,递呈熟状,获得皇帝的许可。第三层是在"军国大事"和"差除"得到皇帝批准后,下达中书省"造命"即起草正式文件如诏书等,再由门下省"审读"即审查。我们不妨再对照一下曾敏行《独醒杂志》(上海古籍出版社 1986 年版)卷 18 的这段记载:

> 祖宗以来,凡军国大事,三省、枢密院议定,面奏获旨。差除官吏,宰相以熟状进入,画可,始下中书造命,门下审读。(第 74 页)

这里,点校者将三层意思分得较为清楚,"获旨"是指军国大事获得皇帝的圣旨批准,"差除"的对象是官员。"增订本"标点成"获旨差除",就将这前两层意思完全混杂一起,显然是不对的。当然,陈亮的叙述也不甚精确,如参预军国大事的议定不仅有三省,而且还有枢密院,陈亮则只字不提枢密院。又如"差除"是指任命官员,陈亮则省略了官员两字。再如"以熟状进入"者是宰相,陈亮又删除了宰相两字。我们知道,从唐到宋,凡任命重要官员,皆由宰相草拟名单,写成奏状,称"熟状";得到皇帝批准后,则称"画可"或"获可",然后交付尚书省施行。(宋敏求《春明退朝录》卷下)由于陈亮这段话过分省略,以致后世读者产生了误解。根据以上分析,我们以为这段话应该这样标点才比较准确:

> 自祖宗以来,军国大事,三省议定,面奏获旨;差除,即以熟状进入,获可;始下中书造命,门下审读。

第二,失校之处。陈亮《书作论法后》(载《陈亮集》卷 16,"增订

本"卷25)有一段话这样写:

> 不善学文者,不求高于理与意,而务求于文彩辞句之间,则亦陋矣。

如果仔细推敲其中"不求高于"和"务求于"两句话,就不难发现"务求"两字后缺少与"高"字相应的某一个字。据南宋末人魏天应编《论学绳尺》卷首《诸先辈论行文法》,该书全录了陈亮的这篇文章,"务求"两字后还有一个"异"字,此两句实为:"不求高于理与意,而务求异于文彩辞句之间"。这样,前后的文章也就连贯了。此其一。"增订本"卷20,共收陈亮的十三篇汉论,但由目录看,惠帝朝一篇、文帝朝一篇、景帝朝三篇、武帝朝六篇,共十一篇,尚缺两篇。现统计该卷各朝的论数,发现文帝朝实为三篇,可见目录只写一篇是错误的。此其二。

第三,删除了较为重要的内容。《陈亮集》的《补遗》中,原来收录了《王应麟困学纪闻三则》(第443页至444页),"增订本"则全部删除了。我们认为这一做法并不恰当。因为,这三则记载都有一定的史料价值,尤其是《春秋属辞》一则,收录了陈亮所撰十篇《春秋》经义的破题,充分反映陈亮在指导士人们写作科举文章方面所做的努力,不应忽视。

(本文以"石石"署名,刊载于《宋史研究通讯》1993年第2期)

《高衍孙〈创县记〉略》点校质疑

新编《嘉定县志》第一编《建置地理》附录二,为《高衍孙〈创县记〉略》(载第62—63页)。该文的原刻石碑今已无存,现可从明人韩浚编《万历嘉定县志》卷1《疆域》、明人钱容编《吴都文粹续集》卷9《公廨、仓场》、清人赵昕编《康熙嘉定县志》卷22《碑记》、清人程其珏编《光绪嘉定县志》卷2《官署》等见到,但各书在载录此记时因节略的标准不同,加上辗转传刻,在文字上出现了许多歧义。如将四书互相比较,不难发现,《吴都文粹续集》所载《创县记》的内容较为完整,比较接近原文。至于新编《嘉定县志》,在转录《创县记》时,以光绪本为准,因而不免有一些失校之处。现分述如下:

一、“惟昆山县素号难治”:康熙本、《吴都文粹续集》以及光绪本,“昆山”后皆没有“县”字,可见“县”是衍字。

二、“相□成风”:光绪本、康熙本、万历本,□皆为“帅”字,并不模糊难认。《吴都文粹续集》则作“率”字。可见□应明写“率”字或“帅”字。

三、“按昔之庆元例”:光绪本、康熙本皆与之相同,但“按”字含意不清。据《吴都文粹续集》,“按”字作“援”。此处高衍孙援引明州升格为庆元府的先例,用年号纪名。可见“按”字是“援”字之误。

四、“先后停搁”:光绪本、康熙本皆与此相同,但“停”字含意模糊。据《吴都文粹续集》,“停”字作“倚”。倚搁又作“倚阁”,是宋朝的公文用语之一,意即暂停。如遇天灾而倚阁百姓未纳赋税,见《宋会要辑稿》食货59。所以"停"字以改"倚"字为宜。

五、"新赋纳自十二年始":光绪本、康熙本、万历本和《吴都文粹续集》等,"二"皆作"一"字。从《创县记》的内容分析,高衍孙向平江府和浙西提点刑狱司要求将嘉定县境五乡的嘉定八年和九年的"畸零二税"、"倚搁",将十年的"畸零二税"作为本县营建官署等经费,从十一年开始交纳新赋。"二"字显系传写之误。

六、"减秋苗之合耗":光绪本、康熙本、万历本皆与此同,但"合"字较为费解。查《吴都文粹续集》,"合"字作"纳"。宋代官府征收秋税,百姓交纳苗米时,附征加耗。所以用"纳"字更符合宋朝习惯。

七、"罢纠财司":"纠财司"之称始见于光绪本,万历本和《吴都文粹续集》则皆作"纠斛司"。这两个官署名称均不见于其他史籍,两者必有一误,不知以何为准。

八、"吏直不容苛扰":光绪本、万历本与此相同,但"直"字费解。《吴都文粹续集》,"直"字作"胥"。宋朝常用"吏胥"一词,指在官署做事的公吏。所以,"直"字应改作"胥"。

九、"民辄先信举,欣然相告曰":光绪本作此记载。康熙本作"于是民举欣然相告曰"。《吴都文粹续集》写作"民辄先信,举欣欣然相告曰"。"举"字有皆、全之意。例如"举国同庆"、"举家南迁"。此处意为百姓皆相信而兴高采烈的互相转告。所以,此处的标点应改为"民辄先信,举欣然相告曰"。

十、"足以充所费三分之一":康熙本、万历本和《吴都文粹续集》皆作"三分之二",从前后文意判断,"一"是"二"字之误。

十一、"宣教郎嘉定县主管劝农公事兼兵马监押高衍孙撰":康熙本和万历本皆删去这一句,光绪本和《吴都文粹续集》则皆作如是记载。但高衍孙既然担任嘉定的知县,就不可能不在自己的结衔上有所反映。按照宋神宗元丰官制改革后的官员结衔习惯,官员的头衔首先是寄禄官,然后是差遣(实际职务)。此处宣教郎是高衍孙的寄禄官,为京官的最高一阶。在宣教郎后,照例应该写明高衍孙的差遣名称即

"知嘉定县事",但光绪本却漏掉了关键的"知"、"事"两字,于是不免造成错觉,似乎高衍孙的差遣只是嘉定县的主管劝农公事兼兵马监押,其实这二者只是他的兼职。所以,应该在"嘉定县"三字的前后加上"知"、"事"两字。

(本文刊载于张振德主编:《嘉定春秋》,
上海社会科学院出版社 1994 年版)

南宋留光禅寺残碑

——嘉定最古的一块碑刻

　　数年前的一次春节,回嘉定探亲。一天,在城内东下塘街漫步,忽然发现路侧的一块青石上似乎刻有字迹,当即停步,弯腰察看,见青石正面赫然有"平江府"、"临安府"等字,便立即断定这是一块南宋的残碑。作为一名宋史研究者当即觉察到它的重要意义,不免喜上心头。我信手从口袋取出纸、笔,抄录下该碑的内容。稍后,又请姐夫张应嘉用宣纸拓了几张,但因技术不够熟练,效果不甚理想。

　　该残碑从形制和记载内容推测,只是原碑右下部分,呈棱形,上、左、右部均尖锐,下部稍平整,长约 33 厘米,宽约 32 厘米,厚约 20 厘米,质系青石。

　　该残碑现存 14 行、220 余字,字体楷书,字迹大部分清晰。现抄录和加标点如下:

　　　 府

　　礼部符:据平江府申,备据嘉定县申,照会四月

　　履斋学生王应龙,浙漕待省进士、承信郎王应桂,太学

　　有僧能禅师云游此来,道行孤高,邑人吴珍于是乎抢地 创 殿

　　书。黎明,掘地得灵木,遂发心像大士,厥疾用瘳。迨今像成,

灵验显

藏殿则师一讲师干,宝藏则如晓山主,书、经则邑士王八解元,
他如

祖元之干造钟楼,惟一讲师之建造僧堂,净圆之干造香花
亭,德

使台蒙张都运送临安府,遂承知府、太府韩大卿移请仁

嘉定十一年,因析昆山县五乡为嘉定县,于是县官就

崇奉观音大士香火,此等遂为祝延

如发运、龙图郑大监,祭酒、修史、中书林

为称首。大抵修行好,修冥心,佛

观音寺平江府光福

行 在

第一行的"府"字,右上部已缺,仅存左下部,字高、宽约各六厘米。
其余各字,高、宽各约一点五厘米。少数部分笔画残缺而仍能辨识的
字,本文皆在字外框□,以与其他字加以区别。

遍查《康熙嘉定县志》和《康熙嘉定县续志》、《光绪嘉定县志》、
《民国嘉定县续志》的艺文·碑记或金石志,均没有关于此碑的记载。
在以上各志的东城诸佛寺中,也不见此寺的踪影。但据《康熙嘉定县
志》卷13《寺观》,在嘉定县"南境"的寺院中,发现留光禅寺正是该残
碑的原主。《康熙嘉定县志》记载如下:

> 留光禅寺:旧在澄江门内。宋天圣中,里人吴珍割地创庵。会
> 稽能禅师居之,凿土得异木,以刻大士像。乾道初,僧德谦始建寺。
> 淳熙十六年,杭州仁和县留光显庆寺故额名之。明正德间,改建书
> 院,徙寺澄江门外一里,僧方珪重建,仍旧额。嘉靖间,倭寇焚烧。
> 万历间,僧弘化重建。皇清康熙九年地震,倾圮。

对照残碑,不难看出"邑人"或"里人"吴珍捐地建造而由能禅师主

持之庵，即后来所称的留光禅寺。一、该寺最早建于宋仁宗天圣间（公元 1023—1032 年），会稽即越州（治今浙江绍兴市）的牟能禅师云游到这里，吴珍认为能禅师"道行孤高"，乃舍地建庵。能禅师发愿崇奉观音大士，一次掘土，得到一块"灵木"，便用来雕刻观音像，佛像雕成后，非常灵验，吴珍（或能禅师）的病不药而愈了。二、到南宋孝宗乾道初年（1165 年），由僧德谦正式建寺。残碑第七行最后一字"德"，可能就是德谦的前一个字。在正式建造过程中，由僧师一讲师负责建造藏殿，如晓山主管宝藏，解元王八提供经书，祖元负责建造钟楼，惟一讲师负责建造僧堂，净圆负责建造香花亭，德谦看来是这项建筑工程的总负责人。寺的规模并不小，但多年没有得到官府的正式承认。这就是说，要经过县、府、尚书省的逐级审批，获得朝廷的"赐额"即官定名额后，才算正式的佛寺。三、据《康熙嘉定县志》，要在乾道初的 20 多年后，即淳熙十六年（1189 年），终于获得了杭州（按南宋称临安府）仁和县留光显庆寺的旧额。正如残碑所载，由"使台"即两浙西路转运使司张姓都转运使将该寺申请"赐额"的公文转送临安府，由临安府的知府、太府卿韩某移请仁和县留光显庆寺的"故额"。据潜说友《咸淳临安志》卷 48《秩官六》，孝宗淳熙间担任临安府知府的韩姓官员，只有韩彦质一人。韩彦质在淳熙十年至十五年九月间，曾两任临安知府，初任知府时兼太府卿。估计该寺申请"赐额"也经历多年时间，到淳熙十六年朝廷批准时，韩彦质已不再担任知临安府之职了。第八行的最后一个"仁"字，必定是仁和县的第一字。四、宋宁宗嘉定十一年（1218 年）嘉定建县后，县官决定以该寺崇奉观音大士的香火。此事似得到当时发运使龙图阁直学士、郑姓大监以及国子祭酒、修史、中书某某官员的赞同。五、残碑第十三行提到"平江府光福"，显然是指平江府著名的光福寺。范成大《吴郡志》卷 33《郭外地》记载，光福寺"旧有铜像观音，岁有水旱，郡辄具礼迎奉入城，祈祷必应。"由于光福寺崇奉观音，且有灵验，因此残碑的作者以留光禅寺与之相比。

留光禅寺坐落在嘉定什么地段呢？前引《康熙嘉定县志》说它“旧在澄江门内”。同书卷1《山冈》记载，“应奎山：嘉定儒学逼留光寺，天顺间，知县龙晋以异端梵宇若凌吾学，即射圃地筑土山，横亘以障之。日久善崩，御史饶榶、李廷梧相继移置于南近溪，用扩射圃之地，使士向文明，科目从此益盛。”原来，留光寺一直与嘉定县学毗邻，地处县学之南。明英宗天顺间（1457—1464年），知县龙晋认为“异端”佛寺在前，有陵压儒学的气象，便决定在射圃（类似今体育场，用以射箭等）筑一座土山，作为屏障。后来，因土山容易掉土，乃将土山往南移至河边，同时也扩大了射圃的范围。又据《光绪嘉定县志》卷9《庙学》记载，饶榶等改筑应奎山的准确时间是正德元年（1506年），龚宏所撰记说：“自嘉定中，学随县设，留光寺适抗前方，莫能彻去。故有宋及元，人才间出。天顺间，筑山障之，人才为之一盛。阅今五十余年，山日蹴卑，科目又以因之一盛一衰。今年春仲，进贤饶公持节至邑，曰：‘山，学之案也，迫甚，非宜。’迁置南许四十寻，则学宫高显，寺几退隐委伏。此明彼障，吾道兴焉。”这座土山就是应奎山，至今仍耸立在汇龙潭公园内。当然，这时汇龙潭尚未开掘。

留光禅寺何时从历史上消失的呢？前引《康熙嘉定县志》说，明武宗正德间（1506—1521年），县官决定将留光禅寺改建成书院，而徙寺至澄江门外一里。由僧方珪重建，仍用旧额。至明世宗嘉靖间（1522—1566年），被倭寇烧毁。万历间（1573—1620年），由僧弘化再次重建。直到清圣祖康熙九年（1670年），遇到地震，该寺倾圮。又据同书卷9《书院》记载，练川书院，“在应奎山南。正德十二年，督学御史张鳌山、南京户部员外郎胡缵宗行县，议即留光寺改建，寺迁澄江门外。倭乱后废。”由此可知，留光禅寺在明代正德十二年（1517年）前，一直在应奎山南；直到正德十二年，才迁至澄江门外，原址改建为练川书院。

留光禅寺在康熙九年因地震倒毁后，到清穆宗同治八年（1869年）又东山再起，再度兴建。不过毕竟每况愈下，规模缩小很多。《光绪嘉定县志》卷31《寺观》有明确记载。在记录清末光绪七年至宣统三年县情的《民国嘉定县续志》卷15《寺观祠宇》中,列入石冈乡的佛寺,仍有留光寺,地处阳三十三图,供奉观音大士,仅有屋三间。在该志卷首所附《石冈乡图》中,留光寺位于县南门外横沥河之东、黄泥泾之南。由此估计,留光禅寺大约是在民国时期废弃的。

如果以宋仁宗天圣间吴珍捐地建庵为留光禅寺的起点,那么该寺的香火几乎延续了近九百年,其历史不可谓不长。

留光禅寺在很长的时间内是本县著名的佛寺之一,拥有许多信徒,而且在国内有一定的影响。明代该寺僧道清曾任僧录司左善世,赐号"宏慈光慧禅师",圆寂后,朝廷特派礼部尚书徐琼"谕祭"。其徒戒缙任右讲经,圆寂后,也由朝廷赐祭。戒缙之徒定皑,以写经第一升为左善世,朝廷特赐衣帽。该寺的高僧"两世并掌僧印,缁门荣之"。明代的官员和文人墨客也经常光临该寺游览,留下了一些诗作,如训导黄宣和严有功、严钰、王应鹏、黄荣祖、许自俊、文林、朱奇颖等。黄宣《游留光寺》诗曰:"独寺江头竹满园,凌云秋水寂禅门。游人那得知幽境,僧自翻经不与言。"文林《留光寺溪舫亭》诗曰:"水满曹溪势若浮,老僧独倚木兰舟。不须系缆溪头石,一任风涛不逐流。"描绘了留光寺的内外景色①。

综上所述,留光禅寺这一残碑是它遗留给今世的唯一物证。残碑的勒石时间,当在嘉定建县不久,即嘉定十一年稍后。残碑的内容反映它不是朝廷给赐寺额的"敕牒",而是平江府(残碑第一行的"府"字估计即平江府的第三字)颁发给嘉定县转留光禅寺的一份公文,说明根据嘉定县官的要求,将该寺定为崇奉观音大士的专门寺院。可以初步肯定,残碑是嘉定现存最古的碑刻之一,这是残碑的第一个重要意义。残碑还记录了南宋嘉定建县初,嘉定县有太学率履斋学生王应龙,浙西转运司待省进士(指已通过浙西转运司的"漕试",取得了参加省试的

---

① 见《康熙嘉定县志》卷18—19《艺文·诗》、《光绪嘉定县志》卷31《寺观》。

资格)、承信郎(低级武官即小使臣的官阶之一)王应桂,还有解元(平江府乡试第一名)王八。必须指出,王应龙和王应桂、王八是嘉定历史上第一个太学生、第一个待省进士、第一个解元,这弥补了嘉定史志记载的不足。这是残碑的第二个重要意义。

(本文刊载于张振德主编:《嘉定春秋》,
上海社会科学院出版社 1994 年版)

《赵彦櫹、王棐奏建嘉定县省札》点校正误

新编《嘉定县志》第一编《建置地理》附录一,为《赵彦櫹、王棐奏建嘉定县省札》(载第62页)。该"省札"系据范成大《吴郡志》卷38"补注"。但这一"补注"本身就有一些错字,新编《嘉定县志》在转引时因为失于校勘,不免以讹传讹,由此还造成个别句读的失误。

一、王棐系衔的失误:《吴郡志》"补注"的这一"省札",是范成大成书后平江府官员增补的。在这一"省札"里,王棐的寄禄官写成"奉请郎"。新编《嘉定县志》沿用此称,误。据《宋史》卷169《职官志九》记载,宋神宗元丰间实行官制改革,文臣的寄禄官中没有"奉请郎",而只有朝请郎或奉议郎。据南宋末年人郑虎臣编《吴都文粹》卷9《嘉定十年置补注省札》,王棐的寄禄官为奉议郎(四库全书文渊阁本)。又据点校本《吴郡志》(江苏古籍出版社,1986年版),点校者已对王棐的这一寄禄官提出疑问,并据景宋本改"请"为"议"。笔者以为这是正确的。所以,这里王棐的寄禄官应以奉议郎为是。

二、"如蒙朝廷施照事祖"的失校:以上八字,《吴郡志》"补注"的"省札",原写作"如蒙朝延拖照事祖"。点校本沿用"延"字,笔者以为实际应改为"廷",系失校。点校本"施"字,则据"景宋本据旧钞本"改作"批";"祖"字,据同上改作"宜"。笔者据《吴都文粹》,此八字为"如蒙朝廷拟照事宜"。综观"省札"的上下文,此八字应以《吴都文粹》的记录为准。

三、句读的不够准确之处:第一、"……凡九乡二十四都,仍属之昆山县所有。其他张官置吏事件,……"——笔者以为,"所有"二字实属下一句的头两个字,应改为:"……凡九乡二十四都,仍属之昆山县。所有其他张官置吏事件,……"点校本《吴郡志》"补注"的"省札"也如此标点,极是。第二、"昨于嘉定七年,准尚书省行下备白札子,陈乞欲于练祁市添置一县,"——点校本《吴郡志》"补注"的"省札"也同此标点,但皆有失当之处。依照宋朝的公文格式,应改为:"昨于嘉定七年,准尚书省行下备白札子陈乞,欲于练祁市添置一县。"第三、"十二月九日奉圣旨:依。仍令浙西提刑司平江府条具合施行事宜,申。仍公共选辟清强有心力之人,充知县一次。"——点校本《吴郡志》"补注"的"省札"与之标点略异,为:"十二月九日,奉圣旨:依。仍令浙西提刑司、平江府,条具合施行事宜。申,仍公共选辟清强有心力之人,充知县一次。"这两种点校法均有失误之处。依照宋朝的公文格式,准确的标点应是:"十二月九日,奉圣旨'依',仍令浙西提刑司、平江府条具合施行事宜申,仍公共选辟清强有心力之人充知县一次。"

(本文刊载于张振德主编:《嘉定春秋》,

上海社会科学院出版社 1994 年版)

钱大昕、钱大昭著作续考

顾吉辰《钱大昕、钱大昭著作考》(载《嘉定春秋》,上海社科院出版社1994年2月)一文,已对钱氏兄弟的众多著作进行了详细的考证。笔者在此基础上,根据最近找到的资料,进行补充和订正。

一、《竹汀日记》一卷　钱大昕著

《竹汀日记》一卷,是钱大昕本人手书的日记原稿,与由其侄子钱绎"摘抄"的"日记钞"不同。在整理这册《竹汀日记》时,钱绎在"竹汀日记"四字下用小字注明:"此册是先世父宫詹公日记,犹子绎谨识。戊戌四月朔日,于书笥中捡出。"日记最后有翁同龢所撰的跋,说:"元日检箧得此册,距先生作记时已百年矣。……此册为潘伯寅侍郎所赠,并记之。光绪三年,岁次丁丑,正月丁巳朔,常熟后学翁同龢识。是日大风,极寒。"翁跋后,还有缪荃孙的跋,说该日记系竹汀先生在戊戌(即乾隆四十三年,公元1778年)正月初一壬戌至四月二十四日甲寅所记,"先生是年五十有一,为绍兴守秦石公招游南镇及兰亭,道出杭州,复游西湖。归途应两江高文端公之聘,主钟山讲席。共百十有四日。"日记之末载十八首诗,"文笔亦极雅洁"。日记中如果那天"无事,则记阴、晴,不涉琐事,日记条例略具一斑矣"。缪荃孙还题曰:"光绪丁未(二十一年,1895年)正月元夕,江阴缪荃孙跋于金陵寓庐之丛钞堂。"

《竹汀日记》在光绪三十三年（1907 年）刊出，编入《藕香零拾》丛书。

二、《竹汀日记钞》一卷本、二卷本、三卷本　钱大昕著

《竹汀日记钞》共有三种版本，即三卷本、二卷本、一卷本。前引缪荃孙《竹汀日记》跋还说："竹汀先生日记，近滂喜斋刊两卷，式训堂刊三卷，均摘鉴赏书籍、金石之语，海内未见真迹也。"可见钱大昕的弟子何元锡在钱大昕日记中选录有关条目"编次"成"日记钞"后，陆续出现了多种版本。

一是三卷本。缪荃孙《竹汀日记》跋写于光绪二十一年初，说明会稽章寿康将三卷本编入《式训堂丛书》初集，必定在此年以前。光绪三十年（1904 年），由朱记荣编入《校经山房丛书》。本世纪三十年代，又编入《丛书集成初编》，归入"总类·版本"，为铅字排印断句本。1979年，杨家骆先生将此本收入《钱大昕读书笔记廿九种》，台北鼎文书局出版。何元锡依照钱大昕日记的内容，抄出三类，分类编排，第一卷为"所见古书"，第二卷为"所见金石"，第三卷为"策问"。书后有何元锡在嘉庆十年乙丑（1805 年）九月所作的跋，清楚地说明了钱大昕日记的另一稿本从乾隆五十三年（1788 年）至嘉庆九年（1804 年），共十六年之久。何元锡见到的这一稿本，后来又从钱绎手里借到这一稿本的誊清本，依据誊清本编成三卷雕印。可惜这一日记稿本和誊清本均已失传。

二是二卷本。缪荃孙《竹汀日记》跋提到吴县潘氏滂喜斋刻过《竹汀日记钞》二卷本，时间在光绪二十一年前。这一刻本没有收入《滂喜斋丛书》，看来是单行本。光绪二十九年（1903 年），北京翰文斋根据潘氏刊版，选出五种书，包括这册二卷本，重编雕印，称《潘刻五种》。从其他四种书的内容，可知二卷本删去了三卷本的第三卷"策问"，保留

了讲古书和金石的前两卷。

三是一卷本。光绪七年（1881年），由姚尉祖辑入《晋石厂丛书》，归安姚氏粤东藩署刊版；民国23年（1934年），海虞瞿氏铁琴铜剑楼重修印本。从这一丛书的其他各种书的内容，可知一卷本删去了三卷本的第二、三卷，保留了讲古书的第一卷。

三、《演易》一卷　钱大昕著

《演易》一卷，是钱大昕研究《易经》方面的著作。该书系手稿本，《嘉定钱氏艺文志》未曾著录。手稿本后有王国维所撰跋。今藏上海图书馆。

四、《说文徐氏新补新附考证》一卷　钱大昭著

《说文徐氏新补新附考证》一卷，是钱大昭研究汉字的著作。钱大昭是清代文字训诂学家。该书分为两个部分，第一部分为"补录十九文"，即补录诏、志、件等十九字，逐字解释字义、字音。第二部分为"附益四百二文"，即附录祙、桃、袄等四百零二字，逐字解释字义、字音，或加按语旁征博引，进一步加以考释。最后附有光绪十六年（1890年）南陵徐乃昌的跋，指出钱大昭"淹贯经史，著书满家。生平精研六书，著有《说文统释》六十卷，其例有十，一曰疏证，以佐古义；二曰音切，以复古音；三曰考异，以复古本；四曰辨俗，以正讹字；五曰通义，以明互借；六曰从母，以明孳乳；七曰别体，以广异义；八曰正讹，以订刊误；九曰崇古，以知古字；十曰补字，以免漏落。此卷系六十卷中之一，考证徐氏新补新附字，极精博。"跋又说：道光乙巳（二十五年，1845年），钱大昭的后人以"全书卷帙纷繁，先梓此卷行世。兵燹之后，版既零落，书亦无多。余得副本于其家，亟梓行之。"其兄钱大昕著《说文答问》，常引钱

大昭之说，而钱大昭此书也间引其兄的见解。该书之前有姚孟起题签。由徐乃昌校刻，收入徐氏所辑《积学斋丛书》。

（本文原刊载于张振德等主编：《嘉定纵横》，华东理工大学出版社1995年版；又刊载于顾吉辰主编：《钱大昕研究》，华东理工大学出版社1997年版）

钱大昕题跋初探

笔者在研究工作中,曾接触到钱大昕为许多古籍撰写的题跋。起初,对这些题跋只是浏览一过,并没有太多的留意。最近,在辑录钱大昕的佚文时,发现这些题跋除了各自具有学术价值以外,还与《十驾斋养新录》和《潜研堂文集》的成书具有密切的关系。以下就这些题跋与这两部书的关系作一介绍。

一、与《十驾斋养新录》的关系

如所周知,《十驾斋养新录》(以下简称《养新录》)一书是钱大昕生前亲自编定的。钱大昕为该书作《自序》的时间为嘉庆四年(公元1799年)。在《自序》中,他写道:"今年逾七十,学不加进,追惟燕翼之言,泚然汗下。加以目眊耳聋,记一忘十,问学之客不来,借书之瓻久废,偶有咫闻,随笔记之。自惭萤爝之光,犹贤博簺之好,题曰《养新录》,不敢忘祖训也。"所谓祖训,即钱大昕的祖父"尝取'养新'二字,榜于读书之堂,大昕儿时侍左右,尝为诵之(按指张载咏芭蕉之句),且示以温故知新之旨。"嘉庆九年,阮元在为该书所撰《序》中也说,该书二十卷"乃随笔札记经史诸义之书"。钱大昕仙逝不久,学者便迫不及待地"必欲得而读之,乞刻于版"。阮元认为,该书的内容"皆精确中正之论,即琐言剩义,非贯通原本者不能,比之折杖一枝,非邓杖这大不能有也"。据钱大昕的曾孙钱庆曾编《竹汀居士年谱续编》,嘉庆四年条:"公弱冠时即有述作意,读书有得,辄为札记,仿顾氏《日知录》条例。后著各书,即于其中挹注,又去其涉于词华者,尚哀然成集,是年重加编定,题曰《十驾斋养新录》。"嘉庆八年十二月条:"始刊《养新录》手定本,凡二十卷。后所得为《养新余录》三卷。"不过,《养新余录》不是钱大昕生前亲定,而是去世后的第二年即嘉庆十一年(1806年)十月,由其儿子钱东塾兄弟"启旧笥检寻",整理遗稿,"缮录清本,分为三卷,以授梓人"。于是《养新录》成为完书。

在编写《养新录》时,钱大昕显然也将他从前所写的有关古籍的题跋改写入内。笔者从这些题跋还发现,《养新录》的最后定稿时间应晚于嘉庆四年。诸如钱大昕所撰《跋〈东家杂记〉》、《跋〈孔氏祖庭广记〉》、《跋〈舆地纪胜〉》,均写在嘉庆六年或七年,而后再编入《养新当录》卷13、卷14,不过篇名皆删去了"跋"字。为便于读者了解,笔者将这几篇跋与《养新录》的正文逐一加以对照和说明。

《跋〈东家杂记〉》原文:

　　世文于宣和六年尝撰《祖庭杂记》,及从思陵南渡,别撰此书,改"祖庭"为"东家"者,殆痛祖庭之沦滔,而不忍质言之欤!考四十九代孙玠袭封衍圣公时,世文已称"本家尊长",而卷中述世系,迄于五十三代孙洙,计其时代,当在南宋之季,盖后来续有增入矣。卷首《杏坛图说》,与钱遵王所记正同。窃意此《图说》及《北山移文》、《击蛇笏铭》、《元祐党籍》三篇,亦后人增入,非世文意。菉圃主人精于考古,其以吾言为然乎否?
　　辛酉十一月,竹汀居士钱大昕记。
　　——录自瞿良士辑:《铁琴铜剑楼藏书题跋集录》卷2,(上海古籍出版社1985年版)第68页。按"殆痛祖庭之沦滔"之"滔",显为"陷"字之误。

《养新录·东家杂记》:

《东家杂记》二卷,孔子四十七代孙,右朝议大夫、知抚州军州事传所撰,有绍兴甲寅三月自序。传于宣和六年,尝撰《祖庭杂记》,其书虽不传,犹略见于孔元措《祖庭广记》中。此则从思陵南渡以后,别为编辑,改“祖庭”为“东家”者,殆痛祖庭之沦陷,而不忍质言之乎!考四十九代孙玠袭封衍圣公,其时传已称“本家尊长”,而卷中所述孔氏世系迄于五十三代孙洙,计其时代,当在南宋之季,盖后来别有增入矣。卷首《杏坛图说》,与钱遵王所记正同。又有《北山移文》、《击蛇笏铭》、《元祐党籍》三篇,恐皆后人妄增,非传意也。卷中“管勾”之“勾”皆作“匀”,避思陵嫌名。间有不缺笔者,元初修改之叶。辨宋版者,当以此决之。传字世文,初名若古,元祐四年,除仙源县主簿,改今。政和五年,以朝奉郎任京东转运司管勾文字。宣和六年,以朝散大夫知邠州。

——《十驾斋养新录》卷 13

思陵是宋高宗的陵墓永思陵的简称,后人常以已故皇帝的陵墓代称其名,表示尊敬。衍圣公是孔子后裔世袭的封号,始于宋仁宗时,后代相沿不改。辛酉即嘉庆六年(1801 年),说明该跋写于是年十一月,钱大昕将此跋改编入《养新录》必在此时以后。钱大昕在将此跋改编入《养新录》时,在“卷中‘管勾’之‘勾’皆作‘匀’”句以下,补充了两段内容,一是说明《东家杂记》的避讳字,二是孙传其人的字和历任官职。这样,内容就经原跋要更加充实、更加完整了。

《跋〈孔氏祖庭广记〉》:

此先圣五十一代袭封衍圣公元措梦得所编,前载元丰八年四十六代孙宗翰《家谱》旧引,宣和六年四十七代孙传《祖庭杂记》旧序。《家谱》与《杂记》本各自为书,梦得始合为一,复增益门类,冠以图像,并载旧碑全文,因“祖庭”之名,而改称“广记”,盖仙源之文献,至是始备。书成于金正大四年丁亥,张左丞行信为之序,镂版南京。此则蒙古壬寅年,元措归阙里后重雕之本也。壬寅为元太宗六皇后称制之年,金之亡已十载矣。蒙古未有年号,但以干支纪岁,在宋则为淳祐二年也。此书世无传本,兹于何梦华斋见之,纸墨古雅字画精审,余所见金、元椠木,未有若是之完美者。向尝据汉、宋、元石刻,证圣妃当为并官氏,今检此书,并官氏屡见,无有作并字者,自明人刻《家语》,妄改为幵,沿讹到今,莫能更正。读此,益信元初旧刻之可宝。

　　嘉庆六年岁在辛酉,五月五日庚辰,嘉定钱大昕谨题。

　　——录自《铁琴铜剑楼藏书题跋集录》卷2,第68页至69页。另见《孔氏祖庭广记》,丛书集成初编本,第159页。

《养新录·孔氏祖庭广记》:

　　《孔氏祖庭广记》十二卷,先圣五十一代袭封衍圣公元措梦得所编,前载元丰八年四十六代孙、朝议大夫、知洪州军州事宗翰《家谱》旧引,宣和六年四十七代孙、朝散大夫、知郐州军州事传《祖庭杂记》旧序。《家谱》、《杂记》本各自为书,元措始合为一,复增益编次,冠以图像,并载旧碑全文,因"祖庭"之名,而更称"广记",盖仙源之文献,至是始备。书成于金正大四年,前尚书左丞致仕张行信为之序。此本最后有五行云"大蒙古国领中书省耶律楚材奏准皇帝圣旨,于南京特取袭封孔元措,令赴阙里奉祀。来时不有挈负《祖庭广记》印板,今谨增补校正,重开以广其传。"壬寅者,元太宗六皇后称制之年,距金亡已十年。蒙古未有年号,当宋淳祐二年也。金以开封府为南京,元初尚沿其名,后乃改为汴梁路。此书初刻于开封,再刻于曲阜。今何梦华所藏,纸墨古雅的为初印本。予尝据汉、宋、元诸石刻,证圣妃当为并官氏,今检《东家杂记》及此书,并官氏屡见,无有作幵者,乃知宋、元刻本之可宝。自明人刻《家语》,妄改为幵,沿讹三百余载,良可喟也。

　　——《十驾斋养新录》卷13

　　此跋也写在嘉庆六年,比前一跋略早五个月。钱大昕在把它编入《养新录》时,主要是:(一)增加了孔宗翰和孔传的主要官衔。(二)增加了《祖庭广纪》元刻本最后的五行文字。(三)解释金、元南京的沿革。(四)证明开官氏就是圣妃。这也说明《养新录》的内容更加充实了。

　　《跋〈三历撮要〉》:

　　　　此书不题撰人姓名,亦无刊刻年月,所引《万通》、《百忌》、《万年具注》、《集圣》、《广圣》诸书,皆选择家言,司天监据以铺注颁朔者也。刘德成、方操仲、汪德昭、倪和甫,盖当时术数之士,今无能举其姓名者也。书中引沈存中《笔谈》,当时南宋所刊。

　　　　嘉庆己未十月十有四日,竹汀居士假读,时年七十有二。
　　　　　　　　——录自《铁琴铜剑楼藏书题跋集录》卷3,第154页。

　　《养新录·三历撮要》:

　　　　吴门黄氏有宋椠《三历撮要》,凡五十七叶。不题撰人姓名,又无刊印年月,而纸墨极精。考《直斋书录解题》载此书一卷,又一本名《择日撮要历》,大略皆同。建发徐清叟云,其尊人尚书公应龙所辑,不欲著名。即是书也。其书每日注天德、月德、月合、月空所在,次列嫁娶、求婚、送礼出行、行船、上官、起造、架屋、动土、入宅、安葬、挂服、除服、词讼、开店库、造酒贡酱醋、市贾、安床、裁衣、入学、祈祷、耕种吉日(凡廿二条)。盖司天监用以注朔日者。

　　　　其所引有《万通历》、《百忌历》、《万年具注历》、《万年集圣历》、《会要历》、《会同历》、《广圣历》,大率皆选择家言也。郑樵《艺文略》,有《太史百忌历图》一卷、《太史百忌》一卷、《广济阴阳百忌历》一卷(吕才撰)、《广圣历》一卷(晋苗锐集)、《万年历》十

七卷(杨惟德撰)、《集圣历》四卷(杨可撰),今皆不传。此书又引
刘德成、方操仲、汪德昭、倪和父诸人说,盖皆术数之士,今无有举
其姓名者矣。

——《十驾斋养新录》卷 14

嘉庆己未即嘉庆四年,表明此跋的写作时间。钱大昕将此跋编入
《养新录》时,补充了许多内容,如:(一)征引《真斋书录解题》的部分记
述。(二)补充《三历撮要》的内容。(三)补充郑樵《艺文略》的记述。
不过,最后删去了原跋"嘉庆己未"以下等十八字。

《跋〈鹤山先生大全集〉》:

"自成都金判往眉州主文,鹤山年二十四。"案文靖生于淳熙
戊戌,嘉定元年登第,年卅一,次年除金判,其主文当是三十四岁,
非廿四也。大昕校。
——录自潘宗周编《宝礼堂宋本书录》集部,附语云:"右见第
一百九十卷末。"另见《四部丛刊初编》本。
据此跋,知旧有姑苏,温溪两本,皆止百卷。至是,始以《周礼
折衷》、《师友雅言》并它文增入为百有十卷,故有"重校大全文集"
之称,其中有合两卷连为一卷者,亦不无鲁鱼亥豕之讹。然世间止
此一本,可宝也。大昕记。
——录自同上书集部。附语云:"右见开庆改元跋后。"另见
刘承幹编《嘉业堂善本书影》第五册。另见《四部丛刊初编》本。
庚申四月十九日,钱大昕假读。闰月廿日,读毕。时年七十
有三。
——同上书集部,附语云:"右均见卷本。"另见《四部丛刊初
编》本。

《养新录·鹤山先生大全集》:

《鹤山先生大全集》，宋椠本，黄孝廉尧圃所藏，有吴渊序、吴潜后序，又有跋一篇，末题"开庆改元夏五月甲子，诸生、朝请大夫、成都府路提点刑狱公"，其下残缺，姓名不可考矣。细绎其文，盖亦蜀人，登宝庆元年进士，尝通判靖州者。此集先有姑苏、温溪两刻本，皆止百卷。至是，始合《周礼折衷》、《师友雅言》并它文增入为百有十卷，故有"大全集"之称。所憾缺失十有二卷，即存者亦不无鲁鱼亥豕之讹，又有合两卷联为一卷者，然世间恐无第二本矣。

《师友雅言》第三卷有一条云："自成都金判主文眉山，鹤山年二十四。"考文靖生于淳熙戊戌，嘉定元年登第，年三十一；次年除成都金判。其主文眉州，年三十四，非二十四也。

——《十驾斋养新录》卷14

钱大昕曾为此书三次写跋，说明他至少三次读过此书。其中一次即庚申，亦即嘉庆五年。钱大昕在将此三跋编入《养新录》时，补充和修改了部分内容，一是补充说明《鹤山先生大全集》宋刻本的收藏者及原有的序和跋。二是说明该书尚缺十二卷，并非完本。三是删去其中记录自己阅读的时间和年龄。

此外，还有一些跋，钱大昕在编入《养新录》时，并没有花费多少笔墨去改动。如将《跋〈舆地纪胜〉》和《跋〈严州图经〉》（载《铁琴铜剑楼藏书题跋集录》卷2），与《养新录》卷14《舆地纪胜》和《严州重修图经》相比，不难发现，变化甚少。原跋称"王氏《舆地纪胜》二百卷"，《养新录》则改为"王象之《舆地纪胜》二百卷"。原跋称"□有监司军将驻节者，别叙沿革于下。"《养新录》则改为"若有监司军将驻节者，别叙沿革于州沿革之后"。原跋称"究为人间希有之本"，《养新录》改为"想海内不复有完本也"。原跋最后题作"余以垂老得寓目，岂非大快事耶？嘉庆壬戌中冬，竹汀居士钱大昕书。"《养新录》则皆删去。由此还可看出，此跋写于嘉庆壬戌即嘉庆七年十一月。

通过这些题跋的写作时间,可以看出钱大昕编撰《养新录》,并没有到嘉庆四年十月写《自序》时便大功告成,而是直到嘉庆七年十一月稍后,还在补写新的条目。当然,必定到嘉庆八年十二月正式雕印为止。

二、与《潜研堂文集》的关系

《潜研堂文集》也是钱大昕生前亲定的。钱大昕去世后,在嘉庆十一年,由其婿瞿中溶付梓行世,其学生段玉裁作序。根据钱大昕所题的一些跋,可知他编定本人文集的时间略早于《养新录》。同时,他在将有关跋编入文集时,补正的内容比《养新录》为少。以下笔者将他所撰几篇跋的原文与编入文集中的跋作一对照。

《新刊韵略》跋的原文(载《铁琴铜剑楼藏书题跋集录》卷1)原为两篇,编入文集(载卷27《题跋一》,篇名为《跋平水新刊韵略》)后,成为两大段:第一大段删去最后两名:"嘉庆丙辰五月望日,竹汀居士钱大昕识。"第二大段删去最后两句:五月廿六日雨后,大昕再记。"改为:"刘渊亦题平水,而黄公绍《韵会》凡例又称为'江北刘氏',平阳与江北相距甚远,何以有平水之称?是又可疑也。"进一步补充说明第一大段中有关"平水书籍"的内容。除此以外,只是个别字的改动或增减。

《元秘史》跋的原文(载《铁琴铜剑楼藏书题跋集录》卷2),钱大昕几乎一字不改地编入文集(载卷22《题跋二》,篇名为《跋元秘史》),仅删去最后一句"嘉定钱大昕跋"六字。顺便提及,该跋的原文有一句为"《纪》所书目颠倒复沓",文集点校本为"纪所书慎倒复沓","慎"显然是"颠"字之误。

《昆山郡志》跋的原文(载《铁琴铜剑楼藏书题跋集录》卷2)、另见《昆山郡志》缪荃孙重校刊本的后序,在编入文集(载卷29《题跋三》,篇名为《跋杨譓昆郡志》)时,改动也不多。只删去了跋的最后一句:

"竹汀叟钱大昕。"又将跋的"妙士孝廉"四字改为"同邑陈孝廉妙士"。跋中提及嘉庆丁巳,当是嘉庆二年,即钱大昕写此跋的时间。

《淳熙三山志》跋的原文(载《铁琴铜剑楼藏书题跋集录》卷2),在编入文集(卷29《题跋三》),题目为《跋三山志》时,略有增删。如跋原广称"梁丞相",文集改为"梁克家";跋原文称"《宋史·梁克家传》",文集改为"《宋史》本传"。改动较多的有:一是删去最后几句:"乾隆己酉七月,假吴门张文学冲之藏本读讫,因识其后云。嘉定钱大昕。"二是跋原文为"予尝论《宋史》,述南渡后事多疏漏,即此事推之,可见一班矣。"文集改为"世人读《宋史》者,多病其繁芜,予独病其缺略。缺略之患甚于繁芜,即有范蔚宗、欧阳永叔其人;繁者可省,缺者不能补也。因读此志,为之喟然。"表达了钱大昕对《宋史》的精辟见解,确是至理名言。

《北山小集》跋的原文(载《铁琴铜剑楼藏书题跋集录》卷4),在编入文集(卷31《题跋五》)时,改动也较少。如开头"黄孝廉莪圃"改为"黄孝廉丕烈";中间"以鬻故纸公钱祀神宴客"的"宴客"二字改为"得罪";最后"嘉庆丁巳冬十一月廿日竹汀居士钱大昕题,时年七十",改为"嘉庆丁巳冬日"。嘉庆丁巳即嘉庆二年。

《南陵孙尚书大全文集》跋的原文(载《铁琴铜剑楼藏书题跋集录》卷4),在编入文集(卷31《题跋五》,题目为《跋孙尚书大全集》)时,基本上保留了原文,只在介绍该书旧钞本"后归叶石君氏"后,删去"曾以《鸿庆集》参校增补,最为精审"两句;在论述孙觌曾"诋陈东、李光尤力"时,在"陈东"前加上"李纲"二字,在"自汪彦章而外"后,删去"殆罕其匹,比之河豚、江瑶柱,虽知其有毒,不能不一快朵颐也。乾隆辛亥七夕,竹汀居士钱大昕题"一段,另增"未能或之先也"。不过,钱大昕又考虑到孙觌在《宋史》中无传,所以根据孙觌文集的内容,为孙补写了简历,共282字。此外,还可知道此跋原文写于乾隆五十六年(1791年)。

《金华黄先生文集》跋的原文(载《铁琴铜剑楼藏书题跋集录》卷4),在编入文集(卷31《题跋五》,题目为《跋金华黄先生集》)时,也作了不多的改动。如原跋写"乃明仙居张俭存礼删本",文集改为"系仙居张俭存礼所刻",这反映钱大昕可能认为该本不由张俭所删,而只由张俭刻印而已。又如原跋写"而附笔记、碑状、谥议于第六卷末",文集改为"而附笔记、志状于第七卷末",这表示钱大昕重读《金华黄先生文集》张俭刻本后,发现笔记、志状皆附于第七卷末,而不在第六卷末,故行改正。又发现谥议不在第七卷末,故予删去。文集还删去原跋"癸丑九月十有五日竹汀居士钱大昕识"一句。这句话说明钱大昕是在乾隆五十八年(1793年)写此跋的。

（本文原刊载于张振德等主编:《嘉定纵横》,华东理工大学出版社1995年版;又刊载于顾吉辰主编《钱大昕研究》,华东理工大学出版社1997年版）

钱大昕佚文五则

清代钱大昕是中国历史上的一位大学问家,他一生勤于笔耕,著作等身。他的绝大部分诗、文已编入《潜研堂文集》和《十驾斋养新录》,此外,尚有一些诗、文失收,散佚在各种文献中。现先辑录五则,以供研究者参考。

一、跋《五代会要》

梁末帝、后唐庄宗使相内,俱有朱文课一人,文果及友谦之讹。庄宗使相内又有韩林,林乃洙之讹,钱大昕校。

明宗使相三十八人,今缺一人,盖脱王晏球一人。

此处有脱简,错入第十一页内,今考正如左:

第十一页"其年十二月敕"云云,至第十二岁第一行。"如非嫡"止,当在此页第一行"及正室"句之上。第十一页第一行,"即是父殁母存即"此下"即"接第十二岁第一行。"叙封进封"云云。

借人书籍,不但不损污,并能为人订正讹舛,弟近日颇能行之,此亦足以代一瓻乎? 大昕戏题。

——录自《铁琴铜剑楼藏书题跋集录》卷2(上海古籍出版社,第 106 页)

二、跋《卫生家宝产科备要》

顷从陈仲鱼处借得《敏求记》,检医家有《产科备要》八卷,所载长乐云云,与后跋同,特少"十二月初十日"六字,而"淳熙甲辰岁"五字在"刻版南康郡斋"六字上,殆少易原文入于《记》中尔。曾云楮墨精好可爱,与余所收正同。想亦是宋版也。爰重志数语,以见述古堂中不乏奇秘如此。莐圃。嘉定钱大昕观。时年七十有四。

——录自同上书卷3(第147页)

三、跋《太玄集注》

温公《集注太玄》六卷,见于《宋艺文志》,而世罕传本。至许菘老之《玄解》,则《宋志》无之,唯《直斋》所录与此本正同。菘老本续温公而作,而卷第相承,盖用韩康伯注《易》之例。《太玄历》不著撰,许氏云出温公手录,则温公以前已有之,其以六十卦配节气,不及坎、离、震、兑者,京氏六日七分法,四正为方伯,不在直日之例也。此本字画古朴,又多避宋讳缺笔,相传为南宋人所钞。明中叶唐子畏及吾家孔周先生藏去,一时名士多有题识,好事者夸为枕中之秘。去冬云涛舍人始购得之,招余审定,叹其绝佳。越明春,借读毕因题。时癸丑二月廿七日,钱大昕。

——录自同上书卷3(第152页)

四、跋《温国文正司马公文集》

嘉庆己未十月五日庚寅,竹汀居士钱大昕假归,时年七十有二。

——录自同上书卷4(第260页)。

另见《四部丛刊初编》本《温国文正司马公文集》卷80后附。

五、跋《云间志》

此书成于绍熙四年,而知县、进士题名续至淳祐、宝祐而止,卷末数页载楼大防、魏华父诸公记,亦后人续入也。宋时华亭县兼有今松江全郡之地,此志体例亦繁简得中,而近代藏书家罕有著录者。予始从王鹤谿借钞得之,并写一本以遗王兰泉云。丙申春,竹汀居士钱大昕记。

——录自清刻本《(绍熙)云间志》。按:此跋与《潜研堂文集》卷29《题跋三·跋云间志》两段内容完全不同,显为佚文。

（本文刊载于张振德、倪所安主编:《嘉定纵横》,华东理工大学出版社 1995 年版。又刊载于顾吉辰主编:《钱大昕研究》,华东理工大学出版社 1997 年版）

朱熹之曾孙朱潜及其父朱钜考

朱熹之曾孙朱潜,在宋代本是一位名不见经传的低级文官,一生充其量只做过湖州乌程县(今浙江湖州市)的县令。但因为据说他早已担任高官,且东渡高丽,成为今天韩国许多朱姓的祖先,便名扬天下,见诸各种研究朱熹的刊物以及有关传媒。至于朱潜之父朱钜,原本也是一名普通的小官,但因为朱潜东渡高丽,便在韩国朱氏的族谱中升格为抗击蒙古的英雄。

一、关 于 朱 潜

依据韩国方面的文献,主要是《新安朱氏世谱》(以下简称《世谱》)总卷《朱氏世家源流图》和《清溪公实纪》的记载,朱潜字景陶,号清溪,生于宋光宗绍熙五年(1194年),宋宁宗嘉定十三年(1220年)27岁,"为选大学士,赐文科翰林院学士"。嘉定十七年(1224年)春,"袖家谱,携二男(长馀,次徐),一女,与门人叶公济、赵昶、陈祖舜、周世显、刘应奎、杜行秀、陶成河七学士,浮海而东……舟泊锦城,仍家焉"。到宋理宗淳祐三年(1243年),蒙古主在高丽"大索诸道"的"宋朝臣民",朱潜也列入被搜索的名单中,乃改名"积德",子馀改名"馀庆","而亡隐于绫城之考亭"。后来,又多次迁徙,躲避蒙古兵的侵掠。逝世后,葬于锦城南的洛阳山下。

初见韩国《世谱》,我们不禁喜出望外,以为发现了新的重要文献。

但将它与中国方面的历史记载加以对照，我们却疑窦丛生。首先，关于朱潜的字。清代《（光绪）乌程县志》卷9《职官·知县》记载，朱潜"字文默"。《世谱·清溪公实纪、清溪公传》皆作"字景陶，号清溪"。

其次，关于朱潜的妻、子。清光绪二十一年（1895年）《朱氏宗谱》和民国37年（1948年）重修《朱氏宗谱》记载，朱潜"娶刘氏，生三子：栋、槐、楠"①。《世谱·清溪公实纪》则记载，朱潜"年十三，娶杨氏"，后携二子朱馀、朱徐去高丽。

再其次，关于朱潜的官职。据朱熹之婿黄榦在宋宁宗嘉定十四年（1221年）正月所撰朱熹《行状》记载，这时朱熹有"曾孙，男六人：渊、洽、潜、济、潏、澄"②。朱潜这时连科举都没有考过，或尚未享受恩荫待遇，所以不可能有什么官职。因为，在黄榦所撰的朱熹《行状》中，在记录朱熹的七个孙子时，朱钜和朱铨、朱鉴三人因有官职，就写上他们的官阶和差遣；另外四位孙子因正在应举，没有任何官职，就写明"余业进士"。随后，在记录九位孙女时，这样写道："女九人，婿承议郎、主管华州云台观赵师夏；进士叶韬甫、周巽亨、郑宗亮，黄辂；从政郎、绍兴府会稽县丞赵师若；黄庆臣、李公玉。"最年幼的两名孙女之夫黄庆臣和李公玉显然还没有应举或恩荫得官，所以姓名前不加"进士"或"业进士"。这是宋代人们撰写"行状"的习惯。朱熹的《行状》中，黄榦只提朱潜之名而不写其他，原因正在于此。韩国《世谱》则记载在嘉定十三年（1220年）朱潜已经"为选大学士、赐文科翰林院学士"。据我们所知，宋代从未置过"翰林院学士"或"翰林院大学士"的官职。宋代的翰林院，属于内侍省管辖，负责图画和弈棋、琴阮等内廷供奉，总管天文和书艺、图画、医官四局，由宦官的首领即内侍省押班或都知充当负责人③。翰林院不置学士或大学士。在宋代，仅在翰林学士院（不能简称

①　见《朱子研究》1997年第1期，第65页。
②　黄榦：《勉斋集》卷36《朝奉大夫、文华阁待制、赠宝谟阁直学士、通议大夫、谥文朱先生行状》，四库全书文渊阁本商务影印本。
③　《宋会要辑稿》职官36之95。

"翰林院",只能简称"学士院")置翰林学士承旨、翰林学士、直学士院等,根本不置"大学士"①。担任翰林学士者,一般必须进士出身。据有人统计,"两宋时期充任翰林学士者绝大部分都是进士出身,占总数的88%,有其他科名的占 4%,不由科第和记载不详的仅 8%,只是极少数。"在这极少数人中,也大都是"博学能文辞之辈"②。所以,朱潜在这时尚未应举,且只是"白身",连一官半职都未搏得。作为纯粹官场以外人物的他,不可能一夜之间晋升为当时士大夫引以为荣的翰林学士之要职。退一步讲,即使朱潜果真担任过翰林学士,那末,作为一名正三品的重要官员③,何以宋代各种官方文献都不见其名?

　　第四,关于朱潜是否出国。韩国的《世谱》肯定朱潜在宋宁宗嘉定十七年春东渡高丽。但中国方面的文献却都记载朱熹的曾孙朱潜并未出国,他一直在浙东地区做官或居住。据明代刘沂春编《乌程县志》④卷 5《秩官》记载,在曾任该县县令的名单中,写明:"朱潜,字文默,文公曾孙,建阳人。宝祐间任,徙居杭州。其玄孙万翁徙居归安之竹墩。""宝祐"是宋理宗的年号之一,公元 1253 年至 1258 年。这说明朱潜直到宋理宗宝祐年间还在浙东湖州乌程县做县令。又据清代宗源瀚等编《同治湖州府志》⑤卷 6《职官表·知县》,在朱潜之前担任乌程知县者顺次有赵彦卫、潘霆、镏有开、魏震,接着是朱潜:"字文默,文公曾孙,宝祐间任。"再据清代潘玉璿等《乌程县志》⑥卷 9《职官·知县》记载,宋代的乌程县令有鲁开、金之坚、潘霆、镏有开、魏震,接着是朱潜:"字文默,建阳人,宝祐间任。"再据清光绪二十一年(1895 年)《朱氏宗谱》和民国三十七年(1948 年)重修《朱氏宗谱》记载,朱潜,行壬五,字定夫,

---

① 《宋史》卷 162《职官志二》。
② 杨果:《中国翰林制度研究》,武汉大学出版社 1996 年版,第 61 页。
③ 《宋史》卷 168《官职志八·官品》。
④ 明崇祯十一年即公元 1638 年刊本影印本。
⑤ 清同治十三年即公元 1874 年刻本影印本。
⑥ 清光绪七年即公元 1881 年刊本影印本。

仕登仕郎、乌程令①。虽然宗谱所载朱潜的字与地方志有异,但两种文献都肯定他当过乌程县令,宗谱还多提供一个信息即他当乌程县令的官阶为迪功郎(低级文官即选人的第七阶)。如果朱潜真的担任了宋朝的翰林学士,这样一位重要官员擅自带领家属和门生出国,宋朝廷会没有一点反映? 宋朝的文献可能不作丝毫记载?

　　归纳以上韩国《世谱》和中国方面各种文献的记载,说明朱熹的曾孙朱潜从未出国,直到宋理宗宝祐间仍在湖州乌程县当县令,后来隐居浙东。关于朱潜隐居浙东这一情节,湖州《桃南朱氏宗谱》记载,朱潜后来率领幼子朱梓至安吉县(今属浙江)丰食溪芝里村定居。朱梓之墓现在芝里村②。至于朱潜的墓,也正在湖州③,这进一步证明朱潜的最后归宿仍在中国。

　　也许有人会问:韩国《世谱》所载朱潜东渡高丽的具体时间是否有误? 朱潜会不会在宋理宗宝祐年间当了乌程县令之后,甚至在他晚年出国呢? 当然,按照逻辑推理,不能排斥这种可能。但遗憾的是,第一、朱潜在宋理宗宝祐间任乌程县令,时离南宋向元朝军队投降的宋恭帝德祐二年(1276 年)正月不过一二十年,如再经他在杭州、安吉隐居,他的"晚年"将跨入元代,这意味着他将迟至元代东渡高丽,就太离谱了。第二,韩国《世谱》的一则记载规定了朱潜东渡高丽的时间下限,即宋理宗宝庆三年(1227 年)。《世谱·文节公实纪》说,文节公朱悦是朱潜之孙、朱馀(馀庆)之子,在宋理宗宝庆三年丁亥(高丽高宗十四年)"生于锦城县之寓舍"。又说,至淳祐三年癸卯④,为"避蒙(古)使,亡隐于绫城之考亭,陪先公而从徙,又移居龙潭之新安屯,又隐居绫城之竹树夫里"。这就是说,朱潜到高丽后,其孙朱悦已在宋理宗宝庆三年出生于锦城。这无异证明这位朱潜及其长子朱馀庆必定在宋理宗宝庆三年

①　转引自《朱子研究》1997 年第 1 期,第 65 页。
②　《朱子研究》1996 年第 2 期,第 59 页。
③　《世界朱氏联合会讯》第 3 期,1995 年 10 月,第 43 页。
④　高丽高宗三十年,公元 1243 年。

前已经到达了高丽。朱悦是高丽历史上有名的人物。郑麟趾《高丽史》卷106《朱悦》传记载,朱悦是绫城县人,其父为朱馀庆。朱悦在高丽高宗朝(1214年至1259年)登第,历任南原判官、监察御史、礼部侍郎、东京留守、庆尚道安抚使、翰林学士、三司使等,死后谥"文节"。这进一步否定了朱潜东渡高丽可能晚于宋理宗宝祐年间的推测。

韩国《世谱》总卷还有一篇《清溪公行状》,记述朱潜的一生。其中,涉及朱潜在宋宁宗嘉定十七年携妻儿和七"学士"登舟离开宋境,有至少十名文人送行,并且赋诗相赠。兹录原文如下:

> 送者宝谟阁待制王介,龙图阁学士彭方、王力行,秘书阁学士程琪、魏属、黄瀚、蔡谟、胡纮、吴梅卿、文天祥等凄叹歌曰:"采西山之薇,酌东海之水。"待制王介赠诗曰:"柱史年方强,芳名万世扬。锦岗保丽藻,海月引飞觞。绣服承恩贵,星轺满路光。分袂泪水雨,只恨鸳鹭行。"学士程琪送别曰:……

这是多么动人的挚友之间生离死别的一幕!依此记载,替朱潜父子和门人送行的有众多亲密朋友,且皆为社会地位颇高的"宝谟阁待制"、"龙图阁学士"、"秘书阁学士"。不过,我们核查了各种史籍,发现这些"送者"皆属虚构。比如"宝谟阁待制王介",宋代确有其人,《宋史》卷400有传。该传记载王介曾从朱熹游,宋光宗绍熙元年(1190年)登进士第。宁宗嘉定六年(1213年)八月病逝,享年56。至宋理宗端平三年(1236年),追赠"宝谟阁待制"。这显示王介到嘉定十七年,已去世了11年,他怎么可能死而复生为朱潜送行呢?又如文天祥,据《文天祥集》[①]卷17《宋少保、右丞相兼枢密使、信国公文山先生纪年录》记载,他生于宋理宗端平三年五月。他是在嘉定十七年以后13年才呱呱坠地的,怎么可能在未出生时替朱潜送行呢?再如胡纮,据《宋

---

① 《传世藏书》宋别集本,1996年版。

史》卷 394 本传,他在宋宁宗庆元元年至二年(1195 年至 1196 年)任监察御史、太常少卿,秉承权臣韩侂胄的旨意,竭力攻击朱熹和理学,把理学打成"伪学",把理学家及其门人打成"奸党",掀起了史称"庆元党禁"的浊浪。《续宋编年通鉴》(丛书集成初编本)卷 13 嘉泰二年(1202年)二月甲申说:"初,学禁之行也,京镗、何澹、刘德秀、胡纮四人者,实主其议,为韩侂胄斥逐异己者,群小附之,牢不可破。"像胡纮这样一名激烈反对朱熹和理学的急先锋,姑且不论他与朱熹的曾孙朱潜间的辈分和年龄差距有多大,他怎么可能为朱潜赋诗送行呢? 朱潜怎么可能与自己曾祖的政敌依依惜别呢? 再如"龙图阁学士彭方",据《宋人传记资料索引》①第三册"彭方"条记载,他曾师事朱熹,累官兵部右侍郎、龙图阁学士。据《南宋馆阁续录》②卷 7、卷 8,至宋理宗绍定六年(1233年)三月,彭方仅以国子博士迁秘书郎(正八品);端平元年(1234)二月迁秘书丞(从七品),四月迁著作郎(从七品),八月为将作少监(从六品)。这说明彭方到宋理宗绍定六年和端平元年还只是八品至六品的官员。在正常情况下,彭方必定要再经过数年或十数年,才可能再晋升到龙图阁学士(正三品)。所以,在宋宁宗嘉定十七年彭方肯定不会是龙图阁学士。再如"龙图阁学士"王力行,据《宋元学案》③卷 69《沧州诸儒学案》,他曾"游朱文公(熹)之门","苦学善问,深得其旨趣",但没有记载他做过官。如果他真的当过龙图阁学士,《宋元学案》的编者不可能忽略他曾任这样一个重要的官职。再如"秘书阁学士"吴梅卿,《宋元学案补遗》④和《宋诗纪事补遗》⑤卷 66 记载,他也曾从朱熹游,宋宁宗嘉定十七年刚考中特奏名⑥,官至忠州文学(从九品)。所以,宋宁宗嘉定十七年他肯定不是什么"学士"。

---

① 中华书局 1988 年版。
② 中华书局 1998 年版。
③ 世界书局 1936 年版。
④ 《四明丛书本》卷 69。
⑤ 鼎文书局影印本。
⑥ 又称"恩科"、"特举",系非正式科举登第。

　　还有,宋朝从来不曾设置"秘书阁学士"的职名。宋朝只置秘书省和秘阁。《宋史》卷 164《职官志四》记载,秘书省设监、少监、丞各一员,为其长官。其官属有著作郎、著作佐郎、秘书郎、校书郎、正字等。同书卷 162《职官志二》记载,秘阁设秘阁校理、直秘阁等。可见宋朝没有称为"秘书阁"的官署,当然不会设置"秘书阁学士"一职。

二、关 于 朱 钜

　　关于朱潜之父朱钜,韩国《世谱·清溪公实纪》记述如下:

> 是时,宁宗开禧二年,群凶无敬畏,蒙古称汗帝,灭西河、燕南。上诏命公之皇考忠武公钜及车骑将军崔钖秀而北伐蒙汗,于是忠武公忠愤忾切,为之力战,不屈而殉节。蒙兵感其节义,以溃退。其伟丰勋烈,振动天下,上褒旌其忠义,诏封光国侯,赐谥忠武,立祠忠烈。褒崇其先,追封(其父)挚为安阳侯。

同《世谱·朱氏世家源流图》也在朱钜名下记载:

> 宋宁宗开禧丙寅,奉命伐元,为殉节,赐谥忠武,立忠烈祠,封光国侯。

一致提出,朱钜在宋宁宗开禧二年(1206 年)受命与车骑将军崔钖秀一起北伐蒙古,不幸殉难。

　　在中国的历史文献中,能否找到足以印证上述朱钜这段经历的记载呢? 否。事实恰恰相反,据最权威的朱熹本人及其女婿黄榦所撰的两份文书,朱钜根本没有带兵打过仗,宋宁宗开禧二年后 15 年他还活在世上,安然无恙。据朱熹为其父朱松所撰《行状》①,朱松的"曾孙男

———————————

① 《朱熹集》卷 97《皇考左承议郎、守尚书吏部员外郎兼史馆校勘、累赠通议大夫朱公行状》,四川教育出版社 1996 年版。

五,钜、钧、鉴、铎、铨;女九,长适文林郎赵师夏,余或许嫁而未行也"。同时,朱钜之父朱塾则为将仕郎①。朱熹撰定这份《行状》的时间,是宋宁宗庆元五年(1199年)十二月。这显示此时朱钜尚未担任官职,而且尚未应举,因为这份《行状》在记载朱松的孙女婿范元裕时称其为"进士"。如果朱钜应举,朱熹肯定在其名前加上"进士"二字。至于朱钜之父朱塾,此时也还只有最低官阶,没有任何差遣,而且不是科举出身。又据黄榦所撰朱熹的《行状》,朱熹之"孙男七人,钜、铨、鉴、铎、铨、铉、铸。钜,从政郎、新差监行在杂买务杂卖场门。铨,从事郎、融州司法参军。鉴,迪功郎、新辟差充广西经略安抚司准备差遣。余业进士"。黄榦是在宋宁宗嘉定十四年(1221年)正月撰这份《行状》的,这明确显示在开禧二年后15年朱钜不仅仍在世上活着,而且还是官阶从政郎(低级文官选人的第五阶)、差遣为新任的行在杂买务杂卖场监门官的官员,正在临安府任职。此其一。

　　在宋代武官的官称方面,根本没有设置过"车骑将军"一职。北宋时,禁兵分隶殿前司和侍卫司,"所称十二卫将军,皆空官无实",到南宋时,"多不除授"。另外,为宗室专置环卫官,有十六卫,各卫从上到下皆设上将军、大将军、将军、中郎将、郎将等阶②。如所周知,车骑将军始设于西汉,东汉多以任外戚,隋代属骠骑府,唐代废。此后各代皆未设置③。此外,宋代没有出现过名叫"崔钖秀"的武官。此其二。

　　宋宁宗开禧二年,在中国北方确实发生了蒙古铁木真称成吉思汗(元太祖)一事。随后,蒙古军再次大举进攻乃蛮④。蒙古军还没有"灭西河、燕南",这些地区仍在西夏或金朝控制之下。同时,蒙古军与宋朝军队之间没有直接接触,更不用说双方发生了战争。蒙古与宋朝之间隔着金朝。所以,这一年宋宁宗绝对不会荒谬地派遣军队越过金境,

---

① 文官的最低阶,用以"奏补未出身官人"。
② 《宋史》卷166《职官志六》。
③ 徐连达:《中国历代官制词典》"车骑将军"条,安徽教育出版社1991年版,第169页。
④ 游牧于今蒙古阿尔泰山境。

去远征蒙古。当年四月,宋朝在权臣韩侂胄指挥下,开始发兵北伐金朝,但不久宋军全线溃败。参加北伐的宋军将帅有毕再遇、陈孝庆、许进、王大节、秦世辅、郭倬、李汝翼、皇甫斌、田俊迈、李爽、田琳等人,不论其战绩如何,其中肯定没有称为"朱钜"和"崔锡秀"的统帅或将领①。此其三。

按照宋朝的惯例,对在抗敌前线战死的文臣和武将,首先是追赠官阶或官职,录其子孙为官(或给予"恩泽"),然后才是赐谥或建庙。《宋史》卷446《忠义一》至卷455《忠义十》,记录了两宋277名"忠义之士"的简历,尤其是牺牲的经过及朝廷的善后处理情况,是最好的证明。如果朱钜确是抗蒙牺牲的烈士,其子朱潜等人早应由朝廷授官嘉奖,但韩国《世谱》和中国历代文献皆只字不提,这岂不超乎常规吗? 不仅如此,《世谱》中还出现了另一种反常现象,即在开禧二年为仍然健在的朱潜之父朱埜按照已死官员的做法,"追封"为"安阳侯"。其实,根据黄榦所撰的朱熹《行状》,朱埜是在宋宁宗庆元六年(1200年)朱熹去世的"后十年亦卒",即至嘉定四年(1211年)才病逝。因此,在开禧二年,宋朝绝对不会对在世的朱埜"追封"官爵。此其四。

综上所述,我们可以看出韩国《世谱》关于朱潜和朱钜的记载大都不符合史实。事实真相是,第一、朱熹确实有一位名叫朱潜的曾孙,他一直生活在中国,没有去过高丽。按常理,一个人没有分身术,不可能同时既在高丽,又在宋朝。所以,我们认为,东渡高丽的那位朱潜,并非朱熹的曾孙,而是另一位同姓同名者。这一事实显示,宋朝当时有两位朱潜,一位是朱熹的曾孙,原本不见经传,只当过低级的地方官,并不曾担任翰林学士这样的重要官职;另一位是身世不明者,他只是平民百姓,没有官职,后来东渡高丽。第二、朱熹之孙朱钜,在宋宁宗嘉定十四年还在临安府担任低级的监门官,根本没有上过战场,也没有在开禧二年带领宋军与蒙古军作战,也没有牺牲在前线。

---

① 《宋史》卷38《宁宗纪二》;《金史》卷12《章宗纪四》。

三、关于韩国《新安朱氏世谱》

韩国《新安朱氏世谱》中有关韩国朱潜的事迹,主要是他被说成朱熹的曾孙以及做过高官等,显然出于韩国朱潜后人逐步编造,最后弄假成真,被编写入《世谱》中。此中透露,编造者读过一些中国古代历史的书籍,知道《宋史》等书,但仅是一知半解,因此如果稍加研究,就不难发现一些破绽。比如《清溪公实纪》,在讲述朱潜携妻带子东渡高丽的经过后,用小字夹注说明这些事迹"出《宋史》本传、《秘书阁日记》、《东史补遗》、《皇明君臣图鉴》。又见……"我们寻遍整部《宋史》,未见朱潜的传记,甚至连朱潜之名也踪影全无。同时,宋代没有人撰写过《秘书阁日记》,因为宋代不置"秘书阁"这个官署,自然世上不存在《秘书阁日记》这部书。在《宋史》问世后,虽几经翻刻,但在民间毕竟较少收藏,并不易找。至于在韩国古代,情况当然更是如此。正因为难以觅得,韩国朱潜后裔无以查考;一般后裔出于对自己祖先的景仰,也对此深信不疑。所以,编造者不惜笔墨,编出了这位朱潜的祖先世系和在宋朝担任高官的故事,且搬出子虚乌有的《宋史》朱潜传和《秘书阁日记》为证。

我们认为,中国过去的家谱或宗谱存在的一个通病,就是编纂者在追溯祖先的源流时,难免落入俗套,往往不论真伪,尽量攀龙附凤,与同姓甚至异姓的先贤名士、帝王后妃等挂钩,借以光大门楣。在研究工作中,我们已经遇见了很多类似的事例,只要细心鉴别,就会发现一些蛛丝马迹,在真真假假的叙述中辨别其作伪的成分。韩国《世谱》不免也犯此病。那么,韩国的朱潜后人是如何一步一步地编造这位朱潜与朱熹的关系及在宋朝担任高官等情节的呢?我们虽然已经初步理出了头绪,但考虑到有关资料皆非第一手,为慎重起见,我们宁愿将这个课题留给韩国的研究同行,有待他们根据韩方的资料进一步论证,还以"庐山真面"。

　　最后,我们必须说明,研究朱熹及其后裔的流播史,首先应该尊重历史,尊重事实,进行去伪存真的工作,尽可能恢复历史的本来面目。同时,我们认为,韩国朱潜的后裔虽然不是朱熹的子孙,但仍是中国朱氏流传在海外的一支,仍是世界朱氏大家庭的一员。

（本文刊载于浙江大学韩国研究所《韩国研究》第四辑,

学苑出版社 2000 年版）

浦江吴氏《中馈录》不是宋人著作

　　浦江吴氏《中馈录》是中国古代著名的饮食方面的著作之一,最早收入元末明初人陶宗仪所编《说郛》明刻一百二十卷本内,称《中馈录》,署名"浦江吴氏"(上海古籍出版社《说郛三种》,1988年10月影印本)。

　　浦江吴氏《中馈录》的篇幅并不多,内容共分脯鲊和制蔬、甜食三类,介绍了七十多种菜肴和点心的制作方法。由于它出现较晚,著者又未署名,也没有写明编写的年代,因此,人们并不清楚它的成书时间。据笔者所知,二十世纪八十年代以前,国内学术界似乎尚未有人专门研究过它的成书年代。直到二十世纪八十年代,才有一些学者提出它出自宋代浦江吴氏,但他们的具体观点又各各相异。如有人在注释它时,在扉页上署"[宋]浦江吴氏撰"①。又有人提出它是"北宋时浦江吴氏食谱"②。还有人认为它是"宋代浦江(今浙江省浦江县)一位女烹调能手吴氏所撰"③。但是,他们都没有说出肯定它是宋人著作的任何依据。

　　笔者经过反复研究,觉得浦江吴氏《中馈录》不像是宋代人的著作。从历史文献学的角度考察,如果把它定为宋代人的著作,则有以下一些疑点无法解释:

---

① 　孙世增等注释:《吴氏中馈录》,中国商业出版社1987年版。
② 　上海《新民晚报》1988年11月10日第7版。
③ 　林正秋等:《中国宋代菜点概述》,中国食品出版社1989年版。

第一，它使用了南宋人不可能使用的避讳字。如《水豆豉方》记载："……将黄子下缸入酒，入盐水，晒四十九日，完。方下大、小茴香（各一两）……"据南宋时编定的《贡举条式》，"淳熙重修文书式"规定的"庙讳"中，宋钦宗名桓，应该回避"完"、"丸"、"院"、"纨"、"垸"等50字。在饮食方面，如"牢丸"的"丸"字，采取缺写最后一笔的避讳法，从而变成了"九"字。至于"完"字，南宋人都改用"终"或"毕"字。所以，除非是北宋的木刻本，凡南宋人编撰或刻印的书籍都决不会使用"完"字。

第二，它出现了较晚传入中国的蔬菜胡萝卜。如《胡萝卜鲊》记录了制作凉拌胡萝卜片的方法，《暴齑》也记录了用红细胡萝卜与芥菜等制作凉菜的方法。如所周知，胡萝卜原产地中海。明代人李时珍在《本草纲目》菜部卷26《胡萝卜》说，胡萝卜"元时始自胡地来，气味微似萝卜，故名。"又说："今北土、山东多莳之，淮、楚亦有种者。"不过，据笔者所知，南宋宁宗、理宗时，仅今江浙沿海几个地区已开始栽种胡萝卜。另据元世祖至元十年（1273年）编成的《农桑辑要》卷5《瓜菜·萝卜》，也记载胡萝卜的栽种办法。此时离南宋亡国的1279年还有六年。据此，浦江吴氏《中馈录》绝对不可能是北宋人的食谱，再据本文的第一条，也根本不会是南宋人的著作。

第三，它出现了宋代人极少使用或根本不用的一些蔬菜、食油、货币单位等名称。如《酒豆豉法》和《水豆豉法》，都有"小茴香"这种烹饪调料，但宋代人只称"莳萝"。《瓜齑》出现了"香油"，但宋代人称"胡麻油"、"脂麻油"[1]或"麻油"[2]。《治食有法》用"锭"字，说："糟蟹，坛上加皂角半锭，可留久。"宋代虽然已有"锭"字，但释作"灯足"或"灯"[3]。当时常用"铤"字作为计量单位之一，如称银锭和金锭为"银铤"和"金铤"。宋宁宗时，《庆元条法事类》卷37《给纳》规定："诸买纳

① 庄绰：《鸡肋编》卷上。
② 周密：《齐东野语》卷10《明真王真人》。
③ 丁度：《集韵》卷8《去声下》。

金、银、铜、铅、锡,皆铸为铤各镌斤重……"到宋末元初,才出现了"铤"的异体字"锭",使用在货币单位上。到元代开始通用"锭"字,以代替"铤"字。此外,《蒜苗干》《做蒜苗方》中的"蒜苗",宋代也还没有通用。以上这些物名说明它不可能是宋代人的著作。

第四,它记述了"酒孛你"这种甜食的制法。该制法如下:"用熬么古料熬成,不用核桃。舀上案,摊开,用江米末围定,铜圈印之,即是酒孛你。切象牙者,即名白糖块。"明代人高濂编《遵生八笺》饮馔服食笺下卷《甜食类》也收入此方,文字全同。此方颇为费解,主要是用什么东西为主要原料,"么古料"又包括多少东西,均不清楚。但从"酒孛你"三字,估计不会是汉语,而是蒙古语或回回语,如同近代出现的称为"萨其马"的点心一样。

总之,浦江吴氏《中馈录》不可能出自宋代人之手,而较为可能是元代人编撰的饮食著作。

附:浦江吴氏《中馈录》五则,读者可作鉴识:

1.《水豆豉法》:"好黄子十斤,好盐四十两,金华甜酒十碗。先日,用滚汤二十碗,冲调盐作卤,留冷,淀清,听用。将黄子下缸,入酒,入盐木,晒四十九日,完。方下大小茴香各一两、草果五钱、官桂五钱、木香三钱、陈皮丝一两、花椒一两、干姜丝半斤、杏仁一斤,各料和入缸内,又晒又打二日,将坛装起。隔年吃,方好;蘸肉吃,更妙。"

2.《胡萝卜鲊》:"切作片子,滚汤略焯,控干。入少许葱花、大小茴香、姜、桔丝、花椒末、红麯,研烂同盐拌匀,罨一时,食之。"

又方:"白萝卜,茭白生切,笋煮熟,三物俱同此法作鲊,可供食。"

3.《酒豆豉方》:"黄子一斗五升,筛去面,会净,茄五斤,瓜十二斤,姜觔十四两,桔丝随放,小茴香一升、炒盐四斤六两、青椒一斤,一处拌入瓮中,捺实,倾金花酒或酒娘,腌过各物。两寸许纸箬扎缚，泥封，露四十九日。坛上写'东'、'西'字记号，轮晒日满，倾大盆内，晒干为度，以黄草布罩盖。"

4.《做蒜苗方》："苗用些少盐，淹一宿，晾干。汤焯过，又晾干。以甘草汤拌过，上甑蒸之，晒干，入瓮。"

5.《酒孛你方》："用熬么古料熬成，不用核桃。舀上案，摊开，用江米末围定，铜圈印之，即是酒孛你。切象牙者，即名白糖块。"

按：上引五则引自中国商业出版社 1987 年标点本。

（本文刊载于《饮食文化研究》2004 年第 1 期）

宗泽佚文、佚诗考述

宗泽(1060—1128年),字汝霖,婺州义乌(今属浙江)人。"自幼豪爽有大志",少入太学,与胡安国等为同舍生。登哲宗元祐六年(1090年)进士第。历任大名府馆陶尉、衢州龙游县令、知莱州掖县、登州通判。钦宗靖康元年(1126年),知磁州,修筑城壁,疏浚城河,准备兵械,招募义勇,阻击金军南下。康王赵构北上求和,路经磁州,宗泽极力劝阻。赵构返回相州,开河北兵马大元帅府,自任大元帅,命陈亨伯为元帅,宗泽和汪伯彦为副元帅①。次年初,宗泽率孤军救援京城,在开德府(治今河南濮阳)与金军激战,"十三战皆捷"。在卫南县(今河南濮阳西南)又获胜捷。高宗建炎元年(1127年)六月,宗泽知开封府,不久晋升延康殿学士、开封尹、东京留守。在东京,他整顿社会秩序,招集王善、杨进、王再兴等民间武装,密修战具,提拔秉义郎(小使臣第二阶)岳飞为统制,联合王彦的河北八字军等各路义军,聚兵储粮,屡次打败金兵。他前后向高宗上书二十四章,请求高宗从南京(治今河南商丘)返回东京,以图恢复,皆为高宗的亲信黄潜善等阻抑。次年七月,他因"忧愤成疾,疽作于背",临终前叹息说:"吾此疾度不起,古语云:'出师未捷身先死,长使英雄泪满襟。'"连呼"过河!"者三而停止呼吸,享年70岁②。其子宗颖与部将岳飞一起"扶柩归京口,与夫人陈氏

---

① 《宋史》卷360《宗泽传》,中华书局1985年版;《建炎以来系年要录》(以下简称《要录》)卷1,中华书局1956年版。
② 《要录》卷16。

合葬于丹徒京岘山"①。

宗泽的诗文,最早在宋宁宗嘉定十四年(1221年)由鄞县人楼昉编成《宗忠简公集》,但日久散佚。现存最早的版本,为明武宗正德六年(1511年)赵鹤编《宗忠简公文集》五卷。近年通行的诗文集有《金华丛书》《宗忠简公文集》七卷本、《四库全书》文渊阁台北商务影印《宗忠简集》八卷本,《丛书集成初编》本即据《金华丛书》本排印。1970年,台湾汉华文化公司出版《宗忠简全集》,系影印清康熙四十五年(1706年)宗氏刊本,共十二卷。1984年,浙江古籍出版社据《金华丛书》本,点校出版《宗泽集》,共六卷,将原卷7《遗事》附录于书末。1996年,华艺出版社出版了徐和雍、黄碧华先生编校的《宗泽全集》,分为前言(集历代各种版本的序)、政论、杂文、诗赋、附录(家世源流、历代记述评赞)五部分。编校者经过多年努力,搜罗各种刻本,旁采宗氏家谱等文献,可以说是"迄今最完善之珍本"(徐规先生为该书所撰《序》)。但是,百密一疏,在所难免。笔者在阅读宋代文献时,发现岳飞之孙岳珂撰《宝真斋法书赞》和《永乐大典》中尚有宗泽的多则遗文和遗诗,并未收入,尤其是这些遗文从未有人引述。而这些遗文和遗诗,提供了宗泽进呈高宗的两篇奏札和宗泽诸多亲属的名字及其活动情况,都有一定的文献价值。现介绍并作初步考订如下。

一、两 篇 奏 折

宋高宗建炎二年(1128年),宗泽在东京留守兼开封尹任上,曾多次向高宗进呈奏札,恳求高宗及早决策回京,以便领导全国军民抗金,收复故土。《宝真斋法书赞》所载两篇奏札就是此年三月间进呈的。第一篇奏札全文如下:

　　今差迪功郎、干办京城留守司机宜文字、提振京城四壁一行事

① 乔行简撰:《忠简公年谱》,载清康熙四十五年本《宋宗忠简公全集》卷7。

务等宗颖，朝奉郎、亲贤宅讲书、兼权太常寺丞呼延次升，同捧表诣
行在投进，迎请圣驾还阙，应合行事件，疾速施行。右札付干办机
宜文字宗迪功准此。建炎二年三月六日。（押。）

宋岳珂《宝真斋法书赞》卷22《宋名人真迹》（《丛书集成初编》本）
题作《宗忠简留守司二札、家书、吾友三帖》，岳珂题下自注："二札并楷
书，各十行；三帖并草书，第一、第二帖各二十二行，第三帖八行。"此为
第一札。

宗颖原作"宗颖"，"颖"字误。《四库全书》文渊阁本（台北商务影
印本）、《宋史》卷360《宗泽传》、卷475《杜充传》、《宋会要辑稿》职官
41之25《宣抚使》、《盘溪宗氏宗谱》、《麒麟堂宗氏宗谱》（均见前述
《宗泽全集》）等，皆作"宗颖"，据改。此札说明建炎二年三月六日，宗
泽派遣其子宗颖与"僚吏"、亲贤宅讲书呼延次升一起捧"表"，前往高
宗所在地扬州，迎请高宗返京。宗泽恳请高宗回京的理由和重要性均
在"表"中披露，此表又称《乞回銮表》，载《宗泽全集》（一）。此札只是
向高宗证明宗颖和呼延次升的身份及此行的目的。此札说明宗颖此时
的官阶为迪功郎，差遣为京城留守司干办机宜文字、提振京城四壁一行
事务。

第二篇奏札全文如下：

> 承节郎刘晟赍到皇弟信王蜡封奏状，并与留守谍目，遣差宗机
> 宜，赍蜡封奏，恭诣行在投进，须至指挥。右札付宗机宜照会，赍赴
> 行在，投进施行。准此。建炎二年三月初十日。（押。）

同上。此为第二札。

此札记载宗泽派遣其子宗颖前赴扬州投进蜡封奏状，同时带上皇
弟信王赵榛请转呈高宗的蜡封奏状和交给宗泽的谍目。赵榛的奏状和
谍目都是命承节郎刘晟带到东京交给宗泽的。此时赵榛受武功大夫、

和州防御使马扩的拥戴,至庆源五马山寨,"总制诸山寨,两河遗民闻风响应,愿受旗榜者甚众"①。赵榛和马扩急需通过东京留守宗泽,与高宗联络,因此派刘晟到东京与宗泽联系。信王赵榛的谍目,《丛书集成初编》、《金华丛书》本《宗忠简公集》卷1《信王谍目》均载有全文;赵榛的奏状,《要录》卷14建炎二年三月纪事也有记载。此札也是宗泽为宗颖扬州之行撰写的证明文件,证明此行的任务和目的。

二、三 份 帖 子

宗泽的三份帖子都是在建炎二年四月至六月间撰写的。因为,第一帖明载系四月十二日撰,第二、三帖虽然落款未注撰写时间,但宗泽在七月癸未朔(初一)病逝②,由此可以推断是在四月至六月内撰写的。

第一帖的原文如下:

> 五三机宜:得汝三月二十九日邵伯书,知在路一向平善,尤慰远怀。今天气正难将息,而汝在路,不胜思忆。四月初必达行在,两遣人专寄书,必不一(原按:"不一"及"何日"下,具有缺文,今并仍原本。)诸表不知何日。后来曾有旨许上殿否? 曾有六书与当途诸公,切为一一投之。后曾指挥回銮未? 马广去,料须见之。滑州番众尽遁,桥亦断之。现措画过河,恢复河西州军;若得万乘归,即天下太平可必致矣。亦不知诸公自为如是劳攘何也? 宋生者,既背后为贼,要与人出钱,当时不欲收下禁,何故尚在船中,可怪!可怪! 十一日,叶茂见人,说五三新妇已搬入汴,此月二十前后可到京,遂得见三孙子及七二一房矣。汝若从驾回,尤幸,尤幸! 未相见间,切好将息。不一一。(押。)送五三机宜收。四月十二日。
>
> 会呼延郎中,为致意,以事多且懒,不果作书。泽批。

---

① 《要录》卷13。
② 《要录》卷16。

宋生即遣之。此人必作过,恐累汝。祝,祝。

同上。此为第一帖,系家书。

此帖文字较长,内容也较多,值得注意的是:一、收帖人为"五三机宜",即宗颖。"五三"显然是宗颖的行第;"机宜"即前述第二札所称"干办京城留守司机宜文字",也就是宗颖差遣的简称。可惜今存的数种宗氏家谱都没有宗泽及其子孙包括宗颖行第的记载,因此,除"五三机宜"即宗颖外,"七二"便不清楚是宗泽的哪位子侄了。"五三新妇",按照宋人的习俗,可以断定是宗颖之妻,"新妇"即今之媳妇。二、呼延郎中即呼延次升。据前述第一札,是与宗颖在汴水上乘船同赴扬州的又一名官员,具体情况不详。叶茂其人的情况也无考。三、宗泽在四月十二日撰此帖时,已经收到宗颖三月二十九日抵达邵伯时所写一信。邵伯(今江苏江都市北邵伯镇)在扬州的东郊。所以,宗泽在此帖中预计宗颖在"四月初必达行在"。四、马广即马扩。宗泽估计此时马扩前往扬州,高宗会予接见,所以在帖中写道:"马广去,料须见之。"据《要录》卷15建炎二年四月记载,马扩最初自五马山带人南渡黄河,到东京会见宗泽,是月马扩"始赴行在",见到高宗,转呈信王赵榛的"奏事"。马扩还被晋升为拱卫大夫、利州观察使、枢密副都承旨、元帅府马步军都总管,赵榛为河外兵马都元帅。五、宗泽在帖中对高宗充满希望,认为此时形势甚好,只要高宗回京,就能恢复故土,"天下太平"。但他对"当途诸公",即在朝执政的黄潜善、汪伯彦的态度颇感困惑,觉得这些人"自为如是劳攘",不知其用意何在。六、对"宋生"其人,再三关照宗颖宋生不可靠,应立即赶走他。

第二帖的原文如下:

> 叔泽书寄民师四一侄承务:暑热,计时奉姨姨太孺人安佳,偕十六娘、四一新妇、七二秀才,以次一一平善。老叔自十二月十二日,奔走将兵,无毫发补,俯仰天地,尤可羞愧也。今误蒙朝廷录

用,皆翁翁、婆婆,与三哥积善所庇,但增惭愧而已。七五名目已奏上;并楼三六,走到南京,得乡中消息,亦补与一承信郎。吾侄但愿老叔活得三五年,次第亦可沾及骨肉,但愿有功有德,有以仰报国恩耳。婆婆坟头,柴山与田地,亦买些,所有价钱,老叔自还。翁翁坟,已托观民,为买四面山,种松也。投老了得这些事,死亦瞑目。五三已差二十兵士并两使臣,去取之矣。七五才得敕,便遣归拜嫂嫂也。洪都行略此报安。不一,不一。叔泽书寄民师四一侄承务。

　　七二侄、五一哥,更不别书,好看孩儿。泽批。

　　同上。此为第二帖,也为家书。

　　此帖的文字也较多,主要记述宗泽亲属的一些情况,其中有:一、宗泽之"民师四一侄承务"。民师可能是宗泽的内侄,其姓不详,根据是此帖即向"姨姨太孺人"问安,这位"姨姨太孺人"极可能是民师之母,即宗泽的姨母。"四一"是民师的行第,"承务"是他的寄禄官阶承务郎的省称。"四一新妇"显然就是民师之妻。"七二秀才"、"七五"估计都是宗泽的侄子。"三哥"可能即宗沃,字汝贤,是宗泽之兄,宗泽曾为其撰《宗汝贤墓志铭》,叙其生平,见《宗泽全集》。"五一哥"估计是"七二侄"之父,其名无考。"十六娘"、"观民"与宗泽的亲属关系,也不详。二、"翁翁"和"婆婆"是宗泽的父母,此时都已去世。据前引《宗汝贤墓志铭》,可知宗泽之父为宗舜卿,母为刘氏。《盘溪宗氏宗谱》的记载相同。在此帖中,宗泽委托民师为刘氏的坟头买些柴山与田地,同时又提及已托观民为宗舜卿的坟头"买四面山种松"。三、此时宗颖似乎正在自扬州回东京的路上,所以宗泽派出两名使臣带了二十名兵士前去迎接。四、宗泽担任朝廷要职后,不免依照当时的官员荫补制度,为其亲属子弟申请一官半职。帖中反映他已经替"七五"奏请了一个官职"名目",只等朝廷颁敕;给楼三六也已奏补了承信郎(小使臣最低阶)。

　　第三帖的原文如下:

泽悚息，来人备知不肖之冗也。拨忙遣回，亦不眼一物为左右问，可羞！可羞！李法言之侄，前任信州，今在何处？后来吾友曾有郎娘否？自此后有书告，只用幅纸书，不必效俗，为累番圆书也。戴元质今尚未赴任，应亦窘矣。泽再拜。

同上。此为第三帖，系致友人。

此帖文字不多，但留下了一些疑团，如：一、此帖写给哪位友人，不得而知。二、"吾友曾有郎娘否"的"郎娘"，似是婺州地区的方言，可能指续弦即后妻。三、戴元质其人，也无从查考。此外，仅知道李法言在宋光宗绍熙二年（1191 年）六月，任朝散郎、徽州通判时，因与知州夜饮，城内发生火灾，事后被罚降一官，放罢①。不过，这是后来的事情了。

以上两札和三帖，据岳珂上述记载，最初是在宋宁宗嘉定辛巳（十四年、1221 年）任江南东路转运使时，"尝从（宗泽）公之孙有文，见公遗墨，跋而刻之筹思堂"。后八年，即理宗绍定二年（1229 年），在京口即镇江府，"始得此帖于其兄有德"。又据南宋人楼昉《宗忠简公奏疏序》说，宗有德为宗泽的曾孙，楼昉在婺州时，"（宗泽）公之曾孙有德出示遗文若干种，因为补缀而袭藏之"。说明宗有德确实是宗泽的曾孙。楼昉又说，至嘉定十四年十二月，岳珂任司农卿、赵善湘任镇江知府时，曾"贻文于婺州，取有德主蒸尝，……请以有德所授遗文锓梓"（据《宗泽全集》，该《序》载清康熙辛未刊本《宗忠简公集》卷首）。说明宗有德受命至镇江，主持宗泽夫妇墓的祭祀。有关宗有德和宗有文两人，现在宗氏族谱皆不见蛛丝马迹，如《盘溪宗氏宗谱》、《麒麟堂宗氏家谱》记载，宗泽之子宗颖生宗嗣益等五子，宗嗣益等所生子皆取单名，如宗嗣益之子名普、时、耆；第四子宗嗣良生五子，名蔷、荀等。由于今存宗氏族谱的遗漏，笔者难以理清宗有德兄弟为谁之子。

① 《宋会要辑稿》职官 73 之 7《黜降官十》；《弘治徽州府志》卷 4《职制·郡邑官属》。

三、两　首　诗

岳珂《宝真斋法书赞》卷22和《永乐大典》卷14576还各存宗泽的诗一首,前一首可以补正《宗泽全集》的不足,后一首则可补正《宗泽全集》的缺漏。第一首全文如下:

> 诗赠鸡山陈七四秀才,泽叩首上:
>
> 渥洼生骏驹,丹山生凤雏。家有宁馨子,庆自积余善。粹然秀眉宇,莹彻真璠玙。高声诵《论语》,健腕学大书。头头欲第一(原注:李撰文学职业,为天下第一),气已凌穹虚。想其顾复意,何止掌上珠。更期速腾踏,尔祖立以须。

同上,题作《宗忠简赠陈秀才诗帖》,岳珂题下自注:"行书,十一行。"

岳珂在此诗后写道:"右宗忠简《赠陈秀才》诗帖真迹一卷","亦得之孙有德,与家书帖同至",说明岳珂录自宗泽遗墨,完全可信。此诗第九句"头头欲第一",《宗泽全集》缺原注"李撰文学职业为天下第一人"一句。第十句"穹虚",《宗泽全集》作"空虚","空"字误。第十一句"想其",《宗泽全集》作"想兹"。第十三句"更期速腾踏",《宗泽全集》作"更期远腾蹈"。第二句"立以须",《宗泽全集》作"力以须"。

第二首全文如下:

> 回车胜母避柏人,不饮贪泉恶其名。道缝一铺榜全节,系马呼奖臣子情。
>
> 宋《宗忠简公集·憩全节铺,爱其称,为驻马久之》
>
> (载《永乐大典》卷14576《铺·全节铺》)

此诗也为《宗泽全集》所无。

以上两首诗近年也辑入《全宋诗》卷1206①，但其中还有误字。如《赠鸡山陈七四秀才》诗第十句"气已凌穹虚"的"穹"字，《全宋诗》也误作"空"。第十三句"更期速腾踏"的"踏"字，《全宋诗》改为"达"，似误。附带提及，《全宋诗》所附宗泽小传有两处明显的错误，一是宗泽的生年定为公元1059年。但据宗颖《遗事》和乔行简《忠简公年谱》等（载《宗泽全集》），皆云宗泽生于嘉祐四年（1059年）十二月十四日，实际已到公元1060年初。二是称宗泽是"著名的抗金将领"，将宗泽当作武将，其实宗泽是文臣。

（本文刊载于《李埏教授九十华诞纪念文集》，

云南大学出版社2003年版）

---

① 北京大学出版社1999年版，第13666页。

国内大学最早开设
宋史课的准确时间

　　中国最早开设宋史课的学者是蒙文通教授,依据近年史学史家的研究,这已成为国内宋史学界的共识。但蒙先生究竟在何年何月开设此课,事实上还没有完全解决。笔者与程郁女士合著《宋史研究》第一章《中国宋史学的开创和奠基》①一书中,提出"蒙文通先生在 1933 年至 1935 年间在北京大学开设了宋史课",主要依据桑兵、牛大勇、刘浦江三位先生的论著。同时,又提出另一位历史学家张荫麟先生"在清华大学历史系开设了一个学期的宋史课,时间应为 1935 年 1 月或 2 月至 7 月",蒙先生和张先生"差不多同时在北大和清华开设宋史课,蒙先生也可能比张先生略早,但具体时间目前无法确定"。

　　2007 年 3 月,笔者有幸受邀赴北京大学,参加纪念邓广铭先生诞辰一百周年国际学术研讨会,并参观了邓先生事迹展览。参观时,笔者发现了一份弥足珍贵的文献,这就是邓先生 1932 年至 1936 年在北大史学系读书期间的成绩单。在该成绩单的"第三学年",其下为"科目"、"学分"、"上学期"、"下学期"等栏目。其中中国上古史,6 学分,上学期 70 分、下学期 80 分,(平均)75 分;宋史,6 学分,上学期 90 分、下学期 95 分,(平均)92.5 分;辽金元史,6 学分,上学期 86 分、下学期92 分,(平均)89 分,等等。最下为"系主任签字盖章"栏,有姚从吾先

---

① 福建人民出版社 2006 年 6 月版。

生的签字和印章,姚先生的签字后有"(代)"。在第四学年栏目最后,也有姚先生的签字和盖章,并加上括号和"代"字。这说明 1936 年 7 月邓广铭先生在北京大学史学系毕业时,正是姚从吾先生担任代系主任。据王德毅先生编著《姚从吾先生年谱》记载,"民国二十五年丙子(一九三六)四十二岁","夏,北大历史系主任陈受颐休假一年,先生被校方聘为兼系主任"①。依照邓广铭先生在北大史学系就学的第三学年的具体时间为 1934 年 9 月至 1935 年 7 月,那么,蒙文通先生在北大史学系开设宋史课的准确时间,也就是在以上这一时间,总共两个学期。

　　据此,可以肯定地说,蒙文通先生 1934 年 9 月在北京大学史学系开设宋史课,为国内大学之最早。

(本文刊载于《四川大学学报》[哲学社会科学版]
2008 年第 5 期)

---

① 台北新文丰出版有限股份公司 2000 年 6 月版,第 23 页。

宋朝《贡举条式》研究

　　宋朝《贡举条式》，是今存有关宋朝科举考试唯一的一册公文文书。该书篇幅不大，约一万字。以往，海内外学者尽管在各自的科举制度史论著中多有引用，但遗憾的是都重视不够，因此至今仍然缺少系统深入的研究。诸如该书究竟有几种版本，何时成书，作者是谁，在宋朝科举制度形成、发展和演变过程中起了什么作用，与中国八股文的起源有无关系等，都还值得大家做一些探讨。本文便是笔者对该书初步研究的结果。

一、宋朝《贡举条式》的两种版本

　　宋朝《贡举条式》一卷，今存两种版本，即四库全书文渊阁本和四部丛刊本。第一，四库全书文渊阁本，归入经部·小学类·韵书之属的"附录"①。据《四库全书总目》卷42《经部·小学类三》，于《韵补》五卷后"附释文互注《礼部韵略》五卷，附《贡举条式》一卷（兵部侍郎纪昀家藏本）"。有关《贡举条式》，《总目》又写道：

　　　　【《礼部韵略》】末附《贡举条式》一卷，凡五十三页。所载上起元祐五年，下至绍熙五年，凡一切增删韵字、庙讳、祧讳、书写试卷

---

① 见台北商务印书馆影印本，第237册，第300—331页。

格式,以及考校章程,无不具载。多史志之所未备,犹可考见一代典制①。

比较精辟地介绍了《贡举条式》的卷数、页数、大致内容及其价值,当然也有不够准确之处。

据该版《淳熙重修文书式》有关避讳的规定,其中庙讳的最后一位皇帝是宋光宗,接着是"今上皇帝御名""扩",说明该版刊于宋宁宗赵扩朝。

第二,四部丛刊本,归入续编·经部,称该书为《韵略条式》。据该版《淳熙重修文书式》有关避讳的规定,其中庙讳的最后一位皇帝是宋宁宗,接着是"今上皇帝御名""昀","御旧名贵诚",说明该版刊于宋理宗赵昀朝。

二、宋朝《贡举条式》的作者

关于该书的作者,最早见于南宋理宗时官员陈振孙撰《直斋书录解题》卷3《小学类》,在"《礼部韵略》五卷、《条式》一卷"条记载:

> 雍熙殿中丞邱雍、景德龙图阁待制戚纶所定,景祐知制诰丁度重修,元祐太学博士增补。其曰"略"者,举子诗、赋所常用,盖字书声韵所略也②。

陈振孙这一题记,未将《礼部韵略》与《条式》加以区分,因此后人难以辨别二书究竟出自谁人之手,抑或邱雍、戚纶、丁度、"元祐太学博士"等都参与了二书的编撰。

① 《四库全书总目》卷42,中华书局1983年版,上册第360页下—361页上。
② 陈振孙:《直斋书录解题》卷3《小学类》,上海古籍出版社1987年版,第91页。

　　南宋孝宗时官员晁公武撰《郡斋读书志》,在《礼部韵略》条也记载:

　　　　皇朝丁度撰,元祐中孙谔、苏轼再加详定。①

说明作者中又增加了孙谔、苏轼两人。但不清楚是指《礼部韵略》,还是指《礼部韵略》所附《贡举条式》(《韵略条式》)。

　　四库全书本在书前写明:"宋丁度等撰。"说明该书的作者是丁度等人。据查,丁度生于北宋太宗淳化元年(990 年),卒于仁宗皇祐五年(1053 年),开封府祥符县人。历任翰林学士、翰林学士承旨、枢密副使、参知政事、判尚书都省、尚书右丞等。《宋史》有传,但其传中并未提及曾经编撰《贡举条式》一书②。四部丛刊本则在书后附有铅印的《跋》,《跋》最后写"甲戌冬日海盐张元济"。说明是公元 1934年冬季张元济先生撰写的。该《跋》引用陈振孙《直斋书录解题》和晁公武《郡斋读书志》后,指出"四库总目撰人仅载【作者是】丁度,盖未详考"。

　　据《贡举条式》的全部内容,其最早的时间是宋哲宗元祐五年(1090 年)七月初十日。此时,距丁度之卒年已四十七年。同时,书中也找不到丁度曾经编写的蛛丝马迹。现在只能初步判断,该书是一册出自多人的集体著作。当然,宋仁宗景祐(1034—1038 年)间知制诰丁度等人是第一批作者。或许正如陈振孙所说,还有更早的宋太宗雍熙(984—987 年)间殿中丞邱雍和真宗景德(1004—1008 年)间龙图阁待制戚纶两人,但无法肯定。至于第二批作者,应是宋哲宗元祐五年七月以太学博士孙谔为首的文臣们。据该书开头记载:

　　　　行在国子监,准绍兴四年三月十八日敕节文,中书门下省、尚

---

①　晁公武著、孙猛校证:《郡斋读书志校证》,上海古籍出版社 1990 年版,第 160 页。
②　脱脱:《宋史》卷 292《丁度传》,中华书局 1985 年版,第 9761—9765 页。

书省送到礼部状，国子监申：勘会旧本《韵略》前后所载《举人通知考校格式》，并庙讳之类……今具贡举现行条式指挥下项：一、元祐五年七月初十日酉时，准都省送下当月九日敕，中书省、尚书省送到礼部状，准都省送下太学博士孙谔等状……

以下详细记载了孙谔等人所申的各项"事理"，其中有六项：一、"字同义而有两音者。"二、"字义不同而经传多误用者。"三、"系经传正文内字，举人所常用，而现行《礼部韵》有不收者。"四、"自来传袭以为合当回避，而实与庙讳不同音，不当回避者。"五、"旧额庙讳外无明文，而私辄回避者"。六、"系祖宗朝合格诗、赋有下项格式，及用字平仄不同，而近世不敢用者。"绍兴四年（1134年）三月十八日，礼部完全采纳孙谔等人奏状中提出的方案，每项最后或说："本部今欲依孙谔等所乞。"或说："本部看详，欲依孙谔等所乞，于韵内互相附入。"或说："本部欲依孙谔等所乞附入逐韵。"或说："本部看详，欲依孙谔等所乞，于《贡举格式》内添入。"这都证明四部丛刊本和四库全书文渊阁本《贡举条式》的几乎前二十二页，照录了孙谔等人奏状中的方案。可见孙谔等人成为继丁度等人之后的又一批作者。

紧接着是记录南宋高宗建炎四年（1130年）八月初礼部尚书谢克家等人的奏札。《贡举条式》记载：

一、建炎四年八月三日敕，中书门下省、尚书省送到礼部尚书谢克家等札子，契勘诸州军不住申明试诗、赋格式，及出题书写试卷式样等。本部今参定到下项：一、出题式《周以宗强赋》（以周以同姓强固王室为韵，依次用，限三百六十字以上成。）等画一候指挥，仍连原札子。八月三日，奉圣旨："并依，令礼部镂版颁行。"

以下列举《出题式》和《举人书写试卷式》，其中《出题式》如下：

《周以宗强赋》(以周以同姓强固王室为韵,依次用,限三百六十字以上成。)

——出《史记叙管蔡世家》曰:"周公主盟,太任十子;周以宗强,嘉仲改过。"

《天德清明诗》(以题中平声字为韵,限五言六韵成。)

——出《毛诗》"清庙祀文王也"注:"天德清明,文王象焉。"

《尧舜性仁赋》(以其性好仁,得于自然为韵,不依次用,限三百六十字以上成。)

——出《孟子》曰:"尧、舜,性之也;五霸,假之也。"注云:"性之者,其性好仁,自然也。"

《玉烛诗》(以"和"字为韵,限五言六韵成。)

——出《尔雅》释"天"云:"四时调为玉烛。"(官韵八字,一平一仄相间,即依次用。若官韵八字,平仄不相间,即不依次用。虽官韵一平一仄相间,亦许。主司临时写"不依次用",即举人亦不依次用。)

其中《举人书写试卷式》如下:

奉

试《周以宗强赋》

(以周以同姓强固王室为韵,依次用,限三百六十字以上成。)

云云。

《天德清明诗》

(以题中平声字为韵,限五言六韵成。)

云云。

涂注乙共计若干字。如无涂注乙,即云:"涂注乙无。"

举人书写试卷,但于官题后更不写出某书。谓试卷第一行写"奉"字;第二行写"试《周以宗强赋》"字;第三行一行内用小字,分写"以周以同姓强固王室为韵,依次用,限三百六十字以上成";第四行便写所作赋。写赋毕,次行便写诗题,更不加"奉试"字。写诗毕,即结"涂注乙"。其诗、赋首尾,更无"对"及"谨对"之类。省题诗假令《玉烛诗》,临时主司或定"和"字,或定"时"字,但平声字皆可。

以上十分周详地规定了举人书写诗、赋试卷的注意事项,包括字数、用韵、出官题、涂改字、书写格式等。这些事项其实就是礼部尚书谢克家等人奏札中提议的内容,可见谢克家等人正是《贡举条式》的又一批作者。

谢克家等人之后,还有高宗绍兴二年(1132年)十一月二十六日敕,乾道八年(1172年)八月八日敕,宁宗开禧元年(1205年)六月十六日敕,理宗宝庆元年(1225年)行在国子监准行在尚书礼部符准二月二十七日都省批文等。这些敕及批文大多首先写明"中书门下省、尚书省送到礼部状",也有部分敕又说明根据何人奏札的建议,如说"准敕臣僚札子奏"、"礼部尚书洪拟状"、"准都省批送下白札子"、"礼部尚书李光札子"等,说明《贡举条式》的又一部分内容出自以礼部尚书为首的许多官员。

总之,自官府决定以科举考试方式选拔官员后,必定会逐步形成一套比较固定的制度,以便举人和考官共同遵照执行。北宋初到宋仁宗朝以前,亦即丁度等人编撰《贡举条式》前,一定会有关于科举考试的一些文书。只是到了丁度任知制诰时,他将当时行用的有关文书汇总一起,编成《贡举条式》一书。由于该书给广大举人和考官提供了极大的方便,因此后人尽管在他的基础上不断地补充新的内容,以致几乎找不到原书最早的痕迹,但还是承认他是该书的开创者。反之,丁度后的许多官员,都没有列入该书的作者行列,他们全隐名于丁度之后的"等"字中了。所以,该书实际上是一部以丁度为首的许多官员的集体著作。

三、宋朝《贡举条式》的成书时间

宋朝《贡举条式》成书的最早时间,根据丁度的仕宦经历,可以推断大致在宋仁宗时期。此后,经过不断的补充和修改,直到南宋中期,终于形成今存的两种版本。

上面提及四库全书文渊阁本《贡举条式》中,还收录南宋宁宗开禧元年(1205 年)六月十六日的一篇敕书。该敕书写道:

> 准尚书礼部符,准开禧元年六月十六日敕,中书门下省、尚书省送到礼部状,据国子监发解进士费衮札子:"窃见近者太学补试,出《夏弦诗》,系出《礼记·文王世子篇》'春诵夏弦大师诏'之注……今来欲望申明,朝廷将现行《礼部韵略》于'从弓之弦字'下添注云:'弓弦,如用琴瑟丝声,即通作弦;如用国名、人名,即许双押此弦字。'行下国子监改注此二十五字,庶几文理分明,不失经指,实为学者之幸。"

接着是叙述"本部",即礼部行下国子监学官"聚议"的结果,学官们认为"今欲只于'弦'字注'八音之丝'下,添注四字云:'经传作弦。'"这说明四库全书文渊阁本《贡举条式》最后成书的时间是宋宁宗开禧元年,比《四库全书总目》所说宋光宗绍熙五年,要晚十一年。

同时,前述四部丛刊本《贡举条式》在《淳熙重修文书式》后,《绍熙重修文书令》前,增加了"行在国子监"的一份文件。该文记载:

> 行在国子监
> 一准行在尚书礼部符,准宝庆元年二月二十七日都省批下,太中大夫、权尚书工部侍郎、兼国子司业、兼国史院编修官、实录院检讨官、兼侍讲乔□□札子,证对国子监累承朝廷指挥,契勘御名、嫌

名合行回避等字……

以下又根据与"御名同音"和"不同音"的名字,具体规定哪些字"合回避"和哪些字"不合回避"。这说明四部丛刊本《贡举条式》最后成书的时间是宋理宗宝庆元年,比《四库全书总目》所说宋光宗绍熙五年,又要晚三十一年。

此外,据该书四库全书文渊阁本《淳熙重修文书式》记载,当时规定举人在试卷中应回避许多字。这些字有:1."圣祖名",即"玄"、"朗"及其同音字;2."庙讳",即自宋太祖至光宗等十二位皇帝的今用名和"旧讳";3."今上皇帝御名",即"扩"及其同音字;4."濮安懿王讳让"、"秀安僖王讳称"。赵扩就是宋宁宗,在位期是 1195 年至 1224 年。而据该书四部丛刊本《淳熙重修文书式》,在"庙讳"中新增了"宁宗"一词,说明宁宗业已去世,而"今上皇帝御名"改为"昀(俞伦切)、匀、昀、驯……沟、巡(尚书巡守徐邈读)……""御旧名""贵诚",即宋理宗之名。说明这一《条式》已经增补了宋理宗初年的内容。

由此可见,《贡举条式》成书的时间,四库全书文渊阁本要迟至宋宁宗开禧元年,四部丛刊本则要迟至宋理宗初年,均不在宋光宗绍熙五年。

四、宋朝《贡举条式》保留的许多科举文书

宋朝《贡举条式》中保留了当时较多的科举文书,这些文书大多不见于其他文献,因此显得弥足珍贵。这些文书大致可分成五类,即敕、令、式、省部的奏状和奏札及符。现按其发布时间先后,叙述如下:

第一类,敕。共有十六份:

1. 宋哲宗元祐五年七月初九日敕

2. 宋高宗建炎二年五月四日敕

3. 建炎四年八月三日敕

4. 宋高宗绍兴二年十一月二十六日敕

5. 绍兴四年三月十八日敕

6. 绍兴五年九月八日敕

7. 绍兴五年十月三日敕

8. 绍兴五年十一月二十八日敕

9. 绍兴六年二月十七日敕

10. 绍兴六年八月八日敕

11. 绍兴九年七月七日敕

12. 绍兴十二年正月十九日敕

13. 绍兴十三年二月十二日敕

14. 绍兴十三年二月二十二日敕①

15. 宋孝宗乾道八年八月八日敕

16. 宋宁宗开禧元年六月十六日敕

第二类,令。共有两份:

1. 绍兴重修贡举令

2. 绍熙重修文书令

第三类,式。共有三份:

1. 绍兴重修通用贡举式

2. 绍兴重修御试贡举式

3. 淳熙重修文书式

第四类,省部的奏状和奏札。共有四份:

1. 宋钦宗靖康元年七月十一日尚书省札子

2. 宋哲宗元祐五年七月十六日礼部奏状

3. 宋宁宗嘉定十三年十月二十九日前尚书省札子

4. 宋宁宗嘉定十六年十一月二十六日尚书省札子

---

① 四库全书文渊阁本作"绍兴十一年二月二十二日敕",依各敕的排列顺序,及该敕最后说"仍自绍兴十四年为始。二月二十二日,三省同奉圣旨:'并依奏。'""绍兴十一年"当为"绍兴十三年"之误。

第五类,省部的符。仅一份:

宋理宗宝庆元年二月二十七日稍后的行在尚书礼部符

以上这些以"敕"、"令"、"式"及省部奏状和奏札及符等方式颁布的科举文书,在当时具有实用价值是毋庸置疑的,因为它们本身就是一些科举法制,所有举人和考官必须遵照执行。而在今天,我们探讨宋朝的科举制度也就离不开这些文献,其学术价值主要在于比较完整地保存了自宋哲宗朝到宋理宗朝一百三十多年的科举制度全貌。

五、宋朝《贡举条式》的学术价值

第一,宋朝《贡举条式》完整地保留了宋朝科举考试中有关诗和赋用字音韵的规定。诸如:其一,"攻"、"垠"、"防"、"廷"、"探"、"被"、"视"、"取"、"聚"、"悌"、"在"、"巧"、"假"等二十九字,属"字同义而有两音者"。每字后,都写明有哪两种音及其含义。如其中"后"字,写明该字"一上声,厚字韵,很口切;一去声,候字韵,胡遘切;皆曰君也"。"在"字,写明"一上声,海字韵,尽亥切;一去声,代字韵,昨代切;皆曰所也,存也,察也"。在最后又写明:

> 应如此类者,欲乞许随本韵通押。其经传内有独音者,不从本音。如主司所出诗、赋题,韵脚内有如此两音者,欲乞随题目告示,指从一处,令举人押用。

其二,"猷"与"厌"、"餍","否"(补靡切,臧否也)与"否"(俯九切,不可也),"厉"与"砺"、"励",共八字,属"字义不同而经传多误用者"。每字后,都写明有哪三种音及其含义。如其中"厉"字,写明该字"去声,祭字韵,力制切;严也"。"砺"字,"去声,祭字韵,力制切;磨也"。"励"字,"去声,祭字韵,力制切;勉也"。随后又写明:以上"三字音同义异,并合分押。如《荀子》云:'钝金必待袭厉,然后利梅福。'云厉世摩钝。即'厉'与'砺'同义，不得双押"。最后，还写明：

> 以上八字，欲乞各随意义、音释使用，及韵内互相附入。

其三，"厘"、"徕"、"哨"、"委"、"效"、"朴"、"说"、"扩"等十字，"系经传正文内字，举人所常用，而现行《礼部》韵有不收者"，如"说"字下注明：

> 《礼部韵》"薛"字韵悦字，音欲雪切，无此"说"字。据《易》"说以使民"，"民说无疆"。《语》"不亦说乎"？《书》"高宗梦说"。并音"悦"。今乞收"说"字，附入"薛"字韵，不许连押；如押傅说、张说之类，即许别押言"说"之"说"字。

最后提出：

> 以上十字，欲乞附入逐韵。

其四，"壹戎衣"、"杍"等二字，属"自来传袭以为合当回避，而实与庙讳不同音，不当回避者"。如论证"衣"字并不读"殷"，认为有些文献"衣读如殷"之说"并无证据，乞更不行用"，避免因为要回避宋太祖赵匡胤御讳而牵连"衣"字了。所以最后写明：

> 以上二字，欲乞明降指挥更不回避。

其五，如"畜"、"愭"及"庸"字。认为"畜"和"愭"及"庸"字，是"旧额庙讳外无明文，而私辄回避者"。其理由是"畜"、"愭"与庙讳中的"吁玉切"的字（按即宋神宗赵顼的"顼"字）"释音""相近"，但据其字义"不合回避"。元祐五年（1090年）七月九日前太学博士孙谔等人

在奏状中,并未明确表示意见,只是说:"以上二字,未委合与不合回避,乞明降指挥。"而礼部的结论是:

> 本部看详:"壹戎衣"并"畜"、"憷"三字,欲乞许随所出处释音用之。

至于"庸"字,提出唐朝有租庸调的"庸","今学者多回避,疑与藩邸名同义"。太学博士孙谔等人在奏状中,仍未明确表示意见,只是说:"以上未委合与不合回避,乞明降指挥。"而礼部的结论是:

> 本部看详:"庸"字即非旧名,本字自不当回避,今合申明行下。

宋哲宗最初名"佣",后来改名"煦"。礼部以为"庸"字只是旧讳,所以反对回避。

其六,还有三种情况属于"祖宗朝合格诗、赋,有下项格式,及用字平、仄不同,而近世不敢用者"。一是依据《贡举条》,"赋入初韵,许用邻韵,引亦有声相近,而非邻韵者"。二是"赋有用字平、仄不同,如'储'、'思'者"。三是"诗以题中平声字为韵,题中有两字同韵而并押者"。皆一一列举前代和宋朝文人的赋、诗为例,加以条分缕析。孙谔等人提议"以上三项,欲乞依旧许用"。礼部则认为:

> 本部看详,欲依孙谔等所乞,于《贡举格式》内添入。

以上这些具体规范,可以说为宋朝举人和考官如何把握诗和赋的用字音韵带来极大的方便,也为后人了解相关的信息提供了帮助。

第二,《贡举条式》保存了宋朝在科举考试中应该回避的大部分字,其中主要是从宋太祖到宋宁宗的"庙讳"和"今上皇帝御名"。据该书《淳熙重修文书式》十分完整地记录了除"圣祖名""玄"、"朗"外,已故的宋太祖、太宗、真宗、仁宗、英宗、神宗、哲宗、徽宗、钦宗、高宗、孝宗、光宗、宁宗的"庙讳"及"今上皇帝"理宗的"御名",还有各朝皇帝的"旧讳"等。其中,宋钦宗名"桓",注明该字音"胡官切",应回避的同音字有完、丸、皖、纨、汍、芄、洹、貆、羱、狟、萑、鹳、垣、烷、院、莞、捖、貑、萓等五十字。宋光宗名"惇",注明该字音"都昆切",应回避的同音字有敦、墩、镦、礅、憞、驐、蜳、邨、孰、鹑、镎等二十四字。其中"鹑"、"镎"两字,又注明:

> 并系殊伦切,与淳字同音,不合回避。若作都昆切,即系与今之庙讳同音,合各从经传子史音义避用。

尽可能周到地考虑到科举考试中出现的一些问题,避免到时引起争议,影响考试。

有关皇帝的"旧讳",列举"光义"(太宗)、"匡义"(太宗)、"德昌"(真宗)、"元休"(真宗)、"元侃"(真宗)、"受益"(仁宗)、"宗实"(英宗)、"仲针"(神宗)、"佣"(哲宗)、"亶"(钦宗)、"烜"(钦宗)、"伯琮"(孝宗)、"瑗"(孝宗)、"玮"①(孝宗)等共八人的十四个曾用名。回避宋朝皇帝旧讳,始于真宗大中祥符二年(1009年)。是年,规定中外文字有与太宗旧讳"光义"二字相连及音同者,并令回避。到仁宗宝元元年(1038年),又命令"毋得连用真宗旧名"。英宗治平元年(1064年),再命令"毋得连用仁宗旧名""受益"二字。从此,禁止连用皇帝的旧讳二字,遂"着之文书令,为不刊之典"②。

为了便于举人和考官掌握所有必须回避的字,《贡举条式》又收入

---

① 四部丛刊本作"瑾"字。据《宋史》卷33《孝宗纪一》载,宋孝宗初名"伯琮",绍兴三年二月改名"瑗",绍兴三十年二月癸酉"立为皇子,改名玮"。以后,光宗、宁宗的"旧讳"皆未见用"瑾"字。故"瑾"系"玮"字之误。

② 《宋会要辑稿》仪制13之17—18;岳珂:《愧郯录》卷2《旧讳训名》,丛书集成本,第10页。

《绍熙重修文书令》。该《令》规定,其一,凡"诸犯圣祖名、庙讳、旧讳(原注:旧讳内,二字者连用为犯;若文虽连,而意不相属者,非。)御名",必须"改避"。其二,其"余字(谓《式》所有者),有他音(谓如角、徵之类),及经传子史有两音者,许通用(谓如金作赎刑,其赎字一作石欲切之类)。正字,皆避之;若书籍及传录旧事者,为字不成"。所谓为字不成,大约就是书写时故意缺笔,比如缺写最后一画。其三,凡"御名,易以他字"。其四,"诸犯濮安懿王讳者,改避;若书籍及传录旧事者,皆为字不成。其在真宗皇帝谥号内者,不避;应奏者,以黄纸覆之"。濮安懿王是宋英宗的生父赵允让,仁宗嘉祐四年(1059年)卒,封濮王,谥安懿。史称濮安懿王①。这里就是要求举人在答卷时回避"允让"二字。至于真宗的谥号,仁宗天圣二年(1024年)十一月,尊为"文明武定、章圣元孝皇帝";庆历七年(1047年),又加谥为"膺符稽古、神功让德"八字②。这里规定可以不予回避,但在奏疏中提及这些谥号时就必须用黄纸盖住。其四,"诸文书不得指斥援引黄帝名,经史旧文则不避(如用从车、从干冠以"帝"字,或继以后字,合行回避。自余如轩冕、轩轾、辕辕、车辕之类,即不合回避。)"规定在文书中必须回避"帝轩"、"轩帝",经史典籍就无须回避了。

　　在宋朝皇帝的名讳中,钦宗之名"桓"字,因为涉及姓氏、名物等不少,给人们带来了许多不便。《贡举条式》收录了宋高宗绍兴二年十一月二十六日《敕》,该《敕》记载,据礼部尚书洪拟奏《状》,为了回避"桓"字,人们"随意更易,无复质据":"至于姓,则去木为亘,而有司行移,有不可通晓者。士人科举程文,枉被黜落,往往有之。"他提出,"渊圣皇帝"即钦宗的"御名""见于经传,义训不一,或以威武为义,或以回旋为义,又为植立之象,又为亭邮表名,又为圭名,又为姓氏,又为木名,又为水名,当各以其义类求之"。依据许多古籍,他建议"定读"为"胡官切",同时依照汉制,"其经传本字,即不当改易,庶几万世之下,有所

①　脱脱:《宋史》卷245《宗室二·濮安懿王传》,中华书局1985年版,第8708—8711页。
②　脱脱:《宋史》卷8《真宗三》,中华书局1985年版,第172页。

考证"。高宗采纳了他的建议。

此外,还针对考试中涉及宋太祖、太宗之曾祖父赵珽(尊称"顺祖")和祖父赵敬(尊称"翼祖")之名是否应该回避的问题,据《贡举条式》,直到绍兴三十二年十月五日《敕》,才作出明确的规定。据该《敕》说:

> 契勘昨缘举人于所试程文内,引用"珽"字、"敬"字,有司以其字旧系庙讳,致有疑惑。准尚书礼部取到太常寺状,现今避讳,合遵依《文书式》内该载名讳。其祧庙,即不合回避。今来本监(按即国子监)已于《韵略》内收入不合回避二字。

随后,又记载"珽字,系顺祖祧庙,于上声迥字韵收入。敬字,系翼祖祧庙,于去声劲字韵收入"。所谓祧庙,即远祖庙,远祖的神主至时须从太庙正殿中迁至夹室。

在今天,这些记载不仅是有宋一代科举制度的重要文献,而且对研究宋朝的社会习俗、古籍版本、文学作品等都是不可多得的资料。

第三,《贡举条式》完整地记录了直至宋宁宗朝各级科举考试的科目、场次、考试课目、录取比率等。据该书所载宋高宗绍兴五年(1135年)十一月二十八日《敕》、六年八月八日《敕》等可知:一、哲宗元祐间、高宗绍兴间至宁宗前期,举人应举依其"治经色目"分为两大类,一是进士兼诗赋人,二是治经不兼诗赋人。二、两类举人各考四场。进士兼诗赋人,许在《易》、《诗》、《书》、《周礼》、《礼记》、《春秋》正经内治一经,仍兼习《论语》、《孟子》。其中治《春秋》者,仍旧听于三《传》解经处"相兼出题",若"缘经生文,而不系解经旨处者,非"。具体如下:

> 第一场:经义一道,《论语》或《孟子》义一道。
> 第二场:律赋一首(限三百六十字以上成),
> 律诗一首(限五言六韵成)。

第三场:论一首(限五百字以上成)。

第四场:子史时务策二道。

治经不兼诗赋人,许治《易》、《周礼》,或治《礼记》、《诗》,或治《春秋》、《书》,各治两经;仍兼习《论语》、《孟子》。其中治《春秋》者,仍旧听于三《传》解经处"相兼出题",若"缘经生文,而不系解经旨处者,非"。具体如下:

第一场:《易》、《诗》、《书》经义三道,《论语》义一道。

第二场:《周礼》、《礼记》、《春秋》经义三道,《孟子》义一道。

第三场:论一首(限五百字以上成)。

第四场:子史时务策二道。

以上两科进士,即诗赋进士和经义进士的考试场数一致,而考试的课目主要是第二场全异,第一场则稍有区别,第三、四场恰全同。

有关录取比率,该书记载,在举行发解试和礼部试时,分别经义、诗赋两科,"各计就试终场人数,为率纽取"。具体的"考校格法",是"以进士经义、诗赋、论、策四场,通定去留高下"。其中"不兼诗赋,专治经义进士,既五经终场人数不等,自合以十分为率均取;若有余不足,听通融相补,各不得过三分"。其中专治"一经人数虽少,亦取一名;如无合格者,即听缺之"。究其原因,在两科进士中,经义进士总比诗赋进士为少,因此前者录取比率为每十人录取三人,后者的录取比率大概要低一些。

《贡举条式》还提及太学"课试"及其发解试的场数和顺序。据绍兴十一年(1141年)二月二十二日《敕》,据国子司业高闶奏札,依照神宗以后的经验,他主张:

第一场:元丰法(绍圣、元祐、大观同),本经义三道,《论语》、

《孟子》各一道。今太学之法，正以经义为主，欲仰乞圣断，许令依旧。

第二场：元祐法，赋一首，诗一首。今以经义为第一场，其第二场欲以试、赋。

第三场：绍圣法，论一首，策一道。今以诗、赋第二场，欲望乞圣断，以子史论一首，并事务策一道，为第三场，如公试法。

作为国子监副长官的高闶，显然充分了解当时士人的状况，他认为只考三场就已足够，不需考第四场。他说：太学实行"旬课季考"之制，"每旬有课，月一周之；每月有试，季一周之。亦皆以经义为主，而兼习论、策为三场"。如增加一场，则"旬课季考之法遂不可行"，因为"士子者连日就试，固以疲劳，而有司互场通考之际，亦将纷错，而不能精矣"。同时，根据现状，"今为士人，多习诗、赋，鲜通经义，难以纯用经义收补。其旧习经义士人，或不习诗、赋，又难以纯试诗、赋"。因此，他力主太学"课试"及其发解试的场数和顺序按上述模式执行。

第四，《贡举条式》完整地记录了直至宋宁宗朝各级科举考试时考官批阅试卷的评分标准和方法。该书《绍兴重修通用贡举式》，规定了评阅试卷的两类标准，第一类称"试卷犯不考"，第二类称"试卷犯点抹"。所谓犯不考，原注说"但一事不考，余皆不考"，即在以下的二十一项中不允许违反任何一项①：

一、犯名讳（谓于式应避者。即笔误而义非者，不为犯）

---

① 《宋会要辑稿》选举3之26《贡举杂录》载，宋仁宗庆历四年（1044年）三月十三日，"翰林学士宋祁等言"，提出"策、论、诗、赋不考式十五条"。比《贡举条式》少六条。其余如"不识题"、"文理纰缪"、"用庙讳御名"（《贡举条式》作"犯名讳"）、"不写官题"（《贡举条式》作"漏写官题"）、"论少五十字"、"诗、赋落韵"、"诗、赋数少剩"、"诗两韵以前不见题"、"诗全用古人一联"、"诗、赋重叠用韵"等基本相同。不同者，如"赋少三十字"，《贡举条式》减为"赋少二十字"；"小赋内不见题，意通而词优者非"。《贡举条式》无后七字；"策一道内少五字"，《贡举条式》无此规定。《贡举条式》后来增加的条目，有第4、6、7、8、12、21条等。

二、文理纰缪(全无文理,即为纰缪)

三、试(诗)、赋、论,不识题①

四、策义不应所问,而指别事(略应所问,而全指别事。已解问意,而广为证说者,非)

五、漏写官题(谓全漏写官题者。如止少字及有误,依脱字例)

六、策义写问目,或不写道数,及不依次(谓先第二,后第一之类。即字误而文依次者,非)

七、诗、赋题全漏写官韵

八、论题全漏写"限五百字以上"(如止少字,依脱字例)

九、诗、赋不押官韵(如文意分明,止是漏书字,即依脱字例。谓如赋,官韵用"华"字押云"祥开日",漏"华"字。诗字【之】韵用"居"字押云"山河壮帝",漏"居"字之类)

十、诗、赋落韵(如文意分明,止是误书字,即依字误例。谓如赋"祥开日华",误书作"日草"之类)

十一、诗、赋重叠用韵(如文意分明,止是误书字,即依字误例。谓如赋,官韵用"东"字押云:"阴魄既没,大明在东;吐象成字,昭文有融。"误书作"昭文有东"之类。诗,官韵用"灵"字押云:"善鼓云和瑟,尝闻帝子灵。冯夷空自舞,楚客不堪听。"误书作"楚客不堪灵"之类)

十二、赋协韵、正韵重叠

十三、诗、赋失平、仄

十四、小赋内不见题

十五、赋少二十字

十六、诗、赋数少剩

十七、诗全用古人一联

---

① 《宋会要辑稿》选举 3 之 26《贡举杂录》载"策、论、诗、赋不考式十五条"之一,为"论、诗、赋不识题"。据此,此处"试"字疑系"诗"之误。

十八、诗两韵以前不见题

十九、论少五十字

二十、卷内切注及书

二十一、试卷不写"奉试",及"对"或"谨对","论曰"或"谨论"及涂注乙若干,并无"涂注乙"字

以上二十一项中,除前两项基本属于政治性的"错误"外,其余十九项都属于技术性的问题。但只要被考官查出一项,这名举人只能前功尽弃,三年的苦读付诸东流。据《绍兴重修贡举令》规定,凡考官一经发现试卷"犯不考者",即将试卷及其"事因""送弥封所,覆视同,即以原试卷及具乡贯、姓名送考试所,先次黜落,仍晓示"。

举人的试卷通过了"犯不考"这一关,便由考官依照"点"、"抹"来分出成绩高下。考官主要审查试卷是否"犯点抹"。所谓犯点抹,又细分为"抹"和"点"两类。关于"抹",共有二十条①:

第一,文理丛杂

第二,文意重叠

第三,误用字②

第四,脱三字③

第五,文意不与题相类

第六,诗、赋重叠用字④

第七,诗、赋不对(赋初用韵,及用邻韵,引而不对者,非。诗破

---

① 《宋会要辑稿》选举 3 之 26《贡举杂录》载,上述"宋祁等言"共"抹式十二条"。比《贡举条式》少八条。《贡举条式》"试卷犯不考"第十五条"赋少二十字",在"宋祁等言"中还仅属"犯抹式"之一。《贡举条式》"试卷犯抹式"第 1、2、8、10、12、13、14、17、18、20 条,在"宋祁等言"时尚未列入"犯抹式"中。

② 《宋会要辑稿》选举 3 之 26《贡举杂录》作"误用事"。

③ 《宋会要辑稿》选举 3 之 26《贡举杂录》作"连脱三字"。

④ 《宋会要辑稿》选举 3 之 26《贡举杂录》作"诗、赋重叠用事"。

题,及诗、赋末两句,亦不须对)

第八,诗、赋属对偏枯

第九,小赋四句以前不见题

第十,赋押官韵无来处

第十一,赋全用古人一联语

第十二,赋第一句末,与第二句末,用平声,不协韵

第十三,赋仄韵第三句末用平声(今谓赋眼如第一句用仄声,即第三句用平声,亦许)

第十四,赋初入韵用隔句,对第二句无韵(用长句引而协韵者,非)

第十五,赋少十字

第十六,论、策、经义连用本朝人文集十句

第十七,诗全用古人一句

第十八,诗叠用两字(两字各一叠,或一字两叠,皆是)

第十九,诗用隔句对

第二十,论少二十字

关于"点",共有六项①:

第一,错用一字

第二,脱一字

第三,误一字

第四,赋少五字

第五,论少十字

---

① 《宋会要辑稿》选举3之26《贡举杂录》载,上述"宋祁等言"共"点式四条",为"借用字"、"诗、赋脱一字"、"诗偏枯"、"诗重叠用字"。《贡举条式》将"借用字"改为"错用一字","诗重叠用字"改为"诗叠用一字";又增"误一字"、"赋少五字"、"论少十字"三条;又将"诗偏枯"改为"诗、赋属对偏枯",升格为"犯抹式"第八条。

　　　　第六,诗叠用一字

以上所有"抹"和"点",全属技术性的问题,考官由此评判举人学问的
高低。

　　至于考官是如何依据"抹"和"点"来确定举人试卷成绩的,《贡举
条式》记载《绍兴重修贡举令》,作了如下具体规定:

　　　　诸考校试卷,并分五等,逐分上、中、下。
　　　　诸举人试卷,犯点、抹者,五点当一抹,五抹降为下。

通过这两项规定,可知:第一,举人的试卷共分五大等,各等内又分为
上、中、下三等,实际分为十五等。第二,考官评分采用扣分制,凡被判
五点者等于一抹,五抹即降为该等的下等①。

六、宋朝《贡举条式》促进了中国八股文的形成

　　笔者经过研究,认为从北宋开始,直到明代成化年间,经过整整 5
个世纪士大夫们的共同努力,终于形成了一种专供考试使用的文体,即
八股文。八股文是糅合散文的章法、骈文的排偶和近体诗的格律而构
成的"三合一"新文体。这种文体依照先后顺序,为破题、承题、起讲、
领题、起股、出题、中股、后股、束股、落下等段落。规定破题、承题、起
讲、领题、出题、落下用散行,起股、中股、后股、束股四个段落用偶句,即
有两股(两比)文字,组成一个散体长联。八股文因此得名。

　　北宋是中国贡举制度确立的时期。从太祖开始,逐步创立了三年

---

① 　《宋会要辑稿》选举 3 之 26《贡举杂录》载,上述"宋祁等言"规定试卷"三点当一抹,降一等"。
　　《贡举条式》改为"五点当一抹"。"宋祁等言"又规定试卷"涂注一字,并须卷后计数,不得揩洗。
　　每场一卷内,涂注乙五字以上,为一点;十五字以上,为一抹"。《贡举条式》虽规定试卷后皆须写
　　明有无"涂注乙共计若干字",但未规定"涂注乙"多少字为一点或一抹。

一试和三级考试(殿试、礼部试和发解试)、别头试、试卷糊名封弥、誊录、特奏名等贡举制度。神宗时,王安石实行的贡举改革措施之一,是进士科停考诗赋和帖经、墨义,改考经义。还有中书门下颁布"大义式",规定每篇经义和论的字数。哲宗元祐间,改设经义进士和诗赋进士两科;南宋时大体不变。在考试文体方面,到南宋中、后期,已大致形成一种比较固定的格式,即:一、冒头(又称"冒题"、"冒子"),内分破题、接题(承题)、小讲、缴结四个段落;二、官题;三、原题;四、大讲(讲段、讲题、论腹);五、余意(后讲、从讲);六、原经(考经);七、结尾。由于"冒头"内分为四个段落,此一格式实际上分成十个段落。与八股文的十个段落相比,一、冒头中的第一段落破题,与八股文中的破题对应;二、两者的"接题(承题)"完全对应;三、小讲,与八股文的起讲对应,八股文的起讲又称"小讲"、"原起";四、缴结,与八股文的领题对应,"领题"又称"入题"、"入手"、"领上";五、官题,与八股文的"出题"(顺序稍有变化)对应;六、原题,与八股文的起股(又称"提比"、"起比"、"提股"、"前股")对应;七、大讲,与八股文的中股(又称"中比")对应;八、余意,与八股文的后股(又称"后比")对应;九、原经,与八股文的束股(又称"束比")对应;十、结尾,与八股文的落下对应[1]。

对照宋朝《贡举条式》,可以看出到南宋中后期,举人书写试卷时,必须完全按照相关的规定,这些规定有:一、在试卷最前面写"奉试某经(或某论、某策、某赋、某诗)",试经义和试策者,接着写"对云",最后写"谨对";试论者,接着写"论曰",最后写"谨论"。二、限定字数。如殿试时试策,规定每道限一千字以上,其中特奏名为七百字,武举及宗室非袒免亲为五百字。试赋,规定每首为三百六十字以上。试论,规定每道为五百字以上。试策,题后不能漏写"限一千字以上";试论,题后不能漏写"限五百字以上",否则被判"犯不考",即立刻被黜落。如策少一百字、赋少二十字、论少五十字,也属违反"不考"。三、在经义、

---

[1]　朱瑞熙:《宋元的时文——八股文的雏形》,《历史研究》1990 年第 3 期;朱瑞熙:《八股文的形成与没落》,台北《历史月刊》1995 年 3 月号(总 86 期)。

论、赋中,必须写出官题。如试论,漏写官题,即被判"犯不考"。又如试小赋,如果在前四句中没有出现官题,要受罚,被判一"抹"。四、不准违犯名讳。五、规范了诗、赋用字的音韵。六、诗、赋题不得漏写官韵,不得落韵,必须押官韵,否则被判犯"不考",等等。

　　值得注意的是,四库全书文渊阁本《贡举条式》最后成书的年代,正是韩侂胄执政的时候,他身任平章军国事,立班在丞相之上,三日一朝和至都堂治事。他残酷打击以朱熹为首的理学家。所以,该书还没有提及朱熹的《四书集注》等经学著作,更没有规定考官必须从中出题,及举人依此书的内容答题。但据宋理宗初年成书的四部丛刊本《贡举条式》,即使朱熹的理学已被定于一尊,也没有作出上述规定。同时,该书两种版本都还没有详细规定当时试卷的上述十段格式,只能从《绍兴重修通用贡举条式》大约知道,第一,经义、论、赋必须带出官题。第二,诗有"破题"的规定。《条式》规定,试卷犯"抹"之一"诗、赋不对":"诗破题,及诗、赋末两句,亦不须对。"除此以外,如冒头、接题、大讲、原经等十段文体式,皆未涉及。究其原因,笔者以为,首先,当时的这一体式尚未完全定形。直到南宋后期,这种体式还几经变化。如理宗端平年间(1234—1236年),在太学里,江万里习《周易》"自成一家",士子向慕,"文体几于中复"。淳祐四年(1244年),徐霖以《尚书》学夺得省试状元,"全尚性理","时竞趋之","自此非《四书》、《东、西铭》、《太极图》、《通书》、《语录》不复道矣"。到度宗末年,江东李谨思、熊瑞等"倡为变体,奇诡浮艳,精神焕发,多用庄、列之语,时人谓之'换字文章'"①。其次,从今存南宋宁宗时成书的《太医局诸科程文格》②,理宗、度宗时成书的《论学绳尺》③等书,可以明显看出当时经义和论的试卷的十段文体式。这一体式看来在考官和举人中已经约定俗

① 周密:《癸辛杂识》后集《太学文变》,中华书局1988年版,第65页。
② 何大任等:《太医局诸科程文格》,载四库文渊阁商务印书馆影印本,第743册。何在嘉定五年(1212年)任判太医局。
③ 魏天应编选、林子长笺解:《论学绳尺》,载四库文渊阁商务印书馆影印本,第1358册。日本东京东洋文库藏有元刻本,内容更全。

成,是一种流行体式,即民间体式,而非官方体式。再次,考官也依照这一体式评阅举人的试卷。宁宗庆元元年(1195年),朱熹撰《学校贡举私议》,提出今日治经之难,"难于作义"。因为经义试卷"大抵不问题之小大长短,而必欲分为两段。仍作两句对偶破题,又须借他语,以暗贴题中之字,必极于工巧而后已。其后多者三二千言,别无他意,不过止是反复敷衍破题两句之说而已"①。有些州的发解试考官,可能由于试卷太多,在批阅经义试卷时,不读全文,仅看冒头、破题如何,便定黜落或预选②。因此,笔者认为,《贡举条式》只是由朝廷从总体上规定了各科试卷的书写程序,还没有具体到各个段落的程度。这是因为,十段文体式的"时文"作为一种考试文体,往往先在各级试场流行,而官方规定的体式则要落后一段时间。这与法律的规定一般皆迟后于实际是一个道理。尽管如此,《贡举条式》还是对八股文的形成起了促进作用。

(本文刊载于《科举学的形成与发展》,
华中师范大学出版社2009年版)

---

① 朱熹:《朱文公文集》卷69,四部丛刊初编缩本,第1276页。
② 《宋会要辑稿》选举6之17。

传世范仲淹画像研究

  迄今为止,北宋杰出的正治家、军事家、文学家、思想家范仲淹的画像,尽管人们在编撰有关范仲淹的历史、文学著作、辞书,以及建造范仲淹的纪念馆等时,自然都会考虑寻找并引用比较可信、接近真实原貌的画像。但遗憾的是,尚未有人对此进行专门的研究,因此有关著作用作插图的画像以及有的塑像,未免有失真之处。笔者在此不揣浅陋,依据多年来在参加编写《中国通史》、《中国大百科全书·中国历史》、《宋辽西夏金社会生活史》等书时所收集的一些图片,进行初步的研究,恳请有关方家不吝指正。

一、"文正、忠宣奕世遗像"

  该画像直至二十世纪末,才出现在美国纽约拍卖行。由美籍华裔杨濬泉(Denis C-Yang)先生收购珍藏,并聘专家悉心修补装帧,焕然一新。2004年5月,杨先生特请纽约大都会博物馆摄影师将此画像拍摄大五彩照片一张,又经旅美著名近代历史家唐德刚教授及其夫人吴昭文女士介绍,将此照赠送香港范止安先生。范止安先生喜获此像,"油然衍生应与宗亲共享这空前福缘",决定在港复制宽18点5厘米、高35厘米原大照片三百幅,分别馈赠范公祠堂、范氏宗亲会、范学研究单位及范姓当代杰出人物,"供奉享祀或珍藏留念"①。

---

① 据2004年6月香港景范教育基金会,于《文正、忠宣奕世遗像》照片下的题跋。

笔者有幸获赠以此画像复制的三百幅照片中的一幅，收到邮件后打开一看，不由得眼前一亮，立刻断定这是一幅最为真实描绘范仲淹和及其次子范纯仁面貌的弥足珍贵的画像（见图1）。恰巧此时笔者正在为《宋辽西夏金社会生活史》选编彩色图片和黑白插图，于是毫不犹豫地将此画像翻拍彩照，后来正式出版后作为彩图编排在第68页后①。

图1

笔者断定此画像最真实描绘范仲淹和及其次子范纯仁面貌的理由如下，第一，此画像的来源有自。据该画像右上方题款为："弘治四年辛亥六月十二日，御题：赐范氏子孙永为享祀。"画像照片下方第一行又注明："此像为元代名画师吴廷晖精绘，明孝宗（朱祐樘）弘治四年（1491年）赐赠范氏宗祠供奉。"说明此像原来深藏在明朝宫内，明孝宗赐给范氏后裔后才流入民间。而此像出自元代画家吴廷晖之手。据明朱谋垔《画史会要》记载，吴廷晖系吴兴人，"画青绿山水、花鸟，虽极精密，未免工气"②。在元朝他并非一流画家，但从此画像看，亦非等闲之辈。笔者推测，吴廷晖可能依据宋代画家所绘范仲淹父子之像重绘，或直接临摹。

第二，此画像所绘服装完全符合宋制。画像上范仲淹父子皆身穿公服（又称常服），双手执笏。所谓公服，据《宋史·舆服志》记载："其制，曲领大袖，下施横襕，束以革带，幞头，乌皮靴。自王公至一命之士，通服之。"还规定三品以上官员公服紫色，五品以上朱色，七品以上绿

① 朱瑞熙、张邦炜、刘复生、蔡崇榜、王曾瑜：《宋辽西夏金社会生活史》，中国社会科学出版社2005年版。
② 朱谋垔：《画史会要》卷3《元》，四库文渊阁台北商务影印本。

色,九品以上青色。元丰元年(1078 年),服色改为阶官至四品以上服紫色,六品以上绯色,九品以上绿色①。画像中,范仲淹父子头戴幞头即折上巾,身穿曲领(即圆领)大袖襕袍(衫),腰部所束革带仅露出部分,呈橙色,似乎是方团金带;②至于福袍下摆的一幅横襕,因大袖遮掩,无法绘出;襕袍的颜色因为年代久远,已无法辨别,按理都应该是紫色的。《宋史·舆服志》记载,仁宗庆历元年(1041 年),龙图阁直学士任布上言:"欲望自今赠官至正郎者,其画像许服绯,至卿、监须服紫。"仁宗"从之"③。范仲淹父子皆官至卿、监以上,其画像上所穿公服毫无疑问,肯定都用紫色。因此,应该说,画像十分准确地体现了宋代的服装制度。《宋史·舆服志》还记载,官员所用笏沿袭唐制,其形"上圆下方",北宋前期文散官五品以上用象牙,九品以上用槐木④。画像中范仲淹父子手执之笏,顶部也是略呈圆形的。北宋初,笏形还是较短而厚,至仁宗皇祐(1049—1054 年)间改为极长而差薄,且其势"向身微曲",称谓"抱身"。以后还有一些变化⑤。至于笏的上下长度究竟多少,似乎没有明文规定,但由此画看出确是比较长的,可能正是皇祐间的制度。

第三,此画像所绘范仲淹父子的相貌极其相像,只是前立者年长,后立者年轻,显然前立者是范仲淹,后立者是范纯仁。范仲淹的脸部和双手均有较多白色,下髭也较范纯仁浓密,画家依此来描绘范仲淹为老者,而范纯仁为青年人。据《范文正公年谱》,范纯仁宋仁宗天圣五年(1027 年)夏六月生于南京应天府(治今河南商丘南),是年范仲淹三十九岁。范仲淹卒于皇祐四年(1052 年)夏五月,六十四岁,是年范纯仁

---

① 《宋史》卷 153《舆服五·诸臣服下》,中华书局 1985 年版,第 3561—3562 页。
② 《宋史》卷 153《舆服五·诸臣服下》载,大中祥符五年,诏曰:"方团金带,优宠辅臣,今文武庶官及伎术之流,率以金银仿效,甚紊彝制。自今除恩赐外,悉禁之。"(第 3565 页)
③ 《宋史》卷 153《舆服五·诸臣服下》,第 3562 页。
④ 《宋史》卷 153《舆服五·诸臣服下》,第 3569 页。
⑤ 王得臣:《麈史》卷上《礼仪》,上海古籍出版社 1986 年版,第 9—10 页。

应为二十六岁①。从画像的父子相貌看,两人大致有三十九岁的差距,而范仲淹已显垂垂老矣的模样。

以上说明,"文正、忠宣奕世遗像"确是一幅最能准确描绘范仲淹及其次子范纯仁面貌的画像,极其难得和珍贵。

该画像尚有一处存在疑问,即范仲淹和范纯仁像的大袖下露出下垂的两条黑带,长度与襕袍下摆相等。此黑带显然束于襕袍之外,是否就是文献记载的"大带"? 但有关记载皆说大带属朝服、祭服、深衣的一部分,它与公服的关系文献阙如。不过,由北宋皇陵的文臣塑像,可见文臣头戴笼巾,腰束革带,革带正中下垂两带,上部打成一蝴蝶结,然后再分垂下来;又在背后下垂三带,左、右两带上部、中部各打成一蝴蝶结,中间一带上部打成一蝴蝶结,中部又挂一物件。这是永昭陵(仁宗墓)文臣穿戴朝服时的束革带的模样(见图 2)②。这里范仲淹父子画像为何将本应在穿戴朝服时束的大带,用在穿戴公服上呢? 笔者认为,可能是为了更显庄重。

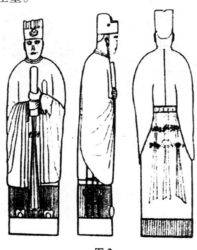

图 2

①　《范文正公集》附《范文正公年谱》,四部丛刊缩编本,第 244 页下、第 259 页上。
②　河南省文物考古研究所编:《北宋皇陵》,中州古籍出版社 1998 年版,第 152 页。

二、明代无款范仲淹像

明代无款范仲淹像,彩色,藏于江苏南京博物院。(见图3)此像已为较多学者有关范仲淹研究著作用作插图,如程应镠《范仲淹新传》、周鸿度等编著《范仲淹史料新编》、方健《范仲淹评传》等①。此外,有的服饰史著作也用作插图,如周锡保《中国古代服饰史》,不过题为"宋范梦麟像"②,未绘五官和须髯(见图4)。

图3   图4

笔者认为,此画像应是范仲淹身穿朝服的形象。所谓朝服,又称具服,用于官员参加朝会,有时也用于献祭。据《宋史·舆服志》记载,朝服中有进贤冠、貂蝉冠、獬豸冠三等,"皆朱衣朱裳"。北宋前期,进贤冠又分为五梁、三梁、两梁三等。进贤五梁冠,为"涂金银花额,犀、玳瑁簪导,立笔"。同时,身穿"绯罗袍,白花罗中单,绯罗裙,绯罗蔽膝,并

---

①　程应镠:《范仲淹新传》,上海人民出版1986年版,黑白图;周鸿度等编著:《范仲淹史料新编》,沈阳出版社1989年版,彩图;方健:《范仲淹评传》,南京大学出版社2001年版,彩图。

②　周锡保:《中国古代服饰史》,中国戏剧出版社1996年版,第270页,男图四之1。

皂缥襈,白罗大带,白罗方心曲领……一品、二品侍祀朝会则服之,中书门下则冠加笼巾貂蝉"①。对照明代无款范仲淹彩像,可见第一,其冠即进贤冠,黑色,冠梁尚能看出;第二,冠前加额花,上加附蝉笼巾,左后插貂尾。附蝉,在冠前一枚,以玳瑁做成蝴蝶状;左、右两侧各三枚,以黄金制成蝉状。第三,其袍即绯(红色)罗袍,圆领和袖口皆用黑罗;内衬白花罗中单(由头颈部看出)。第四,项下胸前悬挂一种"方心曲领"的项饰。该项饰以白罗制成,呈上圆下方,于颈后系结,功用在于压住罗袍的圆领。皇帝、太子、百官穿朝服时,颈前必结一方心曲领。偶见有的古画,官员身穿圆领大袖的公服,颈前却结一白罗制成的方心曲领,将公服和朝服混穿,显得不伦不类。还有不知何时代何人所绘所谓范仲淹像,身穿的朝服中"方心"变成三个回纹交错的图案,显然出自不懂宋朝服饰制度的画师之手。第五,笼巾从左至右用犀或玳瑁制成的簪导贯穿发髻固定,又用立笔插于冠后固定。簪导,又称贯;立笔,"削竹为干,裹以绯罗,用黄丝为毫,拓以银缕叶,插于冠后"②。画像中可见簪导的头尾,然未见冠后的立笔。第六,笏系白色,形呈上圆下方,长度较"文正、忠宣奕世遗像"为短。

图 5

　　明代王圻、王思义编集《三才图绘》收有"范希文像"(见图5),大致仿照以上明人无款范仲淹像,胸前也画一方心曲领,不过面部左、右方向相反,范仲淹亦留有须髯,眼角皆上翘;笼巾画出冠梁、额花、貂尾、博山、簪导,附蝉基本未绘;笼巾两侧之巾原仅长遮耳,此画之巾过长,延伸至肩上③。

---

① 《宋史》卷152《舆服四·诸臣服上》,第3550页。
② 《宋史》卷152《舆服四·诸臣服上》,第3558页。
③ (明)王圻、王思义编集:《三才图绘·人物图》卷7,上海古籍出版社,上册,第679页下。

以上三幅画像还有一个共同之处,是范仲淹像(包括范纯仁像)的手五指皆留有长指甲,"文正、忠宣奕世遗像"还都涂成白色。看来这是当时的习俗。

三、元代赵子昂绘范仲淹像

此画像首见周鸿度等编著《范仲淹史料新编》,黑白图,注明系"故宫藏画","元·赵子昂"(见图6)。画中范仲淹坐在庭院中的一把直腿椅子上,右旁有一棵树,左旁有一手拿茶盏而准备倒茶的童子,身后

图6

为一座绘有画的屏风;画上部有赵子昂的题签。范仲淹身穿公服,双臂搁于椅上,相貌有几分接近"文正奕世遗像"。唯一使人不懂的是身穿"公服"即圆领大袖襕袍的范仲淹,几乎在胸部束一革带,似乎用左手托着;下腹部又束一革带。为何束两条革带? 这是什么朝代的制度? 是否赵子昂有误? 笔者发现,此处或许赵子昂绘画出错。因为至今为止,我们仅找到皇帝、百官穿戴朝服时束两带的依据。从宋人绘《女孝经图》,可以看到画中一位头戴通天冠,颈下挂一方心曲领的皇帝(说明他穿戴朝服),胸前正束着一条革带(见图7),由此推测,其腰部必定另束一带。这证明皇帝、官员穿戴朝服时可以束两条革带。不过,至今尚未发现皇帝、官员穿戴"公服"时须要束两条革带的文献记载和绘画。

图 7

2009 年 10 月 8 日

(本文刊载于《范仲淹研究》2010 年第 1 期)

《宋史》点校本地名标点订正

《宋史·王临传》(北京,中华书局点校本 2010 年):"入为户部副使,以宝文阁待制知广州府、河中,卒。"(第 10610 页)宋代仅置广州,隶广南东路,治今广州。洪武元年(1368 年)始改广州路为广州府。"府"实为府州(治今陕西府谷)简称,"河中"为河中府(治今山西永济西)简称。故应为"知广州、府、河中,卒"。

《孙永传》:"年十岁而孤,祖给事中冲,列为子行,荫将作监子簿,肄业西学,群试常第一。"(第 10900 页)。"西学"是北宋西京河南府(治今河南洛阳)府学的简称"西学"。

《度宗纪》,咸淳十年正月壬午"权总制施忠、部将熊伯明、知泰州龚溁以天长县东横山、秦潼湖、青浦口等处战功推赏"(第 917 页)。将东横山当作地名,误,其实东字指横山位于天长县之东,准确一些应在天长县东南。《方舆胜览》卷 47《招信军》:"横山,在招信县南五十里,刘纲保聚于此。"《明一统志》卷 7《凤阳府·山川》:"横山,在天长县南五十里。山形四平,望之若横然。宋建炎间,刘纲尝保聚于此。"可见宋代横山在今安徽天长县东南,与江苏交界处。故此处"东横山"是指天长县东之横山,"东横山"应作"东横山"。

《忠义六·张珏传》:"左右欲出兵与之争,珏不可,曰:'芜青平母德、彰城,汪帅劲兵之所聚也,吾出不意而攻之,马骏必顾其后,不暇城矣。'乃张疑兵嘉渠口,潜师渡平阳滩攻二城,火其资粮器械。"(第 13281 页)"母德、彰城"实为一处,即母德彰城,又作母章德(一作"得"

字)城,建于母德彰山之上,在今四川武胜南旧县东。芜青平则在今武胜南旧县。《续通志》卷 515:咸淳九年(1273 年)"叛将刘整献计(元军)统军实喇……珏闻实喇至,乃张疑兵于嘉渠口,潜师渡平阳滩,攻芜青平、母德彰二城,火其资粮器械。"说明芜青平、母德彰城系二地,应作"<u>芜青平</u>、<u>母德彰城</u>"。

(本文刊载于《中国史研究》2011 年第 3 期)